葉嘉瑩作品集

詩歌自有其生生不已之生命，呼喚著讀者的共鳴。

紅蕖留夢

——葉嘉瑩談詩憶往

葉嘉瑩　口述／張候萍　撰寫

目錄

第八章　良師益友　三八五

《紅蕖留夢》解題

《紅蕖留夢》是南開大學歷史系校友張候萍女士為我寫的一冊訪談記錄。此書由動議至成書先後已歷時有十年之久，此蓋由於在開始時，我對此事並不熱心。固正如候萍在〈後記〉中所言，當她於二〇〇〇年首次提出要為我寫一冊《口述自傳》時，曾被我所斷然拒絕。我拒絕的原因有三：我自覺個人只是一個平凡的熱愛古典詩詞的教研工作者，一生無可稱述，此其不適於做訪談對象的原因之一；再則我講起古人的詩詞來雖然興致頗高，但我自己則其實天性羞怯並不習慣於把自己展露出來做毫無假借的陳述，此其不適於做訪談對象的原因之二；三則我對於現實中一切外表之事物都並不縈心，時移事往就只剩下影像如煙，並不能如我所愛賞的一些其他作家們那樣可以把往事記述得歷歷在目、栩栩如生，此其不適於做訪談對象的原因之三。不過雖有此種種不適合之原因，而最終卻仍留下了這一冊訪談記錄，這可以說完全是出於一種偶然性的人際因緣。原來就在我拒絕了候萍為我寫《口述自傳》的第二年，有一位澳門的實業家沈秉和先生給南開大學才成立不久的中華古典文化研究所捐贈了一筆巨款作為推廣古典詩詞教學之用。當時大家都以為要想重新振起古典詩詞的傳承，首先應注重師資的培養，於是遂於二〇〇一年暑期由南開大學主辦了一個培訓詩詞教師的暑期講習班。在培訓過程中，學員們的反應都極為熱烈，也就是在這種熱烈的氣氛中，候萍遂邀了另一位於一九七九年我第一次回國講學就在我班上聽講而當時在天津電視大學任教的友人徐曉莉女士一同來找我談話，提出了種種理由，勸我接受訪問。在當時講習班的熱烈氣氛中，我深感眾情難卻，所以就答應了候萍的請求。候萍那時家在天津，平日常到南開大學來旁聽我的課，偶於晚間飯後，就來找我談話。我那時一個人住在專家樓，晚間無事也樂於有個人來聊天。不過當時我卻實在未抱有要把這些閒談整理成書的預期。其後候萍因她的愛人林雄的工作調動舉家遷往北京，我與候萍見面的機會就少了很多。二〇〇六年春天，候萍給我發來了最初的草稿，後來的這幾年她仍然有時來天津繼續找我訪談和收集資料，幾次補充修訂。由於我這幾年越來越忙，除了每週三次給學生上課，還常常應邀出去演講，而學生的報告、論文，各種文稿也常常堆滿我的書桌；也因為我對自己傳記的出版並不熱心，所以一直沒有過問候萍的寫作進度。直到去年暑假，當我返回加拿大以後，候萍經由電郵給我傳來了一系列八章長達三十餘萬字的書稿。她不僅把我的談話做了有系統的整理，而且在她愛人林雄的協助下，還把我們敘述的當年事蹟做了不少考證和補充。他們夫婦二人都是歷史系畢業的，候萍的執著認真、鍥而不捨的精神既使我非常感動，而且她的寫作態度之歷史的、求實的精神也使我極為欣賞。不過，我卻仍堅持不肯用《口述自傳》的題目，其原因固已如前所言。我既不慣於做自我的展露，於是我就想到了一個《紅蕖留夢》的標題，這四個字原出於我寫的一首小詞《浣溪沙》，其中有一句詞「紅蕖留夢月中尋」。這是因為我生於荷月，小名為荷，而荷一名芙蕖，所以「紅蕖」可以自喻。至於「留夢」，則自然指的是我對往事如夢的追憶。不過這個標題雖然達到了我想要把自己隱藏起來不做直接展露的目的，卻又嫌過於晦澀了。而且候萍告訴我說，出版者希望能把我的名字放在書的題名中。於是就在《紅蕖留夢》之後又加了一個副標題，那就是「葉嘉瑩談詩憶往」。這是一個十分寫實的說明，此亦正如我在前文所言，我對外表事物既然並不縈心，而且年齡又已老邁，許多往事多已不能詳記。不過幸而我有一個寫詩的習慣，我與候萍的談話，往往都是藉著一些詩詞舊作而追憶起來的，故副題曰：「談詩憶往」。這就是本書之題名與副標題的來歷，謹做說明如上。

葉嘉瑩

二〇一〇年十一月三日

和一首詩相遇
——《紅蕖留夢》代序

沈秉和

一九七〇年代某日午後，我，一個家住澳門的詩詞自學者，走進一間書店，在一本香港學術刊物《抖擻》上看到了葉嘉瑩先生的論文《〈人間詞話〉境界說與中國傳統詩說之關係》。我站定讀了一個多小時。不是「打書釘」，而是放不下兩個新鮮字：「感發」。我把那段論述玩索多遍之後，乃恍惚間見到了一條通向詩心的幽徑。

二〇〇〇年，國際詞學研討會在澳門大學舉行，我是贊助者之一，經主人施議對教授之介，認識了葉先生。商人和詩詞大家，舉杯互祝之後，能有多少話呢？於今十年點檢，不期鴻雁成橋，若串合其走過的路程，可以往返月亮幾遭了。葉先生又時有詩詞創作寄示。詩者，透明無渣滓，人心悠去來；其意或在看詩詞如何能在一個俗子心中呈現吧。

迦陵說詩，以詩心之體驗為本，蔚成一家；迦陵其人，外柔內方，自成一派。周濟評稼軒：「稼軒固是才大，然情至處，後人萬不能及。」我以為，「情至」亦迦陵先生的氣質結穴處，更自有其境。

先生荷月出生而小字曰荷，彼得之於荷者是十六歲時的《詠蓮》：「植本出蓬瀛，淤泥不染清」；她還之於荷者是六十四歲時寫下的「猶存翠蓋」（《瑤華》），是八旬之後的「蓮實有心應不死」（《浣溪沙》）。借用繆鉞先生「層層脫換」之評，彼由花而葉而果，情往思返，蜂絕蝶來，耐人尋味。細按迦陵之情至，似分兩個層面。情，多得之於天，乃如其所自言：「只有有情之人才有敏銳的心靈和感受，才有覺悟的靈性」；至，多由自身而來，是總不為自身的磨難或普世的精神沉淪而降低標準，始終對心中服膺的某種崇高理念持守追尋是也。

以此自有肝腸的眼目說詩，每能於常人漠視的地方發現美。

小詞，在一些人眼中早已成為「退化的大腦殘跡」，但葉先生以理解的同情、精細的語言研究把詞區別於詩的審美特質剔出：那些「日日花前常病酒，不辭鏡裡朱顏瘦」的句子脫卻了錦袍，竟自有憂時傷國、拍遍欄杆之志意可味。值得玩索的是，在反覆考研之後，近年葉先生進一步在小詞特質的成因處昇華出「弱德之美」這一概念。葉先生發現，不僅是唐五代小詞，豪放派詞人蘇軾在「天風海雨」中所蘊含的幽咽怨斷之音，以及辛棄疾在「豪雄」中所蘊含的沉鬱悲涼之概，究其實，也同屬於在外在環境的強勢壓力下，不得不將其「難言之處」變化出之的一種「弱德之美」。由此俯瞰，小詞乃躍出原有的語境，有效地同化、結合到更大的文化活流之中——現代人久已被不斷向外界索取、征服以滿足各種欲望的觀念所浸漬，「強就是美」；且不論其中道理何在，詞中呈現的「弱德之美」至少提供了另一種又傳統又能應對時代挑戰的美學景觀——人能超越動物性只因為人究竟活在真實的感情和感情的真實中；人要遠望天空，也要足踏地上；一座朽弱的老木頭房子的溫煦，足可卸卻許多鋼筋水泥的空冷；人生不如意事常八九，但領悟當下的和藝術中的真情，把握內心的持守與精進仍然是自由可為之事。「小窗橫幅有餘春」，小詞因葉迦陵之手眼而從被認定的某種公式中逾越與脫離出來，釋放出新的、既感性又有哲學意味的愉悅能量，成功了一種「越界」的奇觀。詩可以令人心不死，任何時代皆有的弱勢群體或可由此而親炙得另一種在苦難中生存的美學。葉先生的嶄新詞論所掀動的是一場詞體重生的變革。作為一種文本，小詞確是早已寫出，但它尚待一代又一代的讀者與說者不斷「完成」；因為只有被呈現出來的藝術才能感動人，才會被承認。「絳唇珠袖兩寂寞，晚有弟子傳芬芳」，兩句杜詩其實傳達出一個信息：「誰解釋得清楚，誰就是經典」。葉先生的「弱德之美」新說，為小詞在現代所能有的地位和影響做出了卓越的詮釋，詞不可說乃顛覆為詞必經說，衍之則為舊詞經葉說而成為有時代氣息的新詞。可以說，小詞因葉迦陵「弱德之美」之說而凌波信步，踏上了多姿多彩的第二旅程。

細觀葉先生這個發現之旅，她似乎是走了一個圓弧之後重新回到一個已經被不一樣眼光觀照的原點。在多年學術生涯中，葉先生既緊緊擁抱著傳統，強調詩心體驗為本；另一方面，又由葉觀脈，挑選了「雙性人格」、「符示理論」等等西方文論工具做邏輯思辨的分析，得出許多至今為學界所稱道的創獲。詞，由葉嘉瑩之眼目而盛妝重返，真個是「曲比珠明字字圓」。我曾不恰當的比喻這個過程為令人驚豔的一次「說出」。但是，當大家都以為美盡於斯的時候，葉先生又漂亮地做了一個轉身，持犀探海，孑然獨往，提出了詞的本體是「弱德之美」這一嶄新之說——我想，那已經不是「說出」，而是「長空澹澹孤鳥沒，萬古銷沉向此中」，是結合自己人生經歷在內的消融。它回歸到中國古典的以簡馭繁的美學，回歸到最古典地道的傳統詩教。這個絕美的圓場是葉嘉瑩先生對小詞不離不棄的必然歸結。老抱住一個東西才能有新的體會。崑曲大家俞振飛在八十四歲那年唱完《驚夢》，在卸妝時對弟子岳美緹說：「我唱戲唱到今天，越來越覺得『圓』的重要。」月落人歸，歌場散罷，但票友們未盡呢喃，台上一方水袖仍在飛舞，滿台氣動的「圓」勁是能把人一直扶托到夢有之鄉的。

這種圓融之悟不僅體現在葉先生的說，也體現在她自己做的詩。迦陵詞屢言「伶倫吹竹自成癡」、「皎潔煎熬枉自癡」、「梧桐已分經霜死」，但恰恰在種種苦和樂、寂寞和自得的極端交集之時，絕美翩然而返：「花謝後，月偏明。夜涼深處露華凝」，「明月下，夜潮遲，微波迢遞送微辭」即是也。詩人不爭於現世之一時，而委心結晶於超絕時空的創新意象——藍鯨獨語——「遺音滄海如能會，便是千秋共此時」，這才是逍遙的壯麗與永恆之遊。你不是給了我料峭春寒嗎，但我翦雪成詩，還你一個第二自然，現實世界因此而得到了另一種活靈活現的藝術價值轉換。「我見青山多嫵媚，料青山、見我應如是」，興來如答，於是明白她恆常所謂「遺憾還諸天地」之說不是空寂，而是用詩消融了遺憾，用揉春為酒這個方式安頓了自己、完成了自己，走了一個由「能感之」到「能寫之」的絕美「圓場」，成功地做了一場「弱德之美」的演出。

歸根結柢，我以為「弱德之美」這一新說道出了詩與人的深層互動。在詩藝，那是由唐宋而上溯漢魏、由詩而哲的歸結；在思想，那是葉嘉瑩人生舞台的歸結。綠滿珠圓，在中國人而言，這無疑是一種「滿」，一種完整而自然的人詩俱老的豐盈。

我曾面詢迦陵先生有無信仰，答曰：「有，常感到自己能和某種宇宙神秘的意境相通，卻並不屬於世間的任何一種宗教。」「托身已得所，千載不相違」（《飲酒》），我猜大抵便同是這種由超越、淨化而移向時空跨越的神聖的瞬間，亦是由美的觀照昇華上去的藝術精神的神聖瞬間。常人煙波三宿之後，一回首，了滄桑，知東籬之悠閒可親，與菊花之堅貞共秀，已經是不低的持守。但是，葉先生更獨出陽關，走到無拘限的至境「悠然見南山」。她形容那是一種「忽然之間就跳出去了」的超越，她找到了一種從容自得、不受限制的精神歸宿。以葉先生自己的體悟說，這就是「獨與天地精神往來」。葉先生說，這雖然是莊子的話，但孟子、孔子也說過意思相近的話，那就是

「仰不愧於天，俯不怍於人」，「下學而上達，知我者其天乎。」詩意地說，這就是陶淵明「山氣日夕佳，飛鳥相與還」的另一維度的人間世。楊振寧先生也曾受詢有無宗教信仰，答以當一個科學家發現宇宙中有許多不可思議的美麗的自然的結構時，會有一個觸及靈魂的震動，那和最真誠的宗教信仰是很接近的。葉先生之悟與此殊途同歸。我由此相信，科學和藝術的極致都能達到與造物者游，「覺得滿飾星辰的無窮，是屬於我的東西」。

迦陵先生畢生所致力的，是重尋一種藝術精神在人生中呈現的情境，亦是以重建一種最高的人格為標的之美的歷程。方今中國經濟重建已見規模，但文化重建似仍是漫漫長路。陶淵明懷抱空負但播種了「志意」，迦陵先生步武前修，回大陸三十年的工作就是以生命激發生命，為新一代人的順利演化而不斷釋放、播下種種文化的「暗物質」。借用顧城的詩：「黑夜給了我黑色的眼睛，我卻用他來尋找光明」。葉先生一生都在桃花源之旁守候、渡引問津者。她的志願是「覺有情」，讓有情有敏銳心靈的人再進一階，得到覺悟。與物為春的結果是真正的融入自然，達入天籟。這種無聲而獨特的美和志意相膠合的絢麗生成歷程必將在中國的文化史上留下閃爍的一章。

人的一生，是演化的一生。演化的情形雖然不能完全觀察，但仍然能個體主義地邏輯再建。葉先生這首「詩」，是從個體的某種特性或傾向出發，訴諸個體的某種自發的努力或活動而展開某種演化過程的。顧隨先生當日之寄語「別有開發，能自建樹，成為南嶽下之馬祖」，「除取徑於蟹形文字外，無他途」等等，令人驚歎真若符契之為今日立。葉先生由去國而返國，清心如昨，但其學果真別有開發，有質的反差在；正是這種反差表明了演化的作用。人的思考能力不只是個人所具有的一種先天稟賦，而且是一項文化遺產，是一種複雜的因果結構。「汝果欲學詩，功夫在詩外」。本書即是詩外之物。今日葉嘉瑩這首「詩」之被觀照，乃可讓人深入這複雜的因果結構，會心者或可收穫得另一種原作者未必有、歷史地看則不可無的消息，例如我們自身和我們的文化如何變化和如何修正的記錄，其影響力也許並不下於一部經典吧。

今日我那為人而活的人生已經差不多抵壘了，第二人生、藝術人生、為自己的人生剛拉開序幕。前程何在？不付文字，也可以有詩嗎？人間的波濤隨時能淹沒人生長河中回憶的島嶼，但葉嘉瑩先生的工作則如同一枚窄窄的鑿子，幫助人們理性地深深地鑿開那通向各個不同島嶼的心靈之路，最終讓沉沒在記憶深淵中的小島浮現，我甚至已經聽到它們快速上升的聲音……「最初是一些隱隱約約的小島，那是露出於水面之上的幾塊零星的岩石。接著，又有新的島嶼開始在陽光下閃耀」，那是一幅多麼激動人心的圖畫！我忽然想起，一九六〇年代，我還是澳門一個快將畢業的中學生，在一個太陽由午後一直照射到天黑的西向房子上課。某日早上，班主任——一個雙目炯炯、精瘦如鐵的潮州漢子吆喝一聲：「大個子們隨我來！」刨地、種樹，不消一個上午，幾棵頂著西向陽光的夾竹桃樹苗種下了。該不是為我們而種的吧。我今日省悟，這也是一首詩。蝶歟莊歟、永恆或是幻覺都不再重要，認得那個鏡中人原來果曾有過某真實的一刻便是。平凡的人同樣可以享受其中永恆的深沉的激動和廣闊的寧靜。陶淵明詩：「情通萬里外，形跡滯江山」，目光不能穿透交感變化而有味的世界，唯有「感」這個活水可以潤澤、澄清、穿透萬物，引領我們由表而裡，在平凡之處發現新的意含，同時也就發現新的自己。世間原珍藏著一種因「沒有」而來的喜悅，也珍藏著一種不以實有獲得為目的的幸福。繪事後素。游心於淡，與物為春，心境清平了，由自己去發掘、品味原就藏於生活中的愉悅是愜意不過的事，詩，也就可以由此而起了吧。

讀葉嘉瑩先生《談詩憶往》有感而作絕句三章

陳 洪

夜半，掩卷《談詩憶往》，久久不能釋然，有作。

才命相妨今信然，心驚歷歷復斑斑。
易安絕唱南遷後，菡萏涼生秋水寒。

讀《談詩憶往》重有感二首。

北斗京華望欲穿，詩心史筆兩相兼。
七篇同谷初歌罷，萬籟無聲夜欲闌。

錦瑟朦朧款款彈，天花亂墜寸心間。
月明日暖莊生意，逝水滔滔許共看。

附：葉嘉瑩答謝陳洪先生絕句二章

陳洪先生近日惠贈絕句三章及荷花攝影三幅，高情雅誼，心感無已，因賦二絕為謝。

津沽[1]大賦仰佳篇，論史說禪喜結緣[2]。
曾為行人理行李[3]，高情長憶卅年前。

談詩憶往記前塵，留夢紅蕖寫未真。
攝取馬蹄湖上影，荷花生日喜同辰[4]。

注①《津沽》為陳洪先生所作的一篇賦。
注②《結緣》為陳洪先生的一部著作。
注③一九七九年我來南開講學，臨行，陳洪先生曾親自為我收拾行李。
注④：我護照上之出生月日與陳洪先生身分證上之出生月日全同，我的是陰曆，家人以為此日為荷花生日。

心靈的饗宴——葉嘉瑩先生的詩教

席慕蓉

二〇〇九年二月二十一日晚間，葉嘉瑩先生應洪建全文教基金會的邀請，在臺北的敏隆講堂演講，講題是「王國維《人間詞話》問世百年的詞學反思」。

從七點整準時開始到九點過後還欲罷不能，那天晚上，葉老師足足講了兩個多小時。以《人間詞話》為主軸，談詞的由來、特質、境界，以及雅鄭之間的微妙差異等等；上下縱橫，中西並用，再加上興會淋漓之處葉老師不時地讓思路跑一下野馬，把我們帶到一片陌生曠野，那種遼闊無邊，那種全然不受約束的自由，好像極為混沌無端難以言說，卻在同時又井然有序地一一心領神會……

何以致此？何能致此？

當時的我，只覺得葉老師在台上像個發光體，她所散發的美感，令我如醉如癡，在無限欣喜的同時還一直有著一種莫名的悵惘，一直到演講結束，離開了會場、離開了葉老師之後，卻還離不開這整整兩個多鐘頭的演講所給我的氛圍和影響。

之後的幾天，我不斷回想，究竟是什麼感動了我？

對葉老師的愛慕是當然的，對葉老師的敬佩也是當然的，可是，除此之外，好像還有一些什麼很重要的因素是我必須去尋找去捕捉才有可能得到解答。

那天晚上，葉老師在對我們講解關於詞的審美層次之時，她用了《九歌》裡的「要眇宜修」這四個字。

她說：「要眇」二字，是在呈現一種深隱而又精微的美，而這種深微，又必須是從內心深處自然散發出來的才可能成其為美。

至於「宜修」則是指裝飾的必要。但是，葉老師說：這種裝飾並非只是表面的修飾，卻也是深含於心的一種精微與美好的講究。一如《離騷》中所言的「制芰荷以為衣兮，集芙蓉以為裳……佩繽紛其繁飾兮，芳菲菲其彌章」，是所謂的一種品格上的「高潔好修」。

那天晚上的葉老師，身著一襲灰藍色的連身長衣裙，裙邊微微散開。肩上披著薄而長的絲巾，半透明的絲巾上還暗嵌著一些淺藍和淺灰色的隱約光影，和她略顯灰白但依然茂密的短髮在燈光下互相輝映。

當時的我，只覺得台上的葉老師是一個發光體，好像她的人和她的話語都已經合而為一。不過，我也知道，葉老師在台上的光輝，並不是講堂裡的燈光可以營造出來的，而是她顧盼之間那種自在與從容，彷彿整個生命都在詩詞之中涵泳。

之後，在不斷的回想中，我忽然開始明白了。

原來，葉老師當晚在講壇上的「人和話語合而為一」，其實是因為，她就是她正在講解中的那個「美」的本身。

葉老師在講壇上逐字講解中的「要眇宜修」，就是她本身的氣質才情所自然展現的那深隱而又精微、高潔而又高貴的絕美。

是的，她就是「美要眇兮宜修」的那位湘水上的女神。

然而，或是因為「世溷濁而不分兮」，或是因為一種必然的孤獨，使得所有這世間的絕美，在欣然呈現的同時，卻又都不得不帶著一些莫名的悵惘甚至憂傷……

那晚之後，我在日記裡記下自己的觸動，我何其有幸，參與了一次極為豐足的心靈饗宴。

想不到，十個月之後，我又有幸參與了一次。

二〇〇九年十二月十七日上午，葉老師應余紀忠文教基金會的邀請，在中壢的中央大學做了一場演講，講題是「百煉鋼中繞指柔——辛棄疾詞的欣賞」。

禮堂很大，聽眾很多，儀式很隆重。可惜的是，演講的時間反而受了限制。葉老師這次只講了一個半小時左右，她所準備的十首辛棄疾的詞，也只能講了兩首而已。

這兩首的詞牌都是《水龍吟》，一首是《登建康賞心亭》，一首是《過南劍雙溪樓》。葉老師說，辛棄疾一向是她所極為賞愛的一位詞人。

他正是能以全部的心力來投注於自己的作品，更是能以全部的生活來實踐自己的作品。他的生命與生活都以極為真誠而又深摯的態度進入文學創作。

因此，在講解這兩首《水龍吟》之時，葉老師就要我們特別注意創作時間的差異對作品的影響。她說，基本上，生命的本體（感情與志意）是不變的，可是，辛棄疾一生傳世的詞，內容與風格卻是千變萬化，並且數量也有六百多首。

她為我們選出的這第一首《水龍吟》，辛棄疾三十四歲，正在南京，在孝宗的朝廷。寫《登建康賞心亭》的時候，離他當年率領義兵投奔南朝，那熱血沸騰壯志昂揚的英雄時刻，已經過了十個年頭了。

後面的一首《過南劍雙溪樓》，辛棄疾已經有五十多歲了，而在這之前，被朝廷放廢了十年之久。

辛棄疾的一生，六十八載歲月（一一四〇—一二〇七年），有四十多年羈留在南宋，中間又還有二十年的時光是一次次被放廢在家中。

這樣的蹉跎，置放於文學之中，會產生出什麼樣的作品？

我們在台下靜靜地等待著葉老師的指引。

這天，站在講台上，葉老師仍是一襲素淨的衣裙，只在襟前別上了一朵胸花，是中央大學校方特別為貴賓準備的，深綠的葉片間綴著一小朵紅紫色的蝴蝶蘭。

她的衣著，她的笑容，她的聲音，她的一切，本來都一如往常，是一種出塵的秀雅的女性之美。可是，非常奇特的，當她開始逐字逐句為我們講解或吟誦這兩首《水龍吟》之時，卻是隱隱間風雷再起，那種雄渾的氣勢逼人而來，就彷彿八百多年前的場景重現，是詞人辛棄疾親身來到我們眼前，親口向我們一字一句訴說著他的孤危而又蹉跎的一生了。

在「楚天千里清秋」微微帶著涼意的寂寞裡，我們跟著辛棄疾去「把吳鉤看了，欄杆拍遍」，心裡湧起了真正的同情。非常奇妙的轉變，在我的少年時，那些曾經是國文課本裡生澀而又蒼白的典故，為什麼如今卻都化為真實而又貼近的熱血人生？原來，辛棄疾親身前來之時，他的恨，他的愧，他的英雄淚都是有憑有據，清晰無比的啊！

我們跟隨著他掠過了二十年，來到南劍雙溪的危樓之前，但覺「潭空水冷，月明星淡」，到底要不要「燃犀下看」呢？那黑夜的肅殺與詞人的忐忑，到此已是一幅結構完整層次分明的畫面了。

等到「千古興亡，百年悲笑，一時登覽」這幾句一出來，我一方面覺得自己幾乎已經站在離辛棄疾很近很近的地方，近得好像可以聽見他的心跳，感覺得到他的時不我予的悲傷。可是，一方面，我又好像只看見這十二個字所延伸出來的人生境界。這就是「文學」嗎？用十二個字把時空的深邃與浩瀚，把國族與個人的命運坎坷，把當下與無窮的對比和反覆都總括於其中，這就是「文學」嗎？

因此，當葉老師念到最後的「問何人又卸，片帆沙岸，繫斜陽纜」的時候，在台下的我不得不輕聲驚呼起來。

驚呼的原因之一是，這「繫斜陽纜」更是厲害！僅僅四個字而已，卻是多麼溫暖又多麼悲涼的矛盾組合，然而又非如此不可以終篇，僅僅四個字，卻是一個也不能更動的啊！

驚呼的另一個原因是，終篇之後，我才突然發現，剛才，在葉老師的引導之下，我竟然在不知不覺之間進入了南宋大詞人辛棄疾的悲笑一生。他的蹉跎他的無奈不僅感同身受，甚至直逼胸懷，使我整個人都沉浸在那種蒼茫和蒼涼的氛圍裡，既感歎又留戀，久久都不捨得離開。

是何等豐足的心靈饗宴！

等我稍稍靜定，抬頭再往講台上望去，葉老師已經把講稿收妥，向台下聽眾微笑致意，然後就轉身往講台後方的貴賓席位走去，準備就座了。亭亭的背影依然是她獨有的端麗和秀雅……

可是，且慢，那剛才的辛棄疾呢？

那剛剛才充滿在講堂之內的蒼涼與蒼茫，那鬱鬱風雷的迴響，那曾經如此真切又如此親切的英雄和詞人辛棄疾呢？

請問，葉老師，您把他收到什麼地方去了？

何以至此？何能至此？

這不是我一個人在思索的問題，那天會後，許多聽眾也在彼此輕聲討論。我聽見有人說「是因為聲音，聲調」。有人說「是因為先生學養深厚，又見多識廣」。有人說：「是因為她自幼承受的古典詩文教育，已經是她生命的一部分了。」還有人說：「恐怕是因為她自身的坎坷流離，所以才更能將心比心，精準詮釋的吧。」

我在旁邊靜靜聆聽，大家說得都沒有錯，這些也應該都是葉老師所具有的特質。但是，我總覺得，是不是還有別的更為重要的質素，才可能讓葉老師如此的與眾不同呢？

這是我一直想去尋求的解答。不過，我也知道，那極為重要的質素，想必也是極為獨特與罕見的，又如何能讓我就這樣輕易尋得？

直到最近，讀到《紅蕖留夢——葉嘉瑩談詩憶往》一書的初稿，發現書中有兩段話語，似乎就是給我的解答，在此恭謹摘抄如下：

……詩詞的研讀並不是我追求的目標，而是支持我走過憂患的一種力量。

……我之所以有不懈的工作的動力，其實就正是因為我並沒有要成為學者的動機的緣故，因為如果有了明確的動機，一旦達到目的，就會失去動力而懈怠。我對詩詞的愛好與體悟，可以說全是出於自己生命中的一種本能。因此無論是寫作也好，講授也好，我所要傳達的，可以說都是我所體悟到的詩歌中的一種生命，一種生生不已的感發的力量。中國傳統一直有「詩教」之說，認為詩可以「正得失，動天地，感鬼神」。當然在傳達的過程中，我也需要憑藉一些知識與學問來作為一種說明的手段和工具。我在講課時，常常對同學們說，真正偉大的詩人是用自己的生命來寫作自己的詩篇的，是用自己的生活來實踐自己的詩篇的，在他們的詩篇中，蓄積了古代偉大詩人的所有的心靈、智慧、品格、襟抱和修養。而我們講詩的人所要做的，就正是透過詩人的作品，使這些詩人的生命心魂，得到又一次再生的機會。而且在這個再生的活動中，將會帶著一種強大的感發作用，使我們這些講者與聽者或作者與讀者，都得到一種生生不已的力量。在這種以生命相融會相感發的活動中，自有一種極大的樂趣。而這種樂趣與是否成為一個學者，是否獲得什麼學術成就，可以說沒有任何關係。這其實就是孔子說的，知之者不如好之者，好之者不如樂之者。

旨哉斯言，謎題揭曉！

原來，答案就在這裡。

葉老師所給我們的一場又一場的心靈饗宴，原來就是久已失傳的「詩教」。這是一種以生命相融合相感發的活動，而能帶引我們激發我們去探索這種融合與感發的葉老師，她所具備的能量是何等的強大與飽滿，而她自己的生命的質地，又是何等的強韌與深微啊！歷經憂患的葉老師，由於擁有這樣充沛的能量，以及這樣美好的生命質地，才終於成就了這罕有的與詩詞共生一世的豐美心魂。

在此，我謹以這篇粗淺的文字，向葉老師獻上我深深的謝意。

附記：

在《紅蕖留夢——葉嘉瑩談詩憶往》一書的初稿裡，很驚喜地發現，一九五三年到一九五六年之間，葉老師曾經在臺北市第二女子中學教過高中部的國文。而我是在一九五四年秋天從香港來臺北參加插班生考試後，被分發進入臺北二女中初中部二年級，一九五六年夏天畢業。因此，在那兩年的時間裡，我們或許曾經在校園和教室外的走廊上遠遠地相遇過吧，而無論那距離有多麼遙遠，畢竟也是師生的相遇和牽連。在半個世紀之後，終於可以確認這師生的關係，真是無限欣喜，因以為記。

張候萍按：《紅蕖留夢——葉嘉瑩談詩憶往》這部書稿在初稿完成後，先生曾給席慕蓉老師閱讀。席慕蓉老師讀後給先生寫來了一封長信，這封長信主要分成兩部分，一部分是修改意見，一部分是她的感動。不久席慕蓉老師又寫了上面這篇文章《心靈的饗宴》寄給先生。我自青年時代就仰慕席慕蓉老師，凡是見到的她的文字我絕不放過，一定要仔細品讀。這次我在先生的書房有幸看到席慕蓉老師親筆書寫的文字，自是一番驚喜。細細讀來，大為感動，現將席慕蓉老師給先生的長信節錄一部分與大家分享。

葉老師賜鑒：

謝謝您的鼓勵，……不敢說是讀後心得，因為還沒有精讀（全書多處都想一讀再讀，每次的感動都不太相同）。現在先就此時此刻的粗淺想法呈上於此……

您這本口述自傳與其他的「口述自傳」很不一樣：

一、因為您的真摯和親切，所以閱讀之時，就像是有您坐在我們身邊那樣，把所思所想和所經歷的一切，向我們細細道來。

二、但是，又因為不斷能讀到您的詩詞，所以那逼人的文采又像珠玉般耀眼，同時又攝人心魂。

三、再加上您在詩詞作品之後的講解與提示，就像是一堂又一堂的文學課程。所以在這本口述自傳裡，口述的文字、書寫的文字以及講解的文字三者同時並行，有時彼此重疊，有時各有不同的深淺，真是豐富極了。

四、所以，有些人的自傳讀過一次就可以了。可是，您這本自傳卻是可以一讀再讀的。每次細讀一小段，都會得到很多啟發，尤其（對我來說）是您寫您的顧老師，師生之情固然可貴，更可貴的是您師生二人對文學的態度。我很慶幸擁有《迦陵學詩筆記》上下兩冊，想到這是您在顛沛流離之時也從不捨棄的筆記，這一種堅持的珍惜，其實也是您對自身的珍惜。

（或者，也可以說是您非常珍惜自身對文學的那種珍惜？）

我對這種珍惜無以名之，只能說那是一種比現世的一切還要更為高貴的情感。我一直覺得能讀詩、寫詩是生命裡非常難得的享受，是一種上天的寵遇。可是，如果一說出來就變質了，是不是？

記得今年的二月二十一號晚上，在臺北敏隆講堂聽您的演講，您整個人在台上所散發的美感，讓我如癡如醉，卻又有一種莫名的悵惘，不知如何解釋……

後來我在二十二號午前打電話給您的時候，也說不清楚。我只能說我覺得您就是您在演講時所說的那位湘水上的女神，「要眇宜修」。是一種深隱而精微的美，帶著難以說明的氣質。而這「難以說明」的某種感覺，卻又是確實存在的一種特質。

那天（二月二十二日）晚上，我和其楣通電話，我問她，我們都覺得您站在台上是一個發光體，是不是因為我們太久沒遇到美好的事或美好的人了？其楣的回答是：葉老師的美是罕有的。所以，我們或許是真的很久沒遇到美好的事或人，但不是這個原因讓我們感動，真正的原因是，我們面對的是世間難得一遇的才情和生命！

……

慕蓉敬上

二〇〇九年十二月十五日

第一章　回溯家世

按照中國人的傳統，敘述自己總要先從自己的家世說起。庾信的《哀江南賦》序中有「潘岳之文彩，始述家風。陸機之詞賦，先陳世德」的話。像陶淵明那麼灑脫的人，在他的一首四言詩《贈長沙公》中（長沙公是他的一個本家）也說家世如何如何。中華民族就是有這樣的傳統，講究慎終追遠。所以我還是要從家世談起。

一、家世

我們家是旗人，但我的祖先不是滿族旗人而是蒙古族旗人，本姓葉赫那拉。歷史上，以那拉為姓氏的有四個部落：輝發那拉、烏拉那拉、哈達那拉，還有葉赫那拉，統稱為扈倫四部。扈倫四部中有三個那拉部落都是海西女真人，只有葉赫那拉這一部落跟他們不是同族。葉赫那拉這一部落本屬土默特部，是蒙古人而不是女真人。後來土默特占領了那拉的地方，於是就也以那拉為姓了。這四個以那拉為姓的部落各自取他們居住地附近的一條河的名字加在前面，以示區別。土默特改姓那拉的這一部落住在葉赫河畔（今吉林省長春市附近梨樹縣），所以就叫做葉赫那拉。

根據史料記載，葉赫那拉部落最早的始祖叫星根達爾罕，原來居住在今天的黑龍江省松花江北岸巴彥縣東北四十五里的蒙古族人世居的山地。十六世紀初，葉赫部首領祝孔革率眾南遷到葉赫河畔。到十六世紀中葉，祝孔革的孫子清佳砮、揚吉砮兄弟時，這個部落的勢力強大起來，他們在葉赫河畔修了兩座城，清佳砮駐西城，揚吉砮駐東城。到葉赫那拉氏最後一代部落酋長金台石及布揚古的時候，建州女真努爾哈赤漸漸強大起來。

建州女真與葉赫那拉這兩個部落本來是友好的，而且通婚，金台石的妹妹孟古格格就嫁給了努爾哈赤。努爾哈赤在擴充勢力的過程中，先後滅掉了那拉其他三個部落。一六一九年九月發兵攻打葉赫城，儘管葉赫部英勇抵抗，但終沒能抵擋住努爾哈赤的進攻。金台石守在東城不肯投降，與努爾哈赤講條件，說叫你的兒子上來，我要認一認是不是我的外甥。因為努爾哈赤的兒子皇太極，是金台石的妹妹孟古格格所生，金台石是皇太極的舅舅。皇太極要上去見金台石，努爾哈赤怕被金台石據為人質，說什麼也不讓他去。

這是因為在他們的交惡中，發生過一件事：努爾哈赤的皇后孟古格格，美麗賢慧，希望能把丈夫、娘家都保全。當她病重時，提出要見見她的母親，可是男人並不在乎女人的這一份感情，金台石也是擔心被努爾哈赤當作人質，就是不讓母親去。後來孟古格格死了，努爾哈赤很憤怒，便以此為由率兵攻打金台石。

現在金台石讓皇太極上去，努爾哈赤當然也不會讓他去的。金台石誓死不投降，引火自焚。但當時沒有燒死，跌下城來，被努爾哈赤的部下捉住縊死了。金台石在臨死的時候說：我們這個族即使只剩下一個女子，也一定要讓建州女真亡國。後來人們說，西太后果然應驗了這個說法。當時葉赫那拉氏本來不許進宮當皇后的，西太后是在選宮女的時候進宮的，所以她的地位原本很低下。後

2002年攝於葉赫古城遺址。

來因為她生了兒子，又用種種的手段才得到權位。

就是在這次葉赫部與努爾哈赤的交戰中，金台石戰死，守西城的布揚古見大勢已去，開門乞降，但是因為布揚古見努爾哈赤不拜，也被努爾哈赤命部下絞殺，葉赫部從此被滅掉。

努爾哈赤將葉赫部兵民全部帶到建州女真，入籍編旗，成為滿族成員。葉赫那拉氏編入滿籍的後裔，人才輩出，康熙朝大學士明珠、清初著名詞人納蘭性德（明珠的兒子）等，都是金台石的後人。講這些是為了說明我實際上是蒙古裔的滿族人，但我並沒有狹隘的種族觀念。何況清人入關後，很快就接受了漢文化，像納蘭性德，就是葉赫那拉氏，因為納蘭、那拉在蒙文中是同一個字的音譯，只是譯成漢字後寫法不同而已。在說到納蘭性德的時候，經常說納蘭，但說到慈禧太后的時候，則說成是那拉。清初入關時，我們家這一支被編在了鑲黃旗，納蘭性德那一支被編在了正黃旗。納蘭性德被漢文化所吸引，非常喜歡漢文化，他交往的很多朋友都是漢族的文學家、詞人。他不但詞寫得好，還整理了漢族的古典經書，著有《通志堂經解》。

我的祖先是幾世入關的，我已經不清楚了。我在寫《論納蘭性德詞》那一篇文稿時，曾寫過一首詩，其中有「我與納蘭同里籍」之句。國民革命後，清朝被滅掉了，很多滿人都改為漢姓，我家就取葉赫那拉的首字，改姓了葉。我沒有看見過我家的族譜，我想滿族人沒有詳細的族譜。現在我所知道的都是聽我伯父、父親和堂兄告訴我的。

我的曾祖父名字叫聯魁，號慎齋。道光六年（一八二六）出生。在咸豐同治年間任二品武官，光緒二十三年（一八九七）去世。

我的祖父名字叫中興，號一峰。咸豐十一年（一八六一）出生。在光緒朝壬辰科（一八九二）考中翻譯進士，是滿漢翻譯。光緒二十年出版的《大清縉紳全書》第一卷有關工部的記載中，我的祖父是工部員外郎，不過我的堂兄說是農工商部郎中，兩種說法，我現在無從考察。祖父於民國十八年（一九二九）去世。我是一九二四年出生，那年我已經五歲了，所以祖父去世我是記得的。

祖父是一位嚴肅的人，對子女要求很嚴格。祖父共有三子二女：伯父、父親、叔父和兩個姑姑。我出生的時候，叔父和兩位姑母都早已去世，所以我從來沒有見過他們。根據伯父和父親的說法，他們三個兄弟之中，叔父是最有才華的。我小時候，家裡一個很高的櫥櫃中放置了許多書籍，我一個人沒事就爬上椅子去翻看。有一次我找到一個筆記本，裡面寫著許多詩句。伯父告訴我，那就是三叔的詩。我只記得三叔的兩句詩「白水臣心似，青天大道如」，其他的我現在已經不大記得。伯父說三叔的詩是寫得不錯的，字也寫得很好。三叔喜歡在外面交朋友，聽說在他很大的時候，祖父還常常罵他，讓他罰跪，可見祖父的嚴厲。

祖母我沒有見過，在我出生的第二天，她就去世了。我看見過祖母的照片，梳著旗人的「兩把頭」，非常瘦弱，但容貌很端莊、很秀氣。祖母一向身體不好，有氣喘病。

我的伯父諱廷乂，字狷卿，生於光緒十一年（一八八五），伯父年輕的時候曾到日本早稻田大學留學，後來因為我祖父生病就回國了。去日本留學是當時的一種風氣，那一代的年輕人不滿當時中國社會的落後，日本明治維新以後社會進步比較快，很多人都去日本學習，為了回來後報效祖國。辛亥革命以後，腐敗的清朝政府被推翻了，民國建立不久又是連年的軍閥混戰，許多有理想的青年都感到失望。我伯父曾經在浙江地區的機關中工作過，不久就辭職回家，研讀醫書，做了中醫，一九五八年去世，享年七十二歲。伯父舊學底子很深厚，尤其喜歡詩詞、聯語。他對我視如己出，尤其是對我的教育、培養十分重視，在我的成長中起了重要的作用。

我的父親諱廷元，字舜庸，生於光緒十七年（一八九一）。早年畢業於北大英文系，後任職於國民政府航空署，翻譯介紹了一些西方有關航空的重要書刊，對我國早期航空事業的發展，做過一些貢獻，曾經擔任中航公司人事科長等職。一九四八年父親隨中航公司第一批遷到臺灣，主要是做先期準備，以迎接第二批中航公司的人員到臺灣。結果「兩航」起義爆發，國民政府計畫落空。父親曾經一度也想回大陸，人已經到了基隆卻不准上船，就留在臺灣了。一九六九年我受聘於加拿大不列顛哥倫比亞大學，就把已經退休的父親從臺灣接到溫哥華同住。一九七一年父親突發腦溢血，不幸去世，享年八十歲。

二、故居

我家祖宅的四合院在北京西城察院胡同，是我曾祖父購置的。大門上方原來懸掛著一塊黑底金字的匾額，上面寫著「進士第」三個大字。大門兩側各有一個小型的石獅子，外邊是門洞。下了門洞外的石階，左角邊有一塊上馬石，上馬石的左邊是一個車門。大門的裡面也有個門洞，隔著一方小院，迎面是一面磨磚的影壁牆，因為祖父和伯父都是學過中醫的，所以牆中央刻有「水心堂葉」

老家大門口。

四個字。因為宋朝有個學者叫葉適，號水心，他也研究醫學，所以用了這個堂號。大門內右邊是門房，門房右邊是車門裡面的門洞，車門洞的右邊是一間馬房。進入大門後，從迎面是影壁牆的那方小院向左拐，下了三層台階，是一個長條形的外院。左邊一排是五間南房，三間是客房，兩間是書房。右邊則是內院的院牆，中間有個垂花門。要上兩層台階，才能進入垂花門，門內是一片方形的石台，迎面是一個木製的影壁，由四扇木門組成，漆著綠色的油漆，每扇門上方的四分之一處各有一個圓形的圖案，是個紅色的篆體壽字。這個影壁遇到家裡有婚喪嫁娶等大事就打開，內外院就連成一個大院子了。從石台兩側走下就是內院。內院有北房五間，東西廂房各三間，北房的兩側各有一個小角門。西角門內的小院中有兩個存放雜物的房子，東角門外有一條過道，通向另一個小門，小門外是一個長條形的東跨院，跨院的南頭直通車門洞，北頭則是廚房和下房。從東角門的過道往左拐是一條窄路，可以通向後院。後院原是花園，後來把花木移去，蓋了房，有些親友住在裡面。

我家院子原來都是磚鋪的地。主要的甬道用方磚鋪成了十字形路，甬道旁邊的地方是用長磚斜著鋪的。祖父在世時不許挖地種花草，只有幾個大花盆，裡面種著石榴樹和夾竹桃。內院中間還有個大荷花缸，夏天在裡面養些荷花，有時也養些魚。那時的風氣，很多大宅院子裡都是有天棚、魚缸、石榴樹。祖父、祖母住的五間北房，前邊也搭了個天棚。三間東廂房和三間西廂房，祖父讓伯父和父親輪流住，每人各住三年。我出生在東廂房，等我記事時就輪到西廂房了。我是父母的長女，剛出生，祖母就去世了，過了四五年，祖父也去世了。伯父母就遷入了北房，東廂房就做了伯父給人看病的診室，我們叫做「脈房」。我父母這一房就在西廂房長住了下來。

我是在西廂房長大的。那時西廂房一進門是個廳堂，用來吃飯、喝茶、會客。靠北邊的廂房是我父母住，後來有了我小弟，也和母親同住，靠南的廂房我和大弟住。祖父去世以後，不許挖地種花的禁令自動解除，伯母和母親都喜歡養花，就在院子裡開了兩處小花池，一處在北房前，一處在西廂房的窗下，裡面種些四季應時的花花草草，垂花門邊上的內院牆下還種了爬山虎和牽牛花。母親還在牆角兩側插植了一棵柳樹和一棵棗樹。我上了初中後，又在一個同學家移來了一叢竹子，就種在我住的臥房的窗外。幾年以後，這一叢竹子長得青翠喜人，一九四二年的冬天，我還寫了一首詩記述窗前的這一叢竹子，懷念送給我竹子的同學，題目是《折窗前雪竹寄嘉富姊》：

人生相遇本偶然，聚散何殊萍與煙。憶昔遺我雙竿竹，與君皆在垂髫年。
五度秋深綠蔭滿，此竹常近人常遠。枝枝葉葉四時青，嚴霜不共芭蕉卷。
昨夜西樓月不明，迷離瘦影似含情。三更夢破青燈在，忽聽琤琤迸雪聲。
持燈起向窗前燭，一片凍雲白簇簇。折來三葉寄君前，證取冬心耐寒綠。

我就是在這座院子裡長大，而且是關在大門裡長大的。大約我十一歲時，伯父教我學著作詩，因為我沒有其他的生活體驗，所以我家庭院中的景物，就成了我寫詩的主要題材。記得有一年秋天，院裡其他花草都已逐漸凋零，只有我移來的那叢竹子青翠依舊，我就寫了一首七絕小詩：

記得年時花滿庭，枝梢時見度流螢。而今花落螢飛盡，忍向西風獨自青。（《對窗前秋竹有感》）

又有一年初夏，我家剛剛拆下冬天防寒的屋門，換上了很寬的竹簾子，院內的榴花與棗花都在盛開，我就又寫了一首七絕小詩：

一庭榴火太披猖，布穀聲中艾葉長。初夏心情無可說，隔簾唯愛棗花香。（《初夏雜詠四絕之一》）

還有一個夏日的黃昏，雨後初晴，我站在西窗竹叢前，看到東房屋脊上忽然染上了一抹初晴後落日的餘暉，而東房背後的碧空上，還隱現著半輪初升的月影，於是我又寫了一首《浣溪沙》小令：

屋脊模糊一角黃，晚晴天氣愛斜陽，低飛紫燕入雕梁。　翠袖單寒人倚竹，碧天沉靜月窺牆，此時心緒最茫茫。

幾十年以後，鄧雲鄉先生在《光明日報》寫了一篇文章，題為《女詞家及其故居》，專門講述察院胡同我的老家。鄧雲鄉先生年輕時生長在北京，七七事變以前，他母親生病，常常請我伯父到他家去給他母親看病，他也經常來我家送藥方，請我伯父改方子，所以對於察院胡同我的老家是熟門熟路。但那時我們沒有見過面。他是在八〇年代初看到一篇介紹我的文章，知道我的老家是在察院胡同。我們認識是在北京的一次詩詞學會的聚會上，說起話來，鄧雲鄉先生才知道當年給他母親看病的葉大夫就是我的伯父，而察院胡同就是我的老家。鄧雲鄉先生很客氣，稱我為「詞家」，我雖然愧不敢當，但鄧先生的文章使我非常感動。他是這樣描述的：

一進院子就感到的那種寧靜、安詳、閒適的氣氛，到現在一閉上眼仍可浮現在我面前，一種特殊的京華風俗感受。……傭人引我到東屋，……（東屋）兩明一暗，臨窗放著一個大寫字書案，桌後是大夫座位，桌邊一個方凳，是病人坐了給大夫把脈的。屋中無人，我是來改方子的，安靜地等著。一會大夫由北屋打簾子出來，掀簾子進入東屋，向我笑了一下，要過方子，坐在案邊拿起毛筆改方子……（大夫）頭上戴著一個黑紗瓜皮帽盔，身著本色橫羅舊長衫，一位和善的老人，坐在書案邊，映著潔無纖塵的明亮玻璃窗和窗外的日影，靜靜的院落……這本身就是一幅瀰漫著詞的意境的畫面。女詞家的意境想來就是在這樣的氣氛中薰陶形成的。

當年鄧先生只不過是病人的家屬，到我家來請我伯父改過幾次藥方。沒想到相隔半個多世紀以後，鄧先生竟然還會對我家寧靜的庭院以及其中所蘊含的一種中國詩詞的意境，留有如此深刻的感受和如此長久的記憶。而我出生在這裡，成長在這裡，我的知識生命與感情生命都是在這裡孕育形成，我與這座庭院，當然更有著說不盡割不斷的、萬縷千絲的心魂的聯繫。

二〇〇三年八月，國家對這裡進行了大規模的拆遷改建，這個庭院就從北京這座文化古城中消失了。當時不僅在北京的友人給我寫信報導了此事，連臺灣也登載了我的老家被拆毀了的消息。當然我也明白，沒有舊的破壞哪能有新的建設，我也願意見到新的北京將有一片新的高樓大廈的興起。只是，正如鄧先生所說的，我家故居中的一種古典詩詞的氣氛與意境，確實對我有過極深的影響。這所庭院不僅培養了我終生熱愛古典詩詞的興趣，也引領我走上了終生從事古典詩詞教學的途徑。面對這所庭院從地面上消失的命運，我當然免不了有一種沉重的惋惜之情。其實我所惋惜的，還不僅只是這一所庭院而已，我所惋惜的是這所庭院當年所蘊含的一種中國詩詞中的美好的意境。我曾夢想著要以我的餘年之力，把我家故居改建成一所書院式的中國古典詩詞研究所。不過事實上困難極大，問題很多，決不是我個人的人力、財力之所能做的。然而，我個人願以古典詩詞教學來報效祖國的心意，始終未改。事實上一九七四年我第一次從海外回國時，我家的院子早已面目全非，已經成了一個大雜院。大門上的匾額不見了，門旁的石獅子被打毀了，內院的牆被拆掉了，垂花門也不在了，方磚鋪的地也已因挖防空洞而變得磚土相雜而高低不平了。不過，儘管有這些變化，我對我家庭院仍有極深的感情，只因那是我生命成長的地方，只因我曾見過它美好的日子。雖然它被全部拆除，但它將常留在我的記憶中，常留在我那幼稚的詩詞裡。

三、伯父

伯父在民國初年曾經做過一段很短時間的公務員，辭職回家後，精心研究醫書，做了中醫。我一直覺得伯父有很多地方像王國維，他們都是早年去日本留學，一個是因為父親有病回國，一個是因為自己有病回國，回國後都是對民國初年的政治現狀感到失望。和王國維一樣，伯父也一直留著根辮子，每天都是伯母給他梳頭。平日在家裡的時候，伯父就把辮子垂下來，如果要出診了，他就把辮子盤起來，帶上一頂帽子。那時，北京風沙塵土很大，伯父出去時常戴一頂黑色的風帽。房門口常掛一只布撣子，他回來就撣一撣衣裳褲角上的灰塵。

伯父的醫德醫術都很好，有很多的疑難病人都來找他看病。他的脈房裡邊掛了很多幅字畫，有些是清代名人的字畫，也有朋友寫了送來的。其中有一幅上面寫的詩我還記得：「道貌尊青主，而今見葉公。起家長白外，遁跡軟紅中。松凌凌寒節，參苓造化功。陽和真有腳，小草被春風。」這首詩對我伯父充滿了感謝和稱讚。伯父行醫，一般上午在家裡看病，下午出診，出診時他就坐一輛包月的人力車。伯父有了空暇喜歡跟我聊天，讀詩寫字。抗戰時期北平淪陷後，家裡傭人沒有了，我們跟伯父就分開吃飯，伯母和母親就親自做自家的飯。母親去世以後，我們就又跟伯父一起吃飯，伯母做飯，伯父有時會幫忙買菜。

伯父曾經想過要教我醫術，可是我的功課很忙，後來又離家遠嫁，所以就沒有教成。但是大弟結婚以後，弟妹想跟伯父學醫，伯父卻不肯教。伯父認為學習中醫並不是一件容易的事，一定要有深厚的古典文化的修養，因為中醫的很多典籍都是千百年流傳下來的，而且學習中醫還要靠你本身智慧的體悟。伯父以為，假如你沒有那種智慧，學了以後只是死板地掌握教條，生硬用藥，對於病人來說，那是非常不好的。

伯父曾經生有兩兒一女，可是大兒子和小女兒都沒能保住，只有一個兒子留下來，就是我的堂兄葉嘉穀。伯父對我自幼就特別疼愛，又因為我的父親很早就轉往上海中國航空公司工作，常年不在家，所以伯父就自然而然地對我的教養特別關心。我是關在院子裡長大的，我自己有兩個弟弟，加上堂兄，院子裡共有四個孩子。男孩子都喜歡出去交遊，而女孩子是不許出去的。伯父古典文化的修養極深，他特別喜歡詩歌，又見我也喜歡詩歌，自然是更加欣喜和愉慰。但其實伯父始終沒有一本正經地教過我，只是喜歡和我聊天。他熟知很多詩人詞人的掌故，有了工夫就和我閒談。我的堂兄和弟弟們喜歡在外面玩，就是我喜歡聽他聊天，很多掌故就是這麼聽來的。有一次，伯父和我說起清朝詞人陳維崧的詞，伯父告訴我，陳維崧的別號叫「迦陵」，他寫了很多詞，是中國詞人裡寫詞最多的。清代還有一個詞人叫郭麐，別號「頻伽」，這兩個人的別號合起來就是「迦陵頻伽」。「迦陵頻伽」是佛經裡一種鳥的名字，是一種共命鳥。後來我在國外遇見一個印度學者告訴我，很多佛經裡都講到這種鳥。我還查到《正法念經》裡說：「山谷曠野，多有迦陵頻伽，出妙聲音，若天若人，緊那羅等無能及者。」（緊那羅是佛經中主歌唱之神）當時這些關於詞人別號的掌故讓我覺得有趣，在幼小的心靈裡留下了深刻的印象。後來我上了大學，跟顧隨先生學詩的時候，有一次先生叫我起個別號，要把我的習作拿去發表，我就想起了這個故事，覺得「迦陵」這兩個字跟我的名字「嘉瑩」聲音很相近，就用「迦陵」做了我的別號。

伯父與父親都喜歡吟誦，記得每當冬季北京下大雪的時候，父親經常吟唱一首五言絕句：「大雪滿天地，胡為仗劍游。欲談心裡事，同上酒家樓。」那時我自己也常常翻讀《唐詩三百首》，遇有問題，就去向伯父請教。有一天，我偶然跟伯父說起父親所吟誦的那首五言絕句，與我在《唐詩三百首》中所讀到的王之渙的《登鸛雀樓》「白日依山盡，黃河入海流。欲窮千里目，更上一層樓」那首五言絕句，有一些相近之處。一是兩首詩的聲調韻字有相近之處，二是兩首詩都是開端寫景，最後寫到上樓，三是第三句的開頭都是一個「欲」字，表現了想要怎樣的一個意思。伯父說這兩首詩在外表上看雖然有近似之處，但情意卻並不相同。「大雪」那首詩開始就表現了外在景物對內心情意的一種激發，所以後兩句寫的是「心裡事」和「酒家樓」；而「白日」那首詩開始所寫的則是廣闊的視野，所以後兩句接的是「千里目」和「更上一層樓」。伯父這些偶然的談話，使得我在學詩的興趣和領悟方面受到了很大的啟發。

上初中時，父親工作的單位在上海，他要求我經常要用文言寫信報告我的學習情況。於是每當我寫了信，就先拿給伯父看，伯父看後提出修改意見，我改完後再抄寄給父親。就在我學習寫文言文的同時，伯父就也經常鼓勵我試寫一些絕句小詩。因為我從小就已習慣於背詩和吟誦，所以詩歌的聲律可以說對我並未造成任何困難，我不僅在初識字時就已習慣了漢字四聲的讀法，而且在隨伯父吟誦詩歌時，辨識了一些入聲字的特別讀法，例如王維的《九月九日憶山東兄弟》一首詩：「獨在異鄉為異客，每逢佳節倍思親。遙知兄弟登高處，遍插茱萸少一人。」在這首詩中的「獨」、「節」、「插」等字，原來就都是入聲字，在詩歌的聲律中應該讀仄聲，但在北京人口中，這些字卻都被讀成了平聲。若依北京的口語讀音來念，就與詩歌的平仄聲律完全不相合了。伯父教我把這些字讀成短促的近於去聲字的讀音，這樣在吟誦時才能傳達出那種聲律的美感。記得伯父給我出的第一個詩題是《詠月》，要我用「十四寒」的韻寫一首七言絕句。現在我只記得最後一句是「未知能有幾人看」，大意是說月色清寒，照在欄杆上，但在深夜中無人欣賞的意思。那時我大概只有十一歲，從此以後就引起了我寫詩的興趣。

伯父喜歡藏書，特別是一些收藏家賣出來的古書，他只要看到，都是儘量買下，所以我家的書特別多。我家的五間南房三間做了書房，跟圖書館一樣，一排一排都是書架，那時輔仁大學的很多老師、同學都喜歡到我家來找書、查書。伯父喜歡跟我談書，我也喜歡看書，常常是我想起來看什麼書，就跑到書房搬來一套。我們住的西廂房的堂屋靠南牆有一個大躺箱，箱面比現在一般的寫字台都大，上面被我堆滿了書。我印象最深的是一套《辛稼軒詞集》，是元代大德年間的木刻版，字特別大，看起來很舒服，那種感覺我現在還記得。我覺得那時我家到處都是書，除了書房的架子上、堂屋的躺箱上，就是衣櫃的頂櫃裡也都是書。我常常登高爬梯地踩著桌子去翻書，三叔寫詩的小本子就是我從頂櫃裡翻出來的。可惜的是這些書一本也沒有保存下來。一九七四年我第一次回國時，我弟弟說「大躍進」時，因為街道要用我家五間南房辦公共食堂，他就把那些書很便宜地都給賣了。

伯父的詩我很少見過，只是常常見他寫對聯。親戚朋友有誰過生日、結婚，他就寫一副賀聯。有人去世了，他就寫一副挽聯。寫完之後，伯父經常拿給我看，跟我談說。那時過年家家都貼春聯，我騎自行車出去給長輩們拜年時，伯父就讓我仔細看看哪一家的春聯寫得比較好，回來告訴他。可是我們家門口當年倒是不貼春聯的。據說祖父在世時原是貼春聯的，聯語是：「春染舊山青，暖消殘臘雪；柳舒新翠綠，梅寄隔年華」。我還記得伯父每年都要新春試筆，新春試筆是在大年初一，伯父拿一張紙，來寫一副對聯，而且一定要啟用一支新的毛筆，大多是用「七紫三羊毫」。伯父說因為純粹的羊毫太軟，紫毫是硬毫，這七紫三羊毫硬中有軟，正合適。他寫的新年聯語，多是用這一年的干支做一個嵌字聯。記得乙酉年伯父寫過：「乙夜靜觀前代史，西山深庋不傳書」。「乙夜」是夜裡的二更天，古人常說「乙夜觀書」，是說讀書到深夜。「西山」指的是大西山和小西山，是古代藏書之處，見於《元和郡縣誌》，「庋」是收藏之意。戊子年他寫過：「戊為吉日誅蟊盡，子紹箕裘號象賢」。（戊句出於詩經《小雅・吉日》：「吉日維戊，既伯既禱。」）

我的第一首詩是伯父叫我寫的，第一個聯語也是伯父叫我寫的。那是我外曾祖母去世的時候，我們管外曾祖母叫老祖，伯父說你老祖那麼喜歡你，如今她去世了，你給她寫副挽聯吧。我就寫了下面的挽聯：

憶昔年覓棗堂前，仰承懿訓，提耳誨諄諄。何竟仙鶴遄飛，寂寞堂帷嗟去渺。
痛此日捧觴靈右，緬想慈容，撫膺呼咄咄。從此文鸞永逝，淒迷雲霧望歸遙。

我的外曾祖母也很喜歡詩，不僅讀詩而且寫詩。外曾祖母姓曹，名仲山，很有點丈夫氣。在她的晚年，家裡自刻了一本詩集，題名《仲山氏吟草》。小時候，我記得這個事情，但是忘了詩集的名字，後來是我舅父寫信告訴我的。

伯父很少寫詩，他的詩我大概記下來的只有一首，就是一九四八年我結婚時寫給我的一首五言古詩，題目是《送侄女嘉瑩南下結婚》，其中一段寫的是：

有女慧而文，聊以慰遲暮。昨日婿書來，招之使南去。婚嫁須及時，此理本早喻。顧念耿耿心，翻覺多奇妒。明珠今我攘，涸轍餘枯鮒。

寫的真是十分傷感。伯父寫給我的詩我帶到了臺灣，放在左營海軍軍眷區的家裡，我先生被抓時給抄走了，沒有留下來。遺憾的是伯父沒有相片留下來，我南下結婚時很匆促，又是坐飛機，以為很快就能回來，就沒有帶相片，不想，這一去就是二十六年。等我一九七四年回來時，伯父早已離開了人間，而且經過了「文化大革命」，家裡的相片和大批藏書早已蕩然無存。後來我寫信給我的堂兄，找伯父的相片和手跡，結果他也沒有相片留下來，只給了我當年伯父寫給他的信，現在我還保留著。

四、母親

我的母親姓李諱玉潔，字立方，生於光緒二十四年（一八九八）。我的母親有姊妹二人，姨母比母親小兩歲。母親從小父母就去世了，她們姐妹倆是跟著叔叔長大的。我們說的外公、外婆實際上是叔外公、叔外婆，我們的小舅是他們的兒子。小舅生下來不久，他的母親也去世了。是母親的姑姑一直沒有結婚，在家裡帶著母親、姨母、小舅這三個孩子，還照顧著我們的外曾祖母。我們叫她三姥爺。因為母親的父親是大姥爺；母親的叔叔是二姥爺；這個姑姑像男人一樣撐著這個家，所以叫三姥爺。後來外公又續了弦，也沒有生小孩。解放前夕，小舅帶著三姥爺去了臺灣，後來外公去世了，只有續外婆一個人留在北京。

我的外公原來在上海工作，後來姨母也到了上海，做家庭教師，一直沒有結婚。到了快四十歲，有人給她介紹了一個對象，給人家做了續弦。這個姨父是密雲縣的一個地主，年齡比姨母大得多，後來不久就去世了。姨父的前妻留下了好幾個兒女。姨母是一個相當通達的人，跟這家的兒女相處得不錯。解放以後密雲縣的土地也被分了，姨母就回到了北京城裡，外公去世以後她就跟續外婆住在一起。有一段時間生活相當艱苦，靠糊火柴盒為生。一九七四年我第一次回國時她還在北京住，那時姨母已經八十多歲了，身體很好，精神也很好。我把我寫的小時候跟姨母讀書的事給她看，她很高興。後來她到密雲跟孫子一起住了，她的孫子是當地的官員，對她不錯，我跟我弟弟曾經去看過她幾次。後來她跌了一跤，胯骨粉碎性骨折，臥床不能起來，不久就去世了。

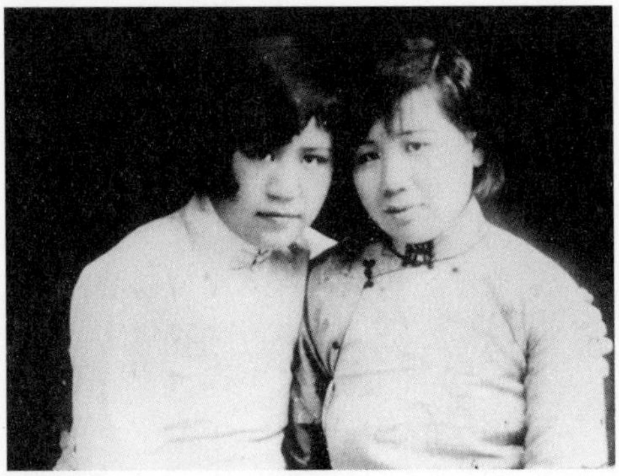

姨母與母親（右）。

母親和姨母都接受過良好的舊式教育，都從事教育工作，在外面做教師。聽說當時有人給父親提親，介紹了母親。那時還是老式婚姻，結婚雙方在婚前是不能見面的。父親就假借到學校參觀，去聽我母親講課。後來外婆告訴我說，那天母親回家很不高興，說今天有一個莫名其妙的人到課堂上來聽課，竟然聽了一個鐘頭。

母親青年時代曾在一所女子職業學校任教，婚後專心相夫理家，為人寬厚慈和而又不失幹練。生有我們姐弟三人，長弟嘉謀，小我兩歲，幼弟嘉熾，小我八歲。「七七」事變後，父親隨政府流轉後方，那一年我只有十三歲，長弟只有十一歲，幼弟只有五歲。當時在淪陷區中，生活十分艱苦，父親久無音信，一切都靠母親操持。我在這期間又生了一場大病，中醫叫肺積水，西醫叫肋膜炎，在家休學了一段時期。母親因父親音信隔絕和我的這一場大病，常常處在憂傷之中，身體日漸衰弱，一九四一年經過醫院檢查，診斷為子宮生瘤，雖然開刀做了手術，還是沒能挽救她的生命。享年僅有四十四歲。

我小的時候家裡還保留著許多滿人的習俗。我記得父親和伯父管祖父叫阿瑪，我們稱呼祖母不叫奶奶而是叫太太。滿人家裡規矩特別多，比漢人家裡規矩多。在家裡也行屈膝禮，男人屈左膝，女人屈雙膝。兒媳婦在婆婆面前是沒有座位的，都是站著。母親原來在一所桑蠶女子學校教書，結婚後還教了很短一個時期。去教書的時候，母親是很樸素的，雖然是很整齊，但不化妝。回家後要參拜長輩，到我祖父、祖母房裡去請安。祖母一見到我母親就說，怎麼不化妝啊，這是給誰穿孝呢？所以後來母親回家後就先回到自己的房間，塗上胭脂抹上粉，再去參拜婆婆。一般而言，滿族是很重視教育的，小孩子從小就受教育。我六、七歲時有人給我算命，說我正可授讀詩書。滿人的女子也都是要受教育的，因為她們生下來就有可能被選進宮裡，所以我的祖母也是受過教育的。那時祖母年歲已經大了，也就不看什麼書了，每天晚上就讓母親和伯母站在地上給她念。什麼時候祖母說好好，歇著去吧，她們才敢離開。

母親是一個很能幹的人，而且性格非常好。祖父在世時，家境很好，有門房、有廚子，還有一個打掃衛生的女工。母親出去教書就不用做家裡的事。祖母去世後，祖父曾經娶了一個姨太太來服侍他，後來姨太太跑掉了，就由母親和伯母伺候祖父。一九二九年祖父去世後，家裡減少了廚子、門房，就剩一個女工幫忙做飯、打掃。祖父還留下了一些房產，父親常年不在家，就由伯父管理這些房產，所得收入兩家公用，吃飯、請傭人等一些日常開銷，都用公款。做衣服就是各房管各房自己的。伯母是個比較嚴肅的人，她是知府的小姐，書念的很好，但平常不苟言笑。母親卻很隨和，也肯幫助人，對家裡的傭人很好，有時還會跟他們聊聊天。我小時候就聽她們聊一些義和團、紅燈照的故事。祖父去世後，我家外院的南房就租出去了。盛成教授、許世瑛教授（字詩英），還有一家姓林的都曾先後做過我家的房客，母親跟他們相處得也很好，他們的女眷也到我們住的西廂房來。

母親教育我也是什麼都要學會，包括女紅。我中學上的是女校，女校都有家事課，我學過烹飪、縫紉、繡花、鉤針、打毛衣等。有一次，我繡了一對枕頭套，是學校的作業。母親很會做人，她對我說，大爺那麼喜歡你，把你第一次做的手工成品送給大爺吧。大爺就是我伯父，那時北平人管伯父就叫大爺，管伯母叫大大，這都是旗人的稱呼。母親說女孩子光會繡花、織毛衣還不夠，要學會做衣服，那時都穿旗袍，旗袍是最難做的，尤其是那個斜大襟。我家沒有縫紉機，都是手工縫，母親就想了個簡單的辦法耐心地教我，例如倒扣針、明針暗縫、撬貼邊這些基本針法都教會了我。母親還教我盤扣子，我們北京人叫「算盤疙瘩」，「算盤疙瘩」旁還有各種盤花，有琵琶花、葫蘆花、蝴蝶花，母親是很講究美觀的，也要求我學會盤這些花。後來我真的自己做了件旗袍穿上了。

母親雖然對我很好，但也有一點重男輕女。中國傳統的觀念，兒子才是真正的後代，才能繼承家業。可是父親卻偏愛我，因為我念書念得好，不論中文，還是英文。有人對母親說，你閨女不能跟你兒子一塊念書，聰明、秀氣都被女孩子奪走了。其實是因為我弟弟是男孩子，喜歡出去玩；而我從小不出去，又喜歡讀書，才顯得我念書念得好。不管是詩詞還是古文，我都喜歡背誦，而且是大聲地吟誦。輔仁大學的許詩英教授那時搬到我家外院，就常常聽到我背書，對我印象很好。其實母親對我還是很好的，記得有一天夜裡，我們幾個小孩都睡了，母親還沒有睡，我突然說了一聲，我的鉛筆還沒削呢，說完就又睡了。黑更半夜的，母親就把我所有的鉛筆都削好了，裝了滿滿的一盒。

母親也是一個相當重視儀表的人，出門的時候，總是要把頭髮梳得很整齊，出去時，要先照一下鏡子。發現頭髮亂了，一定要回去梳好才行。母親也很注意打扮我們幾個孩子。每年陰曆六月十二，是我外曾祖母的生日。因為她是我們家族中最高的長輩，每年給她作壽，成了我家親戚中

四歲時與小舅李棪（左）及大弟嘉謀（右）合影。

的一件大事。那一天，院子裡都要搭起席棚子，請廚子到家裡來做飯。沿席棚子底下都要掛上帳幕，上邊是玻璃框的京劇戲齣，許多親戚朋友都來聚會。六月初一是我的生日，母親每年都要給我做一件新衣裳。那時，父親在上海工作，有時給我買些新鮮的洋式的衣服。有一年父親從上海給我買了一件白綢子的短袖連衣裙，鑲著很多層荷葉邊，挺好看的。過了幾年，我長大了，穿不得了，父親就帶我到西單的綢布店挑選了一塊淺粉紅的料子，照樣做了一件。這樣，我過生日穿的新衣，不久還可以在外曾祖母生日時穿。後來弟弟們也長大了，母親也給他們買一些新衣服。天冷了就買來那種很粗的毛線，請外邊的人給我們織外套，給我織的一件是淺駝色的，邊上用紅色毛線織的花紋。還有白色的帽子，也是用紅色毛線織的花邊，我穿著到學校去，高班的同學們就喊我：「紅邊兒小孩，紅邊兒小孩。」母親最得意的就是在親戚家族聚會時，聽人家誇讚她的孩子。

母親常常回娘家。外婆家在靠西直門那邊，離什剎海比較近。母親有時就帶著我和大弟（小弟那時還沒出生）還有小舅（小舅只比我大三歲，現在我保存一張我最小時的照片，就是我們三個人的合影：大弟兩歲、我四歲、小舅七歲）到什剎海和北海去玩。記得我們當時總是沿著什剎海中間的一條長堤走到北海的後門，從後門到北海裡邊玩，我們幾個小孩到處亂跑，母親就在北海裡的茶座「濠濮澗」或「漪瀾堂」等我們。到我上高中的時候，母親身體已經不好了，我們再一起去北海的時候，弟弟們去玩，我就陪著母親，幫她拿東西。母親感到很欣慰，說你小時那麼犟，沒想到大了這麼懂事。在北海玩累了，就再漫步經過什剎海的長堤乘車回家。每到夏天，這條長堤上就搭滿了涼棚，裡邊賣一些鮮藕、菱角等河鮮。母親常帶著我們在一處涼棚下的小店中坐下來，叫幾碗擺滿了鮮菱和鮮藕的冰碗讓我們品味河鮮。這一直是我最難忘的童年樂趣。

母親是一個很節儉的人。父親寄回的錢，除去生活所用都存了起來。母親不僅節儉而且很能幹，還很會理財。她親自找人設計，用幾年攢下的錢在西直門東新開胡同蓋了五座小四合院。每座院子有七間房子，三間北房、兩間東房、兩間西房。母親打算以後老了，她和父親住一座，我們姐弟三人每人一座，給我外婆家一座。這幾座房子還沒蓋好，抗戰就爆發了。北平淪陷後，一些日本軍官的眷屬陸續住進北平，這五座院子一蓋好，整整齊齊的，一下子被他們看上，就強租了這些房子，我們家人一天也沒住。那時，我是家裡的大姐，弟弟們都小，到日本憲兵司令部交涉房租的事，都是我去的。解放以後，姨母家在密雲的土地被分了，她帶著家人回到城裡，跟我的續外婆就住在母親當年蓋的房子裡。

父親自「七七」事變後，隨國民政府從上海南遷大後方，與家中斷絕了音信，一九四一年時已分別了將近四年之久。母親心懸牽掛，鬱鬱成疾。這一時期生活比較艱苦，家裡一個傭人也沒有了。沒有了為大家做飯的人，伯父和我們就分開來，伯母就做他們一家的飯，母親就做我們一家的飯。到一九四一年暑假我高中畢業時，幾個要好的同學輪流到各家聚會，我有時到同學家吃飯，當然也帶同學到家裡來吃飯。那時母親身體已經很不好了，不能給我們做飯，就讓我們到外邊去吃。

1941年母親去世戴孝照。

當時醫療很落後，我們不知道母親得的是什麼病，她覺得腹部有個硬塊，常常流鼻血，例假也沒有了。因為伯父是中醫，常常給母親開一些中藥吃，但一直也不見好。母親的病後來經過醫院診斷才知道是子宮瘤，很可能是惡性的。

暑假以後，我考上了輔仁大學。伯父說母親的病中醫治不好，應該找西醫看看，當時天津有一家外國人辦的醫院，母親決定到天津去看病。九月剛剛開學，正好是重陽節。平日裡母親常常給我們買些點心，這回母親買了一些重陽花糕放在一個磁罐子裡留給我們吃，就讓舅舅陪著她到天津的一家德國醫院去開刀做手術。當時我也要陪著去，母親說我還小，而且大學剛開學，堅決不讓我去。我萬萬沒有想到，母親這一去就再也沒有回來。那時因伯父是醫生，家裡是有電話的。過了兩天，舅舅打電話來說母親開刀後情況不好。已經發現不好了，本來應該留在醫院裡，可是母親堅決要回來，一定要回家。舅舅只好連夜陪著母親坐火車回到北京，住進了一家西醫醫院。等通知我趕到醫院時，母親已經去世了。按照中國傳統的習慣，已去世的人不能再運回家裡。母親的遺體就被運到了北平的嘉興寺，停靈在那裡。我清楚地記得，母親棺殮時釘子釘在棺材上的那種聲音，從此我和母親就生死相隔在兩個世界了。母親離開北平之前還是好好的，雖然久病，但不是臥床不起，怎麼就一去不返了！我悲痛欲絕，寫下了《哭母詩八首》：

噩耗傳來心乍驚，淚枯無語暗吞聲。早知一別成千古，悔不當初伴母行。（其一）

瞻依猶是舊容顏，喚母千回總不還。淒絕臨棺無一語，漫將修短破天慳。（其二）

重陽節後欲寒天，送母西行過玉泉（我家塋地在玉泉山後）。黃葉滿山墳草白，秋風萬里感啼鵑。（其三）

葉已隨風別故枝，我於凋落更何辭。窗前雨滴梧桐碎，獨對寒燈哭母時。（其四）

颯颯西風冷繐帷，小窗竹影月淒其。空餘舊物思言笑，幾度凝眸雙淚垂。（其五）

本是明珠掌上身，於今憔悴委泥塵。淒涼莫怨無人問，剪紙招魂訴母親。（其六）

年年辛苦為兒忙，刀尺聲中夜漏長。多少春暉遊子恨，不堪重展舊衣裳。（其七）

寒屏獨倚夜深時，數斷更籌恨轉癡。詩句吟成千點淚，重泉何處達親知。（其八）

我家的墳地在京西的香山，我的祖父、曾祖父、高祖父都葬在那裡。那時沒有汽車，給母親送殯用的是馬車。因為路遠，送到香山已經很晚了，就住了一夜，第二天才回來。給母親送殯回來，我還寫了一首小詞《憶蘿月》：

蕭蕭木葉。秋野山重疊。愁苦最憐墳上月，惟照世人離別。

平沙一片茫茫。殘碑蔓草斜陽。解得人生真意，夜深清唄淒涼。

我曾經把這首詞抄給顧隨先生看，顧先生在詩稿上批了幾個字，「太淒涼，年輕人不宜如此」。現在我家的祖墳早已沒有了，聽弟弟說遷葬過一回，「文革」以後農田改造就沒有了。

母親去世後，我們就不再自己燒飯，而由伯母擔負起為全家燒飯的責任。每當我要幫忙時，伯母總要我去專心讀書，不肯讓我幫忙做家務。那時我們都穿布鞋，也是伯母做，從來不指望我幫忙。所以我雖遭喪母之痛，但在讀書方面卻並沒受到什麼影響，反而如古人所說「愁苦之言易工」，這一時期，我寫作了大量的詩詞。

抗戰勝利後，我父親回到北京時，我母親已經去世四年之久了，父親寫了悼念母親的詩，擺放在母親的遺像前。到我離開北京南下結婚時，一直都是擺在那裡。可是等到我一九七四年回國探親時，什麼都沒有了。經過「文革」，我弟弟什麼都沒有保存下來，一點紀念的東西都沒有留下。

我父親回來以後，為了減輕伯母的負擔，我們單獨起伙做飯。我們有一個遠房的本家大姑姑，她結婚以後先生去世了，有一個兒子出去工作就再也沒回來。父親就請她到我家照顧我們，給我們做飯，幫我們料理家務。直到一九四八年我離開北平到南方結婚，她還在我家。我第一次去聽基督教的佈道，就是這個大姑姑帶我去的。那時我已經教書了，正是快過年的時候，學校放寒假，大姑姑跟我說，有個佈道會你去不去。我這個人很好奇，就跟著她去了。一九七四年我回國時，大姑姑還在北京，我去看過她幾次。我回國以後，對於我的姨母、大姑姑，都給了她們幫助。

五、尋根之旅

我雖然從小就知道我們家是蒙古裔的旗人，我家姓葉是從葉赫那拉氏簡化而來，但是因為一直在戰亂中，我從來沒有機會去祖先居住的地方尋根，甚至我們的祖先是幾世入關的我也不清楚。沒有想到，二〇〇二年的秋天，我已經快八十歲的時候，居然有了一次尋根之旅。

我這個人本來並沒有族群觀念，這次去尋根，是受到了另外一個蒙古族人的影響，就是臺灣著名的畫家和詩人席慕蓉女士。席慕蓉是蒙古族人，她的父輩一代還生活在蒙古草原，所以她的族群故土觀念還很濃。

二〇〇二年春天我到臺灣客座講學，本來是輔仁大學請我去的，因為我從前在臺大教過十幾年書，所以臺大也要請我去講。輔仁大學在郊區，但臺大在市中心，所以去的人特別多。席慕蓉也去了，席慕蓉成名是在我離開臺灣以後，所以我不認識她。她專門到位於南港的「中研院」我的住處來看我，還送給我一本書，不巧我不在住處，沒有見到她。我覺得應該謝謝她，就和我以前的學生施淑女、汪其楣商量送一本我的書給席慕蓉。施淑女、汪其楣與席慕蓉都很熟，她們說席慕蓉一直仰慕您，還不如見個面。於是施、汪二位就安排我們一起吃飯。席慕蓉送給我的書講了很多蒙古的事，對故鄉有很深的感情。所以吃飯的時候，我就告訴了她我也是蒙古人，並給她講述了前面的故事。席慕蓉聽了很興奮，她問我有沒有去葉赫尋根，因為她曾經回到她父母生活過的草原。她說你一定要回去尋根，我那邊有很多朋友，我來幫你聯繫，我也要陪你去尋根。

席慕蓉真的是非常熱心，她找她的蒙古族朋友作家鮑爾吉・原野，以及《瀋陽日報》記者關杰先生打聽到葉赫鎮在吉林長春附近的梨樹縣，並且聯絡了朋友，陪我一起去葉赫。有一天，我侄子葉言材從日本打來電話，我告訴他要去長春葉赫尋根的事，他也要一起去。他說吉林大學多年以前與他所在的北九州大學有來往，那時吉林大學的校長曾經對他說：什麼時候請你姑姑到吉林大學講學。我侄子看我太忙，就沒有答應他們。我侄子以為，這回我們去長春，如果不告訴吉林大學，恐怕不大合適。所以他就告訴了吉林大學我要去葉赫尋根的事。吉林大學聽了很高興，他們請我先到吉林大學講學，然後負責帶我們去葉赫尋根。恰巧我以前為了辦理我家祖居的事，結識了一位在北京工作的喜愛古典文學的友人，他是吉林大學校友。聽說我要去吉林和長春，他對我說，他認識一些在那邊統戰部和宣傳部工作的人，一定也會歡迎我們去。於是我們這次到長春，就有了三個接待的單位。此次尋根之旅能如此順利，首先要感謝吉大、統戰部、宣傳部這三個接待單位。

我們是九月二十四日去的，我是上午十點從天津南開大學出發的，十二點到北京老家。侄子葉言材已經在家等著我。席慕蓉也已經到北京，我們約好下午一點多在北京機場見面，乘同一架飛機前往。下午五點多到長春。一下飛機，正趕上西天的落日，也許是地理、氣候的原因，太陽又大、又圓，很紅、很美，呈現出一派「大漠孤煙直，長河落日圓」的景象。紅紅的太陽下面雖然不是黃河，但東北的大漠也很壯觀。席慕蓉一看見紅紅的大太陽很興奮，對我說，葉先生，您看好美的大太陽啊！席慕蓉說按蒙古文的意思，葉赫那拉就是大太陽的意思，葉赫就是大，那拉就是太陽。這次席慕蓉去長春對吉大是個意外的收穫，起初他們只知道葉嘉瑩和侄子去尋根，沒想到陪著一起來的是這麼有名的大作家，他們很興奮，請席慕蓉也講一次，席慕蓉為人很熱情，她立即就答應了。

第二天也就是九月二十五日，吉大上午安排我們參觀偽滿皇宮和辦事處，下午講演。因為我

2002年與席慕蓉（右）在葉赫河畔合影。

年歲大，下午他們讓我先休息，讓席慕蓉兩點鐘講，四點鐘我再講。可我這個人不但好為人師，也好為人弟子。我不但喜歡講，也喜歡聽別人講。所以我說我不休息，我也要聽席慕蓉講演。席慕蓉的讀者真的是很多，因為是臨時安排，教室不是很大，所以到處都站滿了人，真的是人山人海。席慕蓉說，多年以前，她的一本書在這裡發行，她來簽名，一直簽到要上飛機還沒有簽完，心裡覺得很抱歉，很遺憾。這回她對大家說，今天講演後，我一定給你們簽名，但你們一定要排隊。席慕蓉講演的題目是「原鄉」，講她對蒙古的特殊感情，極為真切感人。最後，她提到了我昨天晚上說的一段話。原來頭一天吃飯的時候，有人問我學古典詩詞有什麼用處，我說古典詩詞所寫的是古代的詩人對他們生活的體驗，對他們生命的反思，我們在讀古典詩詞時，使我們的心靈與古人有一種交會；在這種交會之中，我們除了體驗古人的生命和生活，我們自己也有感動和興發，在我們與古人的交會中感受我們自己當下的存在。席慕蓉說這話說得很好，所以她在講演最後就說葉先生你昨天晚上說的話我已經說不清了，你給大家說說吧。我就把這些話說了一遍。席慕蓉下午的講演結束後，吉林大學本來的安排，席慕蓉講完就是我講，可是找席慕蓉簽名的人很多，她是欲罷不能。我就說，不如先休息，等一下早點兒吃飯，晚間飯後我再講演，吉林大學同意了。

我講的題目是「從雙重性別與雙重語境看詞的美感特質」，學生們感到很新鮮，提出許多有意思的問題。因為時間關係，主持人限制了學生，我沒有能完全回答。

九月二十六日，我們才去尋訪葉赫。從長春一路開車過去，進到葉赫鎮時就看到，不管什麼單位，像加油站、小飯館等等，都寫著葉赫的字樣。負責接待我們的人把我們帶到一座嶄新的葉赫城，我們都很詫異，一問才知道原來不久以前，為了拍電視劇《葉赫那拉的公主們》，新建了這座新城。來到這座新城，發現城裡都是四合院，有的規模大一些，有上下兩層，樓上還有欄杆，據說是公主住的地方。其他旁邊的房子裡，有很多塑像，其中就有葉赫第七代首領清佳砮和揚吉砮的塑像。席慕蓉和我侄子就慫恿我與清佳砮的塑像合影留念。這裡也有金台石的塑像、葉赫那拉公主們的塑像等等。葉赫那拉的婦女都是能征善戰的，電視劇《葉赫那拉的公主們》表現的就是這些婦女為葉赫那拉部族所做出的貢獻。在部落內部，她們參與決定家族的事務，到了戰場上也是主力；遇到對外交涉需要和親時，她們又很委屈的被送去和親。

吃過午飯，我們去看葉赫古城遺址。葉赫古城坐落在葉赫河畔，東、西兩座城隔河相望，西城在葉赫河西，依山而築；東城地處葉赫河東依山靠水之間的台地，夯土而築，三面環水，一面靠山。葉赫河是很漂亮的，她從很遠的地方流過來，到葉赫城這裡拐了一個彎，形成了一個環山湖。在東北找到這樣一個有山有水的地方是很不錯的，這裡的自然條件好，物產也很豐富，除了玉米、高粱等傳統的北方作物以外，還可以種水稻。因為有河，魚也很多，我們吃午飯時，他們就做了好多種魚。我這才理解，我們的祖先為什麼要移居到葉赫河畔。據說這裡的風水也非常好，是一塊鳳地。據說，龍地出傑出的男性，鳳地出傑出的女性。

葉赫古城的遺址就像我以前去新疆經過的陽關古長城遺址，是一片高出來的土堆。我既然到了這裡，當然要上去。因為路不好走，他們怕我這麼大歲數摔著，就前邊一個人牽著我的手，後邊一個人牽著我的手，把我拉了上去。

這是一座四百多年前的古城遺跡，在上邊我看到有許多磚頭瓦塊，我帶回來一塊磚頭、一塊瓦片。瓦片的底面有細細的布紋，叫布紋瓦，布紋瓦是葉赫城建築的特色。我們來到的是葉赫的東城，就是金台石戰死的地方。九月正是收穫的季節，葉赫東城的遺址上長滿了茂密的玉米，風吹過來嘩嘩作響。在這裡我們隔河向西遙望，遠遠的還有一個高高的土堆，那應該就是西城的遺址了。此時正是黃昏時分，葉赫西城遺址在落日的餘暉下給人一種禾黍蒼涼的感覺。我此時此刻的心情，真的跟《詩經・黍離》說的一樣，有無限滄桑之感：

> 彼黍離離，彼稷之苗。行邁靡靡，中心遙遙。知我者，謂我心憂。不知我者，謂我何求。悠悠蒼天，此何人哉。
>
> 彼黍離離，彼稷之穗。行邁靡靡，中心如醉。知我者，謂我心憂。不知我者，謂我何求。悠悠蒼天，此何人哉。
>
> 彼黍離離，彼稷之實。行邁靡靡，中心如噎。知我者，謂我心憂。不知我者，謂我何求。悠悠蒼天，此何人哉。

雖然我說過我沒有族群的觀念，但找到了葉赫，我還是很興奮、很激動的，所以帶了一些古老的磚頭瓦塊回來做紀念。葉言材還帶回來一瓶葉赫河水。

因為葉赫部曾經在伊通居住過，我在訪問了葉赫的第二天，又訪問了伊通。在伊通，我參觀了滿族民俗博物館。這裡陳列著許多滿族的服飾、傢俱和擺設。雖然說我的祖上從清初就入關了，在我的記憶裡我家已經是完全漢化的家庭，但我家畢竟是蒙古裔滿人的血統，所以生活習慣上依然保留了一些滿人的習俗。我個人對此也有著潛在的感情。當我看到這些具有滿人特色的陳列時，就想起了我在北京西城察院胡同的老家。滿族婦女梳的「兩把頭」我在祖母的照片上看到過，博物館中擺的條案、帽筒，和我家裡用的一樣。

西方心理學講，人總要有個認同，有個歸屬，才感到心安。我是一個四海為家的人，在這個世界上，我除了認同北京察院胡同老家是家以外，到了任何一個地方，我都覺得是臨時的，是宿舍，現在我所認同的北京老家已經被拆掉了，我已經失去我最親切的、伴隨我成長的根。這次葉赫之行，我找到了祖先生活的地方，尋到了更遙遠的葉赫的根。

第二章 少年讀書

一、兒時趣事

我出生的時候，父親正住在東廂房，當時我並沒有留下記憶。當我有了最初的記憶，都是關於西廂房的。所以我在之前曾說我出生在西廂房，後來我的堂兄糾正了我，說我出生在東廂房，後來才搬到西廂房的。堂兄這一說，使我想起一件事。小時候，母親、姨母在一起聊天，說我小時性格倔強，要做什麼就一定非要做。有一年冬天的晚上，母親鋪好了被子要睡覺，母親給我擺枕頭的時候，我就認為母親擺放枕頭的地方不對，於是大哭不止。母親就不停地糾正枕頭的位置，我一邊哭一邊說：「裡邊一點……外邊一點。」母親始終不理解裡邊與外邊是什麼意思，所以總是擺不好。直到伯父來了，才理解是枕頭與被窩的位置。大家後來得出結論，說我脾氣很強。這件事情就發生在東屋。但當他們說這個故事的時候我也有所不懂，我記得小時在西屋為什麼事情發生在東屋呢？後來堂兄一說，我才終於明白，原來以前伯父和父親是在東屋、西屋輪流住的。

大人們還說過我小時候另外的故事。有一次家裡來了不少親戚朋友，因為我從很小的時候就會背唐詩，大人就讓我給客人背詩。背的是什麼詩我都不記得了，但大人們還記得，說是背了李白的

《長干行》：「妾髮初覆額，折花門前劇。郎騎竹馬來，繞床弄青梅。」大家都高興地聽著，後來背到「八月蝴蝶黃，雙飛西園草。感此傷妾心，坐愁紅顏老」的時候，大家就笑了，說：「你才幾歲，就知道坐愁紅顏老了？」我那時當然不知道。小孩子是不了解詩意的，但根本沒有關係，就像唱歌一樣。有一次我到北京，老舍的兒子舒乙辦了一個學習古典文化的學校，用了葉聖陶的名字，叫聖陶學校。他們帶我參觀了這個學校。這個學校裡的學生都住校，除了常規的課程，還學習《論語》、《孟子》、《大學》、《中庸》、《千字文》、《百家姓》等一些中國古代經典。他們的教學方法主要是背誦，而且要求背得非常熟。我就問孩子們背誦的這些書什麼意思，孩子說老師沒講。這讓我想起小時候的自己也是一樣的，不管懂不懂，背就是了。這是符合小孩子這個階段成長的生理規律的，因為小孩子的理解能力差，而記憶力是很強的。利用小孩子記憶力強的優勢，多背誦一些經典，等他理解力發達了自然會懂得，將使他受益終生。

後來我家外院的五間南房租出去，新來的房客姓林，他家有個與我年齡相近的女孩兒，排行第六，我叫她六姐。而我出生在陰曆六月，那是個荷花盛開的日子，家裡給我起的小名叫荷，她就叫我荷姐，從此我就有了玩伴兒。我家是旗人，有許多舊的旗人衣服，鞋子。旗人的鞋底很高，有花盆底和元寶底兩種。一般來說，花盆底是年輕婦女穿的，元寶底是老年婦女穿的。但有時年輕婦女為了方便，在家也穿元寶底的鞋。在我家大衣櫃的底層，存有這樣一堆鞋子。六姐喜歡打扮，一天她跑來找我玩，就把這些鞋子翻出來，她穿一雙，我穿一雙，還弄了一個紙卷，做個像旗人梳的「兩把頭」。那些衣服很簡單，沒有什麼裝飾，六姐就拿個剪子，把我穿的一件短襖，剪了許多穗子，成了一條條的。晚上，媽媽看見了，把我大罵了一頓，說你們這玩兒的是什麼遊戲，怎麼把衣服都剪了。

祖父管我們很嚴格。比如，有客人來了吃飯，小孩子是一律不許上桌子的。孩子們就在旁邊擺一張小桌子吃，不許上大人的桌子。可是有一次有客人來吃飯，不知為什麼把我弄上了大桌子，問我吃什麼，我從小就不大計較，就說給我什麼就吃什麼。

小時候的故事還有許多。記得有一次，不知道為了什麼，祖父說我錯了，非讓我認錯，可我根本不知道自己錯在哪裡。就是在祖父的權威面前我也不肯讓步，就跟祖父說：我錯在哪裡，你給我講講理。我母親看我不認錯，就在屋裡打我，逼我認錯。我就是不認錯，堅持要祖父講理。祖父在窗外大發其火，說這麼小的孩子堅持不肯認錯，一定是打得不夠。那意思是說我母親沒有真的打我，只是做做樣子而已。可我依然不讓步，母親真的發狠打我，當然也是為了打給祖父看。小小的臉蛋，到了第二天都沒有消腫。恰好，第二天外婆家來人，看到我的臉，就說我母親，怎麼可以把孩子打成這樣。可見我小時候脾氣真的是很強。其實小時候的這兩個故事，已經表現了我一生的性格，我對於吃什麼穿什麼那些物質的東西，是不大在意的；而對於是非道理這樣的原則問題，就是要堅持，不肯讓步。

祖父認為我性格太倔強，就對我母親說，這個女孩子太強，不能讓她到外面去讀書，否則以後你就沒有辦法管她了。結果，我還沒有到讀書的年齡，祖父就去世了，他也管不了我了。但是，我終於還是沒有到小學去讀書，那是另有緣由。

二、幼年讀書

小時候，我跟父親學習，當時叫認字號。我的父親字寫得很好，他用毛筆在一寸見方的黃表紙上把字寫出來，如果有一個字可以讀多音的破音字，父親就用紅色的朱筆按平上去入四聲，分別在這個字的上下左右畫上一個個小紅圈。

例如：如果「數」字作為名詞「數目」的意思來用時，應該讀成去聲，像「樹」字的聲音，就在字的右上角畫一個小紅圈；如果作為動詞「計算」的意思來用時，應該讀成上聲，像「蜀」字的聲音，就在字的左上角也畫一個小紅圈；另外這個字還可以作為副詞「屢次」的意思來用，應該讀成入聲，像「朔」字的聲音，就在字的右下角也畫一個小紅圈；這個字還可以作為形容詞「繁密」的意思來用，應該讀成另一個入聲，像「促」字的聲音，就在字的右下角再多畫上一個小紅圈。因為「促」這個音的讀法與用法都不大常見，這時父親就會把這種讀法的出處也告訴我，說這是出於《孟子・梁惠王》篇，有「數罟不入洿池」的句子，「罟」是捕魚的網，「數罟不入洿池」是說不要把眼孔細密的網放到深水的池中去捕魚，以求保全幼魚的繁殖，也就是勸梁惠王要行仁政的意思。

當時我對這些深義雖然不大理解，但父親教我認字號時那黃紙黑字朱圈的形象，卻給我留下了深刻的記憶。古人說「讀書當從識字始」，父親教我認字號時的嚴格教導，對我以後的學習，產生了很深遠的影響。

在我開始學英語時，父親又把這種破音字的多音讀法，與英語做過一番比較。父親告訴我中國字的多音讀法，與英文動詞可以加 ing或 ed 作為動名詞或形容詞來使用的情況是一樣的。只不過因為英文是拼音字，所以當一個字的詞性有了變化時，就通過詞尾的字母變化來表示，例如：learn 這個詞就是通過詞尾的變化 learning/learned 來表示它不同的詞性，而中國字是獨體單音，所以當詞性變化時就只能在讀音方面有所變化。因此如果把中國字的聲音讀錯，就如同把英文字拼錯一樣，是一種不可原諒的錯誤。父親的教訓使我一生受益匪淺。

另外，在我的啟蒙教育中，另一件使我記憶深刻的事，就是我所臨摹的一本小楷的字帖，寫的是白居易的《長恨歌》。詩中所敘述的故事極為感人，詩歌的聲調又極為和諧委婉，因此我臨摹了不久就已經熟讀成誦，由此也就引起了我讀詩的興趣。

父親雖然嚴格教我識字，卻並沒有把我送到小學去讀書。因為我的父母有一種想法，他們都以為兒童幼年時記憶力好，應該多讀些有久遠價值和意義的古典詩書，而不必浪費時間去小學裡學一些什麼「大狗叫小狗跳」之類淺薄無聊的語文。於是就為我和大弟嘉謀，請了一位家庭教師，這位教師就是我的姨母。所以說姨母就是我和弟弟的啟蒙教師。第一天開始上課，我家還舉行了拜師儀式。而且不只是拜老師，還設了一個木頭牌位，上面寫著「至聖先師孔子之位」。我跟弟弟都給孔子的牌位磕了頭，所以我常常說我是給孔子磕過頭的。目前看來，這些可能已被認為是一些封建的禮節，但我現在回想起來，卻覺得這些禮節在我當時幼小的心靈中，卻確實產生了一種敬畏之感。人不能無所畏懼，什麼都可以做，想怎樣就怎樣。孔子說：畏天命，畏大人，畏聖人之言。這是中國的傳統，人是應該有所敬畏的。

父親葉廷元。

我們用的課本是朱子的《四書集注》，姨母並不詳細講解那些注釋，只是說一個大概，然後讓我們去背。

那時我們每天下午跟姨母學習語文、數學和書法，上午是我和弟弟自修的時間。上午，我們做昨天的作業，昨天的《論語》讀到哪兒了，要把它背下來；昨天留的數學題，都要做完；大字，小字各應寫多少篇，也都要寫完。午飯以後，姨母就來了，再上新課。每天就是過這樣的生活。

此外，父親有時也教我們幾個英文單詞，學一些英文短歌，如「one two tie my shoe, three four close the door」之類。他認為只學中文是與時代不相符的，為了幫助我們學英文，父親還給我們買了一個學習英文的玩具，裡面都是英文字母。誰能夠先拼成一個英文詞，誰就贏，我與弟弟就玩這樣的拼詞遊戲。當時祖父已經去世，我應該是七歲左右。

有一次，我以前的學生方光珞到南開來講學，我們一起去吉美百貨樓上吃飯。那裡有排特殊的座位，桌子就是普通的桌子，可是椅子卻像秋千一樣吊在那裡，方光珞也想坐在那裡，可是很多客人都覺得好玩，已經坐滿了人。這使我想到，人生真是各有得失。我家只有我一個女孩，管得很嚴，不許出去玩，我小時候沒有盪過秋千，一般女孩兒玩的遊戲，我都不會。冬天北平很冷，北海、什剎海都結了冰，許多男孩子、女孩子都去溜冰，我也不會，因為家裡沒有放我出去過。像女孩子玩的抓子兒、踢毽子，那時我根本沒見過。我真的是關在院子裡長大的，我把所有的精力都用去讀書了。

我父親是北大英文系畢業。在他剛剛畢業的時候，就到了中國新成立的航空署工作，航空署就是後來的航空公司的前身。當時，中國的航空事業剛剛開始，而西方已經發展了一段時間，所以中國就需要參考西方航空業的經驗，於是就要把西方的有關書籍翻譯成中文進行學習。因為飛機在天上飛，要從星座上了解飛機的方位，所以父親也要看這方面的英文書。我當時雖然不懂英文，但也翻看父親的這些書籍，主要是看那些星座，因此對一些星座有了很深的印象。

那是一個還沒有污染的時代，北京的天空十分明淨。晚上，天上的星星非常清楚地展現在眼前。《唐詩三百首》中有「天階夜色涼如水，臥看牽牛織女星」的詩句，當時的北京真能感受到這種氣氛。每到夏夜時分，即使天色很晚，我也不肯回到房子裡去，堅持要在屋外乘涼。除了屋內悶熱以外，外面天空的景色也確實誘人。我有時坐在一個小板凳上，有時躺在涼席上，仰望著天上的星星，不肯離開。

在我們很小的時候，父親就給我們訂了一份兒童雜誌，裡面有很多翻譯文章，還有一些介紹西方名勝的圖片。我清楚地記得關於羅馬龐貝古城的介紹，那時我就想什麼時候我能親自去看看。一直到一九七一年我四十七歲時才有機會去歐洲，把這些地方看了一遍。

我在家念書念到差不多十歲應該上五年級時，父親說應該到外邊去念書了。當時我家附近有個教會學校叫篤志小學，五年級就開始教英語，因為父親一直主張學英語，就讓我們到篤志小學上學，我上五年級，弟弟上三年級。

篤志小學離我家不遠，每天我和弟弟走著去上學。那時小學分成初小和高小兩部分，一年級到四年級是初小，五六年級是高小。篤志小學的高小是女校，男生高小就去了志誠小學。因為女校沒有男生，女生就與女生交朋友。特別要好的女生就稱 dear。我是在家裡長大的，沒有上過學，對這些根本就不懂。但是從我在教室裡參加入學考試時，就有許多高年級的女同學跑來看，她們就是來選朋友的。我被高年級的兩個女生看上了，一個是初二的叫高文玲，一個是小學六年級的姓董，好像叫董玉琴。這兩個人的性情完全不一樣。那時，因為我從來沒有出來過，所以很害羞。董同學總

1992年冬，與楊振寧在南開大學專家樓敘舊。

是帶著我到處去，有一次她把我帶到她家，還被她家的狗咬了一口，幸虧是冬天，穿著厚厚的棉衣，沒被咬傷。而高文玲則不然，她總是和我談功課談學習。可是，後來我跟這兩位同學都失去了聯繫。

很多年以後，楊振寧先生七十歲生日的時候，在南開祝壽，他一定要讓我講幾句話。我到台上說：今天來參加楊振寧先生壽宴的都是物理學家，有楊先生的同學、同事、同行的學者，而我是學中文的，但我可以和楊先生認一個「半同」的關係，因為他所上的崇德小學和我上的篤志小學是同一個教會辦的，是兄妹學校，男校叫崇德小學，女校叫篤志小學，而且，他上崇德小學時正是我上篤志小學的時候。那次祝壽會上，我還寫了幾首詩送給楊振寧先生，其中第一首是這樣寫的：

> 卅五年前仰大名，共稱華胄出豪英。過人智慧通天宇，妙理推知不守恆。（《楊振寧教授七十華誕占絕句四章為祝》其一）

這裡說的三十五年前是一九五七年，我正在臺灣教書。楊振寧、李政道兩位教授獲諾貝爾物理獎的消息傳開後，所有華人都為他們驕傲。物理一下子就成了熱門，許多學生爭著報考物理系。當時我教過物理系一個班的大一國文，記得我為他們講唐五代小詞的時候，曾經做過一些引申的聯想。那天講的是韋莊的《思帝鄉》：

春日遊，杏花吹滿頭。陌上誰家年少，足風流。妾擬將身嫁與，一生休。縱被無情棄，不能羞！

我告訴學生，不要把它僅僅看成是寫美女跟愛情的小詞。我們每一個人做學問和追求理想也需要這種精神。要知道，學物理不一定都能獲獎。如果你為物理付出了你的一生，最後卻沒有得到相應的回報，你會後悔當初的選擇嗎？楊振寧教授的成就，不僅僅在於他獲得了諾貝爾獎，而更在於他對物理學終身不渝的追求和奉獻。

其實，我從很小還不大認字、不大懂事時就已經開始背詩了。到正式上課了，我認字漸漸多了起來，就開始背唐詩，唐詩不在正課中，正課是「四書」，只是我十分喜歡背詩。在我家裡不僅伯父、父親喜歡讀詩，伯母、母親也都讀詩。但是女人讀詩不像男人那樣大聲誦讀，而是低聲吟哦。真正第一次拿著《唐詩三百首》當課本教我的是伯母。伯母受過良好的教育，她是按著《唐詩三百首》編選的順序來教的，其實她也不教什麼，就是讓我背。《唐詩三百首》是按體裁編的，五言古詩，五言古體樂府，七言古詩，七言古體樂府，五言律詩，七言律詩，五言絕句，五言樂府絕句，七言絕句，七言樂府絕句。那時我伯母並沒有給我講這些詩歌的體式，就是從第一首開始念。

不論是伯母教唐詩，還是姨母教「四書」，都不詳細講，都是讓我背誦。我覺得，中國傳統的教學方法是很有道理的。小孩子實際上不需要多講，應該利用他們記憶力強的優勢，讓他們多記憶、多背誦。而「五四」以後新式教學，主張小孩子不懂是不該背誦的。我的女兒在臺灣，新式教學雖也要背誦，而背的卻是什麼「來來來，來上學。去去去，去遊戲。見到老師問聲早，見到同學問聲好」。背這些有什麼用處呢？我小時候，雖然似懂非懂只是背誦，可是我覺得這種背誦的古典教學方式是有用處的。小孩子是記憶力強而理解力弱的時候，此時，即使他不能理解，只要先背下來，等到將來理解力提高以後，這些早年記憶的內容就會被調動出來，如同智慧庫，為孩子一生提供不盡的資源。

其實，按人的智慧發展規律來說，中國的這種傳統教育方法才是合乎人的自然成長階段的。比如我早年背誦《論語》並不理解，但在我以後的人生路程中，遭逢各種各樣的事情的時候，會忽然理解了《論語》中的某些話，越發體悟小時候背書真是很有道理的。直到今日，《論語》也仍是我背誦得最熟的一本經書，這使我終生受益。我確實因為讀誦了《論語》而在性情方面有了很大的轉變，我逐漸體悟到了儒家思想中的柔順而堅韌的美德，因而改變了我以前的倔強急躁的脾氣。這種體悟對我一生的處事為人造成了深遠的影響。而且年齡愈大，對書中的人生哲理也就愈有更深入的體悟。此外《論語》中有一些論詩的句子，使我在學詩方面獲得了很大的啟發，直到現在，我在寫文章和講課的時候，還經常喜歡引用《論語》中的句子，這就是我在做學問和做人方面都曾經受到過《論語》影響的一個最好證明。

真正好的詩詞作品，讓人家從表面的第一層意思還可以聯想到很多層的意思。就像王國維所說的古今成大事業大學問者的那三種境界：「昨夜西風凋碧樹，獨上高樓，望盡天涯路」，「衣帶漸寬終不悔，為伊消得獨憔悴」，「眾裡尋他千百度，驀然回首，那人卻在燈火闌珊處」，這裡所舉出的都是宋人的詞。王國維接著說：「此等語皆非大詞人不能道。然遽以此意解釋諸詞，恐為晏、歐諸公所不許也。」王國維所說的不見得是作者的本意。但好的作品，它有很豐富的內涵，你把它背下來，很奇妙的事情就發生了，它隨著年齡的慢慢增長，以及對人生體驗的逐漸豐富，每個階段都會有更深入的體會。

我開始背張九齡的「蘭葉春葳蕤，桂華秋皎潔，欣欣此生意，自爾為佳節」時並不喜歡，這首詩押的是入聲韻，念起來也不好聽，詩中講的「草木有本心，何求美人折」的人生道理，我那麼小當然也不懂。而像「天階夜色涼如水，臥看牽牛織女星」，是我能體會的；像李商隱的「雲母屏風燭影深，長河漸落曉星沉。嫦娥應悔偷靈藥，碧海青天夜夜心」我也覺得不錯，念起來也很好聽，嫦娥、銀河、燭影、屏風這些詞彙也都是我熟悉的，我就背下來，並沒有什麼深的理解，後來一直也沒理會。直到一九五三年，我到臺北二女中教書時，課本裡選了一篇《資治通鑑》裡的文章《淝水之戰》，裡面寫到前秦與東晉交戰，東晉勝利了，獲得了一輛苻堅的雲母車，想必是車上有雲母的裝飾。下課後我搭乘公共汽車回家，在等車時，想到剛剛講的雲母車，忽然間李商隱的嫦娥詩從腦子裡跑出來了：「雲母屏風燭影深，長河漸落曉星沉。嫦娥應悔偷靈藥，碧海青天夜夜心」。這時距離小時念這首詩已經好幾十年，當年紀小時我只是從表面知道嫦娥的故事和屏風、燭影這些具體的物象，可這時我對這首詩就忽然有了另一種體會。因為我已經過了患難，才真正懂得了李商隱這種孤獨、寂寞、悲哀的感覺。詩裡這些豐富的內涵，孩子是無法理解的，就是要把小孩記憶力強的時期利用上，讓他背誦下來，只要他記住了，隨著年齡的增長，隨時都會有所體會，隨時都會有所昇華。

我小時讀詩也是喜歡那些聲律好聽的、意象優美的詩句，至於那些有哲理的詩也不大懂。哲理詩寫得最好的是陶淵明，我小時沒有讀過，也不知道如果讀了會不會喜歡。陶淵明的詩是我上大學時跟我的老師顧隨先生念書時才開始讀的，顧隨先生非常喜歡陶淵明的詩，我也是從一開始就喜歡上了陶淵明，並為之傾倒。陶淵明真的是一個了不起的大詩人，同樣是哲理詩，你把陶淵明的詩與張九齡的詩做一個比較，就可以看出不一樣。張九齡是把人生的哲理用智力安排出一些形象而表達出來：「蘭葉春葳蕤」是說蘭花的葉子春天長得很茂盛；「桂華秋皎潔」是說桂樹的花開在秋天也很有光彩；「欣欣此生意」是說四時的每一種草木，都有它生命的力量，它都能把自己生命的力量表現得很美麗；「自爾為佳節」是說每一種草木都各有它表現出自己生命力量的適當時節，都能欣欣向榮的把自己的生命表現出來，這是它本身，本身的生命，本身的光彩；「誰知林栖者，聞風坐相悅」，你哪裡知道有些在山林隱居的人，喜歡蘭桂的這種芬芳、這種美好，就把蘭花或者桂花折了，拿到家裡放到花瓶裡養起來了；而張九齡就說了「草木有本心，何求美人折」，草木自己開花那是它本來就有的一種芬芳，自然在生命中就展示它的這種芬芳，它的芬芳不是因為你要欣賞才有的，就是我們常說的「蘭生幽谷，不為無人而不芳」。這個道理其實很好，我長大了當然也都懂了。但這首詩只是把一個哲理用形象給表現出來了。

朱熹的「半畝方塘一鑑開，天光雲影共徘徊。問渠哪得清如許，為有源頭活水來」也是一首很好的詩，說這半畝大的一方池塘像鏡子一樣；天光、雲影碧波搖盪，問一問這水為什麼這樣清澈，因為這水不是死水而是有源頭的活水。人也是要有源頭的活水，就是你的生命要不斷地充實，不斷地成長。這些道理當然是很好，但只是在說一個道理。

而陶淵明不是這樣，陶淵明是結合了自己的人生體會，有一分詩意的感情，他的哲理詩，寫得非常好。我們來看他的《飲酒詩》中的一首：

棲棲失群鳥，日暮猶獨飛。徘徊無定止，夜夜聲轉悲。厲響思清遠，去來何依依。因值孤生松，斂翮遙來歸。勁風無榮木，此蔭獨不衰。託身已得所，千載不相違。

這首詩有他人生的體驗，有一份感覺和感情在裡面，不只是由理性安排出來的形象的象徵和寓託。有的詠物詞是出於理性的安排，是由思想把形象跟意思配起來的，而陶淵明不是，陶淵明真是有他生活的經驗、他的體會、他的感情在裡面。從這首詩中我們可以看出，陶淵明確實在那時黑暗多歧的仕途中，有過一段徬徨的日子，但是他沒有在黑暗中迷失自己。在陶淵明的詩中，我們可以體悟到，他以知命的委順，泯沒了悲苦；他以知止的固執，超越了迷途；他以閃爍著智慧的燈火，照亮了他的四周，終於找到了他所要走的路。而且在心靈與生活上，都找到了他自己的棲息之所。於是陶淵明欣然地從他周圍的事物中，看到了種種可賞愛的人生妙趣，在「山氣日夕佳，飛鳥相與還」之際，悠然吟出了「此中有真意，欲辯已忘言」的詩句。

這首詩中的兩句「因值孤生松，斂翮遙來歸」，寫得真是美，而且「託身已得所，千載不相違」更是非常使人感動。

三、中學時代

我在篤志小學只讀了五年級一年，第二年我家附近的教育部街新成立一所中學，叫市立第二女中，各年級都招，而且也招同等學歷的，隔壁鄰居家的女孩要去考，我也跟著去了。結果以同等學歷考上了初中。那時父親工作的航空公司辦事處設在上海，所以他常年不在家。但父親要求我每兩週都要用文言文給他寫一封信，到初中二年暑假「七七」事變這一兩年期間一直堅持，這使我的文言寫作有了更多的練習。直到抗戰爆發，父親去了後方，才中斷了書信聯繫。

我喜歡讀詩、寫詩主要都是受了伯父的影響和培養，在我學習寫文言文的同時，伯父就經常鼓勵我試寫一些絕句小詩。因為我從小就已習慣於背書和吟誦，所以詩歌的聲律可以說對我並未造成任何困難。

常言說「少女情懷總是詩」，我雖是一個生長在深宅大院中，生活經驗極為貧乏的少女，但從我的知識初開的目光來看，春秋之代序、草木之榮枯，種種景象都可以帶給我一種感發和觸動，於是我家窗前的秋竹、階下的紫菊、花梢的粉蝶、牆角的吟蛩，一一都被我寫入了我幼稚的詩篇：

幾度驚飛欲起難，晚風翻怯舞衣單。三秋一覺莊生夢，滿地新霜月乍寒。（《秋蝶》）

不競繁華日，秋深放最遲。群芳凋落盡，獨有傲霜枝。（《詠菊》）

植本出蓬瀛，淤泥不染清。如來原是幻，何以渡蒼生。（《詠蓮》）

一九三五年我考上了初中以後，作為獎勵，母親給我買了一套開明版的《詞學小叢書》，還買了一套所謂「潔本」的《紅樓夢》、《水滸傳》、《三國演義》等古典小說。我當時最喜歡讀的是《紅樓夢》，對大觀園中諸姐妹吟詩填詞的故事極感興趣。《詞學小叢書》中所收錄的作者與作品很多，其中影響我最大的有兩種著作，一個是王國維的《人間詞話》，一個是納蘭性德的《飲水詞》。王國維的《人間詞話》使我對詞的評賞有了初步的領悟；納蘭性德的《飲水詞》使我對詞的

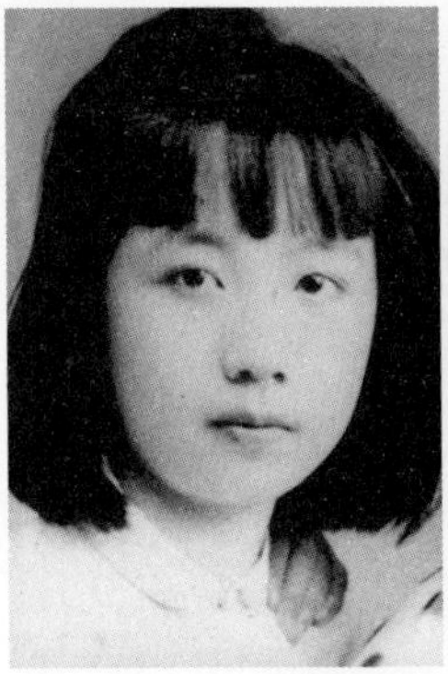
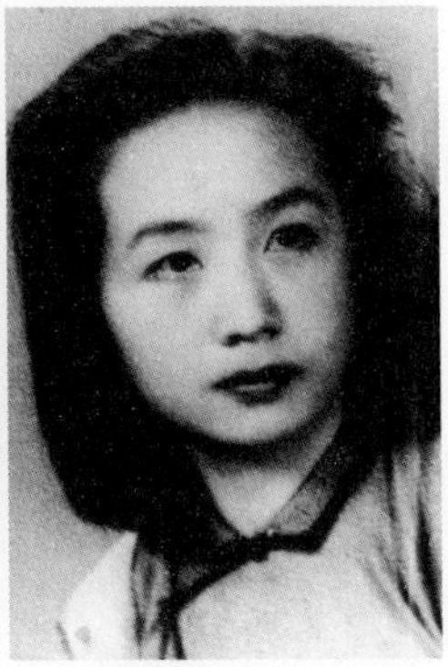

左圖：初中畢業。
右圖：1941年高中畢業前攝於北京。

創作產生了很大的興趣。雖然伯父和父親很早就教我誦讀唐詩，我早在考入初中以前，就學著試寫一些短小的絕句，但是伯父和父親卻從來沒有教過我讀詞和填詞。我自己也曾經讀過一些五代和兩宋詞人的作品，可是從來沒有我自己也要寫詞的念頭。當我讀了納蘭性德的這本《飲水詞》，從開篇第一首《憶江南》：「昏鴉盡，小立恨因誰。急雪乍翻香閣絮，輕風吹到膽瓶梅，心字已成灰」開始，我立刻就被這位詞人的作品吸引住了。我當時還沒有能力對詞的優劣做出任何品評，只是覺得這位詞人的作品似乎比我以前讀過的那些五代兩宋的詞更為清新自然，使我感到更容易接近。於是我一口氣就把《飲水詞》讀完了。我那時記憶力很強，《飲水詞》中的一些小令，幾乎可以過目成誦，於是那天然的口吻和流利的聲調，就引得我躍躍欲試，這些小令的聲律與詩又大體差不多，所以在吟詩之餘，我也就無師自通的填寫起小詞來了。當然還有伯父的鼓勵，更增加了我填詞的一份興趣。我早年所寫的一些小令，確實是受到過《飲水詞》的影響，而且這種影響一直延續到我進入大學的時代。

我向來不喜歡早睡覺，有時當然是為了學習和寫功課，有時也看一些小說等閒書。閒書看得很雜，像「四大名著」、《七俠五義》、《小五義》我都看，還有《福爾摩斯探案集》等。母親有時睡了，一覺醒來看我還亮著燈，就說：黑更半夜都兩點了還不睡覺。我家原來也是點油燈，那油燈是一個金屬的底座，上面是一個玻璃罩子，這種油燈點著以後有時會冒煙，時間一長燈罩就熏黑了，需要常常擦。我們就用一個木頭棒子，頭上綁上棉花，在玻璃罩子裡面東轉西轉，把它擦乾淨。後來家裡裝了電燈，就方便多了。反正不管是電燈還是油燈，聽到母親叫我睡覺，我就熄了燈，拿個手電筒躲到被窩裡接著看。

初中老師給我印象最深的是教我初二國文的紀清漪老師。那是一九三六年，當時她是相當左傾、革命的。上課的時候，她講抗日、講革命，真是慷慨激昂。日本軍隊一進城，她就不見了。大約一九九六年前後，在北京二女中校友會上，我的一個校友告訴我紀老師還健在，我們就一起去看望了她，已經九十多歲的人了，還是那麼有精神。雖然腿腳行動不方便，但頭腦還很清楚，說話還是那麼響亮。

初中二年級時還有一位教英文的姜老師非常好，我的英文如果一直是他教，肯定比現在好。因為他教英文要求我們一定要背，還不只是背，一定要我們用英文寫作文。考試也是一樣，也要寫英文作文。可惜姜老師只教了我們一個學期，「七七」事變爆發了。日本人占了北平，取消了英文，改學日文。因為對日本的牴觸情緒，我們根本就不願意學，當然也就不好好學。教日文的老師是從東北請來的，教了一個學期以後，老師要接著往下教，可是我們都說前邊的還不會，只好從頭來，總而言之，日文根本就沒好好學。後來恢復了英文，每週也只有兩節課，換了一個年輕的老師，上課時說說笑笑，不大認真，所以我的英文基礎就沒有打好。

進入高中一年級後，有一位名叫鍾一峰的老教師來教我們的國文課，他有時也鼓勵學生們學寫文言文，我把過去給父親寫文言信時所受到的一些訓練，用在了課堂的寫作之中。當時我不僅喜愛誦讀唐宋諸家的一些古文，同時也還喜愛誦讀六朝時的一些駢賦，我在課堂上還試寫過一篇《秋柳賦》，得到了老師很高的讚賞。

高中二、三年級的國文老師是個年輕的男老師，叫王鴻逵。他上課的時候很害羞，也不敢看同學。因為我國文好，所以對我印象頗深。前幾年我到臺北講學，報紙上發了消息，一天突然有人打電話來，說他爺爺是我的老師，想要見見我。就是這位王鴻逵老師。後來我就去拜訪了他，是臺大教授林玫儀夫婦陪著一起去的，還錄了像。

高三快結束的時候，我已經準備上大學國文系，西單牌樓附近成立了一個國學班，講《詩經》、《書經》、《易經》和《左傳》。我白天到學校上課，晚上就去國學班學習。記得教《詩經》的是一位姓鄒的老先生，我曾把平日寫的一些詩拿給他看，那時年輕人寫詩的已經不多了，他看了我的詩很高興，在批語中曾經稱讚我說「詩有天才，故皆神韻」。

其實，我高中遇到的最好的老師還不是語文老師，而是數學老師蕭佩蓀先生。他講的大代數、解析幾何，真是清楚，我非常喜歡，也下了不少工夫，常常做習題到很晚，數學成績也很好。可以說，高中階段，我的精力都放在數學上了。因為我從小國文底子很好，所以中學國文課對我影響不大，中學時代我收穫最大的其實是數學。當然現在我已把那些數學公式全忘光了，不過，我相信學數學時所習用的那些推理和思辨的方式，對我也仍是有影響的。

四、關於我早年寫的作品

一個人在少年階段，對自然的認識、對社會的認識剛剛開始形成，對一切知識充滿了新鮮的感覺。等你年齡大了，一切都司空見慣了，看到四季的更替就沒有什麼新鮮感了。可是當你第一次注意到花開花落就有一種很新鮮的感覺，所以我小時寫的詩都是我家院子裡的一些事物。中國的傳統都說，詩是見靈性的。從小孩子脫口而出的詩句，就大概可以看到他的性格，看到他一生的遭遇和命運。古人傳說過很多這樣的故事。有人出題對對子：「風吹馬尾千條線」，有人就對「雨打羊毛一片氈」，對得平仄一點也不錯，很工整，但「雨打羊毛一片氈」就是那種很淒涼的樣子，飛不起來；然而另外就有人對「日照龍鱗萬點金」，這氣象就不同了。《世說新語》裡記載，有一次女詩人謝道韞家裡聚會，外邊正在下雪，有人問他們兄弟姐妹「大雪飄飄何所似？你們作一句詩來形容一下」。謝道韞的一個兄弟說「撒鹽空中差可擬」，謝道韞說「未若柳絮因風起」。大家都稱讚她，所以後來稱女子有才就說有「詠絮」之才。其實我認為這是兩種不同的雪，那種霰雪介乎雨雪之間像小冰粒的雪可稱撒鹽，而大片的鵝毛大雪可稱柳絮。

雖然我從小是關在家裡長大的，很少走出家門，但從初中就經歷了抗戰的亂離，父親離開了家到後方工作。五歲時祖父去世我也是記得的。尤其是我母親的去世，給我的打擊更大，因此我對死生離別有很深的印象，很早就認識到人生的盛衰、生死、聚散的無常。當然每一個人的感觸、認識也是不一樣的。

現在回過頭看我小時寫的詩，有以下幾個特色：

一是對人世空觀的認識。當然也不能說是真正嚴格意義上的空觀，那時我既沒有學過道家的哲學，也沒有學過佛家的哲學。但因為我很小就對人的死生無常有了認識，所以我對身外之物的得失都不大在乎。有很多人都覺得我這個人太馬虎，什麼都不懂，我想這可能是我的天性如此吧。

我的詩集裡第一首詩是《秋蝶》，祖父去世後，伯父母搬進了北房，就在北房前開了一個小花池子，種了很多的花，母親在西廂房靠南牆邊上也開了一個小花池子，也種了很多花草。當然有花開，就有蝴蝶飛來，我看到秋天的蝴蝶，就寫了《秋蝶》：

幾度驚飛欲起難，晚風翻怯舞衣單。三秋一覺莊生夢，滿地新霜月乍寒。

那時我只有十五歲，其實我也不知道為什麼，開口寫的就是這樣的東西。「幾度驚飛欲起難」，因為秋天的蝴蝶快要僵死的時候已經飛不起來了；「晚風翻怯舞衣單」，蝴蝶的翅膀就是牠的舞衣，在傍晚的寒風中更顯得單寒；「三秋一覺莊生夢」，三秋就是深秋，不是莊子說他夢中變成蝴蝶了嗎，所以深秋以後好像莊生的夢就醒了；「滿地新霜月乍寒」，秋天是白露為霜，就是說一個生命的消失，一切歸於空無。

二是我對於大自然，對於萬物有一些同情，有一些關懷。顧隨先生常常說，詩人要有一種關懷的心，還不只是對人世的關懷，也包括對自然的關懷。松、竹、梅被稱為「歲寒三友」，竹子不僅挺拔而且冬天依然青翠不凋謝，中國人認為竹子是堅貞品節的象徵。那時北方很少有竹子，可是我初中有個同學家裡有竹子，她就給我挖了一段帶著一個芽的竹筍，種在母親的花池子裡。其實竹子很容易生長，繁衍很快。一兩年的時間，就滋生了很多，成了一大叢竹子。我們住的西廂房是三間，母親住靠北的一間，我和大弟住在靠南的一間。母親的花池子正在我的西窗下，所以我的詩裡寫了很多西窗的事。古人的詩裡也總是寫西窗：「何當共剪西窗燭，卻話巴山夜雨時」、「當時草草西窗，都成別後思量」。到了深秋，母親種的花都零落了，只有我種的顏色青翠的竹子還是綠色的，所以我就寫了一首《對窗前秋竹有感》：

記得年時花滿庭，枝梢時見度流螢。而今花落螢飛盡，忍向西風獨自青。

「記得年時花滿庭」，記得年時就是當年春夏的時候，院子裡開的都是花；「枝梢時見度流螢」，夏天我常常在院子裡看星星，也看螢火蟲。在花梢常常看見有很多螢火蟲飛來飛去；「而今花落螢飛盡，忍向西風獨自青」，現在花都落了，螢火蟲也都沒有了，我所寫的還不是說你們都枯乾了消失了，我種的竹子還很挺拔，值得驕傲。「忍」是「豈忍」、「不忍」之意，我是說「而今花落螢飛盡，忍向西風獨自青」，你怎麼能夠忍心對著西風一個人這樣青，要青就應該讓大家一起青才對嘛！其實我也不知道當時怎麼想的，並沒有用什麼心思造作，這些詩句就是很自然地自己跑出來的。

三是我對於荷花有一種特殊的感情。我寫過一首詩《詠蓮》。我是六月初一的生日，家裡的長輩認為，這正是荷花的生日，所以我的小名就叫荷，蓮花是荷花的別名，所以我一向對於荷花、蓮花特別有一種親切的感覺。雖然自從祖父去世後，我們院裡的荷花缸裡已經不再養荷花了，但是北海、後海、什剎海還到處是荷花。荷花有很多不同的名字，《爾雅》裡說荷花也叫芙蓉、菡萏。管它叫「蓮」還是叫「荷」，不同詩歌的情境中可以用不同的名字。李商隱寫嫦娥，有時也叫姮娥。「嫦娥應悔偷靈藥，碧海青天夜夜心」用的是嫦娥，「姮娥搗藥無時已，玉女投壺未肯休」用的是姮娥。就是說你什麼時候說她是嫦娥，什麼時候說她是姮娥，與你這首詩前後的語言、文本以及這首詩的情境都有密切的關係。這當然是現在我這樣講，其實小時候作詩都是靠直覺。詩總是憑直覺寫出來的比安排選擇而寫出來的更好，但是給學生講課不能不講這種選擇，不能不用理性去分辨，其實最好的創作是沒有理性的。我小時也沒有人講過修辭煉句，我自然就用了「蓮」。為什麼呢？因為蓮給人一種聯想，蓮是與佛經有很多關聯的，其實我也沒有看很多佛經，這都是直覺。因為那時北京有很多廟，雖然我沒有看過佛經，但我知道蓮花與佛教有關，你如果到廟裡去就會看到，佛像都是坐在蓮花臺上的。我還念過李商隱的一首詩：

苦海迷途去未因，東方過此幾微塵。何當百億蓮花上，一一蓮花見佛身。

「苦海迷途去未因」，佛教總是說人生是苦海，人生有各種生老病死的苦。人在苦海中迷失了自己，既不知道過去，也不知道未來，所以說「苦海迷途」。「去未因」中的去是過去，未是未來。你對於你的過去或者未來其實不知道，不管你有沒有宗教信仰。到現在，自然科學家一直都在探索宇宙生成的起因，宇宙是從哪裡來？宇宙、星辰、大自然的運行如此之有規律，人類、萬物都是從哪裡來？人死後如何？都是大家追尋、大家要求解答的問題。宗教嘗試給人一些解答，有人覺得可信，有人覺得不可信，所以說「苦海迷途去未因」。「東方過此幾微塵」，西方的佛教東傳，那麼這種佛法東傳又經過多少年多少變化了。佛經上說「微塵」是微塵的世界，世界上的劫變。人類的世界如此，你個人的生死也是如此，不知道經歷了多少劫變，所以說「幾微塵」。「何當百億蓮花上，一一蓮花見佛身」，人類已經有了這麼長久的歷史，如果大家都有一個共同的理念，都是想要追求一種和平美好的生活，那世界不會是現在這個樣子。你看當今世界上，科學也很發達，物質享受也越來越高級，可人類並沒有完全幸福安樂。特別是美國「九一一」變故之後，戰爭的危機到處埋藏著，誰都不知道明天會發生一些什麼事情，這個世界會怎麼樣？所以我就常常想，什麼時候人類能有一個真正的覺悟，就像李商隱詩裡說的「何當百億蓮花上」。蓮花在佛教裡是清淨、美好的，他說什麼時候大地都變成一片蓮花的世界，這「百億蓮花」還不說，而且「一一蓮花見佛身」。每一朵蓮花上都坐著一個佛，都是一個菩薩。什麼時候能真正有這樣一個祥和的世界，這是李商隱的詩。

我這個人很奇妙，我讀《論語》記了一些人家都不記的句子，「士志於道，而恥惡衣惡食者，未足與議也」；我讀李商隱的詩，也不知為什麼，就把上面這首詩這些句子都記下來了。那時我也很小，並不懂得多少高深的道理，只是本能地記住了。我自己的小名叫荷，荷就是蓮，所以我就寫了這首《詠蓮》的詩：

植本出蓬瀛，淤泥不染清。如來原是幻，何以渡蒼生。

李商隱說「何當百億蓮花上，一一蓮花見佛身」，什麼時候世上到處都是蓮花，都是清淨、美好、芬芳的世界。而我這首詩的最後兩句把他給否了。

「植本出蓬瀛」是說蓮本是從蓬萊海上瀛洲的仙山長出來的。「淤泥不染清」，蓮出淤泥而不染，雖然是從淤泥中生長，不管多麼艱難困苦的環境，但它清淨的本色沒有改變。「如來原是幻，何以渡蒼生」，我並沒有佛教的信仰，我家也沒有任何宗教信仰，我小時候家裡就是叫我們讀孔子的書，好好做人就是了。孔子是一個智慧的人，孔子是講人世間的倫理道德修養。他說：「知之為知之，不知為不知」，鬼神之事，孔子也沒有否定說沒有，但你又不能證明，所以孔子就不說。只是說：「未能事人，焉能事鬼」，「未知生，焉知死」。不知道就說不知道，也沒有否定，孔子只講人間。佛教是說人通過修行可以成佛，李商隱說「何當百億蓮花上，一一蓮花見佛身」，而我說「如來原是幻，何以渡蒼生」。世人是不是能成佛，佛是不是有，是不可知的。既然佛都是不可知的，佛還要來渡化眾生，眾生真的是不知道怎樣才能渡化，所以我說「何以渡蒼生」。既然如來都是虛幻的，怎麼樣才能真的渡脫眾生於苦海呢？我也不知道小時為什麼這樣說，那時我也不一定有這麼複雜的思想，當時北平正淪陷於日寇統治時期，到處充滿著悲痛和苦難，我想我是身處在那個環境之中，完全是出於本能寫出來的。

當年母親在花圃裡還種過許多菊花，有大朵的，也有小朵的。菊花比別的花凋落得晚一點，我常常觀看這些菊花，還寫下一首《詠菊》：

不競繁華日，秋深放最遲。群芳凋落盡，獨有傲霜枝。

「不競繁華日」，菊花開得比別的花晚，當萬紫千紅的時候它不跟人家爭；「秋深放最遲」，春天桃李盛開之時它不開，即使到了深秋時也是開得最晚。「群芳凋落盡」，當所有的芬芳都凋落時，「獨有傲霜枝」，菊花才顯出可以經霜耐寒的特性。

這些都是小時寫的，大都是以我家院子裡的景物為素材寫下來的。等到長大了，走出了我家的院子，看了很多外邊的事情，開始寫了一些有人事內容的詩。

我平生的第一個打擊就是母親去世，我寫了《哭母詩》八首，這些詩在前面有記載。抗戰時期父親在後方多年沒有消息，直到母親逝世後才接到父親的一封來信，我寫了一首《詠懷》詩：

高樹戰西風，秋雨檐前滴。蟋蟀鳴空庭，夜闌猶唧唧。空室闃無人，萱幃何寂寂。自母棄養去，忽忽春秋易。出戶如有遺，入室如有覓。斜月照西窗，景物非疇昔。空床竹影多，更深翻歷歷。稚弟年尚幼，誰為理衣食。我不善家事，塵生屋四壁。昨夜雁南飛，老父天涯隔。前日書再來，開函淚沾臆。上書母氏諱，下祝一家吉。豈知同床人，已以土為宅。他日縱歸來，淒涼非舊跡。古稱蜀道難，父今頭應白。誰憐半百人，六載常作客。我枉為人子，承歡慚繞膝。每欲凌虛飛，恨少鯤鵬翼。蒼茫一四顧，遍地皆荊棘。夜夜夢江南，魂迷關塞黑。

我覺得早年寫的詩那真是真摯，就是自然的感發。我考上初中那年，母親給我買了一套開明書店出的《詞學小叢書》，很厚的兩本。南宋那些艱深晦澀的詞我根本不懂，不會欣賞。我喜歡納蘭性德的詞，納蘭性德很年輕就死了，所以他的作品寫作時也很年輕，他寫的詞很容易懂。我就開始寫一些小令，因為會作詩的人寫詞也不難。後來在我的生活中很多事件發生了，我也常常填詞來抒發自己的情懷。我還填過一首《浣溪沙》：

屋脊模糊一角黃，晚晴天氣愛斜陽，低飛紫燕入雕梁。　翠袖單寒人倚竹，碧天沉靜月窺牆，此時心緒最茫茫。

因為我住在西屋，常常看見落日的餘暉照在東屋的屋脊上。有一次在夏秋之間，下了一場雨，雨過天晴，太陽出來了，我就寫下了這首詞。「屋脊模糊一角黃」是說黃昏時分，東屋屋脊上有一片落日的餘暉。「晚晴天氣愛斜陽」，傍晚雨後斜陽的光影很美麗。站在這樣美麗的光影下，我看見「低飛紫燕入雕梁」，黃昏時也是燕子歸巢的時候，燕子飛得很低，當然我家只有屋簷並沒有雕梁，我是為了押韻這樣寫的。「翠袖單寒人倚竹」，我家的西屋門外就是我種的竹子，這是寫實。杜甫說「日暮倚修竹」，因為有杜甫的詩作為文化背景，當然就有一種品格的象喻。「碧天沉靜月窺牆」，雨過天晴，一片碧藍的天空，非常地安靜，月亮剛剛從東屋的屋脊升上來，照在我家西南的院牆上。面對此情此景，很難說出是一種什麼感情，所以我說「此時心緒最茫茫」。有的心情你可以說出來，比如我給母親送殯回來「愁苦最憐墳上月，惟照世人離別」這種感情比較具體。但有時的心情很難說，很難具體的說出是歡喜還是悲哀，是快樂還是憂愁。

這是我在沒上大學前寫的，當時寫的詩都是很直感的，比較單純。可是上了大學以後，受了有關詩詞的教育以後，知道了詩詞裡的喻託，一些知識跑到頭腦裡，對詩詞的境界有了反省，修辭方面雖有了進步，卻再也寫不出像小時候只是憑自己的直覺，那麼單純的小詩了。

第三章　恩師顧隨

一、輔仁大學

「七七」事變後，父親隨國民政府從上海遷轉後方，當我從高中畢業時，父親與家中斷絕音信已將近四年之久，北平的幾所國立大學都在日本人的控制之下。雖然我在高中讀書時成績很好，而且文理科平均發展，每年都獲得第一名的獎狀，但在報考大學時，卻費了一番考慮。因為當時我不能決定是報考北京大學的醫學系，還是報考輔仁大學的國文系。報考醫學系是從實用方面著想，報考國文系則是從興趣方面著想。最後報了輔仁大學國文系是由於兩點原因：一是由於輔仁大學是一所教會大學，不受當時日軍及敵偽的控制，一批不肯在敵偽學校任教的有風骨的教師都在輔仁大學任教，這對我自然具有強大的吸引力；二是由於輔仁大學的招考及放榜在先，而北京大學的招考和放榜在後，我既然已經考上了輔大的國文系，所以就根本沒有再報考北大的醫學系，這就決定了我今後要一直行走在詩詞道路上的終生命運。雖然在現實生活中，我也曾經歷過不少挫折和苦難，但一生能與詩詞為伍，始終是我人生最大的幸運和樂趣。

一九四一年秋天開始了我在輔仁大學四年的大學生活。輔仁大學的校長是陳垣先生，文學院長是沈兼士先生，國文系主任是余嘉錫先生。陳垣先生這位著名的學者聘請了多位有民族氣節的專家學者來教育學子，而學生也多是不願意上被日本人控制的公立學校的。在當時的環境中，輔仁大學有著特殊的地位。余嘉錫先生是一位有名的國學家，他是搞目錄學的，寫過《目錄學發微》、《四庫提要辨證》。余先生是很傳統的，非常嚴肅，也很有意思。他留著白鬍子，絕對不苟言笑，講課時是正襟危坐。寫黑板時，站起來轉過身去方方正正的如松而立，在黑板上寫上規規矩矩的行草，四個字一行，四個字一行，決不亂寫，真是一個非常嚴格的老師。他是湖南人，口音很重，一開始我都聽不懂。他說「讀書」，我聽見的是「讀須」。還有幾位老師學問也很好，例如教我們經學史的劉盼遂先生，教我們聲韻學的陸穎明先生，教我們小說史的孫楷第先生都是當時的著名學者。還有一位教我們戲曲史的趙萬里先生，是王國維的學生。他是浙江人，口音也很重，我聽了很久才聽懂他的話。而顧隨先生則是輔仁大學國文系中最受學生愛戴的教師之一。

輔仁大學坐落在北京什剎海地區。什剎海是由西海、後海、前海三個湖泊組成，是個自西北向東南的狹長水面。元代稱積水潭，也叫海子。這三個湖泊也稱後三海，與前三海北海、中海、南海相連組成北京內城龐大的水系。什剎海自古就是北京的一串明珠，歷代高僧在這裡修寺建廟，王公大臣在岸邊築府造園，各界名人也紛紛遷居湖畔，這裡漸漸地成為京城最具人文氣息的地方。

輔仁大學是一所天主教的學校，男女分校，男生的校舍是個新蓋的西式大樓，叫穆爾菲樓，位於定阜大街上。定阜大街向東走，過一條馬路，有一個淺淺的小溝，溝中並沒有水，上面有一個小小的石橋，從這個石橋走過去有一個大門，女院就在這個大門裡邊，也就是恭王府。恭王府東依前海，北靠後海。恭王府的恭王，是道光的兒子，咸豐的兄弟，封恭親王，名字叫奕訢。民國年間，

1945年大學畢業獲學士學位。

恭親王的後代將恭王府和花園賣給了輔仁大學。我這個人跟古典詩詞結緣，當然是有很多的原因，其中之一就是：我出生在一個舊家庭，在一個古老的四合院裡長大，大學又跑到恭王府裡來念書，受這些舊的環境薰染太深了。

那個時候一進輔大女校門是個非常大的廣場，靠門口的一邊攔出來一部分做存車處。我上大學的第一年是搭乘電車上學。一年後，因我得了全班第一的獎學金，就買了一輛飛利浦牌的女式自行車，此後就騎車上學了。存車處的那邊還有一個很大的廣場，是我們的操場。對著這個廣場的，是一座坐北朝南的大門，這個才是恭王府的門。我現在記不大清楚它是有幾層門，但是絕對有一個正門，是一個大紅門，兩邊還有兩個石頭的獅子。它至少有三層院落，院落西側有一條通道，一直通過去，那旁邊就是連在一起的一道長長的牆，隔牆都是四四方方的院子，我們就在那些個小院子的廂房裡邊上課。我們上課的那個小院子，我還記得牆角上種著柳樹。每當暮春的季節，柳絮飄飛的時候，我們的教室門窗是敞開的，一陣風來就把柳絮吹到我們教室裡面來，那些柳絮就在黑板前邊被風吹得轉來轉去，就像《紅樓夢》裡林黛玉寫的《柳絮詞》那樣的「一團團逐隊成毬」。

除了這些小院子，另外有一個比較大的院子，有一個坐北朝南的大廳，這個大廳的門上懸著一大塊橫匾，橫匾上有三個大字——「多福軒」，當時被用做女院的圖書館。一進多福軒的大門，對面有一個長台，是圖書館借書的服務台，台後邊有幾扇屏風，屏風後面是書架，我們就在這裡辦理借書的手續。大廳裡邊四面牆上，掛著一塊一塊寫有「福壽」字樣的匾額，底下寫的名字都是奕訢，可能是他的書法，當時還在那裡。前些年我回北京時到母校去參觀，看見這裡改成了自修室，裡面擺著一個一個的小桌子，上面放著綠色的枱燈。那些寫著「福壽」的匾額已經不見了。圖書館前面的庭院裡有一架非常古老的紫藤，枝幹很粗大，每年開紫紅色的藤蘿花，暮春的時候，滿架都是紫藤花，很是繁茂。我去的時候看見紫藤依然還在。

西邊還有一條甬道，路邊有一個小門，走進這個小門，就會看見一個非常幽靜的小院子，滿院都是竹子，而且是那種很秀氣的竹子。這個小院子的一邊都是回廊，小院子的小門上有四個字，題的是「天香庭院」。當時就有人說這裡就是瀟湘館。

順著這條西邊的甬道一直往裡走，在這條甬道的盡頭，有一個坐北朝南的長條的院子，東西各有兩層樓房，樓下也都有矮矮的欄杆，靠東邊的這個樓上面掛著一塊匾，寫的是「瞻霽樓」，這就是女生宿舍。在「瞻霽樓」的前面，據我的記憶，有一棵很高大的樹，我不記得那是什麼樹了，這個樹上纏繞的是凌霄花，凌霄花自己沒有枝幹，都是爬藤，爬到這個高高的樹幹上去，開滿了那種杏黃色的花朵。因為我家在北京，所以沒有資格住宿舍。可是等到放暑假了，有些外地同學回家了，就有床鋪空下來了，那些沒有走的女同學，就把我們住在北京的同學都約去湊個熱鬧，住到宿舍裡去。有時候大家就跑出來在校園中遊逛，特別是有月亮的晚上，我們就弄點酒，到有花有竹子的地方，找個石頭凳子去飲酒，這個情景也有一首詞記錄下來，用的是《破陣子》這個詞牌，小序寫的是：「五月十五日與在昭學姊夜話，時將近畢業之期。」這個叫劉在昭的女同學，原是我中學的同學，一同考進了輔仁大學國文系，我家住察院胡同，她家住邱祖胡同，都在西單牌樓附近，我們一直感情很好。我們聚會在陰曆五月十五，從十五到十九，四天以後寫了這首詞：

對酒已拚沉醉，看花直到飄零。便欲乘舟飄大海，肯為浮名誤此生。知君同此情。

記向深宵夜話，長空皓月晶瑩。樹杪斜飛螢數點，水底時聞蛙數聲。塵心入夜明。

「記向深宵夜話」，記得五月十五那天的夜晚我們在談話。「長空皓月晶瑩」，天上的一輪明月，五月十五的月亮正圓。「樹杪斜飛螢數點，水底時聞蛙數聲」，那時夏天北京有很多螢火蟲，樹梢上有幾個螢火蟲飛過，而在水塘裡邊，常聽到青蛙在叫。「塵心入夜明」，「塵」是塵土的塵，白天那麼喧嘩，人們有那麼多煩惱，但晚上你覺得心是安靜的。所以說「記向深宵夜話，長空皓月晶瑩。樹杪斜飛螢數點，水底時聞蛙數聲。塵心入夜明」。

「對酒已拚沉醉，看花直到飄零」，其實我不會喝酒，但是當時我們還帶了瓶酒，大家一起湊熱鬧，我豁出去了。「看花直到飄零」，已經是夏日了，花都落了，所以說「看花直到飄零」——歐陽修的詞「直須看盡洛城花，始共春風容易別」——若是看花，我就要把它真正地看夠了，我要徹頭徹尾地一直看到它落。儘管它落了，我從頭到尾看過它了，也不辜負這一生了。所以人生對酒就應該拚卻沉醉，看花就應該從頭看到尾——「直到飄零」。「便欲乘舟飄大海，肯為浮名誤此生」，我說我想要坐著船漂流，那時候我也不知道我以後要出國，什麼都不知道，只是想一個人不要那麼拘束自己。人生你總要有一個開展，所以我說「便欲乘舟飄大海」，「肯為浮名」這裡的「肯」字，是「豈肯」、「不肯」的意思，我們怎麼肯為這世俗的名利誤此一生，你應該好好活一輩子。「知君同此情」是說我知道你跟我有著同樣的這種感情，同樣的這種感覺。

我們女院從西邊前門出來就是定阜大街，通向輔仁大學男院，如果從另外一個後門向東邊拐過去，就是後海。我的老師顧隨先生，就住在輔仁大學東邊南官坊口，離前海不遠。所以我跟同學們下課以後可以散步到後海，有時也到我的老師的家裡。那時什剎海還有很多蘆葦，我離開了北京以後常常做夢，有時夢見我跟劉在昭同學下課後一同去拜望我的老師。有一次夢到我們出了女校後門走到什剎海附近時，看到裡邊長滿了很高的蘆葦，我和劉在昭怎麼也無法從這片葦叢中走出去，這條路總是不通的，然後就突然驚醒，悵然好久。這樣的夢，我做過不止一次，我曾經寫過「天涯常感少陵詩，北斗京華有夢思」的詩句。有時候還夢見我做學生在聽課，有時候也夢見我當老師在講課，我的詩詞稿裡邊還有一副對聯，這一副對聯不是有心要寫作的，是在我到臺灣經歷了「白色恐怖」的種種患難以後，有一次在夢中見到黑板上寫的一副聯語，夢見我在給學生上課講這副聯語，聯語寫的是：

室邇人遐，楊柳多情偏怨別。
雨餘春暮，海棠憔悴不成嬌。

上聯「室邇人遐」，出於《詩經》，「其室則邇，其人甚遠」，是說你住的地方看起來很近，但所懷念的那個人卻很遠。「室邇人遐，楊柳多情偏怨別」，是說人生就是離別。如果說離別是自主的，我隨時想要見你就見你，像現在交通這麼方便，雖然我家在加拿大，我想飛去就飛去，我女兒想要來看我，說要飛來就飛來。可是那個時候是不成的，所以說：「室邇人遐，楊柳多情偏怨別」。下聯「雨餘春暮」，一場雨後，春天真的是遲暮了，孟浩然的詩「夜來風雨聲，花落知多少」，李後主說「無奈朝來寒雨晚來風」，那花都零落了，春天馬上就走了，就是「雨餘春暮」。那風雨過後，春天完全消失了，「海棠憔悴不成嬌」，海棠花已經如此憔悴，失去了原有的嬌美。那個時候我正在讀王國維的詩詞，他的一首詠楊花的詞裡說：「開時不與人看，如何一霎濛濛墜」，你什麼時候看見柳花開在樹上，開的時候沒有人看見，「如何一霎濛濛墜」，怎麼沒看見它開它就落了。我那時候總以為，我就是那沒有開就落了的花。因為大學畢業就結了婚什麼都沒有做，也沒有完成什麼東西，卻經過了很多患難；而且身體也不好，很瘦弱，後來還有了氣喘的毛病，所以我就是王國維所說的「開時不與人看，如何一霎濛濛墜」。「雨餘春暮，海棠憔悴不成嬌」，雖是做夢，但卻是那個時期真實的自我感受。

一九八〇年，我接到周汝昌先生送給我的一冊他的新著《恭王府考》，書的後面還附著一個恭王府附近的地圖，恭王府附近都是我當年的舊遊之地，引發我無限感慨，寫下五律三首。

漂泊吾將老，天涯久寂寥。誦君新著好，令我客魂銷。展卷追塵跡，披圖認石橋。昔遊真似夢，歷歷復迢迢。（《五律三章奉酬周汝昌先生》其一）

「飄泊吾將老，天涯久寂寥」，我從一九四五年二十多歲大學畢業，到跟周汝昌先生見面已是一九七八年，周先生把他的《恭王府考》送給我是一九八〇年，我已經五十多歲，而且遠在北美，所以說「飄泊吾將老，天涯久寂寥」。恭王府是我當年讀書時的舊遊之地，拿到你這本新書，覺得你寫得這麼好，真是引起我無窮感慨。回憶起往事，這其中有多少苦難、有多少憂患、有多少死別生離，所以說「誦君新著好，令我客魂銷」，《恭王府考》附有一張恭王府以及周邊的地圖，都是當年我的舊遊之地，所以說「展卷追塵跡，披圖認石橋」，這張地圖上還記著從定阜大街到恭王府的那個小石橋，是我每天走過的地方。「昔遊真似夢」，是說過去的那些往事，真的像是一場夢；「歷歷復迢迢」，是說在回憶之中好像是很清楚，我們騎著車怎麼樣過那個小橋，怎麼樣停車，可是現在幾十年過去了，一切都成了遙遠的往事，所以我說「昔遊真似夢，歷歷復迢迢」。

長憶讀書處，朱門舊邸存。天香題小院，多福榜高軒。慷慨歌燕市，淪亡有淚痕。平生哀樂事，今日與誰論。（其二）

「長憶讀書處，朱門舊邸存」，是說我一直記得當年讀書的地方，那個大紅門和兩側的石獅子，就是當時恭王府的府邸。「天香題小院，多福榜高軒」，我記得那個生長著很多竹子的小院，小門橫額上的四個字——「天香庭院」的題字，我閉上眼睛好像就在那裡；我也記得在女院的圖書館門的上方，有一塊橫匾題寫著「多福軒」三個大字。「天香庭院」、「多福軒」是我們讀書所在的地方。當時正是北平淪陷的時代，我從一九四一年入學到一九四五年畢業，正是抗戰八年的後四年，是抗戰最艱苦的階段。「慷慨歌燕市」，那時生活在淪陷區的青年學生心中都是激昂慷慨，抗日救亡。大家都覺得中國危亡無日，所以說「淪亡有淚痕」。「平生哀樂事，今日與誰論」，我的平生、我的悲哀、我的快樂、我少年的往事，到現在有幾個人跟我有共同的感受，有共同的經歷？今天我漂泊在海外，沒有一個人可以說的。當時那些加拿大的人哪裡去過中國，哪裡去過北京，哪

1978年，威斯康辛紅學會議與周汝昌（右）合影。

裡去過恭王府？你所經過的那個抗戰，那些悲歡離合，沒有一個人知道，所以說「平生哀樂事，今日與誰論」。

四十年前地，嬉遊遍曲欄。春看花萬朵，詩詠竹千竿。所考如堪信，斯園即大觀。紅樓竟親歷，百感益無端。（其三）

「四十年前地，嬉遊遍曲欄」，我一九四一年入學，現在已經是一九八〇年了，所以說「四十年前地」；我們那些個女同學課後可以在多福軒前看藤蘿花，可以到天香庭院看竹子，天香庭院有很多欄杆，女生宿舍的「瞻霽樓」下面、走廊上也都是欄杆，所以說「嬉遊遍曲欄」。「春看花萬朵，詩詠竹千竿」，春天藤蘿花開了，海棠花開了，很多花都開了，天香庭院的那個竹子則是四季常青，我的詩裡邊曾經寫到藤蘿花和竹子，有一個高我一班的師姐李秀蘊的詩裡邊也寫到這些竹子，所以我們做學生的少女時代真是「春看花萬朵，詩詠竹千竿」。而我現在看到周汝昌先生的《恭王府考》的著作，就把我這些往事記憶都喚回來了，所以說「所考如堪信，斯園即大觀」，假如你的考證果然可信，那麼我們當時讀書的恭王府的舊址，就是大觀園的藍本了，我們讀書的這個地方，就是大觀園了，那我當時豈不是就親自走到了《紅樓夢》裡的大觀園之中了不是？所以說「紅樓竟親歷，百感益無端」，我的感慨豈不就不僅是個人的今昔之感，同時也有了《紅樓夢》中的將真作幻，以幻作真的無窮今古盛衰之感了麼？

這是我寫的三首給周汝昌先生的詩，所寫的只是恭王府的府邸，是恭王府生活居住的所在，真正的那個「大觀園」的花園其實還不是這裡，它是在恭王府背後的一座花園。當時的這座花園是修女們的住所，那扇小門關起來，我們並不能真正進入到花園裡面去。一直到近年，恭王府的花園才對外開放，周汝昌先生說那就是大觀園的藍本了。我也在前幾年返校的時候去遊覽過，那裡面的建築真是都很精美，有假山亭台，還有小橋流水。所以，如果說恭王府果真就是大觀園的藍本，那當然也是可能的。不過王國維先生曾經說過，有「造境」，有「寫境」，所有的「造境」也都有寫實的依據，所有的「寫境」也都有理想的意味存在其間，所以「造境」之中也有「寫境」，「寫境」之中也有「造境」。王國維先生還說過，大詩人寫實之作也必鄰於理想，大詩人的理想之作也必然有現實的依據。大觀園在《紅樓夢》裡面是一個理想的造境，可是所有的造境也未始沒有一個實境為依據，如果說它以一個王府的府邸為藍本，這當然也是可能的。

二、初承師澤

我的老師顧隨先生本名顧寶隨，是河北清河縣人。生於一八九七年二月十三日。他的父親名叫顧金墀，是前清的秀才。金墀先生管教顧先生是非常嚴格的，顧先生的女兒顧之京曾對我說，她父親身體這麼不好，心情比較憂鬱，可能跟他小時父親管得比較嚴格有關係。而顧先生的中國古典文化的根底也是因他父親的嚴格管教而打下了深厚的基礎。顧先生從小就誦讀唐人絕句以代兒歌，五歲入家塾，由父親金墀先生親自教授「四書」、「五經」、唐宋八家文、唐宋詩及先秦諸子中的寓言故事。一九〇七年顧先生十一歲時考入清河縣城高等小學堂，三年後考入廣平府的中學堂。

一九一五年顧先生中學畢業後在他的父親金墀先生的鼎力支持下報考了北京大學國文系，可是後來他讀的卻是英文系，這是因為他遇到了當時北京大學的校長蔡元培先生。聽說蔡先生當年親自審閱學生的入學試卷，他發現顧先生的國文水平卓異，再讀國文系，學業上不一定有更大的突破，於是親自找顧先生談話，建議他改學西洋文學，以求擴充眼界，拓寬知識領域，這樣才能在今後中國文學的研究上取得重大的成就。蔡元培先生真是偉大的教育家，他為近代中國培養了一大批學貫中西的人才。顧先生接受了蔡元培先生的建議，到天津北洋大學預科讀了兩年英文後轉入北京大學英文系。在北京大學，顧先生不僅接受了「五四」新思想的薰陶，而且在飽學中國古典文化的基礎上，接受了西方新文化，從而形成了他融匯中西，兼容並包，博大精深的治學基礎。

到北京大學後，顧先生改用顧隨為名，取字羨季。顧先生用的是《論語・微子》篇「周有八士」中「季隨」這個典故。先生還自號苦水，取自「顧隨」二字在英語拼音中相近的聲音。晚年號駝庵。一九二〇年顧先生大學畢業後，曾先後在河北、山東、京津地區任教。燕京大學、輔仁大學、北京師範大學、北平大學、女子文理大學、中法大學及中國大學都留下過顧先生的足跡。解放後一度擔任輔仁大學中文系主任。一九五三年轉到河北大學的前身——天津師範學院中文系任教，一九六〇年九月六日在天津去世，享年僅六十四歲。

顧先生是在一九四二年秋季，我上大二那一年來教我們唐宋詩課程的。先生身材瘦高，愛穿長衫，常常面帶微笑，瀟灑從容地走進教室。他講課生動深刻，不但受中文系同學歡迎，而且外系同學也來旁聽。

顧先生對詩歌的講授，真是使我眼界大開。他講課跟一般老師真是不一樣，一般的老師講的只是書本上的知識，而顧先生給我的是心靈的啟發。顧先生不僅有著深厚的中國古典文化的修養，而且具有融貫中西的襟懷，加上他對詩歌有著極敏銳的感受與深刻的理解，所以他在講課時往往旁徵博引，興會淋漓，那真的是一片神行。我雖然從小在家誦讀古典詩歌，卻從來沒有聽過像顧先生這樣生動深入的講解，他的課給我極深的感受與啟迪。從此以後，凡是顧先生所開的課，我全都選修，甚至畢業以後，我已經到中學教書了，仍然經常趕往輔仁大學或中國大學旁聽顧先生的課，直到一九四八年我離開北平南下結婚為止有六年之久。這一時期，我從顧先生那裡所獲得的啟發、勉勵和教導是說不盡的。

作為一個聽過顧先生講課六年之久的學生，我以為顧先生平生最大的成就，並不在於他各方面的著述，而是在於他對古典詩歌的教學講授。因為顧先生在其他方面的成就，往往還有蹤跡可尋，只有顧先生的講課是純以感發為主，全任神行，一空依傍。是我平生所接觸過的講授詩歌最能得其神髓，而且也最富於啟發性的一位難得的好老師。

顧先生講課是重在感發而不拘泥死板的解釋說明，有時在一個小時的課堂上，竟然連一句詩也不講，從表面看來有人會以為顧先生所講的都是閒話，而事實上顧先生講的卻是詩歌中最具啟迪性的精論妙義。以前禪宗說法有所謂「不立文字，見性成佛」之說，詩人論詩也有「不涉理路，不落言筌」的說法，顧先生講詩的風格就是這樣。

顧先生講的真是詩歌美感的本身，他對於詩詞不同的美感有很仔細、很敏銳的分辨。他講課時用很多的比喻，聯想也很豐富。比如講到杜甫時，顧先生說，杜甫的詩是深厚博大、氣象萬千。

1959年顧隨先生在天津師範大學宿舍書房。

他舉例說：盆景、園林、山水這些好像都是表現自然的景物，盆景是模仿自然的藝術，不惡劣也不凡俗，可是太小；園林也是模仿自然的藝術，比盆景範圍大，可是匠氣太重，因為是人工的安排，人工造出來的；而真正的大自然的山水雄偉壯麗，我們不但可以在大自然中發現一種高尚的情趣，而且可以感受到一種偉大的力量，這種高尚和偉大在盆景、園林中是找不到的。有的詩人作的詩，也不是不美，可是就像盆景，再大一點像園林，範圍很小，總是有人工雕琢的痕跡；而杜甫詩的那種博大深厚的感情、那種莽莽蒼蒼的氣象，是真正大自然中的山水，他的那種高尚的情趣、偉大的力量，不是其他的作品可以相比的。

顧先生講詩還有一個特色，就是他常常把學文與學道、作詩與做人相提並論。顧先生一向主張修辭應當以立誠為本，不誠則無物。所以凡是跟隨顧先生學習的學生，不僅在學文作詩方面得到很大的啟發，而且在立身為人方面也可以得到很大的激勵。聽顧先生講詩詞，你不止獲得在文學上的欣賞和啟發，還能給你一種品格上、修養上的提升。他講喜歡的作者，也講不喜歡的作者，講為什麼喜歡，為什麼不喜歡。比如前人說姜白石的詞如同野雲孤飛，去留無跡；而顧先生說白石詞的缺點是太愛修飾，外表看起來很高潔，然而缺少真摯的感情。他說白石的詞是清空，清就是一點渣子都沒有，空就是空靈，不坐實。清空當然也是一種美，但顧先生認為：一個人做人只是穿著白襪子不肯沾泥，總是自己保持清白、清高，這樣的人比較狹窄，比較自私，遇事不肯出力，為人不肯動情。顧先生講詩就是這樣，通過講課傳達了他自己對於人生的理念。

凡是上過顧先生課的同學都會記得，每次講課，他常常是把昨天晚上或是今天路上偶爾想到的一首詩寫到黑板上，有時是古人的詩，有時是他自己的詩，有時也不是詩，是從一個引起他感發和聯想的話頭講起來，引申發揮、層層深入，可以接連講好幾個小時甚至好幾週。我的筆記上記著：有一次顧先生走上講台在黑板上寫了三行字，第一行：自覺、覺人，是說自己覺悟，也使別人覺悟；第二行：自利、利他，是說自己得到好處，也使別人得到好處；第三行：自渡、渡人，是說自己得到渡化（這是佛家的說法），也使別人得到渡化。初看起來，這三句話好像與學詩沒有什麼重要關係，只是講一種為人為學的修養。但顧先生卻由此引發出許多論詩的妙義。

他首先說明詩的主要作用，是在於使人感動，寫詩的人首先要有推己及人與推己及物的這樣一種感情。用中國儒家的話來說就是「民胞物與」，就是「民吾同胞，物吾與也」，用詩來說，就是你要有一種多情、銳感的詩心；也就是我常常在課堂上用一句英文講的「care」，就是關懷，你要有一顆關懷的心，一種對於人、對於事、對於物、對於大自然的關懷。杜甫說「窮年憂黎元」「路有凍死骨」這是對人世、對國家、對人民的關懷；辛棄疾詞說「一松一竹真朋友，山鳥山花好弟兄」，這是對大自然花草鳥獸的關懷。偉大的詩人必須有把小我化為大我的精神和感情，把自己的胸襟擴大。把自己的關懷面擴大的途徑有兩種：一種是對廣大人世的關懷，一種是對大自然的融入。例如杜甫的《登樓》：「花近高樓傷客心，萬方多難此登臨」，這是對廣大人世的關懷，他的關懷、他的感情是博大的。像晏幾道寫花：「落花人獨立，微雨燕雙飛。記得小蘋初見，兩重心字羅衣」，句子當然寫得也很美，但他的感情就很狹窄。像陶淵明《飲酒詩》：「采菊東籬下，悠然見南山。山氣日夕佳，飛鳥相與還。此中有真意，欲辯已忘言。」這是跟大自然的融入。

顧先生講詩總是用聯想推展出去，他舉出杜甫、陸游、辛棄疾同樣是關懷國計民生的詩人，舉出陶淵明、謝靈運、王維同樣是關懷大自然的詩人，比較這些詩人之間的差別和不同。從詩人本身不同的襟懷、性情，從詩歌作品中的用字、遣詞、造句所傳達的不同效果，從中國文字與西洋文字的不同特色，層層深入地帶領同學們對詩歌中細微的差別做深入的探討，並且以自己多年研究和創作的心得體會，為同學做多方面的講解。元遺山《論詩絕句》有一句說：「奇外無奇更出奇，一波才動萬波隨。」顧先生講課，其聯想及引喻之豐富生動，就有類於是。顧先生自己曾經把講詩比作說禪，他寫過兩句詩說：「禪機說到無言處，空裡遊絲百尺長」，這就是我老師顧隨先生當年講課的方式。他對文字本身的聲音、形狀、各種不同的作用非常注意，這對我真的是有很大的啟發。這種講課方法使我學到了最可珍貴的評賞詩歌的妙理。

顧先生對詩歌的評析實在是根源深厚、脈絡分明。就以前面所舉過的三句話頭來說，顧先生從此而發揮引申出來的內容相當廣泛，其中有對詩歌本質的本體論，也有對詩歌創作的方法論，還有對詩歌品評的鑑賞論。因此談到顧先生講課，如果只以為無途徑可依循，固然是一種錯誤；而只欣賞他講課時生動活潑的情趣，也有買櫝還珠的遺憾。顧先生所講的關於詩歌的精微妙理是：既有能入的深心體會，又有能出的通觀妙解，能對此有所體會，才是真正有所證悟的。

顧先生對詩歌有很敏銳的感受、很深刻的理解，他能透過文字表面講出一個境界來。一般的老師只是摳著字講，一個字、一個字地講明白就算了。可顧先生不是這樣，他講得是上天入地，興會淋漓。這種講授，給學生的不是只讓你字面懂了，你能把詩歌翻譯成散文了，把文言翻譯成白話了，那是很笨的，那種翻譯不但不能翻譯出比本文多的東西，而是把本文給減少了。因為本文五個字、七個字一句詩，給讀者很豐富的聯想，你把它翻成白話一句話說明了，它的意思就被限制住了，所有的聯想都沒有了。文字本身在詩歌裡邊有很多的作用，你把它翻成白話，把它的意思減少了、縮小了，詩歌本來的文字結構、語言作用都沒有了。不管是中文翻譯成英文，還是文言翻譯成白話都不及原作好。

我講課時也常常說到，語言文字本身有一種潛在的能力，是藏在語言文字本身裡邊的，說「菡萏香消翠葉殘」，為什麼有眾芳蕪穢，美人遲暮的感慨呢？因為它說的是菡萏，它沒有說「荷花凋零荷葉殘」。菡萏與荷花給你的感覺不同，給你的聯想不同。因為荷花很現實，可是菡萏是《爾雅》上的字，讀起來就比較古雅。王國維曾經寫過古雅的美學價值。還有「香消」這兩字雙聲，它用聲音給你一種消逝的感覺。把「荷葉」說成「翠葉」，不僅給人顏色的感覺，還使人想到翡翠、珠翠那樣的珍貴。這都是文字本身給人的感覺，一定要用這七個字才能使人有這種感覺，如果說「荷花凋零荷葉殘」就沒有這種感覺了。所以詩不能死板地翻譯，我從來就覺得翻譯是把詩歌原作品殺死的辦法。小說是可以翻譯的，因為小說是講一個故事，中文講的一個故事，你用英文講清楚就可以了。

顧先生往往以禪說詩，顧先生教學的態度也與禪宗大師頗有相似之處。他所期望的乃是弟子的自我開悟，而並不是墨守成規。他在課堂上經常鼓勵學生說：「見過於師，方堪傳授；見與師齊，減師半德。」

當時也有人認為顧先生之講課是跑野馬，沒有知識或理論規範可以遵循，因此上課時不做任何筆記，但我卻認為顧先生所講的都是詩歌中的精華，而且處處閃耀著智慧的光彩。顧先生講的是詩歌的生命，是詩歌裡那種生命的感發。所以我在聽課記筆記的時候，那真是心追手寫，一個字都不肯放過。凡是老師說的話，我都要記下來。幾十年以後，史樹青學長還說我當年記筆記像錄音機一樣，一個字不落。我的字雖然寫得不好，非常潦草，但我重視的是老師講課的內容含意。因為顧先生講課都是他心靈的感受，不是哪本書裡寫的，也不怎麼引經據典，完全是他自己讀詩的感受。我想我後來教學時喜歡跑野馬，以及為文時一定要寫出自己真誠的感受，而不敢人云亦云地掇拾陳言敷衍成篇，大概就都是由於受顧先生的鞭策教導所養成的習慣。而顧先生在課堂講授中所展示出來的詩詞之意境的深微高遠和璀璨光華，更是使我終生熱愛詩詞，雖至老而此心不改的一個重要原因。

我在輔仁大學讀書從先生修習「唐宋詩」課時，顧先生還在中國大學開詞選課，我就跑到中國大學去聽。跟隨顧先生聽課，前後有六年之久。這六年間，我記下了八大本筆記，還有許多散頁的筆記。多年來，這些筆記我一直視如瑰寶，在飄零輾轉憂患苦難的生涯中，我從北京、上海、南京、左營、彰化、臺南、臺北、美國、加拿大一路走來，多數書物都已散失，只有這些筆記我一直隨身攜帶，完好無損地保存了下來。因為我知道，這些筆記一旦散失，永遠無法彌補。我最大的願望，就是能給我的老師顧先生和我的伯父看看我多年來所做出的一點成績。因為在我的詩詞道路上，伯父和老師給我的影響最重要，伯父給我的是培養，老師給我的是啟發。一九七四年我第一次回國探親時，我最想見的就是我的老師和我的伯父，可是他們已經都不在世了，留下的是我終生的遺憾。

三、誨人不倦

顧先生教我們詩詞的時候也是要求我們習作的，因為我從小就背詩詞，而且從初中就開始學著寫詩了，所以我作起詩來可以說已經是輕車熟路。顧先生對學生的教誨，常常是以鼓勵為主，即使對學生的習作有所更改，也只是把原作的字句用毛筆在外面畫一個圈，並不用毛筆把原字抹去，同時批改的說明也多用「似」、「稍」等字表示商榷的口吻。這樣既促進了學生的反省和思索，又增加了學生的信心和勇氣。有時顧先生還會把他自己新作的詩稿、詞稿和曲稿抄錄給我們看，這自然就更加引起了學生創作的興趣。

他有時在課堂上講自己的詩，有時他剛剛想出來兩句，還沒寫完就給我們寫在黑板上了。有一次在課堂上，顧先生引用雪萊（Shelley）的《西風頌》（*Ode to West Wind*）中的「假如冬天來了，春天還會遠嗎？」（If winter comes, can spring be far behind?）的詩意，用中文寫了「耐他風雪耐他寒，縱寒已是春寒了」兩句詞。當時正是抗戰最艱苦的時期，一切生活必須品都是配給的，而配給的混合麵又酸又臭，一點黏性都沒有，既不能包餃子，也不能烙餅，即使擀成一片，也會碎成碎片，只能一團團煮著吃。白米白麵根本就沒有。老舍先生的《四世同堂》所寫的淪陷區的生活是我親身經歷的，我讀《四世同堂》時是一邊流著淚一邊讀完的。那時沒有家累的老師都到後方去了，而顧先生是因為家累才留在淪陷區北平的。他有六個孩子，其艱苦程度可想而知。顧先生以這兩句詩為喻託，表達了他在這樣艱苦的環境中對抗戰勝利的信心和盼望。我當時的處境和顧先生一樣，同在淪陷的北平，又深受顧先生的影響，所以顧先生的心情我是能理解的。我小時寫詩並不懂得喻託，有什麼感動就寫什麼。可是當你真正受了教育，老師講了很多詩詞裡的喻託，所以我就模仿著寫一些有喻託的作品。顧先生這兩句「耐他風雪耐他寒，縱寒已是春寒了」沒有完成，我就用這兩句湊成了一闋《踏莎行》，並且寫了一行小序：

用羨季師句，試勉學其作風，苦未能似。

燭短宵長，月明人悄。夢回何事縈懷抱。撇開煩惱即歡娛，世人偏道歡娛少。　軟語叮嚀，階前細草。落梅花信今年早。耐他風雪耐他寒，縱寒已是春寒了。

顧先生是喜歡講哲理的，也懂一些禪理，他常給我們講「心轉物則聖，物轉心則凡」，說你如果有一種智慧、一種力量可以轉變外物，超越外物之上，內心就能得到平靜，這就是聖。中國古人說：「造次必於是，顛沛必於是。」不管是造次之間，還是顛沛流離之中，你內心之中有這樣一種境界，你的心靈就有立足之地，你就不被外物所迷惑所困擾。所以我在這首詞的上半闋說「撇開煩惱即歡娛」，這是聖者的境界；而你如果面對的都是外物，總是處於人我、得失、利害的計算之中，讓這些外物牽累，就是凡人的境界。「世人偏道歡娛少」是說總是把私人利害放在眼前，你就覺得憂愁很多，歡樂很少。這是凡人的困擾。下半闋「軟語叮嚀，階前細草。落梅花信今年早」，就是說梅花的消息今年來得早，梅花來得早，落得也早，那春天來得也早。「耐他風雪耐他寒」，是讓你忍耐這風雪，忍耐這嚴寒；「縱寒已是春寒了」，縱然寒冷，春天已經不遠了。

此時正值日寇占領北平之時，我想顧先生之所以在課堂上舉出雪萊的詩句，並改寫成中文詩句，其中暗含有與同學們相慰勉之意，表達了對抗戰勝利的信心和希望。而我在這首《踏莎行》中所寫的，與顧先生的原意，也許還不甚相遠。顧先生早年作詞，喜歡用富於思致的句子，我也就有意模仿了顧先生的風格。顧先生閱後，寫了一句評語：「此闋大似《味辛詞》。」《味辛詞》是顧先生早年的一冊詞集，先生說我寫的詞像他的作品，這使我大受鼓舞。

二〇〇九年，顧之京師妹意外地、奇蹟般地從周汝昌先生剛剛提供的顧先生當年的信件中，發現了顧先生寫於一九五七年二月的一首小令《踏莎行》，前邊還有小序：

今春沽上風雪間作，寒甚。今冬憶得十餘年前困居北京時曾有斷句，茲足成之，歇拍兩句是也。

昔日填詞，時常歎老。如今看去真堪笑。江山別換主人公，自然白髮成年少。　柳柳梅梅，花花草草。眼前幾日風光好。耐他風雨耐他寒，縱寒也是春寒了。

顧先生的女兒顧之京近來出版了一冊《顧隨與葉嘉瑩》，記敘了這件事，並曾加了按語，說這是一首老師對弟子十四年前「用羨季師句」足成的詞篇所譜的一闋無法言明的跨越時空的唱和！此中所深蘊的不盡的情意，難以言傳，卻品之彌深、味之彌永。

我在大學這兩年的學習是有相當的進步的。最初我給顧先生看我早年寫的一些小詩，先生還給我時進行了一些修改，例如：

階前瘦影映柴扉，過盡征鴻晚露稀。淡點秋妝無那恨，斜陽閑看蝶雙飛。（《小紫菊》）

月滿西樓霜滿天，故都搖落絕堪憐。煩君此日頻相警，一片商聲上四弦。（《聞蟋蟀》）

幾度驚飛欲起難，晚風翻怯舞衣單。三秋一覺莊生夢，滿地新霜月色寒。（《秋蝶》）

第一首詩顧先生給我改了兩個字，把第一句的「晚露稀」改成了「露漸稀」，把第三句的「淡點秋妝」改成了「淡淡秋妝」；第二首詩顧先生給我改了一個字，把末一句的「上四弦」，改成了「入四弦」；第三首詩顧先生也給我改了一個字，把末一句的「月色寒」改成「月午寒」。對於後

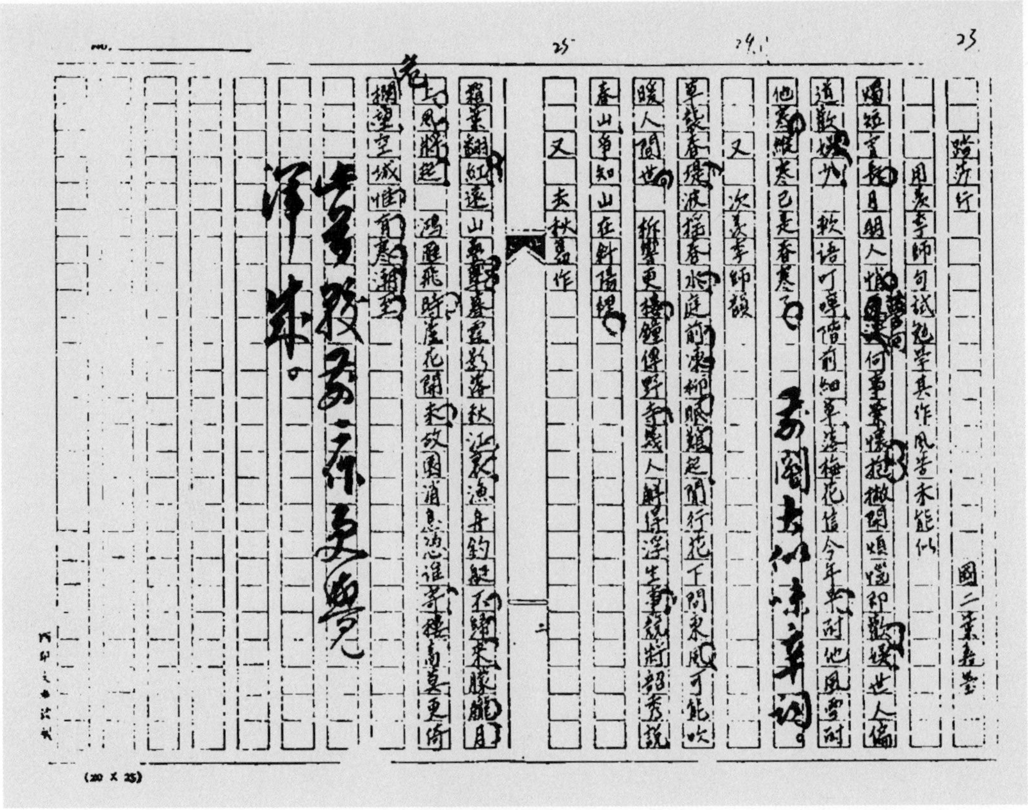

顧隨批改葉嘉瑩詩作。

兩首的改動，顧先生都寫有旁批或眉批加以說明。第二首的末句的旁批是：「商聲上」三字雙聲，似不上口，「上」字不如改作「入」字為佳；第三首末句的眉批是：「色」字稍啞，「乍」字似較響也。對於第一首所做的改動，顧先生沒有說明。以我個人推測，顧先生之所以把「晚露稀」改為「露漸稀」，可能是一般人說到「露」總是說「朝露」，而我用了「晚露」，有些不妥；而「露漸稀」中所用的「漸」字還可以給人一種時間推移消逝的感覺，與前面的「過盡征鴻」中的「過盡」二字所表現的時間消逝之感，可以互相呼應而使這種感覺更為加強，這大概是顧先生將「晚露稀」改為「露漸稀」的緣故。至於「淡點秋妝」改為「淡淡秋妝」，可能是因為後者顯得更為輕靈自然的緣故。顧先生對詩詞中這些小的地方、微妙的地方非常注意，對於我欣賞和創作詩詞有很大的影響。後來我學習了西方文學理論，講到文本裡邊說到的顯微結構，就是要對那種很纖細的、很微妙的差別，要能夠加以辨析，這正是顧先生那時訓練出來的。雖然只是一兩個字的改動，卻給我極大的啟發。顧先生對遣詞用字的感受之敏銳、辨析之精微，可以說對學習任何文學體式寫作的人，都有極大的助益。

經過跟隨顧先生這一階段的學習，我原來的基礎與在大學裡所學的功力有了一種結合，一九四四年的秋天，我寫了幾首《晚秋雜詩》。

《晚秋雜詩》共是五首，但在寫《晚秋雜詩》之前我還寫了一首七言律詩。前後不到兩個禮拜，寫了六首七言律詩。第一首題為《搖落》：

高柳鳴蟬怨未休，倏驚搖落動新愁。雲凝墨色仍將雨，樹有商聲已是秋。三徑草荒元亮宅，十年身寄仲宣樓。征鴻歲歲無消息，腸斷江河日夜流。

大學畢業後攝於自家
院內垂花門前。

寫這首詩的情景我還記得，秋天下了場雨，天氣就冷了起來，到處是一片秋意。小時我祖父不許在院子種樹，後來雖然母親種了一棵柳樹，這時還不夠高大。是我家西邊的鄰居有兩棵很高大的槐樹，它的枝葉一直遮到了我家的外院，給我很深的印象。那時我對樹的感覺，都是從那兩棵大槐樹來的。「高柳鳴蟬怨未休」，在柳樹上那寒蟬哀怨的叫聲還沒有停止下來，為什麼說是哀怨聲呢，因為蟬在夏天和秋天叫聲是不一樣的，我不知道蟬是不是根本就有兩個種類，還是就是一種，只是在夏天和秋天叫的聲音不一樣。夏天蟬叫的聲音很吵，叫蟬噪，而秋天蟬的叫聲就很弱，給人一種哀怨的感覺。「倏驚搖落動新愁」，夏天的繁盛好像還在眼前，怎麼忽然間一場雨過就有樹葉黃落的感覺了。「雲凝墨色仍將雨」，連日陰天的雲還是黑黑的，好像還會下雨。「樹有商聲已是秋」，秋天的風聲叫商聲，風聲在春天和秋天是不一樣的，此時你聽到樹上風吹過的聲音已經是一片秋聲了。我到現在還記得寫這兩句詩時的感覺。講這些就是想說明我當時是從哪裡感發的，事實上也不是一下子感發的。尤其是七言律詩，八句還要對偶，一下子一大串都跑出來是不可能的。自然的感發常常是一兩句，不過有了一兩句，你就帶著這種感發的力量，可以把它寫成一首詩。絕句就比較容易寫，你有一點感發就很容易寫出來。律詩則不然，一般是先有了一兩句，以後再發展成一首詩。

寫完這首詩不久，我又寫了一組五首七律，題為《晚秋雜詩》。說起來這裡還有一個故事。我在大三、大四時每年都有軍訓。我同班有個女生，高中就和我是同學，又一起考進了輔仁大學。她喜歡上了我們軍訓課的教官，逐漸跟那位軍官有了聯繫。後來有一天她忽然來約我，讓我陪她到那位軍官的營地去訪問，她一個人不好意思。因為我從高中就跟她是同學，關係很好，於是就答應了。營地在西郊，很遠，我們還坐了一段火車。一路上我看見野地裡紅色的植物，非常漂亮。車上有人說那就是雁來紅。這個名字也很美，秋天的時候大雁遷徙的時候，這種植物就紅了，所以就叫雁來紅。

就是這次看了雁來紅，我心裡就有了兩句詩「涼月看從霜後白，金天喜有雁來紅」。這是說秋天來到以後，月亮就越來越有寒冷的感覺了，秋天在五行裡屬金，所以稱作金天。前幾天寫的《搖落》，是有感於秋天的寒蟬，這回又跟同學到西郊走了一趟，看了很多的秋色，心裡就有了「涼月看從霜後白，金天喜有雁來紅」這兩句詩。有時你有了作詩的感發，有一些東西就會自己跑出來，回來後我一下子就寫出來五首七言律詩。

鴻雁來時露已寒，長林搖落葉聲乾。事非可懺佛休佞，人到工愁酒不歡。好夢盡隨流水去，新詩唯與故人看。平生多少相思意，譜入秋弦只浪彈。（其一）

西風又入碧梧枝，如此生涯久不支。情緒已同秋索寞，錦書常與雁參差。心花開落誰能見，詩句吟成自費辭。睡起中宵牽繡幌，一庭霜月柳如絲。（其二）

深秋落葉滿荒城，四野蕭條不可聽。籬下寒花新有約，隴頭流水舊關情。驚濤難化心成石，閉戶真堪隱作名。收拾閒愁應未盡，坐調弦柱到三更。（其三）

年年尊酒負重陽，山水登臨敢自傷。斜日尚能憐敗草，高原真悔植空桑。風來盡掃梧桐葉，燕去空餘玳瑁梁。金縷歌殘懶回首，不知身是在他鄉。（其四）

花飛無奈水西東，廊靜時聞葉轉風。涼月看從霜後白，金天喜有雁來紅。學禪未必堪投老，為賦何能抵送窮。二十年間惆悵事，半隨秋思入寒空。（其五）

這五首詩其實很難講，能夠一句一句講出來的詩不一定就是好詩。在我當年而言，這五首詩是寫得不錯的，是偶然跑出去看了郊外秋天的景色寫出來的。還有隔壁那兩棵大槐樹和我家院子裡的花花草草，秋天來了，當樹葉已經乾了的時候，地上有很多落葉，被風吹過來吹過去的樣子也給了我很深的印象。所以我在詩裡寫了「花飛無奈水西東，廊靜時聞葉轉風」這樣的句子。「花飛無奈水西東」是說花落隨水流，水流向哪裡花是不能作主的。花飛無奈，流水西東。人生有很多事情是無奈的，消逝是無可奈何的，遭遇也是無可奈何的。那時我家的院子真的是很安靜，「廊靜時聞葉轉風」，特別是到了夜深人靜時，你就不時地聽見落葉在磚地上被風吹得嘩啦嘩啦的聲音。「涼月看從霜後白，金天喜有雁來紅」，秋天的月色令人感到很冷，地上有一層寒霜，很白很白的，而秋天卻有雁來紅這種植物的紅顏色，豈不讓人可喜。「學禪未必堪投老，為賦何能抵送窮」，顧先生常常在課堂上講一些禪理，「學禪未必堪投老，」是不是就可以把它作為歸宿呢，「為賦何能抵送窮」，古人說可以做送窮的賦，當然抗戰時的生活都很艱苦，「二十年間惆悵事，半隨秋思入寒空」，那年我恰好二十歲，多少往事都隨著秋天的感觸飄到天上去了。

我把這五首詩加上前不久寫的《搖落》，一共六首詩抄在一起交給了顧先生。當我剛上大學二年級，剛跟顧先生讀詩時，顧先生還常常給我的詩稿改一兩個字，但是這六首詩交給顧先生，他不僅一字未改，而且和了我六首詩，這真使我感到意外的驚喜和感動。

我的《晚秋雜詩》第一首是「鴻雁來時露已寒，長林搖落葉聲乾」。是說當鴻雁飛來的時候，白露已經非常寒冷了，快要變成霜了，「長林」是一大片，幾乎所有的樹林都搖落了，而且樹葉的聲音也不同了。你看春天的樹葉都是嫩芽，風吹過幾乎沒有什麼聲音；夏天的樹葉雖然很茂盛，都是大片的葉子，但它很柔軟，充滿了水分，沒有這種聲音；可是等到秋天葉子半乾的時候，風再吹過去，聲音就不一樣了，這時樹葉的聲音是枯乾的聲音。所以我說「長林搖落葉聲乾」。「事非可懺佛休佞」，人所有做的事情都是不可挽回的，不管什麼事情，過去了的就過去了，發生了的就發生了，你再求佛拜菩薩都是不管用的；「人到工愁酒不歡」，人如果體會了人生的愁苦也不是喝酒可以排解的。「好夢盡隨流水去」，因為我當時真是經過了憂患，知道了我們國土的淪陷，跟父親長久沒有音信的離別，母親的去世，生活的艱苦，所以少年時代的好夢像流水一樣遠去；「新詩唯與故人看」，我所作的詩也不給別人看，只是給我最熟的同學看。「平生多少相思意」，人一生總是有很多理想，有很多嚮往，有很多追尋；「譜入秋弦只浪彈」，現在譜到這秋天的哀弦之中，這種音調之中，但這一切是沒有辦法挽回，沒有辦法改變的，所以「平生多少相思意，譜入秋弦只浪彈」。

1943年與顧隨先生及同班同學在顧家合影，後排右二為葉嘉瑩。

顧先生和我的詩開端二句是「倚竹憑教兩袖寒，何須月照淚痕乾」。因為我說「鴻雁來時露已寒，長林搖落葉聲乾」。「倚竹」是用的杜甫的詩，杜甫說「天寒翠袖薄，日暮倚修竹」。「月照淚痕乾」也是用的杜甫的詩，杜甫說「何時倚虛幌，雙照淚痕乾」。顧先生這兩句說的是你在寒冷和孤獨之中，你就應該忍受寒冷和孤獨，你一定要有這種忍耐的力量，所以「倚竹」是「憑教兩袖寒」，任憑你兩袖的單寒。「何須月照淚痕乾」是說不一定要有什麼追求，不需要將來有一個圓滿的結果，這是顧先生另外一個精神的境界。

顧先生在這首詩裡還寫道「淡掃嚴妝成自笑，臂弓腰箭與誰看」。這兩句牽涉到中國儒家傳統裡的一個持守的問題。中國古代讀書人理想中的「士」的心總是要好的、向上的、向善的。孔子的道理就是叫人怎樣提高你自己，怎樣完美你自己。當你具備了這樣一種品格，這樣一種修養，你是不是希望有一個實踐的機會呢？你希望不只是獨善其身，還能夠兼善天下，希望能夠把你所知道的這些好處推廣出去。「己欲立而立人，己欲達而達人」，這才是真正儒家的理想。文天祥臨死時說：「孔曰成仁，孟曰取義，唯其義盡，所以仁至。讀聖賢書，所學何事？而今而後，庶幾無愧。」你所學的就是要完善你自己，要提高自己的品格，而且要把它推廣。你自己要好這還容易，但是你有沒有「己欲達而達人」的機會呢？這就成了問題了。這就是中國的傳統為什麼一向說「士為知己者死，女為悅己者容」，總是希望得到一個知道你、欣賞你、任用你的人，讓你有實踐的機會。可是孔子也說：「人不知而不慍，不亦君子乎？」如果真的沒有人知道你、任用你，怎麼辦呢？顧先生這兩句詩其實所涉及的就是這個問題，這是中國傳統的舊日的讀書人，一個真正讀聖賢書有所得的人所面對的問題。中國的傳統多是以美人香草比作美好的品格和高尚的情操，屈原的《離騷》是最典型的。「淡掃嚴妝成自笑」，顧先生在這裡就是把自己比作一個美女，自己修飾自己，沒有人欣賞就自笑，自我欣賞。如果用男子來比，他說「臂弓腰箭與誰看」。《史記》記載「飛將軍」李廣猿臂善射，說他的手臂很長，善於彎弓射箭。即使你有了像飛將軍李廣那麼好的本領，但是誰看到你的本領了，所以說「與誰看」。顧先生所表現的是一種不被人了解，不被人欣賞的寂寞。

顧先生的詩題是《晚秋雜詩六首用葉子嘉瑩韻》，全組詩是這樣寫的：

倚竹憑教兩袖寒，何須月照淚痕乾。碧雲西嶺非遲暮，黃菊東籬是古歡。淡掃嚴妝成自笑，臂弓腰箭與誰看。琵琶一曲荒江上，好是低眉信手彈。（其一）

巢葦鷦鷯借一枝，魚游沸釜已難支。欲將凡聖分迷悟，底事彭殤漫等差。辛苦半生終不悔，饑寒叔世更何辭。自嘲自許誰能會，攜婦將雛鬢有絲。（其二）

青山隱隱隔高城，一片秋聲起坐聽。寒雨初醒雞塞夢，西風又動玉關情。眼前哀樂非難遣，心底悲歡不可名。小鼎篆香煙直上，空堂無寐到深更。（其三）

舊殿嵯峨向夕陽，高槐落葉總堪傷。十年古市非生計，五畝荒村擬樹桑。故國魂飛隨斷雁，高樓燕去剩空梁。抱窮獨醒已成慣，不信消愁須醉鄉。（其四）

一片西飛一片東，蕭蕭落葉逐長風。樓前高柳傷心碧，天外殘陽稱意紅。陶令何曾為酒困，步兵正好哭途窮。獨下荒庭良久立，青星點點嵌青空。（其五）

莫笑窮愁吟不休，詩人自古抱窮愁。車前塵起今何世，雁背霜高正九秋。放眼青山黃葉路，極天絕塞夕陽樓。少陵感喟真千古，我亦憑軒涕泗流。（其六）

當我讀到顧先生的這六首和詩，時節已經進入嚴冬，不久我就又寫了六首詩，題目是《羨季師和詩六章，用〈晚秋雜詩〉五首及〈搖落〉一首韻，辭意深美，深愧無能奉酬。無何，既入深冬，歲暮天寒，載途風雪，因再為長句六章，仍疊前韻》：

一杯薄酒動新寒，短笛吹殘淚未乾。樓外斜陽幾今昔，眼前風景足悲歡。生機半向愁中盡，往事都成夢裡看。此世知音太寥落，寶箏瑤瑟為誰彈。（其一）

庭槐葉盡剩空枝，一入窮冬益不支。日落高樓天寂寞，寒生短榻夢參差。早更憂患詩難好，每話艱辛酒不辭。昨日長堤風雪裡，兩行枯柳尚垂絲。（其二）

入世已拚愁似海，逃晝夜狂風撼大城，悲笳哀角不堪聽。晴明半日寒仍勁，燈火深宵夜有情。入世已拚愁似海，逃禪不借隱為名。伐茅蓋頂他年事，生計如斯總未更。（其三）

莫漫揮戈憶魯陽，孤城落日總堪傷。高丘望斷悲無女，滄海波澄好種桑。人去三春花似錦，堂空十載燕巢梁。經秋不動思歸念，直把他鄉作故鄉。（其四）

滾滾長河水自東，歲闌動地起悲風。塚中熱血千年碧，爐內殘灰一夜紅。寂寞天寒宜酒病，徘徊日暮竟途窮。誰憐冬夜無人賞，星影搖搖滿太空。（其五）

雪冷風狂正未休，嚴冬凜冽孰消愁。難憑碧海迎新月，待折黃花送故秋。極浦雁聲驚失侶，斜陽鴉影莫登樓。禪心天意誰能會，一任寒溪日夜流。（其六）

當我把這六首和詩再呈交給顧先生後，顧先生竟然又和了七言長句五章韻。顧先生的詩題是《七言長句五章再用葉子嘉瑩〈晚秋雜詩〉五首韻》：

心波蕩漪碧溪寒，意緒焦枯朔雪乾。掃地焚香總無賴，當歌對酒愧清歡。大星自向天際墜，太白休登樓上看。此調明知少人識，朱弦一拂再三彈。（其一）

顛危正要借筇枝，一木難將大廈支。投宿群鴉影凌亂，歸飛雙雁羽參差。無多芳草美人意，有限黃絹幼婦辭。乞與法衣傳不得，南能一命記懸絲。（其二）

祇樹園居舍衛城，海潮音發大千聽。無生法忍眾生度，希有世尊同有情。物化神遊猶外道，菩提般若亦常名。一心朗朗明如月，陵谷滄桑任變更。（其三）

端陽一去過重陽，霰雪交飛益感傷。四海揚波淹日月，九州無地老耕桑。休誇漢代金張第，不羨盧家玳瑁梁。几案無塵茶飯好，十年前是白雲鄉。（其四）

當年相遇桂堂東，此際全非昨夜風。澹澹月痕眉樣子，搖搖窗影燭花紅。間關絕塞人空老，濩落生涯天所窮。喚起當筵龍象眾，神槌一擊碎虛空。（其五）

正是由於顧先生的獎勉和鼓勵，我在那一段時間寫的作品特別多。主要是寫了詩以後，有人看，有反應，有一個回答。況且學校裡有唐宋詩的課，要交習作，顧先生還給我批改甚至和作。有一次，顧先生要把我的作品交給報刊上去發表，問我是否有筆名或別號，那時我從來未發表過任何作品，當然沒有什麼筆名別號，先生要我想一個，於是我就想到了小時伯父給我講的關於佛經上迦陵鳥的故事，它名字的聲音與我名字的聲音很相近，於是就取了「迦陵」做了我的別號。這當然也是受了顧先生在講課時常引佛經為說的影響。

進入大學後，我除了詩詞之寫作外，也開始了對令曲、套數甚至單折劇曲的習作。記得我第一次把各體韻文習作呈交給顧先生後，在發還時顧先生寫的評語說：「作詩是詩，填詞是詞，譜曲是曲，青年有清才若此，當善自護持。」

顧先生有時也會把他自己新作的詩稿、詞稿和曲稿抄錄給我們看，這自然就更加引起了同學們創作的興趣。記得當年顧先生選取《聊齋》的一則故事《連瑣》改寫成雜劇時，對於以悲劇結尾還是以團圓劇結尾，曾久久不能決定。有一次，我與同班一位要好的女同學一起去拜望顧先生，他還向我們徵詢意見，最後顧先生終以團圓劇結尾。顧先生對雜劇的創作，以及對生死之際的悲劇與團圓劇的思量，也引起了我對於生死的反思，以及創作雜劇的興趣。

寫四折的雜劇要用很多的時間，也要有豐富的人生閱歷。那時我已經從大學畢業，開始在三所中學任教，由於課時多，沒有那麼多的時間，而且我的生活範圍太小，閱歷不足，很難寫出那麼複雜的四折的雜劇，可是我還是想嘗試一下劇曲的寫作。

後來我偶然看到民國初年另外一個劇曲家吳梅先生的集子，吳梅先生對詞曲都有很深的研究，而且創作也很好。吳梅先生寫過好幾本曲子，他還是遵循元雜劇的體例，不過是把它簡化了，只寫一折。他創作的雜劇集子叫《惆悵爨》，都是一折的。我覺得這個很省事，就跟寫一個套曲的套數差不多，只是裡面增加些動作跟道白就行了。

於是我就寫了一篇一折的雜劇，題目是《骷髏語》，內容是選取《莊子》中《至樂》一篇所寫的一則寓言故事：「莊子之楚，見空髑髏，髐然有形」，莊子因而和髑髏對話，談及生死問題。我之所以選這樣的題目，當然是受顧先生的影響，因為他所創作的劇本往往表現一些人生的哲理，再有就是因為我母親的去世使我對人的生死有了深刻的感受。我把這一劇稿交給顧先生後不久，就因為要去南方結婚離開了北平。

誰知從此一去，時局發生了巨大的變化。我輾轉流離，由上海而南京而臺灣，後來又到美國到加拿大，而大陸也先後經歷了許多動亂。一九七四年當我第一次回到故鄉時，顧先生已經去世有十四年之久，連顧先生自己的遺作都已散失無存，我的這篇劇作稿當然就更不知所蹤了。對於我的這篇幼稚的習作，丟了原也不值得可惜，只是我的這一篇劇稿沒能得到顧先生一個字的評語，始終感到遺憾。

我自當年離開故鄉後，經歷了許多憂患，相當長的一段時期，忙碌於維持生計的工作，根本就沒有興趣和閒情從事詩詞曲的創作。後來雖然偶然有機會寫一些短篇的詩詞，卻再也沒有一篇劇曲的創作。我當年這篇唯一的劇作，自己也沒留底稿，以致我現存的作品中，獨缺劇作這一項習作成績。如果嚴格地說起來，對於詩詞這兩種體式的創作，是我在進入大學前的少年時代，就已經開始嘗試寫作了。而只有劇曲的寫作，是自我從顧先生受業後，才開始學習寫作的。所以我對於自己沒有一篇劇作的稿子留下來，一直覺得是愧對先生的一件事。

四、學術薪火

顧先生講課是建立在豐富的創作和深刻的研究基礎之上的。顧先生的才學和興趣方面很廣，無論是詩、詞、曲、散文、小說、譯作、詩歌評論、甚至佛教禪學，都留下了值得人們重視的著作，足供我們研讀景仰。我僅就自己的研習範圍，對顧先生在古典詩歌方面詩、詞、劇曲這三種形式的創作，做一些簡單的介紹，以期顧先生的學術薪火得以傳承，來報答顧先生對於我的深厚師恩。

下面我就分別從詩詞和劇曲這兩個方面來談。

1.詩詞創作

顧先生在二十餘歲時就以詞見稱於師友之間，他雖然執教一生，但不曾間斷過他的詩詞創作。從一九二七年印行第一冊詞集《無病詞》到一九六〇年逝世前的《聞角詞》，前後三十餘年，給我們留下詞作有五百餘首之多。但顧先生的詩作和詞作相比，數量不及二分之一，內容方面也不及詞作涉及的範圍廣，所以先介紹他的詞作，詩作放在後邊再介紹。

顧先生一生經歷了北伐、抗戰、淪陷、勝利以及解放，他對國事的悲慨以及對祖國的熱愛，常常流露於筆墨之中。

在國民革命後軍閥混戰的動亂年月裡，一九二八年春天，蔣介石北上攻打當時把持著北洋政府大權的奉系軍閥張作霖，日本軍隊為了阻止國民黨勢力向北推進，出兵侵占濟南，屠殺中國軍隊數千人，殺死南京政府外交官蔡公時等十七人，製造了震驚中外的「濟南慘案」。顧先生曾在二十年代中期在濟南教書，對濟南的山水草木自有一番深情，他當時寫下：「繞湖邊、血痕點點，更血花、比著暮霞紅。憑誰問、者無窮恨，到幾時窮？」（《八聲甘州・哀濟南》）以及「不道好山好水，胡馬又嘶風。地下英靈在，舊恨還重」（《八聲甘州・忽憶歷下是稼軒故里，因再賦》），表現了對「濟南慘案」的悲哀激憤的感慨。

「七七」事變後，日寇占領了北平，顧先生把內心的鬱悶和悲慨以及對國家民族的情感，常常借詩詞的形式抒發出來。在這一時期，顧先生寫了不少以比興為喻託，寄懷故國之思的作品。我們舉顧先生的一首《鷓鴣天》為例：

不是新來怯憑欄。小紅樓外萬重山。自添沉水燒心篆，一任羅衣透體寒。　凝淚眼，畫眉彎。更翻舊譜待君看。黄河尚有澄清日，不信相逢爾許難。

這首詞寫的是什麼意思呢？孟子說：「誦其詩，讀其書，不知其人可乎？是以論其世也。」我們知道顧先生當時是生活在被日寇淪陷的北平，滿懷著對祖國的熱愛，而寫下這首詞的。

開頭兩句：「不是新來怯憑欄。小紅樓外萬重山。」中國的古典詩詞之所以妙，就是因為它能在那麼簡單，那麼短小的篇章裡面，表達那麼豐富的、那麼深厚的意思。「憑欄」表面上只是寫一個人靠在欄杆上，但內容深意卻沒這麼簡單。西方一個出色的文學理論批評家朱利亞·克利斯特娃（Julia Kristeva），曾提出過一個說法，「互為文本」，當一個「文本」出現時，從一個「文本」可以聯想到很多其他的「文本」，所以叫「互為文本」。其實，這在中國早就被注意到了。雖然我們沒有這個批評術語，但是給李白作注解的，給杜甫作注解的，常常注明許多出處和典故，說這兩個字什麼人用過，那兩個字什麼人用過，給你豐富的聯想，使你看到一個語彙就聯想到古人一連串的詩歌。這是因為古人在寫作時，他本來就閱讀過那些作品，所以他這樣用，是帶著這個聯想用出來的。你沒有讀過那些作品，就沒有這個聯想，所以你讀不懂，就得靠注解幫忙。李後主有一首《浪淘沙》，其中有「獨自莫憑欄，無限江山。別時容易見時難」幾句。那是李後主亡國以後的作品，顧先生的這首《鷓鴣天》是在淪陷區寫的，在抗戰後四年的最艱苦時期，他的好朋友有的被日本憲兵隊抓起來，有的離開淪陷區到後方去了，他自己眼見祖國的大好河山被敵人的鐵蹄踐踏。李後主「憑欄」看到的是「無限江山」；顧先生「憑欄」看到的也是祖國的大好河山。李後主說「莫憑欄」，顧先生說「怯憑欄」，怯是害怕，害怕去靠近欄杆，「不是新來怯憑欄」，不是真的害怕欄杆的危險，才不肯到欄杆旁邊去。那是為什麼呢？是「小紅樓外萬重山」，我住的這個小紅樓外有萬水千山，這正是李後主所說的「獨自莫憑欄」，因為欄外有「無限江山」——那是我們祖國的大好河山，我一靠近這欄杆，就感到大好江山被敵人占領的悲哀和苦難。

下面「自添沉水燒心篆」，「心篆」是一種盤成篆體字的「心」字形的香，我們中國的文字是非常美妙的，精緻的，他說，我要燒的香是篆曲的、纖細的、宛轉纏綿的。我雖然身在淪陷區，但我難道能忘了我的祖國嗎？我真誠的內心是燃燒的，不斷燃燒的；而且我是「自添沉水」，「沉水」也是一種香，氣味芬芳，「自添」就是時時在添加，不會燒完的，是永遠在燒的。「自添沉水燒心篆」就是我對祖國的熱愛是發自內心的，不靠別人的鼓勵和幫助而一直延續下去。短短的七個字，有多麼豐富的意義！多麼深厚的感情！我的心是熱烈的、芬芳的，不管有沒有讚美和欣賞，即使周圍是冷酷的，我都是「一任羅衣透體寒」。只要我心裡有一團火在燃燒，不管周圍的環境多麼惡劣、寒冷，哪怕這寒冷一直侵襲透身體，我心頭的火都不會滅掉。

下半首「凝淚眼，畫眉彎」，在淪陷區苦難的環境裡，你能為祖國做點什麼呢？「七七」事變時，我正在北平上中學。後來南京、漢口、長沙等城市一個個地陷落，日偽控制的學校還逼迫我們去街上遊行慶祝。而南京陷落時我父親在南京，漢口陷落時我父親在漢口！在這種痛苦、惡劣的環境中，自己就不要好了嗎？你看，在「凝淚眼」的悲哀痛苦之下，還要「畫眉彎」。畫眉在中國文化傳統中是代表一個人對自己的品德才智的美好追求。屈原說「眾女嫉余之蛾眉兮」，「余獨好修以為常」。「凝淚眼」就不畫眉了嗎？不是。不僅要畫，而且還要畫美麗的彎曲的眉，古人有句話「蘭生空谷，不為無人而不芳」，因為芳香是蘭的本性，不因為外部環境惡劣我就不要好了。那麼，畫什麼樣子的眉呢？顧先生這裡說「更翻舊譜待君看」。「譜」是「眉譜」，是畫眉的圖譜。

唐代秦韜玉的《貧女》詩說「敢將十指誇鍼巧，不把雙眉鬬畫長」，書法家沈尹默的詩說「幽靚難成時世妝」，所寫的都是不追隨那些摩登的時尚，要有自己的持守。所以「更翻舊譜」是對淪陷以前昔日祖國河山的眷戀，「待君看」表現了對勝利的希望和等待。

我是認識顧先生的，我知道顧先生這首詞是在淪陷區寫的，所以聯想到這首詞有這麼豐富的含義。如果我不認識顧先生，也不知道這首詞是在淪陷區寫的，那還有沒有這些聯想呢？這首詞只是在寫一個美麗的女孩子，還是果然有另外的寄託和含義呢？我要告訴你，儘管你不認識這位作者，你仍然可以做出判斷，他是有言外之意的。因為顧先生還有最後兩句——「黃河尚有澄清日，不信相逢爾許難」！黃河還有澄清的日子，這句話給了我們一個暗示：我們中國向來說天下太平是「海晏河清」，又說黃河三千年一清，這代表的是太平安樂的時代。所以顧先生說，難道我們祖國的河山就永遠這樣破碎下去了嗎？一定不會的，黃河還有澄清的日子，就是三千年一清，不是也有一清的日子嗎？「不信相逢爾許難」，我就不信我跟祖國的大好河山相逢會有如此的艱難！我就不信我的祖國打回來會是那樣困難！

顧先生的身體一直多病，在他的詞作裡也常有一些自歎衰病的內容。但是在精神上卻表現出一種對於苦難的擔荷及戰鬥的心志。例如顧先生的一首《鷓鴣天》「說到人生劍已鳴。血花染得戰袍腥。身經大小百餘陣，羞說生前身後名。 心未老，鬢猶青。尚堪鞍馬事長征。秋空月落銀河黯，認取明星是將星。」尤其把這種擔荷及戰鬥的精神表現得極為完整有力，表現了先生對故國的懷思以及對勝利期待的堅貞情意。

顧先生的詞作中還常常表現一些富於哲理的思致。一般來說，在中國古典詩歌傳統中，詞原來大多都以抒情為主，也有用心託意的作品，所寫的也不過是家國之思，窮通之慨。像西方文學中以詩歌來表現某種哲理的作品並不多見。王國維廣泛涉獵西方哲學，常常把一些西方哲理寫進詞裡，這是一種極可重視的新開拓。顧先生曾在北大研讀西方文學，又對王國維的《人間詞》及《人間詞話》非常推崇，可以說受了王國維的影響。不過顧先生與王國維也有不同之處：第一，從選用的語彙和形象來看，王國維仍然多沿用舊傳統的語彙和形象，而顧先生常常使用新穎的語彙和形象；第二，從內容情意來看，王國維受叔本華厭世主義哲學影響，作品中有一些悲觀憂鬱的語言，而顧先生則能擺脫其他哲學的局限，所寫的往往只是因景觸物產生的哲思。例如：

為是黃昏燈上早。驀然又覺斜陽好。（《蝶戀花》）

人生原是僧行腳，暮雨江關。晚照河山。底事徘徊歧路間。（《采桑子》）

空悲眼界高，敢怨人間小。越不愛人間，越覺人間好。（《生查子》）

山下是人間。山上青天未可攀。（《南鄉子》）

回頭來路已茫茫，行行更入茫茫裡。（《踏莎行》）

這些詞句都蘊含著對景觸物所產生的一種哲理的思致，不拘泥於任何一家的哲學之說，而且都結合著生動真切的景物形象。

顧先生的詞作自成風格，具有獨立的創新精神。這是顧先生的詞作在藝術上的一個特色。他在一首《臨江仙》中寫道「自開新境界，何必似花間」。顧先生講課時也一向主張創作時應當有獨立創新的精神，經常勉勵同學說：「丈夫自有沖天志，不向如來行處行」。他在《積木詞》卷末寫了六首絕句，最後一首說「人間是今還是古，我詞非古亦非今。短長何用付公論，得失從來關寸心」。這首詩恰好說明了顧先生在創作中融匯古今，自辟蹊徑的態度。不過顧先生的開拓和創新，是建立在對前人廣泛地攝取和繼承的基礎之上的。例如：顧先生對辛稼軒極為推崇仰慕，《濡露詞》中寫了兩首《破陣子》，第一首寫道「要識當年辛老子，千丈陰崖百丈溪。庚庚定自奇」，仍然覺得沒能盡意，又在第二首中讚美辛詞「落落真成奇特，悠悠漫說清狂。千丈陰崖凌太古，百尺孤桐蔭大荒。偏宜來鳳凰」。這兩首詞正是在他撰寫《稼軒詞說》時寫的，其爽健飛揚之致，頗似稼軒的風格。

在中國詩歌的舊傳統中，一般多把形象和情意的關係簡單歸納為比興兩類，或因情及物，或由物生情，凡情意的敘寫能結合形象給讀者直接感受者便為佳作。而顧先生的作品中常常包含著對於當時時世、個人心志及人生哲理等豐富的內容，他能用比興的手法假以形象來表達。所以顧先生的作品既在思想上有豐富的內容，同時在藝術方面也表現有鮮明生動的形象。對於形象的取材，有的取材於大自然的景物，有的取材於人世的事象，有的取材於想像中的幻象。用比的手法以為擬喻，用興的手法取其感發，都能隨物賦形做生動真切的表達。例如：

一縷紅絲一縷情。開時無力墜無聲。如煙如霧不分明。（《浣溪沙》）

黃華好似前年。折來插向窗前。窗外一株紅樹，教他與我同看。（《清平樂》）

這些詞所寫的形象都是大自然的景物，以物為主，鮮明生動，情趣盎然，極富感發的力量。

歲暮情懷，天寒滋味。他鄉又向尊前醉。路燈暗比野燐青，天風細碾黃塵碎。（《踏莎行》）

過了花期寒未退。不見春來，只見風沙起。乍覺棉裘添暖意，陽春原在風沙裡。（《鵲踏枝》）

底事悲秋，試倚樓閑眺，一院秋光。牽牛最無氣力，引蔓偏長。疏花數朵，待開時、又怕朝陽。渾不似、葵心向日，一枝帶露嬌黃。（《漢宮秋》）

這些詞所寫的形象，雖然也是大自然的景物，卻蘊含著更深一層的情意和思致。如果把這兩類詞中的形象做個比較，我們大概可以這樣區分：前一類形象是以寫物為主，其情趣不過是被外物偶然引發的感受；而後一類形象已經不完全以物為主，而是心與物的一種交感，是心中早有一份情意和思致，不過偶然被物所觸發，不知不覺把這種情意融滙於物象之中，成為一種心物交感的流露。還有一類則是全然以心中的情意和思致為主，不必有實在的外物形象，而由自己的心意創造一種形象來表現。例如：

去年祖餞咸陽道。斜日明衰草。今年相送大江邊，霜打一林楓葉、曉來寒。　深情爭供年年別。淚盡腸千結。明春合遣燕雙飛。夾路萬花如錦、伴君歸。（《虞美人》）

這是完全以形象喻寫一種在淪陷區中對故國的懷思。又如：

記向春宵融蠟，精心肖作伊人。燈前流盼欲相親。玉肌涼有韻，寶靨笑生痕。不奈朱明烈日，炎炎銷盡真真。也思重試貌前身。幾番終不似，放手淚沾巾。（《臨江仙》）

這是以形象喻寫一種對於理想的追求及幻滅的悲哀。這些詞中的形象，無論所寫的是「咸陽道」、「大江邊」，還是「燈前」、「玉肌」、「寶靨」，都不是眼前實在的景物，而完全是一種假想的象喻，是把抽象的情思轉化為具體的形象來表現。這三種不同的情意與形象結合的方式，顧先生運用得十分純熟。這種藝術表現手法，使得顧先生的詞雖然有心用意，卻不失於枯窘，寫得既清新活潑又有深情遠韻。

如果用西方的話來說，其「春宵融蠟」一首是很象徵化的作品，而且整首詞好似在說一個故事，一個事件，整個的故事是象徵。還不是說一個語彙的象徵而已，例如說松樹經冬不凋是一個堅貞的象徵，還不是這個意思，它是整個的，一個作品是一個象徵。他寫的是一個人用蠟做了一個蠟人，「記向春宵融蠟，精心肖作伊人」，記得一個晚上，「向春宵」，就是面對著那樣一個春宵。中國語言是十分豐富的，有很多意思，春天，那麼浪漫的、多情的、溫柔的日子；「宵」，夜晚，那麼安靜的、沉靜的時刻，常常你在白天時，有很多身外的、亂七八糟的事情，分散你的感情和你的心意，晚上的時候才能真正把你的心思集中。春天，而且是春宵，把融化的蠟「精心肖作伊人」，「精心」，是用了精微細緻的心意，「肖」是像，「伊人」，那一個人，理想中的那一個人。我精心用蠟做了我理想中的一個人，非常美，非常真切，非常生動，而且「燈前流盼欲相親」，深宵夜晚，所以是燈前，蠟人的眼光彷彿會流動，目光轉動，眼睛是人的靈魂，眼睛像活了一樣，能流動，似乎是在多情地看著我，而且表示了這麼親切的感情。「玉肌涼有韻」，摸一摸蠟人的肌膚，那麼清涼潤滑。「寶靨」是腮邊，美麗的腮邊好像在微笑，而且有一個淺淺的酒窩的痕跡。「寶靨笑生痕」，寫得這麼生動，這麼真切，這麼美麗。這是上半首。下半首的「不奈朱明烈日，炎炎銷盡真真」，把情景突然改變了。無可奈何，又紅又亮又熱的像火一樣燃燒的太陽曬在這個蠟人身上，「炎炎」像火一樣，「真真」，是古人對所愛的人的一個稱呼，「銷盡」把所愛的蠟人完全融毀了。「也思重試貌前身」，我也想重新試一試，努力去再做一個蠟人，這個「貌」是個動詞，杜甫有詠圖畫的詩「貌得山僧與童子」，「貌」是做出一個像來。就想做出一個像以前那麼美的人，可是「幾番終不似」，試了多少次，再也做不出先前所做的那麼美麗的一個蠟人了，「放手淚沾巾」，只好放下手，流下淚來。有很多人年輕時有一個理想，一個夢想，後來被現實給毀了，你再想完成它，再也完不成了。整個這首詞全以形象喻寫這麼一種對於理想的追求及幻滅的悲哀。這是一種很現代化的感情，也是一種用了很現代化的手段、寫法來寫的一篇作品。

本來，中國古典詩詞有悠久的歷史傳統，從先秦兩漢魏晉南北朝到唐宋元明清，不斷地在演進變化。在晚清的時代，當我們自己的東方文化接受了西方文化的時候，在我們古典文學領域裡，也引起了一種衝擊和波動，這個衝擊波動形成的發展方向有兩個：一個是用舊的形式寫新的思想，一個是把新的名詞用到舊的古典詩歌裡去。當時做這樣嘗試的有兩個很有名的人，一個是黃遵憲，他有《人境廬詩草》。他曾去國外，做駐外公使，所以他的詩寫美國的大選，用了很多新名詞在裡面。還有一個就是王國維，他曾讀過康德、叔本華的哲學，他把很多西方哲學思想放在舊體詩詞裡，形式是用舊的，但思想是新思想。顧先生在王國維以後，也是一個嘗試把新的思想、新的形式、新的語言放進舊體詩詞裡的一個作者。

顧先生的一首《木蘭花慢・贈煤黑子》便是寫了一個「煤黑子」的形象，煤黑子是舊日對北方冬天送煤的人的俗稱，他們用驢車拉煤運煤，這個題材是古人沒寫過的，是一種新鮮的題材，顧先生選取了舊傳統中所不曾敘寫過的人物形象：

策疲驢過市，貌黧黑，顏猙獰。倘月下相逢，真疑地獄，忽見幽靈。風生。暗塵撲面，者風塵、不算太無情。白盡星星雙鬢，旁人只道青青。　　豪英。百煉苦修行。死去任無名。有衷心一顆，何曾燦爛，只會怦怦。堪憎。破衫裹住，似暗紗、籠罩夜深燈。我便為君傾倒，從今敢怨飄零。

而他的《鷓鴣天・佳人四首》，都是寫美人的，是舊的題材，可是舊的題材有新的意思：

絕代佳人獨倚樓。薄情何處覓封侯。天連燕趙沉沉死，日下江河滾滾流。　　紅袖冷，綠雲秋。淚珠欲滴又還收。自從讀會靈均賦，不愛歡娛只愛愁。（其一）

絕代佳人獨倚欄。江頭看慣去來船。當樓花似迎人笑，人笑花開似去年。　　依舊是，著春衫。看看能否耐春寒。腰肢瘦到堪憐處，不受人憐謾自憐。（其二）

絕代佳人獨倚床。水沉消盡尚聞香。熏籠已爇羅衾暖，卻擁雲鬟懶卸妝。　　曾記得，理絲簧。曲中也愛鳳求凰。而今再把羅襦繡，便繡鴛鴦不繡雙。（其三）

絕代佳人獨斂眉。簪花插鬢故遲遲。妝成重複看鸞鏡，不是含羞欲語時。　梁燕去，塞鴻歸。熏香人自在深閨。今生判得情緣短，千轉芳心尚恨誰。（其四）

《佳人四首》都是象徵的，是以「佳人」的形象來發抒「美人香草」的幽約悱惻的情思，用一個美麗的女子來象徵一種美麗的品格和修養，那「倚樓」、「倚欄」的「絕代佳人」，都並非眼前實有的景象，而完全出於一種假想的象喻，是將抽象的情思轉化為具體的形象來加以表現的。

至於顧先生的詩作，則大致可分前後兩個時期，前期以一九三四年收入《苦水詩存》中的八十四首為代表，後期沒有收編印行，現在輯錄到的已經有二百餘首。顧先生自己對早期的詩作不大滿意，他在《苦水詩存》自敘中說：「余之不能詩，自知甚審，友人亦多以余詩不如詞為言。」至於顧先生後期的詩作則積多年的學養，表現出相當可觀的成就。我以為顧先生後期詩作的成就主要有以下三個方面：

一是修養日深、脫略嫻熟、別含感慨沉鬱之致。例如贈馮君培先生夫婦五律四首中寫的「途長歎才短，語罷覺燈明」，「雲壓疑天矮，雨疏聞地腥」，「人終憐故國，天豈喪斯文」無不嫻熟、疏放、自然。

二是將感情與思致及議論互相交融為一體，充滿精警之意又寫得極為質樸自然。例如《和陶公飲酒詩二十首》五古，第五首「顯亦不在朝，隱亦不在山。拄杖街頭過，目送行人還。所思長不見，默默亦何言」；第十四首「振衣千仞崗，出塵安足貴。誰與人間人，味茲人間味」；第十七首

「恥作鳥獸徒，甘落塵網中」；第十九首「知足更勵前，知止以不止」等，可謂時時有精警之句，而又樸質自然，深得陶詩之意致。

三是表達力已臻於極為成熟之境，別具健舉的筆力。例如《一九四七年開歲五日得詩四章分別呈寄各地師友》「高原出水始何日，深谷為陵非一時。故國旌旗長嫋嫋，小園歲月亦遲遲」、「重陽吹帽識風力，五月披裘非世情。雲路還輸遠征雁，星光自照暗飛螢」，其用心著力之處，最能表現他的健舉之筆，是顧先生後期詩作中令人重視的成就。

2. 劇曲創作

顧先生在劇曲方面的創作，也有極可重視的成就。我以為顧先生最大的成就是使中國傳統的劇曲在內容方面有了一個嶄新的突破，那就是使劇曲在表演、娛人的表面性能以外，憑添了一種引人思索的哲理，這是一種很大的開拓。這種開拓，並非只是一種偶然的成就，而是在一種理性認知的基礎上，經過深思熟慮反省的結果。

本來中國舊日的劇曲，元明兩代的雜劇與傳奇，雖然作品也很多，詞藻也很美，卻因受到當時歷史及社會背景的種種限制，除了文字很美麗以外，內容大多是表演一個故事，娛樂觀眾，很少有像西洋戲劇那樣，常常表現一種深刻高遠的哲理。這種反省是從王國維開始的，近代的學者都是非常敬佩王國維的，顧先生也是非常推崇王國維的。王國維確實有著過人的天才和眼光，他在《靜安文集續編》的自序中說：「吾中國之文學最不振者莫若戲曲。元之雜劇，明之傳奇，存於今者，尚以百數，其中文字雖有佳者，然其理想及結構，雖欲不謂至幼稚、至拙劣，不可得也。」王國維之所以有這樣的看法，主要是因為他看到西方文學中戲劇方面的成就偉大過人，相形對比之下，中國的戲曲在內容方面就顯得淺陋空乏。王國維曾有志於戲曲的創作，這個想法，王國維在他的《文學小言》及《自序》等文章中曾多次談到，只可惜沒能付諸實踐。王國維是一個在理性方面、感性方面都很好的人，他是一個詩人，又是一個學者。他創作詩詞，同時還整理了唐五代名家詞，寫下了《人間詞話》的評論著作；但在戲曲方面，他只寫了《宋元戲曲考》，卻沒有戲曲的創作。我認為主要原因有兩個：一是王國維在結交了羅振玉以後，研究方向轉變了，不再從事文學、美學的研究，轉向了歷史和考古；二是王國維是一個關起門來在書齋裡討生活的人，他的思想很深刻，但現實生活比較貧乏，對外面社會不大介入。這種性格適合寫詞，詞是一種對自己內心幽微要眇的感情的探索，是向內的探索，所以王國維的詞寫得很好。而戲曲則不然，戲曲是要表現社會、人生的種種現象，是向外的探索，這與他的性格不大相合，所以他終於沒有戲曲的創作。王國維的這個願望，在顧先生手中真正獲得了完成。

顧先生一共寫有雜劇六種，除了《饞秀才》是顧先生「開始練習劇作時所寫」，其餘五種分別收入兩本劇集。第一本劇集《苦水作劇三種》及《附錄》一種，共收入《垂老禪僧再出家》、《祝英台身化蝶》、《馬郎婦坐化金沙灘》、《飛將軍百戰不封侯》四種。第二本劇集只有《陟山觀海遊春記》一種。

先從第一本劇集來談，《垂老禪僧再出家》這個故事講的是繼緣和尚在大名府興化寺出家，他有個同鄉趙炭頭帶著妻子什樣景賣藝也到了大名府。趙炭頭生病了，繼緣和尚常去看望，趙炭頭臨終託繼緣和尚照顧他的妻子什樣景，並希望他死後繼緣和尚和什樣景結為夫婦。趙炭頭死後，繼緣和尚不肯與什樣景結為夫婦，但仍然帶著錢糧探望，遭到什樣景責問，後來才結為夫婦，並生了一兒一女。二十年後兒女長大成人，什樣景也生病死去，繼緣和尚又再次出家。

我以為，顧先生在這裡想要說明兩個含義。一是佛家「透網金鱗」的禪理。「透網金鱗」是說有兩個和尚在河岸上走，看見有人在打魚，有魚從網裡跳出來。大和尚說：俊哉，透網之金鱗！小和尚說：既然這樣，不如當初不撞入網。大和尚說：你欠悟啊，沒有撞入網的魚，對於網就沒有必然能脫出的把握。只有曾經撞入網而又能脫出的魚，才真正達到了不被網所束縛的境界。未曾還俗以前的繼緣和尚就像一條沒有撞入過網內的魚，所以不免被網所束縛。直到他垂老再度出家時，才真正擺脫了網的束縛。顧先生在課堂上也常常舉這個例子。二是倡示了一種不惜犧牲自己，救人須救徹的理想。這種用意，顧先生在講課時，也曾多次提到。

劇中第三折什樣景對繼緣說：

師兄，你知道慈悲為本，方便為門，可還知道殺人見血，救人救徹嗎？你如今害得我上不著天，下不落地，那裡是你的慈悲方便？你出了錢米養活著我，讓我來活受罪嗎？昔日釋迦牟尼，你不曾說來嗎，在靈山修道的時節，割肉餵虎，刳腸飼鷹。師兄道行清高，難道學不得一星半點兒？如若不然，讓我自己在這裡凍殺餓殺，不干你事。從此後休來我面前打閃，攪得我魂夢不安。

這一大段不僅在文字上寫得十分沉重有力，而且還提出了一種無論是想要成佛還是做人，都應該追求的最高理想，那就是不惜犧牲或玷污自己也要救人救徹的精神。

其他幾本雜劇無論寫梁山伯與祝英台的忠貞愛情的故事，還是寫飛將軍李廣百戰不封侯的故事，從表面上來看，顧先生的劇作取材與元雜劇的取材極為相似，但實際上卻有絕大的不同之處：

元雜劇所寫的不管與原來的本事是否相同，其寫作目的不過僅僅是在表演之際取悅觀眾而已；而顧先生所寫作的目的，是要借用戲劇的故事，來喻示較為深刻的含義，那就是對於人生的某種理念的思考。比如「透網金鱗」的禪理，比如「救人救徹」的理想，比如對超越生死之誼的歌頌。

顧先生所創作的雜劇，最難讓人理解他真正主題和用意的，容易引起別人誤會的是《垂老禪僧再出家》和《馬郎婦坐化金沙灘》這兩種。因為《祝英台身化蝶》和《飛將軍百戰不封侯》無論他真正的用心立意是否被讀者理解，至少從故事的外表情節來看，總還不失一種嚴肅的意味。而《垂老禪僧再出家》寫的是一個既還了俗又結了婚的和尚，《馬郎婦坐化金沙灘》寫的是一個以肉身布施的淫婦，如果只從故事外表的情節看就顯得荒誕不經了。然而我認為這兩本雜劇不僅內容上有更深微的用意，在藝術表達手法上也有更可重視的成就。

本來中國的小說和戲曲，大多是以寫實為主，經常帶有說教的意味。而顧先生的這兩本雜劇，卻帶有一種象徵的意味，以整個故事傳達一種喻示的含義。這種表達方法是近代西方小說家、劇作家，甚至電影導演，都曾經嘗試用過的一種表達方式。從上世紀五〇年代後期的尤金・尤內斯庫（Eugene Ionesco）到六〇年代的塞繆爾・貝克特（Samuel Beckett）和哈羅德・品特（Harold Pinter），他們所寫的戲劇都是借助故事的外表來喻示和傳達某種思想的理念和心靈的感受。我這樣說，也許會有人不以為然，因為顧先生的這兩本雜劇都是一九三六年冬天寫定的，比西方那些劇作家寫作這一類劇本要早了十年以上。顧先生的劇作雖沒有像西方那些劇本極端荒謬的形式和意念，但他以劇中具體的人物情節來喻示一種抽象的理念這種表達方式，與西方的那些劇作家是極為相似的。顧先生之所以能夠突破中國舊有的傳統，開創一條與後起的西方劇作家相近的寫作途徑，成為了一位在文學創作發展中的先知先覺者，與他早年研讀西方文學所受到的影響是分不開的。顧先生在談論對戲劇創作的理想時曾經讚美古希臘名劇《普羅米修斯》，認為它表現「有釋迦、基督擔荷人類罪惡之意」。除了西方戲劇以外，西方近代的小說，以及在西方影響下發展起來的「五四」時期的中國近代小說，也都給顧先生很大的影響。

顧先生寫第二本劇集《遊春記》時，我正上大學二年級，開始跟顧先生學習。記得當時顧先生在課堂上討論西方悲劇中的人物性格，曾經與同學們討論過這個劇是以悲劇結尾還是以喜劇結尾的問題。顧先生給悲劇和喜劇所下的定義有獨到的見解，他認為一般悲劇中人物性格可分兩種，一是被命運所轉，一是與命運相搏，顧先生認為只有後者才稱得上是悲劇。按照這一標準，顧先生認為只有像莎士比亞劇中的《哈姆雷特》、《李爾王》才是真正的悲劇。王國維的《宋元戲曲考》說：「明以後傳奇，無非喜劇，而元則有悲劇在其中。」而顧先生認為元劇的《梧桐雨》、《漢宮秋》中的唐明皇與漢元帝，都是被動而不是主動，屬於被命運所轉，而不是與命運相搏，這一類戲劇不屬於真正的悲劇；明以後傳奇中的所謂喜劇應稱為團圓劇，所寫不過是功成名就，親事和諧，人情物欲得到滿足而已，淺薄庸俗，完全沒有高遠的理想和志意，也不能稱之為喜劇。顧先生理想中的喜劇是要表現一種為美好理想付出艱辛追求的精神。在《遊春記》這一劇作中，顧先生為此做出了可貴的探索。

《遊春記》取材於《聊齋》中《連瑣》的故事，主要是取其由死而復生的象徵的用意，借以表現一種可以起死人而肉白骨的精神和感情的偉力，表現一種求生的強烈意志和願望。《遊春記》第一本是秋天肅殺悲涼的景色，男主角楊于畏一出場就唱出了「任歲月難留如逝水，盡摧殘不盡是生機」的堅強意志，還唱出了他自己「平生有多少相思意，相伴著花開花落，春去春歸」的纏綿執著的感情。連瑣的鬼魂被楊於畏的誠摯所感動，前來與他相會，象喻了在凋零肅殺的秋日也難以被摧一殘的生機。第二本的第一折背景由肅殺的秋日轉為凜冽的嚴冬，這可以說有兩層的提示和暗喻：一是因季節改變暗示出楊于畏和連瑣的感情的增長和堅定，二是凜冽的嚴冬更可以顯示他們追尋生機不畏風雪嚴寒的堅強和執著的精神。連瑣一上場念的定場詩有兩句「常愛義山詩句好，不辭風雪為陽鳥」，表現了她不畏嚴冬追求光明和溫暖的堅強心意。第二本的第二折已經是風光明媚的春天，連瑣的幽魂已經洋溢著生意。她唱道：「幽緒滿懷蠶作繭，生機一片水生濤。」而正如古今中外所有的神話或宗教所喻示的一樣，凡一切再生的救贖，都需要有一種犧牲的血祭，因此連瑣向楊于畏提出了要以一滴活人血滴入臍中的要求。當這莊嚴的儀式完成以後，楊於畏在下場時念了一首詩：「帶月荷鋤汗未消，南山曾記豆生苗。誰知深夜明燈下，一朵心花仗血澆。」這首詩用陶淵明寫躬耕辛苦的詩句「帶月荷鋤歸」來喻寫對於心田之花的澆灌，彰顯出一切收穫都必須付出汗血代價的嚴肅意義。第三折是對連瑣起死回生的正面敘寫，是顧先生的用力之作，有幾支曲子寫得筆酣墨飽，非常出色：

【九轉貨郎兒】也是俺的至心寧耐，也虧俺的癡心不改，感動得巫娥飛下了楚陽臺，我破家私將春光買，我下功夫將好花栽。也有個萬紫千紅一夜開。

【四轉】且莫道人生如夢，說不盡至心愛寵。將一副圖畫兒叫真真，叫得啞了喉嚨。也有個幽靈感動，悲歡相共。恰便是向荒田中，沙漠裡，將情苗種。也有個一夜東風裝點春容。人道是三山難遣風相送，凡人休做神仙夢。你看俺恰便是掛起了布蓬，東指雲海蓬萊有路通。

【八轉】俺這裡凝看不瞬，他那裡星眸閉緊。告巫陽好和俺賦招魂。且將這安息漫焚，漫焚。悄無聲，氣氤氳，我靜待青春歸來訊。則見他挪嬌身也麼哥，濬香津也麼哥，嚲下鬢雲，慢轉秋波，動著櫻唇。漸漸地嬌紅暈粉，暈粉。兩朵明霞弄腮痕，越越地添風韻。聽微呻也麼哥，看輕顰也麼哥！這一番親到瑤台逢玉真。

這裡所引的三支曲子，前二支寫經過艱苦的尋求和期待以後，終於可以如願以償的歡欣和興奮；第三支寫親眼見到自己所期待已久的美好生命的復活。顧先生把這些寫得極為細膩生動，所有的描寫都帶有超越於現實之上的一種象喻的含義。

前邊第一本的四折和第二本之前三折，劇中的故事情節與《聊齋》中《連瑣》的故事差不多。到了第二本的第四折寫的楊于畏與復活以後的連瑣並馬遊春的故事，則完全出於先生自己的想像和創造了。前面我提到顧先生最初寫這個劇本時，對於以悲劇還是以喜劇結尾的慎重考慮，顧先生之所以決定以喜劇結尾，並且增加出一折《聊齋》中本來沒有的「遊春」的情節，把全劇定名為《遊春記》，這其間必然有顧先生一種深微的用意。我以為先生這一折要寫的，實在應該是理想之中一種美滿人生的象喻。特別是顧先生在「遊春」之中，還特別安排了「登山觀海」的敘寫，也就是說顧先生理想中的美滿人世，不僅應該有如春日的欣榮，而且更應該有一種如同「登山觀海」的高遠理想和志意。關於這種象喻的意義，顧先生在這一折的劇曲中，也有足夠的敘寫和暗示。楊于畏與連瑣來到海濱觀海的時候，連瑣唱道：

【耍孩兒】自然海上連成奏，多謝你個搊彈妙手，相伴著長林虛籟正清幽，珊珊佩玉鳴璆。說什麼翠盤金縷霓裳舞，月夜春風燕子樓，到此間齊低首。聽不盡宮音與商音同作，看不盡雲影和日影交流。

在這支曲子中對於海的讚美，當然也就象喻著對於一種高遠雄壯的美好境界的嚮往。後來寫到海上日落，連瑣又唱了一支曲子：

【一煞】遙空晚漸低，綺霞明未收，將海天塵世一起來莊嚴就。將遍人間絳蕊融成色，合天下黃金鑄一個球。潮音裡響一片鈞天奏。比月夜更十分淵穆，比春朝加一倍溫柔。

在這一支曲子中，其歌頌和象喻的意味，比前一支曲子就更為明顯了。我以為在中國文學史上，無論是在任何一種文學形式的創作中，如此富於反省自覺地苦心經營，使用象喻的手法寫出一種至圓滿、至美好的理想人世之境界者，實在應當以顧先生這個劇本為第一篇作品，這一種成就和用心是非常值得我們尊敬和重視的。

五、先生的期望

顧先生天姿卓逸，而且用力精勤，他的書法，也一如其人，絲毫不苟，所以能夠寫出清嚴與淡宕相融的作品，盤旋與揮灑兼有的姿態。顧先生書法，師承沈尹默，也有相當的成就。顧先生對我師恩深厚，但我年輕時天性拘謹羞怯，很少獨自去拜望顧先生，總是和同學們一起去。每次見到顧先生，我也總是靜靜在一旁聆聽，很少發言，我對顧先生的仰慕，只是偶然會寫在詩詞的作品中。記得一九四四年夏天，顧先生給我看他親手寫的一冊自己的詩稿，我當時有感而寫下五言古詩一首，題目是《題羨季師手寫詩稿冊子》：

自得手佳編，吟誦忘朝夕。吾師重錘煉，辭句誠精密。想見醞釀時，經營非苟率。舊瓶入新酒，出語雄且傑。以此戰詩壇，何止黃陳敵。小楷更工妙，直與晉唐接。氣溢烏絲闌，卓犖見風骨。人向字中看，詩從心底出。淡宕風中蘭，清嚴雪中柏。揮灑既多姿，盤旋尤有力。小語近人情，端厚如彭澤。誨人亦諄諄，雖勞無倦色。弟子愧凡夫，三年面牆壁。仰此高山高，可瞻不可及。

我的詩雖不佳，但我在詩中所敘寫的對顧先生的詩與字的種種感受，卻是真誠的發自內心的一片仰慕之情。古人說「經師易得，人師難求」，顧先生所傳授給學生的，決不僅是書本的知識而已，而是詩歌的精魂與生命，以及結合這種精魂與生命，所表現出的顧先生整體的品格和風骨。

一九四八年，我離開北平南下結婚，一開始住在上海和南京的幾個月中，與顧先生還有書信往來，可是從十一月我隨我先生遷到臺灣後，我們的書信往來就完全斷絕了。而我保存的顧先生的一些書信，在臺灣的白色恐怖中，也在搜查住所時被沒收了，從此沒有再歸還。我現在所保存下來的顧先生的手跡，一部分是顧先生當年親手評改的我的習作舊稿；另一部分是我離開北平前顧先生給我的幾封信；還有一首顧先生為我送別而作的七言律詩。這幾封信和這首詩之所以保存下來，是因為我已經把它們作為書法裝裱起來了，才沒被調查人員搜去。顧先生這首詩的題目是《送嘉瑩南下》：

> 食荼已久漸芳甘，世味如禪徹底參。廿載上堂如夢囈，幾人傳法現優曇。分明已見鵬起北，衰朽敢言吾道南。此際泠然御風去，日明雲暗過江潭。

這首詩包含了顧先生對我的一份鼓勵和獎勉的情意。一九七八年在美國麥迪遜（Madison）召開的國際紅樓夢研究會上，我認識了久聞大名的紅學專家周汝昌先生，周先生在燕京大學讀書時，也曾從顧先生受業，論起來該是我的同門學長。會後汝昌學長寫信告訴我顧先生曾經將這首詩抄錄了轉贈給他，並且寫信告訴他這是當年送給葉生的一首詩。汝昌學長曾寫信問葉生是誰？現在何處？而顧先生沒有回答。讀了汝昌學長的信，我特別感動，從顧先生詩中所寫的「上堂」、「傳法」、「鵬起北」、「吾道南」等句來看，顧先生原對我抱有很大的期望，誰知從一九四八年我告別了顧先生不久，就因時局發生了巨大的變化斷絕了音信，而我又因離亂和憂患多年停筆不再研讀寫作。有時我也曾想，幸虧是斷絕了音信，不然的話，顧先生知道了我的不幸，一定會更增加他老人家的憂傷和掛念。也幸而有汝昌學長在研究著述方面取得過人的成就，使得顧先生將「傳法」的期盼轉而寄託到汝昌學長身上，讓他老人家晚年稍得安慰，也可稍減我在顧先生生前未能報答師恩的一點愧疚。

在我大學畢業後不久，顧先生曾給我寫了一封信來，說「年來足下聽不佞講文最勤，所得亦最多。然不佞卻並不希望足下能為苦水傳法弟子而已。假使苦水有法可傳，則截至今日，凡所有法，

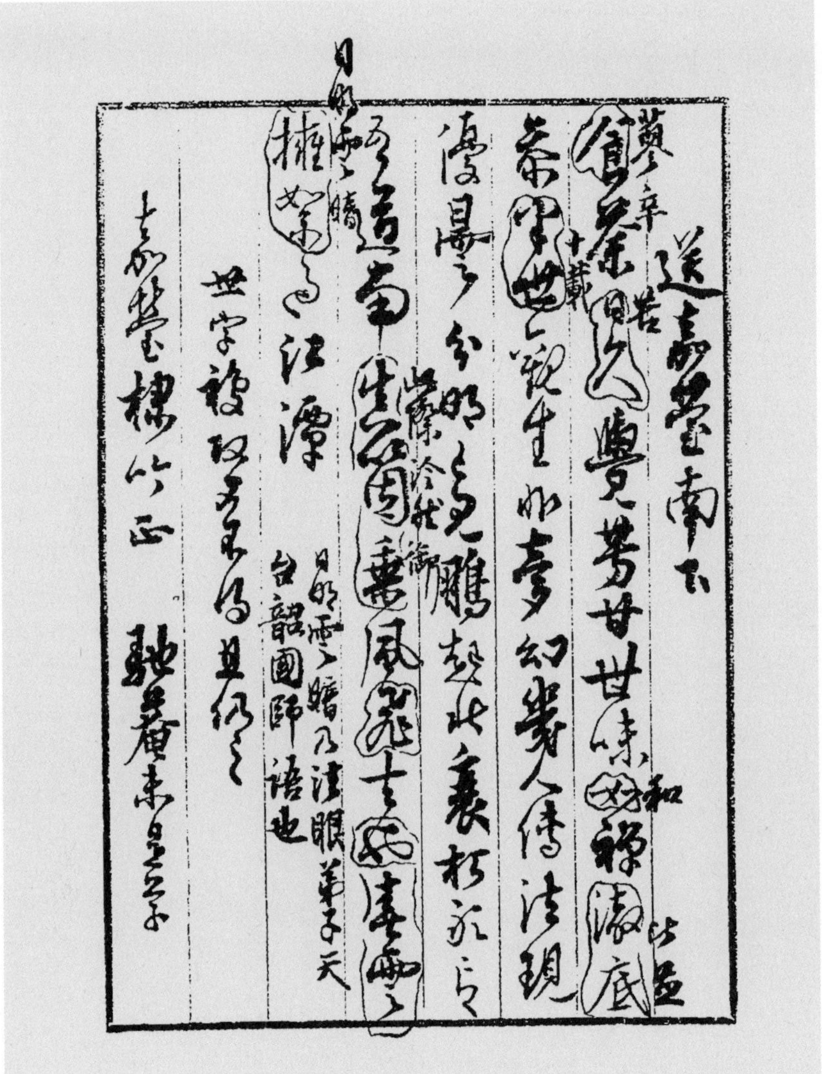

顧隨《送嘉瑩南下》手稿。

足下已盡得之。此語在不佞為非誇，而對足下亦非過譽。不佞之望於足下者，在於不佞法外，別有開發，能自建樹，成為南嶽下之馬祖，而不願足下成為孔門之曾參也。」顧先生對我的過高的期望，雖然使我甚為惶恐慚愧，但顧先生的鞭策，也給了我不少追求向上之路的鼓勵。

六、整理出版《顧隨文集》

一九七四年我回來時，沒有驚動太多的同學朋友，只是跟我最親近的、比較要好的同學聯繫了，從她們那裡，我知道了顧先生早在一九六〇年就去世了。那時，顧先生的著述作品一本也沒有正式出版，除了自己的創作，別的什麼都沒有留下來。而且這些創作也不是出版社出版的，是顧先生在世時自己用中國傳統的紙印刷裝訂成冊的。我覺得應該搜集整理老師的文稿。

一九七七年我再次回國時，「文革」已經過去，國內的政治環境相對比較寬鬆一些，從那時我就發願，一定要竭盡全力，與各位同門好友一同搜集整理顧先生的作品。我找到了當年我最要好的同學劉在昭，劉在昭幫我聯絡了一些輔仁的老同學。因為當年我的伯父喜歡藏書，而且喜歡收藏一些藏書家收藏的古書，所以我們中文系的老師也常常來我家看書，很多同學也都認識我家，所以我們第一次聚會就在我們察院胡同的老家。這次見面我們就商量了搜集整理顧先生遺作的事情。

這次回國時我還參觀了母校。因為解放後國內高等學校院系調整時，輔仁大學合併到北師大，我就參觀了北師大。接待我的是我同班的同學郭預衡，當時他是北師大中文系系主任。他畢業以後又念了一個研究所學位，後來就留校教書了。我問他輔仁大學有沒有顧先生的著作保存下來，他們查了半天什麼也沒有找到。回到我老家後，我女兒小慧還跟我弟弟說，我媽真是麻煩人，這麼多年

顧隨致葉嘉瑩信，信中說道：「假使苦水有法可傳，則截至今日，凡所有法，足下已盡得之。」

了，還讓人家找這找那的。我弟弟在一旁就說話了：小慧你不知道你媽媽跟她老師之間的那一份師生的情意，這對她有多重要！真是，我今天之所以終身走上詩詞的道路，是跟我老師的引導分不開的！

一九七九年我回南開大學教書後，才知道顧先生有一段時間曾在河北大學教過書。南開大學中文系王雙啟先生是顧先生在河北大學的學生，算是跟我同門。我跟王雙啟先生說我要幫顧先生整理遺作。王雙啟先生告訴我，從前顧先生在河北大學教書時，有個輔仁的同學高熙曾也在河北大學教書，顧先生的女兒顧之京也在河北大學，顧先生去世以後，他們就開始整理顧先生的遺作，而且已經整理出來一部分。高熙曾當時已經生病住院，我們去看了他。可是這時高熙曾已經不會說話了，據說有一些顧先生的稿子交給天津百花出版社了。當我們找到百花出版社，百花出版社說已經還給高先生了，結果什麼也沒找到。王雙啟先生還是很熱心，他說記得天津的老報紙上登過顧先生的《稼軒詞說》、《東坡詞說》，我們去找找看。他帶我去市圖書館去找那些舊報紙。當時我沒有每天去圖書館，是王雙啟先生親自把《稼軒詞說》、《東坡詞說》抄下來的。

我又聯繫上了顧先生的女兒顧之京，她來天津看我。當時我住在天津飯店，一個房間有兩張床，顧之京就和我住在一起。我告訴她我有很多本顧先生講課的筆記，她說那你帶回來，我來整理好了。我把保存在身邊幾十年的當年聽老師講課的八本筆記帶回來交給顧之京，經她摘錄、整理，輯成七萬餘字的《駝庵詩話》。後來我又聯繫上了北京所有的同學，一次聚會的時候，我請大家幫忙找顧先生的作品，搜集起來，最後由顧之京總承其事。我寫了《贈故都師友絕句十二首》記述了這一次的聚會，其中有一首寫的是：

歸來一事有深悲，重謁吾師此願違。手跡珍藏蒙割贈，中郎有女勝鬚眉。

後二句指的是在一次聚會中，顧之蕙與顧之京姐妹曾把手中所保存的先生一封親筆信送給了我。

一九八四年，四十餘萬字的《顧隨文集》編訂完成，一九八六年上海古籍出版社出版了《顧隨文集》。從一九四八年我辭別顧先生南下，時隔近四十年，此書終於出版。而且，自那時起，我就和之京師妹約定：我所帶回來的聽老師講課的筆記，凡經她整理並在國內出版前，一切版權和版稅都歸她所有，這或許也算是我對顧先生深厚師恩的一點回報吧。

第四章　長路漫漫

一、初為人師

一九四五年夏天，大學畢業後，我在北平開始了教學生涯。剛畢業的時候，輔仁大學分配我到佑貞女中去教書。佑貞女中在西什庫教堂附近，是一所天主教學校。我天天騎車去上課。當時一般的老師只教兩個班，約十個小時到十二個小時。一開始我只教一個班，學生們對我都很好。有一天我的自行車壞了，佑貞女中門口沒有公共汽車站，要走出來。下課以後，這些女孩子就非要跟我一起走出來。剛出校門就碰上一個教地理的女老師，我還記得她姓樊。樊老師跟我說，我已經到學校了，你先騎我的車走吧。她把車給了我，我接過車就要騎上走，那些女孩子就是不肯讓我上車，一直要跟著我一起走。我常常想起這些，很是感動。

大概因為我自己對中國古典文學的熱愛，使得聽我講課的學生也產生了對國文課的熱愛。於是陸續有人邀請我去兼課，不久就有一位在私立華光女中任校董的父執輩的友人邀我去華光女中兼職教學。還有一位我的學生家長在志成中學擔任校務工作，他們找不到教國文的合適的老師，聽學生

1948年南下結婚前與北京志成中學學生合影，第二排左六為葉嘉瑩。

說我教得好，就請我去教。他們學校分男校、女校，我教女校的高一國文。男校高二有一班的學生程度很好但很調皮，他們對不滿意的老師就在課堂上故意給老師難堪，趕走了兩個教國文的男老師，沒人敢教他們。我在女校這邊教得很好，學校就請我去教，就這樣我的課越來越多。最後不得已在另請人批改作文的情況下，我竟然同時教了佑貞女中、志成女中、華光女中三個中學五個班的國文，每週三十個小時。因為我和同學們對國文課的共同熱愛，使得我對如此沉重的工作量居然絲毫沒有感到辛苦。那時中學的國文課每週都有一定的進度，有些規模較大的中學，同年度的班級較多，所以有時要舉行同年級的聯合考試。我在講課的時候，除了培養學生的興趣以外，對知識方面的講解也特別認真，不敢掉以輕心。這樣當然也使我自己獲得了不少教學相長之益，而我任教的幾個班級在聯合考試中也一直名列前茅。

那時我剛畢業，只有二十歲，比學生們大不了幾歲，我穿得很樸素，就是一件陰丹士林布的長衫，因為當時的北平，無論是女老師還是女學生，往往在冬天的棉衣外都穿一件藍色陰丹士林的長衫，所以我的衣著看起來跟學生沒有多大差別。有個學生四十年後在臺灣相遇，告訴我說，我來教他們時，開始他們還以為我是女校的學生呢！這個班的學生程度非常好，有些人的書法也寫得很好。

一九四八年春天我將赴南方結婚，臨走的時候，那些女生就跑到我家來哭，送給我她們繡的手帕，全班還照了合影紀念。男校的學生下了課就拉著我的車跟著我走，把他們自己寫的字幅送給我留做紀念。當年的一個男生後來也到了臺灣，我還記得他的國文程度非常好，過了幾十年，大約是八〇年代後期九〇年代初期，他通過報社找到我，跟我通信並給了我他的電話，希望我下次到臺灣跟他見個面。後來我到臺灣就給他打電話聯繫，是他太太接的電話，問我是誰，我就說我是他四十年前的老師。一次聚會的時候，他還驕傲地跟別人說，你們認識葉先生是什麼時候？我認識她時她還沒有結婚呢！我回到大陸以後，有些我當年教過的學生，見到報紙上關於我的報導，也都紛紛與我聯繫，還到天津來看我。近來有些舊日的女學生，身體衰弱，他們也都是七、八十歲的人了，不能再來天津看我，還常給我打電話問候，使我非常感動。

二、南下結婚

我這個人是比較古板的，很保守，從舊家庭長大，我確實沒有談過戀愛。上輔仁大學的時候，男女分校。雖然有時合班上課，不要說男生，就是女生我也很少跟她們說話，有些男孩子給我寫過信，我從來也沒有回答過。我先生的妹妹跟我是同學，同級不同班。我初中的英文老師是我先生的堂姐，因為我書念得好，所以她特別喜歡我，大概就是她把我介紹給了我先生趙鐘蓀，但是這位老師並沒有告訴我。那時過年的時候，學生常常去給老師拜年，可是沒聽說老師給學生拜年的。而有一年，這個老師突然跑到我家來拜年，我還挺奇怪。後來我才知道，她是有意來我家的。抗戰時期我先生曾去過後方，勝利以後回到北平，還沒有結婚。就是這時，我先生的堂姐向他提到我這麼一個人，那時他在秦皇島工作，他有一個同事是我的大學女同學侯英的男朋友，於是他就託侯英將他介紹給我。侯英打電話約我去她家，恰巧侯英的父親去世了，我想人家有不幸，我應該去安慰一下，就去了她家。在侯英家，我見到了我先生趙鐘蓀。他一見我就說，我是你老師的弟弟。既然是老師的弟弟，我自然就得客氣一些，不會像對其他男生那樣，理都不理人家。恰巧那時我家的南房空了出來，我弟弟都長大了，就在那裡弄了一個乒乓球枱子，常常有同學來打球，趙鐘蓀有個同學的弟弟跟我弟弟是同學，他也就藉機常常來，我們就慢慢熟悉了。後來他也幾次跟我提過婚姻的事，我都沒有答應他。

我們認識差不多兩年時，趙鐘蓀丟掉了秦皇島的工作，又失業了，還得了病。失業的原因至今他也沒有告訴我。他的姐夫在國民黨海軍工作，就在南京的海軍給他謀了個職。他就提出要跟我訂婚，我如果不答應，他就不走。我當時心腸就軟了，我以為他可能是因為常請假到北平來看我才失去工作，見他又失業又生病，好不容易謀到個職業，別耽誤了，就答應了他。不久，我父親從上海回來度假見了他，內心並不滿意，說他學無專長。但是我家不論是伯父還是父親都比較開明，既然我答應了他，他們也就不說什麼了。

1948年結婚照。

趙鍾蓀在南京安定下來後，就寫信要我南下去結婚。一九四八年我離開北平，去上海結婚。我是一個很節儉的人，家裡也沒有給什麼陪嫁，因為我已經教了幾年書了，手裡有一些錢，就連趙鍾蓀當時去南京的路費也是我出的。因為我父親在航空公司工作，所以我是坐飛機去的，也因為覺得很快就會回來，只帶了隨身的衣物，書都沒有帶。但是我老師顧先生課堂上的幾大本筆記，我是隨身帶著的。

一九四八年三月二十九日青年節，我在上海結婚，這一天是黃花崗烈士紀念日。我父親和我外公原來都在上海工作，但當時父親正在北平休假，外公也已經退休，所以沒有舉行什麼婚禮儀式，只是趙鍾蓀的姐姐邀請吃了一頓飯，並且照了幾張結婚照。我到上海後是暫住在趙鍾蓀一個堂弟趙荃蓀夫婦家中。因為當時國民黨海軍在南京，所以結婚後我跟我先生就一起去了南京。他的姐姐臨時給我們租了一間大房子，空空的什麼東西也沒有。我們就借了一張大床，買了一個紅泥的小火爐子，開始了婚後的生活。我離開北平的時候，我的堂兄還在北平，可是這時他也到了南京，沒有地方住，就跑來找我。我們就在屋裡拉了一個布幔，讓我堂兄他們夫婦住在了另一邊。不久我就找到了一所私立中學教書，叫聖三中學，是一所天主教學校。

那時共產黨的軍隊已經占領了東北，南京政府已經開始緊張，幣制混亂，一日數變。起初是法幣貶值，貶到不足製造這張紙幣本身的費用。一九四八年八月國民政府又開始發行金圓券，本來最高限制是二十億，結果是十個月發行了六百萬億。我們租房子都不說一個月多少錢，而是說一個月是幾袋米或者是幾袋麵。因為這個月說一百，下個月連五十都不值了。我出去買炒菜的油，要排很長的隊，如果排在後邊，肯定是買不到的。南京有個太平商場，到了緊急的時候全都是空的，什麼東西都沒有。商人都不肯賣貨，把貨都存起來了。因為一雙鞋子今天賣五元，明天就賣十元。只有銀元才能保值。那時南京的白下路兩邊都是賣銀元的，分別有大頭和小頭。大頭是袁世凱的頭像，小頭是孫中山先生的頭像，價格不同。我和趙鐘蓀每個月拿到薪水後，就趕快到白下路去買銀元存起來，買銀元的時候要先把銀元叮叮噹噹地敲敲，看看是真的還是假的，還可以吹它一吹，再放在耳邊聽聽有沒有回聲，可以幫助判斷銀元的真假。到需要用錢的時候再一塊一塊地去賣。我結婚時，父親在北平休假並不在上海。休假滿期後他又回到上海工作了，因為我母親老早就去世了，生活上一直沒有人照顧他，我有時就去上海看望他。我父親真的不會料理生活，也不會理財。我每次去看他，他很多的髒衣服、髒手帕都沒有洗，我就給他洗乾淨。我拉開他的抽屜一看，他所有的錢票子都在那裡，他根本不管，不換也不存，都成了一堆廢紙。這就是當年南京和上海的生活。

關於我在南京這一段日子的生活，我曾寫過一套《越調鬥鵪鶉》的曲子，反映了當時幣制改革後國民政府遷台前，百物騰貴，老百姓爭換銀元，民不聊生的景象。

一九四八年旅居南京親友時有書來問以近況譜此寄之

高柳蟬嘶。新荷豔逞。苔印橫階。槐陰滿庭。光陰是兔走烏飛。生涯似飄蓬斷梗。未清明辭別了燕京。過端陽羈留在秣陵。哪裡也塞北風沙。早則是江南夢醒。

【紫花兒序】一般淒冷。淮水波明。薊樹雲凝。風塵南北。哀樂零星。人生。說法向何方覺有情。把往事從頭記省。恰便似夢去難留。花落無聲。

【小桃紅】有多少故人書至尚關情。慚愧我生計無佳勝。休猜做口脂眉黛打扮得時妝靚。鎮常是把門扃。聽隔牆叫賣枇把杏。賦長閑寂寞營生。新水土陰晴多病。哪裡取踏青拾翠的舊心情。

【禿廝兒】更休問江南美景。誰曾見王氣金陵。空餘下劫後長堤楊柳青。對落照，逞娉婷。輕盈。

【聖藥王】爭敗贏。論廢興。可歎那六朝風物盡飄零。更誰把玉樹新詞唱後庭。胭脂冷舊井。剩年年鍾山雲黯舊英靈。更夜夜月明潮打石頭城。

【麻郎兒】說什麼秦淮酒醒。畫舫簫聲。但只見塵汙不整。破敗凋零。

【麼篇】近新來更有人把銀元業營。遍街頭一片價音響丁丁。尋不見白石陂陶公故壘。空餘下朱雀橋花草虛名。

【東原樂】這壁廂高樓聳，那壁廂園菜青。錯落高低恰正好相輝映。小巷內雨過泥濘不可行。好教人廝傒幸。休想做聽流鶯在柳堤花徑。

【綿搭絮】俺也曾遊訪過禪林靈谷，拜謁了總理園陵。斜陽有恨，山色無情。白雲靄靄，煙樹冥冥。大古來人世淒涼少四星。山寺鐘鳴蔓草青。更休賦飲恨吞聲。向哪裡護風雲尋舊靈。

【麼篇】烏衣巷曲折狹隘，夫子廟雜亂喧騰。故家何處，燕子飄零。霎時榮辱，旦夕陰晴。當日個六代繁華震耳名。都成了夢幻南柯轉眼醒。現而今腐草無螢。休譏笑陳後主後庭花。可知道下場頭須自省。

【拙魯速】我家住在絨莊街，巷口有小橋橫。點著盞洋油燈。強說是夜窗明。這幾日黃梅雨晴。衣履上新霉綠生。清曉醒來時也沒有賣花聲。則聽見刷啦啦馬桶齊鳴。近黃昏有賣江米酒的用小碗兒分盛。炙糕擔在門前將人立等。我買油醬則轉過左邊到南捕廳。

【尾聲】索居寂寞無佳興。休笑這言詞兒蕪雜不整。說什麼花開時三春覓句柳絲長。可知我月明中一枕思鄉夢魂冷。

三、渡海到台

這一時期的國共內戰，國民黨軍隊節節敗退，到十一月海軍就要撤退了。因為局勢很緊，就是海軍的眷屬也訂不到票。我們是跟我先生的姐姐一塊兒走的，因為他姐夫包遵彭在海軍的政治部工作，地位比較高，弄到了「中興輪」的統艙票，沒有正式的位子，就是打地鋪。他姐夫還不能馬上跟我們一起走，就讓我們跟他姐姐、帶著他們的孩子還有姐姐的婆婆先走。

一九四八年十一月我們從上海坐「中興輪」先到了基隆，到基隆時天還沒有亮，又換乘火車從基隆到左營。那時的臺灣不像現在，高速公路、快車都有，用不了多少時間就到了。那時只有一種慢車，從天沒亮就上了車，一站一停整整開了一天，到左營已經黑更半夜十一點多了。左營當時還很荒涼，一天沒有吃東西，我們就在車站附近找了一個小店，一間竹子搭的棚子，裡面賣臺灣的炒米粉。一進去就看見牆上爬滿了壁虎，我們也顧不上許多，胡亂吃了一些，找了個小旅館住下了。第二天海軍來了輛車把我們接到海軍宿舍，當然也是因為他姐夫的關係才來接我們的。

臺灣的風土人情跟北方大不一樣。我們住的海軍宿舍是日式的房子，房前有一種樹，上邊結了一些綠色的瓜，我們也不敢吃，後來才知道那是木瓜。到了晚上你坐在屋裡，就聽見房頂上有嘰嘰咕咕的聲音，不知道是什麼東西，也不是鳥叫，是一種很稀奇古怪的聲音，後來才知道是壁虎在叫。以前在北京，偶爾也看見過壁虎，但是在左營小飯館竹棚裡滿牆的壁虎是沒見過的，尤其是壁虎的叫聲更是從來沒有聽到過。後來聽說在臺灣嘉義以北的壁虎不叫，嘉義以南的壁虎就叫。我在臺灣居住多年後，證明果然是如此的，左營的壁虎叫，臺北的壁虎就不叫。這時已經十一月下旬了。當時真可以說是身無長物，而且所有的書籍也都在輾轉的長途郵運中全部遺失了，既無事可做，也無書可讀，直到第二年春天，也就是一九四九年，當年我北平老家的鄰居許壽裳的兒子許世瑛在臺大教書，聽說我到了臺灣，就介紹我到臺灣中部的彰化女中教國文。

彰化女中的單身女老師，是兩個人住一個房間。我跟另外一個名叫張榮蓀的教國文的女老師住在一個房間，隔壁住的是彰化女中的訓導主任吳學瓊和她的同鄉教國文的楊菁，我就跟她們住在單身宿舍裡，漸漸地熟悉起來。在白色恐怖時期，楊菁是第一個被抓起來的，後來關了很多年。那時我已經懷孕了，懷的就是我的大女兒。

彰化女中的校長皇甫珪人很好，她的先生在臺北師範大學做教務主任，她自己帶著兒子住在校長官舍裡。我暑假中在左營生下了大女兒，開學以後，校長就讓我帶著吃奶的女兒住進校長官舍。還有一個教數學的張書琴老師，是校長當年在北平女子師範大學的同學，她丈夫留在大陸，她一個人帶著女兒，也住在校長官舍裡，那時這種兩地分開的很多。這樣我們三個女人帶著三個孩子住在一起。一九四九年十二月二十四日聖誕節前夜，我先生來彰化女中看望我們，大女兒剛剛四個月大。那天我們三家一起吃的晚飯，吃完飯我先生還跟他們下了一盤跳棋。次日凌晨天沒亮，就有人敲門，進來就把我先生抓走了。事實上，他們在來之前，就把我們左營的家給抄了，伯父給我寫的詩就是那時被抄走的。顧先生給我寫的詩，我已經裱成了條幅，所以沒被拿走，原件現在已經交給了顧之京。還有我老師寫給我的兩封信，當時也因已裝裱，未被抄走。

到了第二年夏天就是一九五〇年六月底七月初，彰化女中的期末考試剛剛結束，我們彰化女中連校長在內共有六個老師都被抓起來了，我當然也在其中。一起被抓的除了校長、我、還有教數學的張書琴老師、教國文的蘇鏞老師，另外還有一對夫婦，先生是教物理的劉春恒老師，他的夫人是教化學的王秋玲老師。那時是白色恐怖時期，國民政府很害怕共產黨，他們覺得每個人思想都有問題。不知是什麼人告發了我們的女校長。有什麼可告發的呢？當然有。首先是跟訓導主任吳學瓊住同屋的楊菁已經被關起來了；後來我先生也出了問題，而且是從彰化女中抓走的，是校長請我來教書的；還有校長的叔叔本來也在這個學校教國文，後來回了大陸——這些都是使她有嫌疑的原因。我們都被關在彰化警察局，讓我們寫自傳、自白書，我們都寫了。後來他們要把我們這些人送到臺北憲兵司令部去，我就抱著吃奶的孩子找到彰化警察局局長。這個人的名字我已經記不起來了，我跟他說我先生已經被抓起來了，我一個人帶著吃奶的孩子在臺灣無親無友的，把我送到臺北，舉目無親，萬一有個什麼事怎麼辦？在這裡起碼還有我的同事和我教過的學生，有什麼事還有他們照顧著，你就把我還關在彰化警察局吧，反正我也跑不了。

過了不久彰化警察局把我先放了出來，校長她們就都被送到了臺北。後來聽說這個警察局局長是輔仁的校友，但是當時我並不知道。出來以後，有人就勸我，彰化女中你是不能再待了，這裡出了這麼多事，你先生還沒有放出來，萬一過兩天再把你抓起來怎麼辦呢！不如離開吧。我想也是，就辭掉彰化女中的工作，帶著女兒離開了彰化。因為我在學校工作都是住在宿舍裡，沒有了工作，也就沒有了住處。最近兩年（已是時隔五十年）我又去過彰化女中，我當時住的校長官舍還在，現在彰化女中的校長還熱情的歡迎我，還請來了當時跟我同時在校擔任家事課的一位女老師來相見敘舊。

離開彰化女中，我真的無家可歸了。沒辦法我只好帶著女兒投奔了左營我先生的姐姐，住在她家。姐夫在海軍工作，我先生是被左營的海軍抓走的，這樣也可以順便打聽我先生的消息。我先生的姐姐家也很擠，是那種日式的房子，只有兩個小臥室，姐姐、姐夫住一間，她的婆婆帶著兩個孩子住一間，我帶著女兒就睡在走廊裡。走廊也很窄，沒有床鋪，白天當然不能睡，到中午吃過午飯，人家都要休息睡午覺了，小孩子睡覺不一定是那麼準時，我怕吵了人家，就抱著女兒到遠處的樹下去轉。你要知道那是臺灣的南部，是高雄、左營的夏天，而且是七、八月，炎熱的程度可想而知。有的時候我抱著女兒在大太陽底下走好遠，到軍營辦公室去打聽我先生的消息。到了晚上，小孩子可以隨便放一個地方先睡，我一個年輕的女子，只有等人家都睡了，我才在走廊鋪一個毯子，打一個地鋪睡下。早上很早我就起來，把東西收拾乾淨，因為等一下大家都起來了，不能把地鋪留在走廊上。

中國航空公司是一九四九年初開始撤退的。我父親是人事科長，他是帶著第一批工作人員先撤退到了臺南，為在臺灣重新組建「中國航空公司」做準備。一九四九年十一月，發生了著名的「兩航」起義，臺灣當局的「中國航空公司」和「中央航空運輸公司」十二架飛機從香港啟德機場起飛，回到了大陸。我父親本來也想回上海看看，走到基隆，人家不讓他上船，他就回來了。他們這些已經到臺灣的「中航」工作人員領了一筆遣散費，就被遣散了。因為我父親是航空公司的科長，他們就給我父親臨時安排了在物資調節委員會工作。物資調節委員會在臺北，他們就讓我父親跟另外一個同事兩個人住到一個宿舍裡。這樣他在臺南的那個臨時宿舍就空了下來，父親知道我在我先生的姐姐家住在走廊上，就說他在臺南的宿舍暫時也不住，讓我先到臺南住到他的宿舍裡。這樣我就離開了我先生的姐姐家，一個人帶著女兒到了臺南。那時我還沒有工作，有一次我生了病，躺在床上起不來。父親在臺北，我先生被關著，真是沒有一個人管我。那時女兒還在吃我的奶，我自己根本沒有辦法吃飯，我們母女就躺在床上磨了好幾天，我才慢慢地好起來。

到了九月新學期開學時，我的堂兄介紹我到臺南一所私立光華女中教書，本來他在那裡教書，後來因為他又找到一個省立學校教書的工作，就把我介紹到光華女中了。於是我住的問題就解決了，我帶著女兒住在一個大宿舍裡，是日本時期留下來的。它不是正式的整齊的房子，是一個統艙式長條的大房子，房子中間是通道，水泥地，兩側就是住房，沒有頂棚，屋頂上可以看見木頭的樑柱。每側各住了兩家教師，一拉門上去就是地板，地板上鋪著草席，就是日本式的榻榻米，我買了一個竹床跟我女兒睡。做飯就在通道上，開門下去是水泥地，我買了個小煤油爐在那裡燒飯。因為沒有放東西的地方，我切好菜、擀好餅或是麵條，就放在房間的榻榻米上的一個小桌子上，然後下去點爐子。那時我女兒剛滿周歲，已經會淘氣了，當我點好爐子再回來，我女兒已經把我準備好的麵條呀、餅呀統統都抓了，我只好重新再來。後來，我找了一個臺灣本地的女孩幫忙帶孩子，有時女孩請假，我就帶女兒去教課，把她放在教室後邊一個空位上，給她一張紙、一支筆讓她亂畫。有時她忽然說，媽媽，我要尿尿，我就趕快帶她去廁所。幸好同學們還都不錯，也不說什麼。

有一次臺南颱起非常可怕的颱風，那天颱風非常大，就好像要把房頂掀起來一樣，我就帶著女兒躲到了竹床的底下，我是想，萬一房頂被颱風掀起來，我們母女兩個也算有個遮擋。忽然間看見外邊都是火光，而且很多人大喊大叫的，真是可怕。是怎麼回事呢？原來在我們住的地方隔著馬路對面是一個小學，叫勝利國小，裡面有一部分教室住著軍隊。颱風把他們住的教室的屋頂給掀開了，屋裡漏了雨。因為電線也被吹斷了，所以也沒有燈。那些士兵就點起了蠟燭，整理漏雨的房屋。不小心引起了大火。還好，沒有殃及我們住的地方。這是我在臺灣遇到的一次最大的颱風。

我們母女就這樣生活著，可時間長了人家當然很奇怪，一個年輕的女子帶著個孩子，整年地都不見我先生出現，這是怎麼回事呀？我也沒辦法跟人家解釋，我不能說我先生因為「匪諜」嫌疑被關了，那還了得，學校哪還敢聘我，我不就又無家可歸了嗎，這些我只好默默地承受著。這就是我當時在光華女中三年的生活。一直到一九五三年我先生才放出來，他剛回到家時，我住的房子窗外圍滿了學生，大家都好奇地來看他。

彰化女中的訓導主任吳學瓊，在校長被抓以後就離開了彰化女中到了臺北二女中。一九五三年前後，臺北二女中要招聘高中國文老師，我以前教過吳學瓊的侄女吳憶進，所以她知道我教書不錯，她就給我寫信，問我要不要到臺北二女中來教書。那時我先生剛出來還沒有工作。我就回信告訴她，我可以到二女中教書，如果能幫我先生找個工作，我們就過去。臺北二女中在近郊有個分部，那個地方叫汐止，她就把我先生安排在汐止分部的初中教國文，我們全家就到了臺北。

我在二女中教兩個高中班國文，還要兼做一個班的班導師。國文課每兩週有一次作文，每班六、七十人的作文都要改，而且二女中規定班導師還要看大楷、小楷，週記、日記，所以忙得不得了。經過了幾年的患難，我那時非常瘦弱，體重不足一百磅，還得了氣喘病，二女中的一個女同事說她都不敢碰我，怕一下子就會把我的手臂拉斷。校長王亞權對我很好，同學們對我評價也很好。

那時臺北教育主管部門有督學，督學下來視察國文教學，學校就把他安排到我的課堂上聽課。我記得很清楚，那天我講的是曹丕的《典論・論文》，已經打了下課鈴，我還沒有講完，就延長一會兒把它結束。那位督學也不走，一直聽完。校長一看都下課了，這個督學怎麼還不回來，就找到教室來了。後來校長開會的時候還報告說，那位督學認為我的課講得非常好。

我到臺北以後參加了「浸信會」的一個教會，我們住在信義路一六八巷，「浸信會」的教會就在信義路的大街上，從我家出了巷口，過馬路就是教會。那時每個禮拜天我都帶著兩個女兒去教會，我在教會教主日學。主日學分大班和小班，當時我的小女兒很小，為了能照顧她我就教了最小班的主日學。

到臺北以後我就一直跟父親住在一起。我父親住一間房子，我們夫婦與兩個女兒住的是一間六席的日式房子，地方不大，我沒有單獨的地方讀書備課，只能在走廊的一點地方放一個小桌子讀書寫字，椅子一半在屋裡，一半在走廊。後來臺灣大學聘我去教書，我的很多文稿就是在那裡寫的。

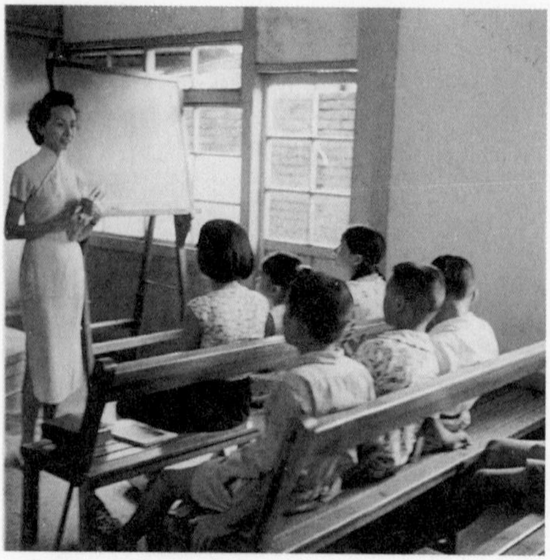

1956年在臺北教主日學。

一九六六年我帶著兩個女兒去了美國，一九六七年我把先生也接去了美國。我們都走了以後，我的一個女學生施淑女一直住在我家，照顧我父親。她一直稱我父親「太老師」，她曾經寫信告訴我：「太老師有時晚上談話時對我講，你的命不好，遭遇了這麼多不幸，而且整個家都是靠你支撐著。」她還說我父親常常在屋裡走來走去，不講話。我知道父親是心疼我的，他不是喜歡囉嗦的人。父親還給我女兒寫過一首詩，告訴她不要忘了母親的辛苦和艱難。詩是這樣寫的：

鶯歌燕語報良辰，萬物昭蘇氣象新。似錦韶光應珍惜，如花歲月逝難尋。總是更生須自力，幾曾事業總因人。記取春暉寸草句，常思母愛慰親心。（《辛亥元旦寫小詩示外孫女言慧》）

四、憂患時期留下的詩詞

我寫詩比較多的就是在大學的那幾年。畢業以後，因為同時教三所中學的國文課，工作很忙，寫得就少了。特別是一九四八年結婚以後，不久就隨國民黨海軍撤退到了臺灣，這以後等待著我的都是憂患的日子。我真正是把什麼都放棄了，我只能苟延殘喘的活著。我一個人真是千辛萬苦，歷盡了多少精神上、物質上的苦難，人只能是活下來就是了，除了活下來以外的事什麼就不用說了。所以很多年我都沒有寫詩，那一段的作品很少，只留下兩首詞、一首詩。

臺南有一種樹叫鳳凰木，枝幹很高大，有點像北方的槐樹。鳳凰木的葉子都是對生的，很茂密，到了夏天就會開很大朵的紅花，紅得非常鮮豔，那是夏日臺南的一道風景。我曾寫了一首《浣溪沙》：

一樹猩紅豔豔姿，鳳凰花發最高枝。驚心節序逝如斯。　中歲心情憂患後，南台風物夏初時。昨宵明月動鄉思。

「一樹猩紅豔豔姿」，是說滿樹開的都是非常鮮豔的紅花。「鳳凰花發最高枝」，是說鳳凰花開了，而且是開在那麼高大的樹上。一般來說，大朵的、色彩鮮豔的花都是開在草本的植物上，木本的、高大的樹很少開這麼大朵的、這麼豔麗的花，而且這麼茂密，這麼繁盛。它的名字也很漂亮——鳳凰木，所以臺南的這種樹給我留下了深刻的印象。「驚心節序逝如斯」，從一九四九年冬天我先生被抓，一九五〇年夏天我又被抓，到現在已經是一九五一年的夏天，又是一年過去了，我先生還沒有出來，我還是過著痛苦憂患的生活。「中歲心情憂患後」，我說「中歲」，其實我還不到三十歲，我是一九二四年生的，一九五一年時我只有二十七歲。但我可以說

五〇年代在臺灣，後排右四為葉嘉瑩。

是歷盡苦難了。最早經歷的苦難是一九三七年的「七七」事變，那一年我只有十三歲，八年抗戰的艱苦生活，我可以說備嘗之矣。這期間我又遭受了喪母之痛，一九四一年，母親病故，父親遠在後方，家裡還有兩個年幼的弟弟，那年我十七歲。而現在這一次的苦難始於一九四九年，到現在還沒有結束，我真的是身心疲憊，覺得自己已經是中年了。而且這些事我從來不對別人說，也不敢說、更無人可說。因為我已經遠離了我的故鄉，遠離了我的親友。所以下面我說「南台風物夏初時」，這裡已是臺南的夏日，已是開滿了鮮紅色鳳凰花的臺南，這是我的故鄉北平所不曾有的。景物雖美，但卻是強烈的異鄉之感，所以下一句就寫了「昨宵明月動鄉思」，昨天晚上我看到天上的明月，想到從前在北平的生活、北平的親友，我怎麼會想到我會遭遇到這樣的不幸、這樣的挫折、這樣的痛苦，而且都沒有辦法說出來，只能說「昨宵明月動鄉思」。

我那時根本沒有心情寫詩，像我在大學時寫的《晚秋雜詩》，一下子寫出來五首七言律詩，那是因為有人欣賞。我可以給我的伯父看，給我的老師看，也可以給我的同學看，我的老師還跟我唱和酬答，我還受到讚美。可在臺南我寫了詩有人能看嗎！所以我根本就不寫，都是它自己跑出來的。這種七言句的韻律平平仄仄仄平平很容易自己跑出來，心裡一有感觸它就跑出來了。

一九五二年，我在臺南，我先生還沒有出來，我仍然一個人帶著女兒在光華女中教書，生活仍沒有什麼改變。我又寫了一首《蝶戀花》：

倚竹誰憐衫袖薄。鬥草尋春，芳事都閑卻。莫問新來哀與樂。眼前何事容斟酌。　雨重風多花易落，有限年華，無據年時約。待屏相思歸少作。背人剗地思量著。

「倚竹誰憐衫袖薄」，是用的杜甫的《佳人》詩：「天寒翠袖薄，日暮倚修竹。」杜甫寫的也是在戰亂之中，與親人失散的一個孤獨寂寞的女子。「倚竹誰憐衫袖薄」，是說經過了戰亂流離之後，遠離了親人，雖然你是衣衫單薄，但沒有誰來同情，沒有誰來憐惜你。「鬥草尋春，芳事都閑卻」，當年在北平，雖然是日寇統治下的淪陷區，但是我還有老師、有同學，大家一起學習，春天來了，一群大學的女學生一起到頤和園遊春，一起「鬥草尋春」，「芳事」是美好的事情，現在這些美好的事情都完全過去了，這一切都是往事了，我再也沒有「鬥草尋春」那樣美好的生活了。「莫問新來哀與樂」，不要再問你是悲哀還是快樂，根本提不到。不用說快樂，就是悲哀都不許你悲哀了。「眼前何事容斟酌」，眼前什麼事容得你斟酌，生活逼在你眼前，沒有你考慮的餘地，逼到一步就走一步，別無選擇。「雨重風多」是指我所遭受的這麼多苦難，我那時真的是憔悴、消瘦。在那麼遠的臺南，身邊沒有一個親人，我帶著女兒勉強活下去就是了。「雨重風多花易落」，我還不是把自己比作一般的花，一般的花你還看得見它開花，開了才落，只是因為風雨的打擊、摧殘，花容易凋落而已。其實我當時想到的是王國維的一首詠楊花的《水龍吟》的頭兩句：「開時不與人看，如何一霎濛濛墜。」這是說楊花開時從來沒有讓人看見過，為什麼這麼短暫，一霎間就完全飄落了。我以為自己就像靜安先生所詠的楊花一樣，根本不曾開過，就已經零落凋殘了。我二十四歲結婚，二十五歲冬天就遭遇這種事情，雖然我讀書時一直成績都不錯，可現在什麼都沒有完成，不管是學問，還是感情，什麼都沒有就完了。「開時不與人看，如何一霎濛濛墜。」對王國維的這兩句詞我是感觸深刻的，所以我說「有限年華，無據年時約」，青春的年華是有限的，可是你的約言、你的理想、你的期待完全落空無憑了。「待屏相思歸少作，背人剗地思量著」，「屏」字讀作「丙」音，是拋棄的意思，相思不一定只是說男女才有相思，對一切美麗的幻想、理想的嚮往都可以說是相思，每一個青少年都會做夢，可是我現在已經沒有資格去做夢了，「待屏相思歸少作」，就是說我早已準備把所有美麗的幻想、夢想都拋棄了，那都是少年時的事情，一切都過去了。「背人剗地思量著」，但每當更深人靜地時候，突然間就又想起來了自己曾經有過的夢想，有過的理想。

這只是偶然一時的感觸，留下了這兩首詞。詩只留下一首，但是一直都沒有發表。直到好幾十年以後，整理詩稿時才把它補充上去的。那是因為這首詩說的比較明白，當時不能發表。這就是詩跟詞的不同了，因為詞寫的都是相思怨別，人家不會想到你這裡寫的是白色恐怖，是你的憂患。詞表面上寫的都是纏綿的、婉約的感情，所以看不出來寫的是什麼。可是詩就不然了，因為詩是言志的，所以這首詩不能發表，甚至一九七〇年代，我的學生施淑女在給我整理詩稿時都沒有收過。近年來臺灣解禁了，我才把它追憶寫出來的。題目是《轉蓬》，前面我寫了一篇小序：

> 一九四八年隨外子工作調動渡海還台。一九四九年長女生甫三月，外子即以思想問題被捕入獄。次年夏余所任教之彰化女中自校長以下教員六人又皆因思想問題被拘詢，余亦在其中。遂攜哺乳中未滿周歲之女同被拘留。其後余雖幸獲釋出，而友人咸勸余應辭去彰化女中之教職以防更有他變。時外子既仍在獄中，余已無家可歸。天地茫茫，竟不知謀生何往，因賦此詩。

> 轉蓬辭故土，離亂斷鄉根。已歎身無託，翻驚禍有門。覆盆天莫問，落井世誰援。剩撫懷中女，深宵忍淚吞。

這是一首五言律詩，和前邊講到的《浣溪沙》、《蝶戀花》等小令的詞，篇幅都很短，很容易寫，一有感觸，就脫口而出。五言律詩五個字一句，比七律容易對句，也是一種比較容易作的文學體式。杜甫的詩各種體裁都有，但如果統計起來你就會發現，杜甫的五言律詩最多，因為五言律詩是另外一種很容易吟寫出來的詩歌體式。

「轉蓬辭故土，離亂斷鄉根」，我就如同是一棵蓬草，被風吹斷了根，在空中隨風飄轉。現在有人到美國留學，可以給家人寫信、打電話，想回來就坐飛機回來了。我們那時是在戰亂中，離開故鄉到了臺灣，跟大陸斷了消息，根本無法聯繫。「已歎身無託，翻驚禍有門」，我先生被捕，我也被抓，連個宿舍都沒有了，真是沒有託身之所。人說福禍無門，唯人自招。可災禍對於我就好像是有個門，說來就來了，真是無妄之災，是你想不到的。「覆盆天莫問，落井世誰援」，莫名的災禍就像一個盆扣在你的頭上，看不到天日。當時在臺灣你有了思想問題，人家都不願意沾染你，又好像是你落在井裡了，又有誰能給你援手呢？不要說當年的臺灣，就連後來我到了加拿大以後，因為一九七四年我回國探親時寫了一首《祖國行》，被臺灣知道了，臺灣報紙的副刊上發了一大篇文章，題目是《葉嘉瑩你在哪裡》，那時臺灣的親友都不敢跟我通信，我想大陸的「文革」時期也是如此吧。「剩撫懷中女，深宵忍淚吞」，現在我所能做的，只剩下好好撫養我的女兒，深夜裡忍淚吞聲。說到這兒，大家都會覺得我已經很不幸了，但是更大的不幸是我的這個女兒已經在一九七六年因車禍去世了。

五、臺灣大學

從一九五四年秋天我進入臺灣大學任教，到一九六九年秋天我正式離開臺大，前後共有十五年

1965年與臺大中文系畢業生合影，第一排：左六為戴君仁，左八為臺靜農，左十為毛子水，右二為葉嘉瑩，右三為許世瑛。

之久。在這十五年中，值得我追懷憶念的人和事自然很多，我這裡要講的只是對於已經去世的幾位師友的悼念。如果按他們去世的年代來說，那就是一九七二年去世的許世瑛先生，一九七八年去世的戴君仁先生，一九九〇年去世的臺靜農先生，一九九一年去世的鄭騫先生和一九九三年去世的葉慶炳先生。如果按年輩來分，前面四位都是我的師長一輩，只有第五位是我的同輩。回想五十多年前，當我初進臺大教書時，這些師友所給予我的種種關懷和協助，實在使我深懷感念，沒想到數年之間，竟然相繼長逝，說來真是愴然不已。

我進入臺大任教，首先應感激的就是許世瑛和戴君仁兩位老師當時的推介。

戴君仁先生是我一九四一年考入輔仁大學國文系後，教我大一國文的老師，許世瑛先生是魯迅先生的好朋友許壽裳先生的公子。早在三〇年代中期，許世瑛先生剛剛結婚時就住在北平西城察院胡同我家外院的南房。許先生遷入我家外院住時，我才考入高中不久。那時他是輔仁大學的大學教授，我是一個中學生，所以我平常根本不敢跟他講話。雖然與許先生同在一個大門進出，但我每次見到他只是鞠躬問好。而許先生對我印象卻很深，那是因為他從一搬進來就常常聽見我朗誦。其實我也不是為了學校的功課背誦，只是因為是喜歡。我所喜歡的詩能背下來的，我就大聲的吟誦。有時也朗誦長篇的古文，而且是用古代誦讀的方法，大聲的吟誦。我在許世瑛先生挽詩中寫過「舊居猶記城西宅，書聲曾動南鄰客」，就是記述這時的情景。後來我考進輔仁大學，許先生並沒有教我這一班。但因為我在大學也是常常考第一，許先生有時聽其他的老師提到我，所以對我在大學讀書的情況也相當地了解。

一九四五年日本投降以後，國民政府接管了臺灣。由於日本長期對臺灣的統治，臺灣大學中文系的陣容不是很強，所以那時臺大中文系的老師都是從大陸聘請去的。一九四六年許壽裳先生接受他的好友陳儀的邀請，主持了臺灣編譯局的工作，為臺灣普及國語做出了傑出的貢獻。許世瑛先生大約就是那時隨父親一起來到了臺灣，任教於臺灣大學的，臺靜農先生、李霽野先生也是那時到臺灣去的。

一九四八年許壽裳先生在他住的宿舍裡被人殺死了，三天以後國民黨當局抓住了兇犯，匆匆定案為謀財害命，不到一個月就執行了。可是很多人根本不相信，那時正是國民黨白色恐怖時期，許壽裳先生是魯迅先生的摯友，他寫過一首題為《哭魯迅墓》的詩，裡面有「身後萬民同雪涕，生前孤劍獨衝鋒。丹心浩氣終黃土，長夜憑誰叩曉鐘」這樣的句子，這裡許壽裳先生把國民黨當局比做「長夜」，言詞並不算激烈。雖然許壽裳先生為人寬厚溫和，但他的思想卻是國民黨當局不能容忍的，不管當局做出什麼假象，大家都認為許壽裳先生是被他們暗殺的。一時間，在臺灣的知識分子惶恐不安，李霽野先生就是那以後返回大陸，來到南開的。許壽裳先生、臺靜農先生、李霽野先生

1962年與臺大中文系畢業生於傅鐘下合影，第三排中立者為葉嘉瑩。

他們三個都是跟魯迅一起創辦未名社的好朋友，許壽裳先生去世了，李霽野先生回到大陸，只有臺靜農先生、許世瑛先生留在了臺灣。

戴君仁先生則是我在輔仁大學正式受業的老師，我對他當然更加敬畏，當年做學生除了見面行禮外，我從來不敢隨便和他談話，不過戴先生對我的作文非常賞識。那時我們的作文規定要用文言寫作，我占了從小背誦的便宜，又常年用文言給父親寫信，早已習慣了文言的寫作。記得有一次戴先生出了個作文題，是《書〈五代史・一行傳〉後》。那時北平正在淪陷中，戴先生出這個作文題當然有一些言外之意。我在作文中就把這種含意做了些隱約的發揮，戴先生發還作文時寫了幾句批語，說我的行文「反覆慨歎，神似永叔。」我想大概因此之故，戴先生對我也留下了深刻的印象。

我跟我先生一九四八年冬天來到臺灣後，人生地疏，誰也不認識，就給許世瑛先生寫了一封信，請他幫忙找一個教書的工作，許世瑛先生就介紹我到彰化女中去教書了。彰化女中的校長皇甫珪的先生宗亮東在臺灣師範大學教書，那時許世瑛先生也在臺灣師範大學教書，我想許先生是通過宗亮東先生介紹我去彰化女中的。一九四九年、一九五〇年我先生和我相繼出事以後，因為怕牽連他們就斷絕了跟他們的聯繫，我在臺南光華女中那三年也沒有跟這些老師來往。三年以後我先生被釋放出來了，彰化女中以前的訓導主任吳學瓊已轉去臺北二女中做訓導主任，她就介紹我到臺北二女中任教，我們就舉家遷到了臺北。到了臺北我當然要去拜望許先生與戴先生，告訴他們我已經到了臺北。許先生與戴先生聽說了我不幸的遭遇都很同情。恰巧那時臺大招收了一批華僑學生，想找一個普通話講得好的老師去教他們大一國文，戴先生、許先生就向臺大推薦了我。那時我還在二女中做專任教師，教兩班高中國文，還擔任一班導師，再加上在臺大兼任的一班國文，本來已經夠忙；一年以後，臺大給了我專任的聘書，教兩班大一國文，我就要辭去二女中的工作，但二女中的校長王亞權卻不肯放我走，一定要我把所教的兩班學生送到高中畢業，於是我就更加忙碌起來。

兩年後，我離開了二女中，只在臺大教兩個班大一國文。本以為可以輕鬆一下了，但這時許先生已擔任了淡江大學中文系的主任。許先生堅持邀我去淡江大學教大二中文系第一班學生的詩選課。當淡江大學陸續又增開了三年級的詞選和四年級的曲選課時，許先生就把這些課也都交給了我去擔任，另外我還開過杜甫詩、陶謝詩、蘇辛詞等課程。

不久，我的母校輔仁大學也在臺灣復校了，戴先生又被聘去做了輔仁大學中文系的主任。於是戴先生又邀我去輔仁大學教詩選、詞選等課程。輔仁大學是我的母校，又是戴先生邀請，當然我不能推辭。那時我在臺大教了一班大一國文，一班歷代文選，國文這一班是聯考中總分平均最高的一班，人數很多，批改作文要花費不少時間；還有淡江大學那裡的詩選、詞選、曲選、杜詩都要我教，還有夜間部的課。所以戴先生找我時，我就告訴戴先生我實在太忙了。戴先生也怕我過於勞累，就跟臺大中文系主任臺靜農先生商量，免去了我在臺大所教的大一國文、歷代文選這些要批改作文的課程，改開了一門杜甫詩的專書課程。戴先生非常關心我，一再叮囑我一定要把這門課教好，因為國文、歷代文選都是普通的課，而杜詩是專書課程。為了這件事，戴先生還多次到我家幫我排課時，告訴我不要和其他的課衝突，影響學生選課。戴先生還把他原在臺大擔任的詩選課也讓給了我去教。這樣我在臺大就只有兩個班的專書課程了。我在臺大、淡江、輔仁三個學校所開的課程基本都是一樣的，這不僅更有利於我的專業水平的提高，而且相對來說，也減輕了我的備課負擔。

另外還有臺灣教育主管部門在廣播電台開設的大學國文課，原來是許世瑛先生教，許先生是深度近視，看東西都是放到鼻子上才能看見。後來連放到鼻子上都看著費勁了，幾乎到了半盲的狀態。連廣播大學的國文課本，他看起來都非常困難，許先生就想把這門課也讓給我去教。我因為工作太忙，三個大學七個班的課，還有夜間部，所以一時沒有應承，拖了很久，大約半年以後，終於在許先生的鼓勵和堅持下，不得不勉強答應下來。因為我到臺灣以後，彰化女中就是許先生介紹我去的，臺大也是許先生介紹我去的，廣播大學許先生介紹我去，我也不好推辭。很多友人都感到奇怪，以我當年在臺灣時身體那麼瘦弱，怎麼能擔任了這麼多的課程。其實這全都是許先生與戴先生兩位老師對我的鼓勵和關愛的結果。而我這個人天生就是吃教書飯的，對兩位老師又常存知恩感激之心，所以對於這些課程的教學都盡了我最大的努力。

這兩位老師也不僅僅是對我這一個後學晚輩有所關愛，戴先生為人的溫仁寬厚，許先生對學生的獎勵提攜，我相信這是兩位老師所有的弟子們，都深有體會的。只不過因為我認識兩位老師的時間較早，又都是我在老家北平時認識的。那時許先生住在我家外院，戴先生常常來看望許先生。因此在我的心理和感情中，總覺得這兩位老師與我的青少年時代的生命，有著一種特殊密切的關聯。

許先生逝世時，我正在溫哥華，我寫了一首詩來悼念許先生，詩題是《許詩英先生挽詩》：

海風蕭瑟海氣昏，海上客居斷客魂，日日高樓看落照，山南山北白雲屯。故國音書渺天末，平生師友煙波隔，忽驚噩耗信難真，報道中宵梁木圻。先生心疾遽不起，叔重絕學今長已，白日猶曾上講堂，一夕悲風黯桃李。我識先生在古燕，卅年往事去如煙，當時丫角不更事，幸負家居近講筵。先生憐才偏不棄，每向人前多獎異，僥倖題名入上庠，揄揚深愧先生意。世變悠悠幾翻覆，滄海生桑陵變谷，成家育女到海隅，碌碌衣食早廢讀。何期重得見先生，卻話前塵百感并，萬劫蟫癡空戀字，三春花落總無成。舊居猶記城西宅，書聲曾動南鄰客，小時了了未必佳，老大傷悲空歎息。先生不忍任飄蓬，便爾招邀入辟雍，有慚南郭濫竽吹，勉同諸子共雕蟲。十五年來陪杖履，深仰先生德業美，目疾講著未少休，愛士推賢人莫比。鯉庭家學有心傳，浙水宗風一脈延，遍植蘭花開九畹，及門何止士三千。問字車來踵相接，記得當年堂上別，謂言後會定非遙，便即歸來重展謁。浮家去國已三秋，天外雲山只聚愁，我本欲歸歸未得，鄉心空付水東流。年前老父天涯歿，蘭死桐枯根斷折，更從海上哭先生，故都殘夢憑誰說。欲覓童真不可尋，死生親故負恩深，未能執紼悲何極，更憶鄉關感不禁。前日寄書問身後，聞有諸生陪阿母，人言師弟父子如，況是先生德愛厚。小雪節催馬帳寒，朔風隔海亦悲酸，夢魂便欲還鄉去，腸斷關山行路難。

「詩英」是許世瑛先生的字。這首挽詩中的「我識先生在古燕，卅年往事去如煙。當時丫角不更事，辜負家居近講筵」、「欲覓童真不可尋，死生親故負恩深。未能執紼悲何極，更憶鄉關感不禁」這些詩句如果用來表達戴先生逝世後我的哀悼之情，也是一樣適合的。只是因為我在一九七四年、一九七七年兩次回到大陸探親，被臺灣當局列為不受歡迎的人，與在臺灣的師友斷絕了往來，所以戴先生逝世時，沒能及時寫出什麼哀悼的文字。

後來，我在美國遇到了戴先生的三女兒祝畬師姐，她聽說我保存著戴先生吟詩的一卷錄音帶，想要翻錄了編入戴先生的紀念資料中去。我回到加拿大後，立即就把戴先生吟詩的錄音帶翻錄了一卷寄給了她。數年後祝畬師姐因癌症而突然去世，不知我當年為她翻錄的那卷錄音帶現在何處。不過當年我託臺大柯慶明為我錄製的那卷戴先生吟詩的錄音帶，一直被我珍重的保存著，而且經常播放給我現在的學生們聽。雖然因當時錄音的環境不夠安靜，錄音的設備也不是專業的，效果並不是很好，但戴先生吟詩的聲音之蒼勁，情感之深厚，韻味之醇正，至今仍是我所保存的吟詩錄音帶中最能體現中國傳統吟詩風範的一卷。至今，每當靜夜清宵，我偶然聆聽戴先生吟詩的錄音時，先生當年給我們上大一國文課時的音容笑貌，仍恍然就在眼前。先生與輔大一些師長來我家外院探望許世瑛先生，參觀我家藏書時的情景，也歷歷在目。而我已從當年的一個羞怯的少女，歷盡苦難風霜，也已步入耄耋之年。人世無常，真如電光石火。但二位老師對我的提攜愛勉之情，仍然使我終生難忘。

臺靜農先生與鄭騫先生雖然也是我的老師一輩，但我卻並沒有從二位先生受業的幸運和機會。我是一九四九年初春在臺北認識兩位先生的。一九四八年秋冬之際，顧先生從我的信中知道我將要跟我先生轉由南京經上海赴臺灣時，就在回信中向我介紹了他的幾位在臺灣任教的友人，那就是當時在臺灣大學任教的臺靜農先生、鄭騫先生和李霽野先生。顧先生在信中還附了幾張介紹的名片，囑咐我到臺灣以後一定去拜望他們。到了臺灣後，因為那時我先生的工作地點海軍軍區在臺灣高雄附近的左營，離臺北相當遠，當時臺灣南北的交通也遠不及現在的方便，所以我到臺灣後並沒有立即去探望他們。直到第二年初春，我才借偶然去臺北辦事的機會，到臺灣大學去拜望了他們。

我年輕的時候本來就生性羞怯，當我在臺大中文系的辦公室，一下子見到了這麼多位我一向仰慕的人物，真不知說些什麼才好，想來當時的情景一定很尷尬。不過幾位師長們的態度都非常溫藹可親，鄭騫先生馬上就問我來臺北住在哪裡，我說準備住在旅舍。鄭先生馬上告訴我說，他現在就住在臺大圖書館的樓上，房間很大，而且距離中文系辦公室所在的文學院大樓只有幾步路程，熱情地邀我到他家裡去住。我的老師顧先生與鄭先生是極好的朋友，他們的關係是在師友之間。當年顧先生在燕京大學教書的時候，鄭先生是聽課的學生，但他不是正式受業的學生，那時鄭先生已經在中學教過很多年書了。顧先生不僅在與我談話中，多次提到過鄭先生，而且在他的詩集與詞集中，也留下了很多篇寫給鄭先生的詩詞。所以我與鄭先生雖是初次見面，但在心中卻有一種很親切的感覺，因此就毫不客氣地接受了鄭先生的邀請，當時就隨他到他家裡去住了。那時鄭先生家裡共有四口人，有他的老母親，他的夫人，還有一個女兒，名叫秉書。鄭先生全家都對我很好，我以晚輩學生自居，鄭先生的母親我叫太師母，鄭先生的夫人我叫師母，鄭先生讓他的女兒叫我葉大姐，於是我就叫她秉書妹。這一幕親和的家庭景象一直清晰地留在我的記憶中。後來鄭師母去世時，我曾寫了一幅挽聯：

萱堂猶健，左女方嬌。我來十四年前，初仰母儀瞻笑語。
潘鬢將衰，莊盆遽鼓。人去重陽節後，可知夫子倍傷神。

當時我父親也在臺北，我還代我父親寫了一副挽聯：

荊布慕平陵，有德曜家風，垂儀百世。
門閭開北海，似康成夫婿，足慰今生。

後來我正式到臺大來任教以後，曾經去旁聽過鄭先生的詞選課，每次見到我來聽課，鄭先生都會在講課中提到他與我的老師顧先生的一段交誼。有一次鄭先生告訴我，他曾給顧先生擬寫了一副挽聯：

東坡長山谷九齡，平生風義兼師友。

諸葛勝子桓十倍，萬古雲霄一羽毛。

上聯「東坡長山谷九齡」是指蘇東坡比黃山谷年長九歲，「平生風義兼師友」用的是李商隱的詩句。顧先生比鄭先生也是年長九歲，他這是用蘇東坡和黃山谷自比顧先生和他的關係也是師友之間。下聯「諸葛勝子桓十倍」見於《三國志・諸葛亮傳》記載說劉備病篤時曾對諸葛亮說：「君才十倍曹丕」。「萬古雲霄一羽毛」用的是杜甫的詩句，杜甫對諸葛亮是極為崇敬的，認為諸葛亮是在天上，千古以來沒有人能超越他那如威鳳一羽的境界，曹子桓當然是不能企及的。鄭先生這也是把顧先生和他自己比作諸葛亮和曹子桓，當然這是鄭先生的謙虛。這些長輩老師的相互尊敬、謙遜的學者風範給我留下了深刻的印象。當然由於兩岸長久的隔絕，鄭先生根本沒有機會真的把這幅挽聯寫給顧先生，現在也沒有人知道鄭先生曾經擬寫了這一副挽聯，只有我還記得。

一九七五年鄭先生寫了《偶懷顧羨季四首》，那時他還不知道老友已於十五年前去世了。這四首詩是這樣寫的：

氈笠棉裘獨往來，在家學佛自堪哀。平生未得江山助，悵望千秋惜此才。

夢破江南燭影深，蘭膏紅豆試重尋。旁人未讀香奩集，爭識冬郎寂寞心。

平生風義友兼師，弱翰慚無絕妙辭。卻憶昔年相勉語，危欄獨自倚多時。

念舊懷人百感並，登高望遠暮雲橫。殊方自古無鴻雁，此老憑誰問死生。

其中第三首第一句，鄭騫先生就是用的他早年擬寫給老友顧隨先生的挽聯中的一句「平生風義兼師友」。

鄭先生對顧先生的書法也很欣賞，他在《論書絕句一百首之九十四》中讚美顧先生說：

屋樑落月念詞英，曾見煙雲腕底生。三百年來無此手，卻將加倍許秋明（「秋明」指沈尹默先生）。

我自己曾經把鄭先生講課的風格和顧先生講課的風格，私下做過一番比較，鄭先生的風格是平實懇至，而顧先生的風格則是睿智飛揚，不同的風格可以使不同稟賦的學生得到不同的教益。我旁聽鄭先生的課不多，但仍然獲得了不少教益。

一九五七年春夏之間，臺灣的教育主管部門舉辦了一次詩詞欣賞的系列講座，他們原來是請鄭先生去擔任詞的講座，而鄭先生卻向他們推介了我，這是我平生第一次講授詞的欣賞。講座結束以後，主辦單位又要我們這些講課的人，各寫一篇論文刊登在當時臺灣教育主管部門出版的《教育與文化》這本刊物中。因此我就寫了《說靜安詞〈浣溪沙〉一首》一篇論文，而這也是我來到臺大教書後寫的第一篇文章。可以說我對詞的教學和研究，都是出於鄭先生對我的推薦和鼓勵，這自然是我一直感激不忘的。

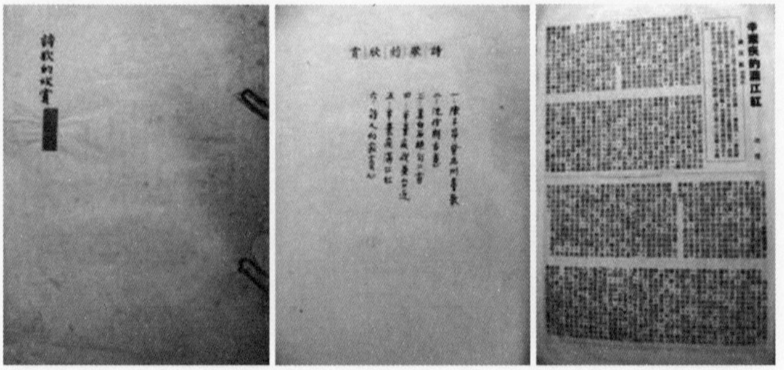
臺靜農裝訂的葉嘉瑩文稿封面、目錄、內頁。

我對臺靜農先生的認識，是從我來臺大任教以後才逐漸加深的。

臺先生曾經做過一件極使我感動的事，當時的我一點也不知情，事後雖然知道了，但卻由於我的羞怯和不善言談，一直沒有向臺先生表示過任何感謝之意。那是我剛來臺大任教的時候，按學校規定，我應該把一些作品交給學校審查。但我當時實在拿不出什麼像樣的研究成果。當時是許世瑛先生來我家，向我要這些送審的作品。我匆匆忙忙找到了一冊油印的我的舊作詩詞稿，還有給我先生的姐夫包遵彭主編的刊物《幼獅》寫的幾篇詩詞賞析的短文和他們為我編印的一本小書。油印的詩稿是我先生幫我刻印的，那還是在他剛剛釋放出來時，在家閑著沒事時，看見我的詩稿雜亂，就借來鋼版用蠟紙刻印了——這是我的詩稿第一次被整理成冊。給《幼獅》寫的那些文章也是從雜誌上裁剪下來的，極為零亂。我本來想只交給許先生一冊油印的詩詞稿就好了，但許先生卻要我把那些短文和那本小書一起送去審查，匆忙中我一點也未加整理，一大堆就交給許先生了。等我通過了評審，又過了好久，這些資料回到我的手中的時候，我那些不像樣子的文稿，竟然都被剪貼得整整齊齊編訂成了一本小冊子。我知道這不可能是許先生做的，因為許先生的視力不好，我想這一定是臺先生做的，因為在這一本剪貼的小冊子的封面上，還有臺先生親筆書寫的整齊的篇目，我心中大為感動。但我與臺先生見面時，卻從來沒有提起過這件事，也從來沒表達過一個感謝的字。臺先生也從來沒有跟我提過這事。

臺先生的書法很有名，而且很喜歡聯語。鄭師母去世時，我寫的那兩副挽聯在喪禮上掛出來了，臺先生看見了，他覺得我的兩副聯寫得不錯，但是他也沒有說什麼。後來有一天，臺先生忽然間打電話跟我說你到我家裡來一下，我要找你做點事情。我平常不上臺先生家裡去，我不願意讓人家說整天跑系主任家，這是他叫我有事，所以我就去了。一進門臺先生就跟我說，于右任去世了，我要寫一副挽聯，你幫我作一副挽聯。後來臺先生就常叫我為他擬寫一些聯語，像秦德純、董作賓、溥心畬、張貴永這幾位先生去世的時候，臺先生寫的挽聯，也都是他叫我代作的。臺先生還把他所藏的幾冊有關聯語的書，借給我做參考。有一次我跟臺先生談到了我在夢中所得的一副聯語，那是我先生跟我相繼遭受到白色恐怖的拘囚之後，我夢到過的一副聯語，寫的是：「室邇人遐，楊柳多情偏怨別；雨餘春暮，海棠憔悴不成嬌。」臺先生聽了馬上要我把這副聯語寫下來，還告訴我說他也曾經在夢中得到過詩句，這是我第一次知道臺先生偶爾也寫詩，但他卻並沒有把他夢中的詩句告訴我。我是個一向不喜歡向人追問的人，所以也就沒有追問。過了幾天，臺先生竟帶了副鏡框來到我家，原來他已經把我夢中的聯語寫成了一幅書法，而且已經用黃色細綾為我裝裱成了一個極為精美的鏡框，這當然又是一件使我極為欣喜感動的事。

又有一年春天，我到臺先生家裡去，一進門臺先生就讓我在他寫字的桌子旁先坐一下，他自己卻跑到後面去了。過了一陣子，就看見臺先生抱了一大捧鮮花回來，他高興地說，你看我家後院的花都開了，我剪下這些你帶回家去插花吧。臺先生對我真的是很好，他的性格有極為豪邁灑脫的一面，但也有極為敏銳細緻的一面。雖然我對臺先生很少言謝，但我覺得以先生的豪邁，必不在意我是否言謝，而以先生的敏銳，我雖不曾言謝，先生也必能感知我的謝意。至於平日我與臺先生的交往實在要比我與前幾位先生的交往少得多，這是因為許先生曾經是我的鄰居，戴先生曾經是我的老師，而鄭先生是我老師的好友，所以在心理上就自然有一種比較親近的感覺。而臺先生有他自己的一大批及門弟子，我總是覺得自己是一個門外之人。何況臺先生又是中文系的主任，我只不過是系裡的一個普通教師，因此就心懷自遠之意，不常到臺先生家裡去。而臺先生卻常常做出一些使我非常感動的事。

在我快要離開臺灣到美國去的時候，臺先生又寫了一幅書法送給我，內容是晚唐詩人寫的三首七言絕句，第一首是李商隱的「十二樓前再拜辭」，第二首是李商隱的「青女丁寧結夜霜」，第三首是趙嘏的「宮烏棲處玉樓深」，這一副書法作品臺先生既沒加作者姓名，也未加原詩題目，前一首與後一首之間也未留任何空格，因此一口氣讀下來，只覺得滿紙都是晚唐詩人淒美哀傷的情韻，再加上臺先生書法的提頓盤折之骨勁，使得這一幅書法呈現了一種情韻與骨力相結合的美感。我當時見了這幅書法後，內心就曾暗暗猜想，以他在書法中所表現的才氣風骨，加上他對詩歌所表現的

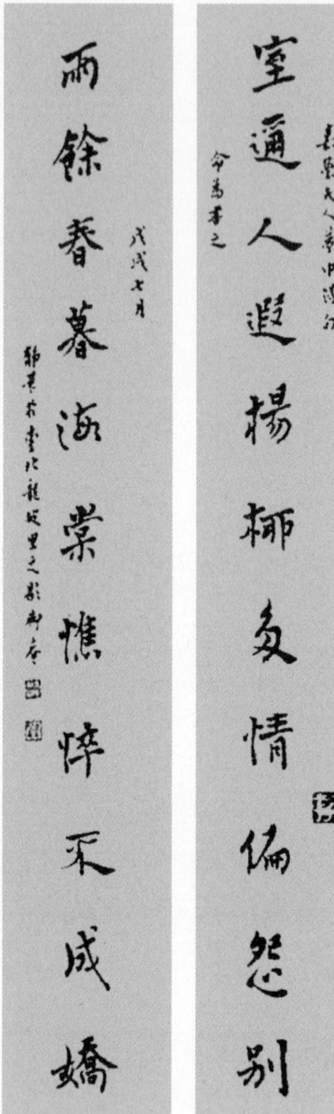

臺靜農手書葉嘉瑩《夢中聯語》。

欣賞情趣，不知他自己若寫出詩來，該是怎樣的一種風格。不過我這種猜想都只是暗藏於心而已，既沒有向臺先生開口詢問，也沒有向任何臺大的師友提起過。因為在當時，大家都沒有見到過臺先生的詩作，因此我的猜想，自然也無法從任何人得到印證。

直到七〇年代初期，臺先生的一個女弟子施淑女來溫哥華，臨行的時候，臺先生寫了幾幅書法送給她。有一次她給我看臺先生送給她的書畫，其中有一幅臺先生畫的梅花，上面題了兩句詠梅的詩「為憐冰雪盈懷抱，來寫荒山絕世姿。」另外似乎還有一幅書法，寫的是一首五言絕句，我現在已不記得是哪一首詩的詩句，那是我第一次知道臺先生也寫詩，只是他自己從來沒有透露過，但他給我的直感則是一位極富有才情的詩人。

一九八八年冬天，臺灣已經開放了，當然對我也解禁了。於是臺灣的幾所大學邀我回去講學，那是我離開臺大將近二十年以後，第一次回臺大講學。當我去拜望臺先生時，告訴他說我從施淑女那裡偶然見到他的一些詩作，覺得他的詩寫得很好，問他為什麼不肯拿出來付印，他卻一直呵呵笑著說「我不會作詩，我不會作詩。」

在這次臺大講學的開場白中我提到了我剛到加拿大時所寫的一首小詩，詩題是《鵬飛》：

鵬飛誰與話雲程，失所今悲匍地行。北海南溟俱往事，一枝聊此託餘生。

這首詩是說我當時被環境所迫，不得不羈留在海外，而且要用英語教書的那種孤寂的心境。第二天臺大校刊刊登出這首詩。沒想到當我離開臺大前向臺先生辭行時，臺先生竟然把校刊上登載的我這一首小詩，寫成了幾個小條幅來供我檢選。一九九〇年秋天，我再次回到臺灣，那時臺先生已因病住入了臺大醫院。我第一次去臺大醫院看望他時，他還能講話，對我說：「還是回來教書吧！」十月底我要去大陸開會，臨行前我再去看望他，他已經在昏迷中。等我從大陸開完會回來，臺先生就已經去世了。我終於未能在他生前，親口告訴他我對他為我所做的一切，有著何等衷心的感謝。

等我看見臺先生的女弟子、臺大教授林文月為他整理出的詩稿時，那已經是他逝世以後的事了。就在我看到他的詩稿的前後，我還讀到了臺大另一位教授柯慶明寫的一篇悼念臺先生的文章，題目是《那古典的輝光》，文中竟然記述了臺先生關於我的一段談話，說當年邀聘我到臺大任教，是因為看到了我「所作的舊詩詞，實在寫得很好」，所以「就請了她」。臺先生的稱讚，雖使我異常慚愧，但卻也更增加了我對臺先生的感念之情。如果在他生前我就能讀到他的詩稿，而且知道他對我的詩詞的看法，也許會使我鼓起勇氣，去和他做一次有關詩歌的暢談，可惜這一切都已經太晚了。

一九九五年暑假，我到美國康橋哈佛大學與海陶瑋先生編訂我們合作出版的英文書稿，臺靜農先生的二女兒純行女士也在康橋工作，她與我很熟悉，我們經常見面。九月初我就要返回加拿大時，她拿來一冊臺先生詩稿的手抄本的複印本，說他們兄弟姊妹希望我為這本即將出版的詩稿寫幾句話。本來我自己以為我並不是為這本詩稿撰寫序言的適當人選：一是因為我親炙臺先生的機會並不多，對先生的平生所知不深；二是因為我也不是一個長於撰寫序言一類文字的作者，不知該如何寫起，不過我還是答應了純行。我之所以答應純行的原因：一是因為臺先生曾經做過非常使我感念的幾件事，但在臺先生的生前，我卻一直沒有向他言謝的機會，內心中常有一種悵憾之感，想借著寫這篇文字，或許可以做出一點補償；二是因為我曾讀過臺先生《龍坡雜文》一書中所收錄的他為

臺靜農先生。

友人們的著作所寫的幾篇序文，發現臺先生為人寫序，原也沒有一定章法，而且說過「只因沒有學過寫序文，不知序文怎樣寫法」的話。臺先生這麼說雖然只是自謙的一句話，但也可見臺先生性情通達之一斑，即使我所寫的不合於序文的章法，想來先生有知也不會深責，只會付之寬容的一笑吧。

純行交給我的臺先生詩稿，所抄錄的有《白沙草》、《龍坡草》及《補遺》三個部分。

《白沙草》中所收錄的是臺先生在抗戰期間，從一九三八年秋來到江津縣的白沙，直到抗戰勝利後一九四六年秋離開四川來到臺灣大學這一期間的作品；《龍坡草》中所收錄的是一九四六年來到臺灣大學後，住在臺大宿舍龍坡里這一期間的作品；最後《補遺》部分共收七言絕句六首。全部作品共七十五首。一九七五年的夏天，就是臺先生生病之前，他把自己的詩作抄了一個長卷送給了他的女弟子林文月，卷末寫了一個跋文：「余未嘗學詩，中年偶以五、七言寫吾胸中煩冤，又不推敲格律，更不示人。今鈔付文月女弟存之，亦無量劫中一泡影爾。」我想這是臺先生覺得自己年齡老大，寫下的東西應該有個總結，有個交代吧。

臺先生雖無意於寫作舊詩，但他卻似乎生來就有寫作舊詩的才情和氣質。聽說臺先生在他二十歲那年，曾經在夢中忽然得了兩句詩，而卻直到八十歲才足成為一首七言絕句。這首詩現在已收入他的詩稿中，全詩是：

春魂渺渺歸何處，萬寂殘紅一笑中。此是少年夢囈語，天花繚亂許從容。

這首詩前半的夢中語，該是臺先生最早的兩句舊詩的作品，其中所表現的綿緲哀傷，正是他潛意識中所稟賦的詩人才情的一種自然流露。不過在顯意識中，臺先生在那段青年時期，他的精力所投注的則是以文學改造社會的短篇小說的創作。

一九四六年，為促進臺灣戰後文化的復歸和重建，許壽裳先生邀請臺靜農先生赴台，先任臺灣編譯館編纂，後執教臺灣大學，任中文系系主任。臺靜農先生在任二十年間，奠定了臺大中文系的學術傳統，貢獻卓著。《龍坡草》一卷，全部都是臺先生遷台以後的作品。實際上臺先生在遷台後一段相當長的時間沒有寫作舊詩。直到一九七五年以後，臺先生寫的舊詩，才逐漸多了起來。這一年臺先生寫了三首詩，一首題為《種桃十年始花》，一首題為《念家山》，一首題為《憶北平故居》，而臺先生將舊詩的詩稿「抄付文月女弟存之」，也正是在這時。這幾首詩中真正引發臺先生詩興的，我以為是《種桃十年始花》一詩，

十年種樹看花遲，一見花開雪涕思。欲盡千花投碧海，碧翻紅浪鑄新辭。

從臺先生的詩作來看，他一直是個愛花的人，這是毫無疑問的。在白沙時，他喜愛的是梅花，

《白沙草》的第一首詩，寫的就是「冰雪盈懷抱」而不減「荒山絕世姿」的梅花，它所象喻的詩人品格，自然意在言外。因為在臺灣很少見到梅花，即使偶然見到一株梅花，也顯得伶仃瘦弱，缺少了冰雪中那種清勁堅蒼的氣骨。所以來到臺灣以後，臺先生不再寫梅花，而改成了寫桃花，這自然是因為地域氣候的關係。桃花在臺灣是相當多的，要想重溫一下在大陸所感受的春天花開花落的鄉思，最好的一種可以替代的花木，當然就是桃花了，所以臺先生這首詩題所寫的是《種桃十年始花》。從「種桃」開始，詩人伴隨著「桃」所種植下的，原來是他的一片綿遠而深摯的鄉思。而「十年」之久，所表現的又是多麼長久的期待和盼望，所以才會在「一見花開」之際，就有「雪涕」之思。下面的「欲盡千花投碧海，碧翻紅浪鑄新辭」的兩句詩意，更富於引人尋味的言外之想。如果把這二句詩與臺先生在去世前《病中執筆》中所寫的題為《老去》一詩中首句所寫的「老去空餘渡海心」七字相參看，我們就會發現，從一九七五年開始，直到他去世前所寫的最後一首詩，其間貫串的都是一份濃重的鄉思。

他在《龍坡草》中所寫的鄉思，已經是一種心斷望絕之後的極痛深哀。如果從他所寫的《種桃十年始花》的日期，往前推十年，那他當年種桃時應當是在一九六五年，那時他遷台已經有二十年之久了。古人說「十年樹木」，在離鄉二十年之後，開始在他鄉種樹，當然是他早已感到了歸期無日！到了十年之後才首次見到了花開，他對歸去之日的絕望可想而知。而阻隔著他歸去的，是難以跨越的一片茫茫的大海，所以他說「欲盡千花投碧海」，這正表現了臺先生有如精衛填海的悲願。而接著的是「碧翻紅浪鑄新辭」，「碧」是海，「紅」是花，「海」是無邊的阻隔，「花」是無窮的意願，而「浪」、「翻」，在阻隔著的大海的浪濤中翻動著的，該是什麼樣的久經掙扎而難以割斷的一片鄉思。後邊接著的「鑄新辭」三字，更增加了另一層深意，如果結合著上句的「欲盡千花」來看，大有一種欲以填海之心來另寫新篇去追還一切長逝不返之情事的心意。那麼這長逝不返的，又是何等的情事呢？如果從春花開落所給人的聯想而言，根據李霽野先生之《從童顏到鶴髮》一文中講到，一九二八年四月臺先生與李先生一同入獄，獄室隔壁的院子有海棠花。臺先生當時寫下了《獄中見落花》一詩，李先生說他所表現的是「他對一位女友的純真的友誼」。如此說來，臺先生在其《種桃十年始花》一詩中所蘊含的鄉思的感情成分，原來應該是極為深摯而多樣的，其中既可能含有他對曾經共患難的平生摯友的一片懷思，也可能含有他對少年志意終於落空的一片悲慨，還可能含有他對紅顏知己的一片純情，而這一切都被碧海阻隔，隨年華消逝而長逝不返了。所以說「欲盡千花投碧海，碧翻紅浪鑄新辭」，他的想要以千花填海，使生命倒退回去，再行另鑄新辭的悲願，是永遠不會實現的了。

正是這種已經絕望了的思鄉懷舊之情，引發了臺先生的詩興，所以在這一首詩以後，臺先生就接連寫了幾首詩：

每過雲鴻思舊侶，且隨蟻聚度生涯。丹心白髮蕭條甚，板屋楹書未是家。（《念家山》）

十剎海邊憶故居，春風駘蕩碧千絲。南來亦種垂垂柳，不見花飛惘惘思。（《憶北平故居》）

孤舟夜泊長淮岸，怒雨奔濤亦壯懷。此是少年初羈旅，白頭猶自在天涯。（《少年行》）

這些洋溢著思鄉懷舊，志意難酬的悲慨之作，都與前面引起他詩興的《種桃十年始花》一詩中「欲盡千花投碧海」的感情，做著聲聲迴響的呼應。這種迴響一直振盪到他的絕筆詩《老去》——

「老去空餘渡海心，蹉跎一世更何云。無窮天地無窮感，坐對斜陽看浮雲」——都未曾停歇。這可以說是臺先生的《龍坡草》一卷詩中的主調。

我為《臺靜農先生詩稿》寫了序言後不久，因南開大學中國文學比較研究所方面的工作回到了天津。大約是一九九六年二月，我就帶著這篇《序言》去看望了李霽野先生。李先生雖然已經九十多歲了，但精神很好，只是眼睛已經不太好。聽說我帶來了為臺先生詩稿寫的序言很高興，當時就讓我念給他聽。我就從頭到尾給李先生念了一遍，李先生聽了後對我說，你寫得很好，真的通過臺先生的詩歌對他的感情心事，進行了比較深入的體會和探討，不像一般的序言只是泛泛的文章。

這次見到李先生，還考證了我對臺先生一首詩的想法。那就是題為《甲子春日》的一首絕句：

澹澹斜陽澹澹春，微波若定亦酸辛。昨宵夢見柴桑老，猶說閒情結誓人。

「澹澹斜陽」是說歲月長逝後的今日之遲暮，「澹澹春」是說難以使人忘懷的昨日之青春。這一句表面看來雖然似乎只是寫眼前的「春日」景色，但卻能使人讀起來感到景中有情，別具綿緲之思，這在詩歌中實在是一種極難傳述的意境，而使得這種意境更加「綿緲」起來的，是後邊這句「微波若定亦酸辛」。這句寫得非常好，是寫一種難以言傳的情思。心裡的波浪好像是安定下來了，可還是「亦酸辛」。臺先生的詩句之妙，在於他所表現的，既有「波」所提示的搖盪和嚮往，又有「定」所指示的節制和約束。而更妙的是他把「若」放在「波」與「定」之間，表現了內心的痛苦的掙扎，而且緊隨「微波若定」之後寫下了「亦酸辛」，這三個字表現的真是「酸辛」得使人感動。但臺先生在這句後卻接著寫了「昨宵夢見柴桑老」，「柴桑老」指的是陶淵明，就是夢見了陶淵明，陶淵明不是寫過《閑情賦》嗎？《閑情賦》裡結誓人說「願在衣而為領，承華首之餘芳」、「願在裳而為帶，束窈窕之纖身」、「願在晝而為影，常依形而西東」、「願在夜而為燭，照玉容於兩楹」，臺先生在這裡把自己的情思做了絕妙的轉移，最後一句借陶淵明的《閑情賦》才點出了「猶說閒情結誓人」的主題，呼應轉折，一片神行，真是一首既有深情又有遠韻的絕妙的好詩。

我讀這首詩，曾經有一些感發聯想，但因本事不足而未敢探求。我這個人別的本領沒有，但對於詩我是能夠體會的。一首詩裡有什麼意思，有什麼感情，我自以為是能看出來的，但我沒有證明，只是推測這首詩裡隱含了臺先生的一份感情。這次李先生證實了這件事，並告訴了我那個人的姓氏名誰。原來臺先生也是老式的婚姻，是父母之命、媒妁之言，早早結了婚。但臺先生到了北京以後，認識了一位紅顏知己，這件事其實在當時相當公開，很多人都勸臺先生離婚，當時有別的人遇到相似的情況就這樣做了，還被看作是勇敢、進步的表現。臺先生當時也回了老家，但是他不但沒有離婚，還把原配夫人帶回北京來了。如果按現在來說，臺先生不夠勇敢。可是中國的傳統是發乎情、止乎禮，臺先生還是遵守了中國傳統的禮法。胡適那麼開明的人，不是也娶了小腳的江冬秀嗎。後來我又問了臺先生的女兒純行，她也說是有這麼回事，而且他們兄弟姐妹都知道，她說他們的母親是很沉得住氣的。臺先生女友的照片一直擺在家裡，這麼多年生活不安定，每次搬家都是臺師母親自收拾。一旦安定下來，臺師母就把這張照片拿出來，擦乾淨擺在臺先生的桌上。

我覺得臺先生的這一首題為《甲子春日》的絕句，不僅暗含了那種至老難忘的深情，還表現了一種終身志意未酬，即使老去也依然此心未已的酸辛和哀感，可以說是臺先生晚年整體心情的寫照。

臺先生自幼在父親的影響下就學習書法，在求學北京時，受到「五四」運動新思潮的影響，把書藝看作「玩物喪志」，因此不再練習。抗戰期間，受到沈尹默先生的指導，又開始寫字。任教臺灣大學後，臺先生由於與魯迅及左翼文壇的親密關係，再加上他在戰前幾次入獄的經歷，受到了臺灣當局的嚴密監控。《靜農書藝集》序上說：「戰後來臺北，教學讀書之餘，每感鬱結，意不能靜，惟時弄毫墨以自排遣，但不願人知。」經過四十年的苦練，臺先生的書法卓然成為一代名家，這也是他始料不及的。

最後要說到葉慶炳先生，我是在一九五四年剛剛到臺大教書的時候認識他的。那時葉慶炳先生大概才從助教升任為講師不久，他是鄭騫先生的學生，與鄭先生同在第四研究室，葉慶炳是臺大第一班畢業生留在臺大教書的。

我來臺大後也被分配進入了第四研究室，見面機會多了，自然就逐漸熟悉了起來。有一天偶然談到了自己的年齡，發現葉慶炳先生小我兩歲，與我的大弟同齡。從那以後，葉先生就稱我為他的本家大姐。學校裡有些零零碎碎的事，他都幫我辦了，給我幫了不少忙。葉慶炳先生跟我一樣都是從大陸到臺灣來的，都遠離了自己的親人。而且那時葉慶炳先生還沒有結婚，所以每逢假期之日，他就常到我家來，偶爾還會帶著我的兩個女兒一同外出去看電影。直到現在，我的小女兒已經做了兩個孩子的母親，還一直記得有一次曾經被這位本家舅舅帶出去同看《飛天老爺車》的歡快的童年往事。葉慶炳先生對師友同學間的情誼極重，當鄭師母患癌症住院時，他幾乎每日都到醫院去探望，直到鄭師母去世，很多事也都由他幫忙料理。

我與葉慶炳先生不僅同在臺大教課，而且同在一個研究室，後來還同在淡江大學兼課。那時在淡江中文系任系主任的許世瑛先生對後學晚輩們極為關愛，經常約大家一同聚會，對於為葉慶炳先生找對象的事，更是極為關心。不久經人介紹，葉慶炳先生認識了東海大學中文系畢業的高材生賴月華女士。賴女士文靜賢淑，他們結婚的時候，我們都去吃了他們的喜酒，深為他們彼此的擇偶得人而感到欣喜慶幸。一九八八年我從海外第一次回臺灣講學時，到他的家中去探望他們夫婦，葉慶炳先生告訴我說他有另一處住房，可以讓給我暫住。但我這次講學是由清華大學邀請的，常常在新竹與臺北兩地跑，而且校方清華也已經為我安排了住處，所以就沒有去打擾他們夫婦。

最近一次見到他是一九九三年四月回臺灣參加「中研院」文哲所的一個國際詞學會議的時候。這次我與他見過兩次面，一次是在詞學會議中，當時因為與會的人很多，大家都忙著彼此打招呼，匆匆忙忙沒有來得及詳談。會議結束後，我從南港「中研院」的活動中心遷出來，搬到臺大附近的僑光堂去住。第二天下午臺大中文系的一些師友同學邀我去給他們做一次講演，講演的場所就在文學院二樓盡頭的一個房間，原來是第二十三教室，是我舊日經常上課的地方，距離第四研究室很近。舊地重臨，喚起我不少對往日的回憶。講演結束後，臺大的許多師友們邀我一同晚宴，葉先生也在座中，我很想好好和他敘一敘舊，但他坐在餐桌的另一端，所以也沒有與他多談。當晚柯慶明先生還為大家照了很多照片，但相機的鏡頭卻大多對著餐桌的這一端，等我提醒他要照另一端時，底片恰好用完了。所以我與葉先生這一次的聚會，不僅沒能暢談，而且也沒有留下一張紀念的相片，而誰想到這竟然是我與他的最後一次見面了。葉先生曾經寫過一篇使人極其感動的散文，題目是《我是一支粉筆》。這實在是他自己最好的寫照，不需要任何光華和彩色，而卻為師友和同學們默默地做著一切的服務。就我個人而言，我對他最感到愧欠的是他雖然把我看成姐姐，但我卻因生性拘謹，從沒有做出真正把他看成弟弟的回應。

我在挽許世瑛先生的七言長詩中，曾寫過「死生親故負恩深」一句詩，這句詩可以說恰好表達了我現在悼念臺大這幾位師友的一個整體的心情。我年紀老大以後，雖然比以前疏放得多了，但無論用言語或文字，我還都是一個拘謹而怯於表達的人。而我對師友們的感念，卻是一直永銘於心的。

這些年，我雖然遭遇了一些不幸，但從我一開始教書，學生就都對我非常好，不管是大陸的學生還是臺灣的學生，真的是對我非常好。這裡我要說說一位叫陳槐安的學生。

陳槐安是臺灣本省人，家在臺南，他自己在臺北租了房子住。他很小就沒有母親了，繼母對他很不好。那時我的兩個女兒言言和小慧還很小，他就常常到我家裡來，想要感受一下母親跟小孩的感情，這樣就熟了起來，有的時候他還帶著我的兩個女兒出去玩。以前我不大知道他的身世，後來他才告訴我他從小沒有母親，他到我這裡感受到了母親的感情。後來他就一直管我叫媽媽，這個學生很奇妙，如果在同學面前，他不敢叫出聲來，只是把嘴一閉，然後張開，做出發「媽媽」聲音的口型。有一天他打電話跟我說：媽媽，我在院子裡種了一棵樹，你來看看吧。我說你種的樹多大多高，他說跟我一樣高。他已經是大學的男生，我以為他種了那麼高的一棵樹呢。我去了一看，是一棵小小的樹，他竟然把自己想像成一個那麼小的小孩子，一個需要母親呵護的小孩子。

那時我在臺灣大學、淡江大學、輔仁大學三個大學教書。我先生還在二女中汐止分部教書，不能經常回來，家裡就是我帶著兩個女兒，還有我父親。臺灣常常有大颱風，有一天晚上又是颳起了狂風暴雨的大颱風，陳槐安黑更半夜地冒著大風大雨跑來了。風雨之中，忽然間我聽見外面有人叫門，我趕快打開門一看是他，我就說他：這麼大風大雨的你還往外跑。他說這麼大的狂風暴雨，家裡老的老、小的小，他不放心，來看一看我家有什麼事。他真的是對我很好，他是把我當作母親一樣看待的。

那時我每天都是搭公共汽車去上課，每天中午或是下午下課的時候，公共汽車都很擠，沒有座位，陳槐安就算好了我下課的時間，提前到前邊幾站上車先占一個位子，等到我上車他就把位子讓給我坐，這對於當時瘦弱而又勞累的我是很有用的。臺灣的男學生都要服兵役，他去服兵役的時候，到南部的一個地方受軍訓，放假的時候，他還是跑回來到我家裡來看我們。有一次也是颳起了大颱風，引起了水災，從臺南到臺北中間的路都不通了，火車也沒有，他從南部是不能回來了。可是他居然又跑回來了，他說他是步行走過了那一段，才又搭車回來看我們的。

還有一件事，那時我喜歡王國維的詞，我不但講過王國維的《人間詞話》，我還有意要寫王國維詞的注釋。我剛剛開始寫了幾條，還沒有寫完，陳槐安說他幫我去查資料，我就把筆記本給了他。可是不久我就離開臺灣去了美國，一直很多年都沒有聯繫，我的王國維詞的注解也一直沒有完成。後來是我在南開大學成立了研究所以後，我的秘書安易在我的指導下，做了王國維詞的注解，才算把這件事完成了。

我離開了臺灣以後，中間有二十多年沒有回去。等到臺灣開放以後，我再回到臺灣的時候，很多次同學聚會，陳槐安都沒有出現。這個學生的性格很孤僻，不經常跟別人來往，所以也沒有人知道他的消息。一直過了相當長的時間，有一次我回到臺灣，他們班有個同學碰見他了，告訴他我回來了。那天我接到一個電話，是他打來的。當時我在新竹清華大學，他在臺北，他說要從臺北來新竹看我。我在清華大學講課有很多錄音帶，有一個學生姚白芳說要幫我整理這些錄音帶，我就需要把這些錄音帶複製一套給她。那天陳槐安還沒有來，我就走出去把這些錄音帶送去複製。那時臺灣已經有很多人開車了，我出去的時候，看見一個人開車停到了我住的宿舍前邊，我真的沒有認出他來。等我回來的時候，他還站在樓門口，他看見我還是管我叫媽。他變化非常大，很多頭髮已經脫落了，真是不容易認出來。這時還有一個跟他同班的同學也來看我，也不認識他了。這次見面陳槐安告訴我，他一直很喜歡藝術，清華大學校園裡有一些他的雕塑作品，他帶著我們到校園裡看了他的那些雕塑就回去了。

這次見面以後他們班上的同學又約我到臺北聚會。聚會以後不久我就走了，上飛機的時候，來送我的有柯慶明、施淑女，陳槐安也來了，他沒有講什麼話。大約第二年，他就去世了。雖然我的學生對我都很好，但是真正把我當作母親看待的就是陳槐安。我常常想到《論語》裡孔子說：「回也，視予猶父也，予不得視猶子也。」孔子說，顏回把我看作父親，而我卻沒有把他看作兒子。對於陳槐安這個學生，我也應該這樣說。

我到臺灣大學以後，又陸續在淡江大學、輔仁大學兼課，所以非常繁忙，也沒有寫什麼詩詞。從臺北到基隆之間有個地方叫野柳，那裡的海岸都是礁石，而且是奇形怪狀的，是個旅遊名勝。一九六一年春天，我跟學生一起去那裡郊遊，寫下了幾首絕句，題目是：《郊遊野柳偶成四絕》

豈是人間夢覺遲，水痕沙漬盡堪思。分明海底當前見，變谷生桑信有之。
揮杯昔愛陶公飲，避地今耽海上雲。病多辭酒非辭醉，坐對煙波意自醺。
敢學青蓮笑孔丘，十年常夢入滄州。頭巾何日隨風擲，散髮披蓑一弄舟。
潮音似說菩提法，潮退空餘舊夢痕。自向空灘覓珠貝，一天海氣近黃昏。

這裡只說第一首：「豈是人間夢覺遲」。蘇東坡說「人生如夢，一尊還酹江月」，此時我想到過去的往事，一九六一年其實我才三十多歲，但是我真是覺得遙遠的故鄉和往事已經像夢一樣，但是到現在，你是不是夢醒了呢？我說「豈是人間夢覺遲」，大家都沒有覺悟，大家都是夢醒得太晚了！現在是「水痕沙漬盡堪思」。你看那野柳的海邊，那些礁石都是經過大水的沖刷才留下來的，真是給人滄海桑田的那種感覺。「分明海底當前見，變谷生桑信有之」，想當年這些礁石都是在海底的，現在經過大自然的滄桑，水下去了，石頭都露出來了。《詩經》裡說「高岸為谷，深谷為陵」。人間的滄桑也像自然界一樣，是果然有的，人生的變化是「信有之」。我是說海岸的景色，讓你想到人生的改變。我之所以想到這些，是因為我的人生已經經過了很多的變故。

第五章　漂泊北美

一、初到哈佛

從五〇年代初開始，西方世界對中國大陸長達二十年的封鎖，使得大陸與西方世界隔絕。當時西方大學的亞洲系或者東亞系對中國的研究注重的大多是古典文學。因此，西方的學者研究中國古典文學都是去臺灣，而臺灣的臺灣大學、輔仁大學、淡江大學的古典詩詞都是我教，所以他們很多人旁聽過我的課。法國有個著名的學者侯思孟（Donald Holzman）就在我的班上聽課，當時我正在講阮籍的詠懷詩，他後來寫了一本研究阮籍的書。還有一位耶魯大學的皮特・貝爾（Peter Bear）是跟我念過陶淵明和謝靈運的詩。有個德國的學者馬漢茂（Hamlet Martin）跟我念過杜甫詩。所以那時來臺灣的西方學者都會注意到，很多大學的詩詞課都是我在教。

臺大跟美國的密西根州立大學有個兩校互相交換教師的計畫，密西根州立大學有個研究東亞歷史的教授，中文名字叫孔恩，被交換到臺大來了。後來，密西根州立大學提出要把我交換到他們學校。當時，我一點也不知道，我從來沒有想過要出國。

臺灣大學每年快放暑假的時候都有一個謝師會。一九六五年的那次謝師會，除了任課的老師，學生們也請了臺大的校長錢思亮。就是在那次謝師會上，還沒有入席，大家都站在那裡簽名，錢思亮校長來了。我從來都沒有跟錢校長說過一句話，他一見到我就說：葉嘉瑩老師我要跟你說個事，臺灣大學與美國密西根州立大學有一項交換計畫，每兩年由兩校互派一個教授到對方的學校講學。我們臺大已經答應美國明年把你交換到密西根州立大學，你要準備一下英語。

我本來真的不想去，可是我回家跟我先生說了，是他一定要我去。因為他在臺灣被關了很久，他很想出去而又出不去，所以一定要我答應，我於是就同意了。但我的英語不好，因為我在初中二年級就遇到「七七」事變了，英語課都改成了日語課。於是我就開始念英文，當時我背的是《英語九〇〇句》，從 Good morning / How do you do 開始，學習一些簡單的日常用語。

當時美國的福爾布萊特（Fulbright）基金會對一些要去美國任教的臺灣學者，都要有一個當面談話，英文叫 Interview。這個美國基金會在臺灣的負責人是臺大歷史系教授劉崇鋐先生。一九六六年春夏之交，有一天下午，劉崇鋐先生通知我參加面談。那一年來臺灣主持面談的是哈佛大學東亞系的主任海陶瑋先生（James R. Hightower），面談結束後我就走了。劉崇鋐教授的秘書吳女士隨後追出來對我說：今晚劉教授邀你和一些友人在他家中聚餐。

當天晚上我參加了宴會，海陶瑋先生也參加了，我與海先生就有了更多交談的機會。原來海陶瑋先生在哈佛大學是研究中國古典詩的，我們之間有許多共同的話題，所以談得非常愉快。宴會結束我們告辭時，劉崇鋐先生讓他的秘書叫了一輛計程車，送我和海陶瑋先生回家。因為我的家離劉崇鋐先生家近一些，計程車就先送我回家，然後再送海陶瑋先生回他的住處。從劉崇鋐教授家裡出來，海陶瑋先生在車上對我說，如果我們邀請你去哈佛大學，你願意不願意呀？我想哈佛大學是那麼有名的學校，能去看看也好，我就說我願意。計程車到了我家我就下了車。第二天早晨，劉崇鋐先生的秘書吳女士給我打來了電話，說海陶瑋先生送我到家後並沒有回他的住處，他讓計程車又原路回到了劉崇鋐先生家，對劉崇鋐先生說，要請葉嘉瑩去哈佛大學。吳女士對我說：你要考慮一下，到底去哪個學校做個決定。我想哈佛大學當然也不錯，而且當時臺大有很多人都想出國，我想既然大家都想出去，我幹嘛占著兩個名額呢！不如讓中文系再派一個老師去密西根州立大學，不是兩全其美嗎！

於是我就去見了錢思亮校長。我說我非常感謝學校給我的這個機會，可是現在哈佛大學也要請我去，不如把密西根州立大學這個機會讓給其他的老師吧。錢思亮校長聽了非常生氣，說：我們這是去年安排的，已經跟密西根州立大學簽了約的，就是要把你交換去的，怎麼能臨時換人呢！他說不可以，你一定要去密西根州立大學。沒辦法我就打了一個電話給海陶瑋先生，我告訴他，我跟學校說了，學校不同意，因為是兩個學校簽了約，指定的是我，不能臨時換人。這樣，我就把哈佛的事推掉了。

可是海陶瑋先生還是不放棄，他說這樣吧，密西根州立大學不是九月才開學嗎，那你一放暑假就先到哈佛，至少能停留兩個月，我們可以利用這個時間合作研究，等到開學的時候你再去密西根州立大學。海陶瑋先生為什麼非得叫我去哈佛呢？那是因為他正在研究陶淵明的詩，因為中國的古典詩歌是很微妙的，他很希望能找到一個懂得中國古典詩的給他講一講，說一說。我覺得先去哈佛兩個月的辦法可行，臺大的錢思亮校長讓我去密西根州立大學，我按時到就行了，利用暑假去哈佛並不妨礙。反正臺大也放假了，我早兩個月走還是晚兩個月走也沒有關係，於是我就答應了海陶瑋先生。我先生一直很想離開臺灣，他說你這次走，一定要把兩個女兒帶走，所以我就把兩個女兒都帶到美國去了。

因為是第一次出國，又帶著兩個孩子，所以我心裡是很緊張的。我們乘坐的是美國西北航空公司的飛機，從臺北起飛在日本的東京停留一下，然後再從東京飛到西雅圖，從西雅圖再飛芝加哥，從芝加哥再飛波士頓，哈佛就在波士頓附近。這是一個很長的旅程，我在臺灣養成的習慣，喜歡喝熱水。外國人常常都是喝冷水，他們的水很乾淨，打開自來水就喝。我那會兒身體不是很好，有氣喘病，很瘦很瘦的，所以我對於飲食也很注意。在飛機上他們給我喝冷水，我就讓他們給我換成開水。

我這個人還是很想得開的，我想既然出來了，就儘量多轉轉。因此我們一到日本東京，就立刻參加了一個旅行團，在日本簡單地逛了逛。又坐上飛機先到西雅圖，然後是芝加哥，最後到了波士頓。一路上換了幾次飛機，我們都很累。到了波士頓以後，我們就去取行李，我們母女三人至少也有三個箱子。結果等了半天，行李帶都繞完了，我們交托的行李，一個箱子也沒有見到。剛到美國就發生了這樣的事情，怎麼辦呢？還好，海陶瑋先生親自接我們來了，他當然懂得行李遺失怎樣辦手續，就讓我們填表報遺失，他指導著我們填好了表交上，就開車帶我們去了康橋的哈佛大學。

哈佛大學給我們這些海外的訪問學者事先就安排好了宿舍，那個地方叫 Holden Green，是一個社區的樣子，中間有一個院子，周圍都是房子，住的都是海外來哈佛的交流學者和留學生。給我們的房子挺大的，樓上樓下一共有三個房間，我帶著兩個女兒就住下來了。我們的箱子既然沒有找到，我就帶著兩個女兒找一些廉價的商店，臨時買一些衣服，就算安頓下來了。

哈佛大學所在地叫 Cambridge，bridge 是橋的意思，加上前邊的 Cam，如果按音譯就叫康橋，

七〇年代攝於哈佛燕京圖書館門前。

如果按意譯就叫劍橋。有人就把哈佛的 Cambridge 叫康橋，把英國的 Cambridge 叫劍橋。從 Holden Green 到哈佛大學東亞系有一段路程，我每天都是走路去的。其實那時的美國，不管是康橋還是紐約，市內交通基本上都是走路，因為這些城市都很難停車。

我的兩個女兒雖然已經安排好了學校，可是我們到的時候是暑假，學校還沒有開學。我的小女兒還小，海先生就幫她聯繫好了一個暑期的夏令營，讓她學一些英語，熟悉美國的生活。我的大女兒已經念到高中了，英文還可以，海先生照顧我們，恐怕我們經濟上有問題，就安排她在圖書館做一些管理借書的工作。我的大女兒性情活潑，當時在哈佛留學的一些臺灣來的學生常常跟她來往，有杜維明、李歐梵、梅廣等等，我們也都很熟。這些臺灣來的學生要拍一個反映海外留學生的片子，還找她一起去拍。

這個暑假我跟海陶瑋先生合作研究的主題，一個是陶淵明的詩，一個是吳文英的詞。海先生寫陶淵明的詩，我寫吳文英的詞。我們談話主要是用英語，雖然海先生能看懂中文，可是他很少講漢語。就是一開始我英文那麼差的時候，他也不肯講，他以為他的發音不標準。那我只好跟他說英語，當然我說漢語他也還是能聽的。實在說不通時就寫中文，反正他是可以看的。每天我就和他一起討論陶淵明的詩和吳文英的詞。這個暑假對我真是很有意義，海先生為人特別誠懇，如果我的英文說錯了，他馬上就告訴我應該怎麼說，這使我的英語日常會話進步很快，更重要的是海先生是研究中國古典詩詞的，所以我學會了許多用英語表述中國古典詩歌的語言。海陶瑋先生這個人很熱情，他不只是讓我給他講陶淵明，同時還讓我拿出一篇論文，由他來幫我翻譯成英文拿到哈佛大學學報發表。那時我剛剛寫了一篇論文，就是《論吳文英詞》。我是用中英結合的口語講給他聽，他用英文寫下來。我在哈佛學報上發表的第一篇英文的論文，就是海先生幫我翻譯的這篇論文。在研討問題時，海先生的理性、邏輯性的思辨方式，也給了我很大的影響，兩個月的時間雖然很短，但是卻為我們以後長期合作打下了很好的基礎。

《論吳文英詞》是我在臺大的一次講演，我曾經說過我在臺大只教詩選和杜甫詩，沒有正式開過詞選課。而我在輔仁和淡江開過詞選課，因此臺大中文系的學生們要求我講一次詞。講什麼呢？臺大的詞選是鄭騫先生教，鄭騫先生每次講詞都是從五代、兩宋順著講下來，因為時間不夠，南宋的詞很少講到，所以我就講鄭騫先生沒有講到的吳文英的詞。還有一個原因，那時臺大一些寫現代詩的學生，常常用顛倒的句法，句子寫得模稜兩可，引起寫傳統詩的人們跟寫現代詩的人們之間的一場筆戰。我也寫了《杜甫〈秋興八首〉集說》，舉出「香稻啄餘鸚鵡粒，碧梧棲老鳳凰枝」的例子，就是想告訴大家古典詩也有這種句法顛倒的情況。而如果以詞人來說，寫的最模糊晦澀不清楚，而且句法顛倒的就是吳文英。所以我就在離開臺大到美國之前，給他們講了吳文英的詞。就是在這次講演的基礎上我寫出了《論吳文英詞》這篇論文。

一九六六年的冬天，在美國百慕達有一個高級學者的研究會（American Learned Society）要舉辦一個中國古典文學的會議，那時美國所注重的還是中國的古典文學。海陶瑋先生就把我的名字提出去了，讓我參加這個會議。那時我已經如約去了密西根州立大學，我與海陶瑋先生約好先從密西根飛到康橋，就是哈佛的所在地，然後跟海陶瑋先生一起去百慕達開會。不過到會期近時，康橋下了大雪，我就沒有去康橋，直接從密西根飛到了百慕達。這是我第一次參加北美的學術活動，結識了一些北美漢學界的同仁，我提交的論文就是海先生幫我翻譯的《論吳文英詞》。

這一年我的《杜甫〈秋興八首〉集說》剛剛出版，我到哈佛去的時候帶了幾本，送給了當時在普林斯頓大學任教的高友工教授和在哈佛大學任教的梅祖麟教授每人一本。高友工是研究中國文學的，梅祖麟是研究語言學的，他們看到我這本書以後不久，兩個人就合作寫了一篇《分析杜甫的〈秋興八首〉——試從語言結構入手作文學批評》（*Tu Fu's Autumn Meditation:An Exercise in Linguistic Criticism*）的論文，發表在《哈佛大學亞洲研究學報》上。在《杜甫〈秋興八首〉集說》中，我彙集了很多家對杜甫《秋興八首》的各種注釋、各種批評、各種解說。高友工和梅祖麟兩位先生就用西方語言學理論，把這些注釋、批評做了仔細的分析，這篇論文現在成了西方用英文講中國詩很有名的文章。後來我到天津南開大學教書時，還把這篇論文做為教材給學生講過。當時班上有個學生叫李躍進，把它翻譯成中文，名為《唐詩的魅力》，交給上海古籍出版社出版了。我們班上曾經有一個越南學生叫黎時賓，有一年他回來時告訴我，他在越南看到了翻譯成越南文的《唐詩的魅力》，我真的沒想到這本書居然流傳到越南了。

當我初到哈佛不久的暑假，高友工教授在佛蒙特（Vermont）辦了一個中國文學的暑期班，叫我去講古典詩詞。所以我在美國第一次講課不是在哈佛，也不是在密西根，而是在這個暑期班上。這次去佛蒙特講課，是我早年教過的一個學生英惠奇開車帶我和兩個女兒去的，她是我一九五〇年在臺南光華女中教過的學生，對我們母女一直非常好，直到現在對我女兒和我的外孫女們也很好，因為我教她時小女兒還沒有出生，她是看著我小女兒出生和長大的。一九六六年她開車送我們去佛蒙特的時候，已經是八月下旬了，路上的很多樹葉都開始變紅了。我以前是在北京香山看過紅葉的，而我在臺灣一住就是很多年，臺灣是亞熱帶，春夏秋冬四季不是那麼鮮明，所以很久很久沒有看到紅葉了。這次看到紅葉就很興奮。所以後來寫過「眼前節物如相識，夢裡鄉關路正賒」的句子。

二、密西根州立大學

兩個月的暑假很短，一下子就過去了。趕在密西根州立大學開學之前，我九月初就帶著兩個女兒到了密西根。臨行前，海先生與我說定了明年暑期再返回哈佛。

到了密西根就住在密西根州立大學為我們安排的宿舍樓裡。剛到的時候，辦理所有的手續，包括搬行李都是我一個人。因為太忙了，不小心我把腳扭傷了，可是有很多事情要做，兩個女兒的入學手續不能耽誤，所以根本不能休息。說來也奇怪，穿平底一走就疼得不得了，我就試著穿上高跟鞋，反而好得多。我將就著把最初的手續辦好了，兩個女兒也都如期進了密西根的一所中學讀書。

我的大女兒各門功課都很好，而且是均衡發展，數學、國文、英文成績都很好。她小的時候，我曾告訴她，作文主要是要有你自己的東西，要寫你的感情、你的觀察，寫你所看見的、所感受到的。所以她的作文也不錯，當年在臺灣她的國文老師很喜歡她。那時考高中也是一件很緊張的事情，入學考試都是在夏天。兩個女兒考試都是我親自陪著她們到考場，給她們準備好飲料和食品在外邊等著。她們從考場出來的時候，我從來不問考得如何，恐怕給她們增加壓力。我只是給她們搧扇子，照顧她們喝水。結果還不錯，我大女兒考上了臺北最好的女子高中北一女。

我們來密西根這一年她正在念高三，只念了一年，就拿到了密西根州立大學的獎學金，可以免費上大學。當地的報紙還發了消息，說一個外國的學生來美國只念了一年，就以優異的成績得了獎學金。可是一登報紙，就被學校發現了。因為我們不是美國公民，獎學金是不發給外國人的，所以就給取消了。小女兒在臺灣只念到初中一年級，英語基礎不太好，但是她跟同學相處得也很好。我常常聽見同學給她打來電話，她只是回答說 yes 或 no，她還是能聽得懂。她的老師跟我說，你們在家裡最好也講英語，這樣可以幫助她進步。可是我的小女兒說不要，她說我們都是中國人，在家裡幹嘛講英語呢！當然小孩子學得很快，她的英語很快就跟上來了。現在她的英語和漢語都很好，可以做同聲翻譯。

我們在哈佛時，因為大女兒上學比較遠，就弄了一輛自行車練習騎車，小女兒常常幫姐姐扶著。有一天我下班回來，一進門就看見我的小女兒的膝蓋跌破了，大女兒正在給她塗紅藥水。我看了看也不是很嚴重，只是外皮破了，以為等皮長好了就沒事了。暑假後，我們到了密西根。剛到密西根的時候我們不開車，有一天我們母女三人出去買菜回來，大包小包的抱著上樓，我的小女兒走在前邊，我忽然間發現她的兩條腿不一樣了，膝蓋受傷的那條腿比健康的那條腿瘦，我想是因為這條腿受傷以後，她走路的時候這條腿不大用力，時間長了就影響了正常發育。這可不得了，因為她正處於發育時期，我們剛到美國的時候，在哈佛有一張照片，她還沒有我高，可是這一年已經竄得比我高了。如果這樣下去，將來她走起路來都會不平衡的，會影響她的一生。我跟學校說了這件事，學校就讓我們到醫務室去看。醫務室的大夫用物理治療的方法給她治療，每天她放學就去校醫室做理療，我下了課也直接去校醫室陪她。

密西根州立大學的校園非常大，校園裡有校車，從一個地方到另一個地方，我們都是搭校車去的。我們到密西根差不多一個月，也就是九月底十月初，下了一場非常大的雪。我從來沒有見過這麼大的雪，而且非常的冷。臺灣根本就不大下雪，北京也沒有下過那麼大的雪。因為密西根是一個大湖區，有很多的湖，水氣很重，所以雪下得厚得不得了。學校裡有專門鏟雪的車，把中間的路鏟開，路兩旁的雪就堆成了雪牆一樣。剛剛開始下雪那天，上午我們還在照常上課，等到了下午，我到醫務室去接我的女兒的時候，雪已經下到膝蓋那麼深了。本來我們剛到密西根的時候，當地有一些華人告訴我，你們一定要趕快買那種能在雪地裡走路的高筒靴子。而這一天我們就是穿這麼高筒的靴子，雪還是都漫過來了。我們就踏著沒膝的雪，深一腳、淺一腳地回了家。

第二天，雪更大了，有的地方連校車都不能開了，沒有辦法上課，所有學校就都停課了。一聽到停課，我的兩個女兒都非常高興，她們還不是因為不上課高興，主要是她們從來沒有看到過下雪，更不要說這麼大的雪了。我在北京的時候，還見過下雪，她們兩個都是臺灣出生的，真的是第一次看見下雪。她們兩個都興奮得不得了，跑到雪地上滾來滾去。然後她們又弄了個杯子，跑到外面接了一杯天上下的雪，回到屋裡澆上一些果汁吃，說是跟臺灣的刨冰差不多。學生們也很高興，他們在餐廳裡吃完飯，就拿了盛菜的托盤，跑到校園裡的一個高坡上，坐在托盤上往下滑，大家都很開心。可是我還得帶著女兒去做理療，因為路很遠，我們還是得搭校車去，就是從我們住的地方走到有校車的地方，路也是很難走的，中間的雪都是沒膝蓋的。這樣治療了一陣子，小女兒的腿並沒有好轉。

這時候我碰到了一個從前在臺大我教過的學生柯文雄。這個學生還不是中文系的，他是我在臺大教大一國文時植物系的學生。我剛到密西根不久，有一天他給我打電話，問我是葉嘉瑩先生嗎？

因為他不是中文系的，我真的不記得他。後來他跟我說：「我雖然是植物系的學生，可是我聽老師的課很受感動，得到很多鼓勵。你知道嗎，我從臺灣出來到美國留學，把上大一國文時你給我批改的那些作文都帶出來了。」他說：「小慧這個病在學校治不好，要找一個醫院去治。你們在這裡也不開車，交通不方便，我可以開車帶你們去。」因為有他幫忙，我就把小慧送到了醫院。她主要是膝蓋之間的軟骨錯位了，一走路就疼，所以就開刀做了手術。小慧那時已經長得很高大了，可是以她的年齡還是住進了少兒病房。美國的兒童病房設備條件極好，你可以隨時要冰淇淋呀、果汁呀什麼的。所以小慧住得還挺高興的。她的同學有個女孩對她很好，雖然語言還不太通，但幾乎每天都來看她，有時還給她帶個小禮物。小慧在醫院住了一個星期，出院的時候醫院問她要不要拐杖，其實她已經不需要了，可是小慧好奇，還是跟人家要了一根拐杖。

柯文雄真是給我們幫了很大的忙，那時我們沒有車，很多地方根本不認識，也不懂得應該去哪個醫院治病。我當年教他的時候，連他的名字都不記得，但他真的給了我們很多照顧。從此以後，他幾乎每個星期都來帶我們去買菜或者辦一些其他的事情。到了放假的時候，他還開車帶我們去密西根的大湖和底特律汽車城去玩。

我們在密西根住的那個樓上，還住著一家中國的訪問學者，不過他們是學理科的。他們家有五個女兒，中間的兩個跟我的兩個女兒差不多大，常常在一起玩。通過他們我們又認識了一些其他的中國人，有時他們請客也讓我們一起去吃飯。那我也不能總是吃人家的，於是我也請他們到我家來吃飯。密西根州立大學所在的 East lansing 這個地方是個小城，沒有幾家中國餐館。所有的中國人請客都是在家裡。我那時就學會了做一些菜，像香酥雞、珍珠丸子、紅燒魚、炸春捲這些菜，我也能試著做。我畢竟是在北京長大的，小時家裡有佣人做飯，後來是母親、伯母做，雖然她們不讓我做，但我還是看見過的。包餃子、蒸包子甚至包粽子、搖元宵我也能做，而且做給我的女兒看。到現在小慧也會包餃子、蒸包子、甚至連包粽子都會。

因為我的英文不是很好，我在來密西根州立大學以前，就跟他們講好了條件，用中文講課。學生都是學過中文的研究生，聽得懂中文，也能講一些，所以不太累。這樣我有時間旁聽了兩門課。有一個老師講西方文藝理論，講得很好。還有一個老師講英文詩，他很注重朗讀，常常喜歡把一首詩大聲地讀一遍。雖然我也沒有跟他們聯繫過，也沒有人認識我，可是在課堂中他們都是西方人，而我是東方人，所以這個老師一眼就看見我了。有一天他問我，你們中國人讀詩是不是也有朗讀，也有吟誦？問到我頭上了，我就說中國詩是有朗讀和吟誦，我就給他們吟誦了一首詩。這個老師非常感興趣，他說你讀得很好，我一聽就知道你對詩很有體會。你要給我們班上的學生做一次講演，就講中國詩的誦讀，我就用英文給他們做了一次講演。我能用英文給他們講，真是得益於在哈佛大學跟海先生一起研究的那兩個月。雖然我在來美國前自己也惡補了一些英文，背了《英語九〇〇句》，但那只是日常用語。可是文學有很多特別的術語，像「五言律詩」怎麼說，「七言絕句」怎麼說，這些術語都是跟海先生研究的時候學來的。我給他們講演以後，那個老師很高興，因為他從來沒有聽人講過中國詩，更沒有聽過中國詩的吟誦。他還跟我女兒說，你母親是天才的會講詩的人。

到了一年期滿的時候，密西根州立大學要跟我延期兩年。可是我已經答應了海陶瑋先生要回哈佛去，因為我在離開哈佛大學的時候，海先生就告訴我，你到密西根就教一年，不要延期，然後你就回到哈佛來，我們繼續合作研究。所以我就按照海先生說的，沒有跟密西根州立大學延期。因為我在密西根只是教書，到了哈佛我除了教書外還可以跟海先生一起研究、一起討論，這對我是很有幫助的。

三、再訪哈佛

一九六七年七月密西根州立大學放了暑假，我就帶著兩個女兒回到了哈佛。我的大女兒已經高中畢業，密西根州立大學已經接受了她。這次回來她還是繼續在哈佛大學的燕京圖書館工作，小女兒還是去上暑期學校，繼續補習英文。我就繼續與海陶瑋先生合作研究，並且開了一門中國詩詞的課。

那時哈佛大學東亞系是從一條叫 Kirkland 的路拐到 Divinity 的路上，在 Kirkland 到 Divinity 的拐角有一座很高的白樓叫威廉・詹姆士樓。威廉・詹姆士（Willian James）是美國的一個哲學家，他有一個兄弟叫亨利・詹姆士（Henry James）是美國的一個有名的小說家，小說寫得很好。這座白色的樓在我寫過的一首《菩薩蠻》中曾經提到過，詞是這樣的：

> 西風何處添蕭瑟。層樓影共孤雲白。樓外碧天高。秋深客夢遙。　天涯人欲老。暝色新來早。獨踏夕陽歸。滿街黃葉飛。

「西風何處添蕭瑟」，秋天在中國的傳統中一般說來總是悲秋，因為秋天到處是一片蕭瑟。「層樓影共孤雲白」是說威廉・詹姆士樓的影子和天上的雲彩都是白色的。「樓外碧天高」，高樓外邊的天空碧藍而且高遠，「秋深客夢遙」，我在臺灣當然是不能回大陸了，這時已經到了美國，應該是可以回去了，可是此時大陸已經是「文化大革命」了，所以我一直不敢跟北京老家的親戚聯繫。「天涯人欲老」，一九六七年我是四十三歲，已經是中年了。「暝色新來早」，在北美一到秋天的時候，下午四、五點鐘天就黑了。我下午從圖書館回來，天色已晚，落葉滿地，所以我說「獨踏夕陽歸，滿街黃葉飛」。這是當時的我見景生情寫下了這首詞。

這一年在哈佛我還寫了一首《鷓鴣天》：

寒入新霜夜夜華。豔添秋樹作春花。眼前節物如相識，夢裡鄉關路正賒。　從去國。倍思家。歸耕何地植桑麻。廿年我已飄零慣，如此生涯未有涯。

「寒入新霜夜夜華」，哈佛大學九月就開始結霜了，天就開始冷了。「豔添秋樹作春花」，我在臺灣是看不到紅葉的，在美國可以看到很多紅葉。而且我在哈佛大學東亞系二樓的辦公室，窗外有一棵非常高大的楓樹。你就親眼看到這棵楓樹的葉子一天一天的變紅了，像春天的花一樣。「眼前節物如相識」，我說眼前的季節，這地上的新霜、這樹上的紅葉，這些景物我是認識的。因為北京的地上也會下霜，北京的樹葉也會變紅，可是這些景物臺灣沒有，我已經很多年沒有看見了。「夢裡鄉關路正賒」，可是我的故鄉還在夢裡，不知道什麼時候才能回去。「從去國，倍思家」，從我離開了祖國以後，我說的祖國當然也包括臺灣，臺灣是中國的土地。當然我在臺灣也懷念祖國大陸，但是我離開了臺灣就更加懷念大陸了。因為我以為到了美國就可以回大陸去了，可是還不能回去。所以我說「歸耕何地植桑麻」，陶淵明的《歸田園居》不是說「但道桑麻長」嗎，我不知道

七〇年代攝於哈佛燕京研究室。

哪一年才可以歸去。「廿年我已飄零慣」，是說從一九四八年離開故鄉，二十年來我已經習慣了飄零。「如此生涯未有涯」，是說我像這樣在海外漂泊的生活不知道哪一天才算結束。

這一年暑假海先生繼續研究陶淵明，我自己又找了另外一個題目研究，就是《對常州詞派比興寄託之說的新檢討》。這是為一九六七年寒假將在貞女島（Virgin Islands）召開的一個會議做的準備。這個會議的主題不是討論文學本身，而是討論文學批評。以前我寫的都是對詩歌本身的批評和欣賞，不管是李商隱的嫦娥詩還是溫庭筠的詞，不管是杜甫的詩還是陶淵明的詩，我所研究的對象都是作品本身。可是這次要開的會議是討論中國文學的批評，我既然喜歡詩詞，那我就選了這個關於詩詞評論的題目。這是我研究方向的又一個轉變。這篇論文也是海先生協助我翻譯的。

這次已經是我與海先生的第二次合作，我們已經很熟悉，所以在討論問題時，我們也就能夠更加坦誠相對，遇有不同的意見也互相爭論，這樣就更增加了共同研讀的樂趣。那時哈佛大學東亞系跟燕京圖書館在一棟樓裡邊，我跟海先生在哈佛燕京圖書館的二樓上，各有一間辦公室。我的辦公室窗外都是非常漂亮的很高大的楓樹，朝暮陰晴各有不同的光影，我來時正好是夏季，窗前是一片濃密的樹蔭，每當我抬頭一望，就可見到一片翠色的繁枝密葉，隨風起舞。秋天來到以後，這一片翠色被逐漸染成一幅紅黃相間、色彩繽紛的圖畫。到了冬天，樹葉落盡，枝幹上積滿了晶瑩的白雪，真是美不勝收。

因為有海先生的緣故，大家都對我很好。我不但有辦公室的鑰匙，還有圖書館的鑰匙。那時我正在研究王國維，真是整天都在圖書館裡邊。我自己的生活非常簡單，早晨吃兩片麵包就去上課，中午就做一個三明治，我再多做一個三明治就是我的晚餐。當地的老師一下班就回家了，海先生也是下班就回家吃飯。每天下班以後，整個圖書館常常就是我一個人在裡邊看書。晚上回家我出來時，要一個一個地關燈。因為我整天都在寫王國維，當我從黑暗的通道走過的時候，竟然常常會覺得王國維的精魂似乎就徘徊在附近。

原以為一年的時間很長，誰想轉眼就過去了。第二年當我窗前的楓葉再染上秋色的時候，已經是深秋九月，我在哈佛的一年聘期也到了，所以我就準備一個人先回去。這時我先生也已經來到美國。我先生是在一九六七年冬天才辦好申請眷屬團聚的手續，把他從臺灣接出來的，離開臺灣是他多年來的願望，也是他當年鼓勵我帶孩子們出國的主要原因。這時他已經在美國一所大學找到了一個教華語的職位，大女兒言言在密西根州立大學讀大學，小女兒小慧在讀高中。

海陶瑋先生曾經幾次堅持要把我留下來，他說你們那裡的政府對你們那麼不好，把你們關了那麼久，我們這裡還繼續聘你，就不要回去了。我說雖然政府對我們不好，可是臺灣大學、淡江大學、輔仁大學這三個學校的老師們都對我很好。我在這三個大學都有課，現在快開學了，我說不回去了，把三個學校的工作都給擱了，我不能那樣做人。還有我也不能把我的先生和兩個女兒都帶出來了，把我的老父親一人留在臺灣，我也不能做這樣的事情。所以我就跟海先生說，等我回去跟學校說清楚了，把這些學校的工作安排好，把我父親接出來再說，但是現在我一定要回去。海先生一看我這麼堅決，沒有別的辦法，就讓我寫了一個研究計畫，為一年後再度來哈佛合作研究做準備。臨別的時候，我寫了三首七言律詩，題為《一九六八年秋留別哈佛三首》：

又到人間落葉時，飄飄行色我何之。曰歸枉自悲鄉遠，命駕真當泣路歧。早是神州非故土，更留弱女向天涯。浮生可歎浮家客，卻羨浮槎有定期。

天北天南有斷鴻，幾年常在別離中。已看林葉經霜老，卻怪殘陽似血紅。一任韶華隨逝水，空餘生事付雕蟲。將行漸近登高節，惆悵征蓬九月風。

臨分珍重主人心，酒美無多細細斟。案上好書能忘晷，窗前嘉樹任移陰。吝情忽共傷留去，論學曾同辯古今。試寫長謠抒別意，雲天東望海沉沉。

我以前說過，我寫的詩常常是自己跑出來的，這幾首詩也是這種情況。哈佛大學的校園是分散的，不像我後來去的不列顛哥倫比亞大學整個校園在一起。哈佛大學是東一塊西一塊的，有一個主校區，總圖書館和主要辦事機構都在這一帶。其他院系都在不同的地方，中間隔著一條條的大馬路，而且是交通非常繁忙的馬路，行人過馬路時真的是很危險。一九六六年我剛到哈佛大學的時候，他們剛剛動工修建一條走汽車的地下通道，當時的路況更是亂七八糟的。到一九六八年我要走的時候，地下通道就已經修好了，來來往往的汽車都到了地下，上邊鋪了一大片草坪。那時我已經把我先生接出來了，兩個孩子也都在一起，我們就另外租了房子住。從我住的地方到學校去，正要經過這一片已經鋪好的草坪，當你走在草坪上的時候，有一種很從容、很輕鬆的感覺，不用像以前那樣，還得緊張的注意來往的車輛。因為那一陣子整天都在討論我回不回臺灣，要不要留在哈佛這些事情，那天我從家裡到學校去，路上還是想著去留的問題，經過這片草坪，看到秋天的落葉，覺得我就像這落葉到處飄零，先生女兒在這邊，老父親在臺灣，哪頭我都不願放下，我究竟應該到哪裡去？所以說「又到人間落葉時，飄飄行色我何之」。這些詩句就從我的腦子裡跑出來了。

這三首詩我只講兩首。第一首我說「又到人間落葉時，飄飄行色我何之」，一九六七年我那兩首詞《菩薩蠻》和《鷓鴣天》也寫到紅葉，也是秋天。現在又是秋天了，又是紅葉飄落的季節。就好像我在海外，總是過著飄零的生活。何之，就是何往。我要到哪裡去？哈佛不是我的家，也不是我的故鄉。我現在要回到的臺灣，也不是我的故鄉。「曰歸枉自悲鄉遠」，「曰歸」是《詩經》上的句子，「曰歸曰歸，歲亦莫止」，是說回家吧，回家吧，這一年快要終了了。這裡我是說我也想回家，可是「枉自悲鄉遠」，我覺得我的故鄉北京那麼遙遠。在臺灣當然根本不敢想回北京，不用說回北京去，就是連信也不敢寫；現在雖然到了美國，可還是不敢回去，因為大陸已經是「文革」了，所以我說「曰歸枉自悲鄉遠」。「命駕真當泣路歧」，「命駕」就是準備駕一輛車，我說我就像楊朱對著一個歧路哭泣，因為我不知道我往哪裡去。「早是神州非故土，更留弱女向天涯」，這裡是說我帶著兩個女兒來到美國，而現在我要把她們留在國外，自己要走了。「浮生可歎浮家客，卻羨浮槎有定期」，是說我是個漂泊的浮家在外的人，反而羨慕《博物志》上說的那個乘浮槎離家又定期回去的神話人物了。

第三首是寫給海陶瑋先生的。「臨分珍重主人心」，表示我對主人海陶瑋先生的感激之意，「酒美無多細細斟」是說我跟海先生的合作研究已接近尾聲，因為海先生研究的陶淵明以飲酒為名，所以用「酒美」來比喻。「案上好書能忘晷」是說哈佛燕京圖書館藏書豐富而且閱讀方便，使人讀而忘倦。「窗前嘉樹任移陰」，是說窗前嘉樹美景與光陰推移之快。「吝情忽共傷留去」，這裡用的是陶淵明「曾不吝情去留」的句子，說明海先生反覆挽留而我堅持回去的去留之爭。「論學曾同辯古今」是說我與海先生在研究討論中建立的真誠友誼。「試寫長謠抒別意，雲天東望海沉沉」。最後兩句說出了我的告別之意。在寫了這首詩不久之後，我就隻身回臺灣去了。

到現在還有人問我，你現在有時到中國大陸，有時到溫哥華，有時到臺灣，你的感覺是怎樣的。我說當初我剛剛離開北平到臺灣的時候，又遭遇了種種不幸，那時真的有天涯漂泊的感覺。所以我寫的詩有「轉蓬辭故土，離亂斷鄉根」和「中歲心情憂患後，南台風物夏初時，昨宵明月動鄉思」那樣的句子。現在我已經習慣了，我是四海為家。現在我在南開已經三十多年了，這裡的老師學生已經是很熟的友人了，每次回來真的感覺是回家了。溫哥華當然也是我的家，臺灣我在那裡教了十五年的書，那裡有我很多的學生，他們對我都很好，每次去臺灣的時候也有回來的感覺。這些地方不管到哪，都是回來的感覺。我不是隨便說的，真的都是回家的感覺。

一九六九年我接到哈佛的聘書，卻因為簽證拒簽沒能成行。後來輾轉到加拿大不列顛哥倫比亞大學（U.B.C.）亞洲學系任教，一九七〇年海陶瑋先生再邀請我去哈佛大學的時候，我已經接受了不列顛哥倫比亞大學的終身聘書。可是海先生還是常常約我去哈佛跟他合作研究，我就常常在暑假的時候去哈佛，繼續我們的合作研究。所以從一九七〇年以後接連很多年，每年暑假我都去哈佛，跟海先生合作研究。

後來我開始回國教書，所有的假期都很忙，因此去哈佛與海先生合作的機會就少了。直到我退

2001年訪問哈佛舊友。左起：葉嘉瑩、卞學鐄、海陶瑋、趙如蘭。

休以後，才有時間再去哈佛跟海先生把我們以前合作研究的成果編成了一本書。這時海先生的眼睛已經不好了，中文的書稿都是我一個人整理的。英文書稿我也做了大部分校讀，有些需要他看的，他還得拿著放大鏡，吃力地一點一點看。

現在哈佛大學出版社出版的這本書 *Studies in Chinese Poetry*（中文書名為《中國詩的研究》），就是那幾年我跟海陶瑋先生合作研究的成果。這本書署名是我跟海先生，當然我是非常尊重海先生的，所以把海陶瑋先生的名字寫在前邊。我和海先生各自寫了一篇序言，介紹了我們怎麼認識的以及多年來研究的過程。

海陶瑋先生是從德國移民到美國去的。他的夫人是寫兒童讀物的，她寫的書也很受歡迎。他們夫婦有三個兒子一個女兒。海先生是一個非常實在的人，為人耿直。也有人不喜歡他，說他不講面子。海先生生活很簡樸，對於美國生活的奢華很不喜歡。哈佛大學所在的地方叫康橋，周圍有很多小鎮，海先生住在附近一個小鎮上，騎自行車來哈佛是相當遠的，但海先生都是騎自行車來來往往的。後來他的兒女都大了，就不跟他住在一起了。只有一個孫女在波士頓念書，跟他同住。這位老先生身體還好的時候，就開了一大片地自己種菜。一到收穫的季節，海先生就把他種的菜，帶到圖書館給大家分享。海先生還自己做麵包，自己做果醬，他的兒女、孫子、孫女如果回家，都是他親自做飯給大家吃。

二〇〇一年我被哥倫比亞大學邀請去做訪問教授時，曾經利用春假又回了一次哈佛。那一次還跟趙如蘭一起去看望了海先生，海先生的眼睛這時已幾乎看不見了。我們一起吃了飯，還照了像。趙如蘭身上總是帶著照相機，走到哪都照相。

本來每年聖誕我都會給他在康橋郊區的家裡打電話祝賀節日，但連續兩年我給他打電話都無人接聽。我想他年紀大了需要照顧，可能到兒女家去了。誰料二〇〇六年二月二日我忽然收到哈佛大學東亞系韓南教授（Profesor Hanan）一封電郵，說海先生近年遷回他德國的故鄉與他的女兒同住，於一月八日在德國去世了。韓南教授在電郵中要我寫幾句追懷悼念的話。我寫了一封電郵發給了韓南教授，後來發表在哈佛舉辦的追悼會上。韓南教授在致辭中也提到了我的悼文。回想當年在哈佛研究和教學的日子，那確實是我一生中一段美好的回憶。

這是我跟韓南先生往還電郵的中文翻譯：

韓南的信：

想必你已知道海陶瑋先生去世的消息，我們哈佛大學有一個紀念儀式。今年秋天，我們哈佛的文理學院以及我和這裡的同事，也準備舉行一個紀念儀式，主要內容的重點是海陶瑋先生學術成就和教學成就，我在這個紀念儀式上會講幾句話。你與海先生這兩個非常有成就的高層次的漢學家為了一個共同的主題如此緊密的合作，這在漢學研究領域內是一件非常值得注意的事。我希望你就你們的合作寫下幾句話來，我在紀念會上講演時用。假如你同意，請用電郵傳給我。從我們上次見面已經好久不見了，我想你一定是一直很健康，你的研究也一直很活躍吧。

我的回信（一）

韓南先生：

我聽到海陶瑋先生去世的消息很難過，我見他的最後一面是五年前，我去康橋拜訪他的時候，我曾經邀請他與卞太太夫婦一起吃了晚飯。通常我在每年聖誕節前後給他打個電話，但是上次我打電話沒有人接，我想他可能搬到他的子女家同住了，但是我沒想到他會突然去世。我會儘快把上一個世紀我與海陶瑋教授長達十年之久的我們之間愉快的、成功的合作經過寫出來寄給你。我一切如常，現在還在南開大學教學，二月二日去臺灣，四月初回到溫哥華。

我的回信（二）

韓南先生：

我想你已經收到前幾天我給你的電子郵件，我現在已經寫下了我跟海陶瑋先生合作的情況，供您參考。我是一九六六年在臺北跟海陶瑋教授認識的，那時我接受美國福爾布萊特基金的資助，準備到美國密西根州立大學講學。當時海陶瑋先生是這個基金會的高級顧問，負責選擇。他跟我面談以後就邀請我到哈佛大學去，而且他安排我在去密西根州立大學之前先去哈佛大學。後來他又安排我從一九六七年暑假到一九六八年九月在哈佛大學講學一年多，他還要求我在哈佛再停留一年。可是我因為有其他的原因還是回了臺灣。我在哈佛的那一年，他寫下關於陶潛的兩篇論文，我完成了兩篇英文論文：一篇是關於吳文英的詞，還有一篇是關於常州詞派的。一九六九年，我接受了 U.B.C. 大學的聘書，但是我們在暑假的時候仍繼續合作研究，一直到一九九六年我們完成了這本書《中國詩的研究》。就像海陶瑋先生在這本書的前言中所說的：「我們所注意到的問題就是關於對詩歌的批評，還有關於文學的傳統的問題。雖然我們不能夠說我們把中國的詩用另外一種語言完全表達出來了，但是我們可以說在一定的水準上，我們的翻譯是與原詩非常接近的。我們希望我們所提供的這個翻譯是恰當的，是可以讓英語的讀者更容易接近中國詩的一個成果。」最後，我要用一九六八年我在離開哈佛回臺灣時給海陶瑋先生寫的一首詩結束這段話，這首詩我是用中文寫的，是海陶瑋先生翻成英文的。我一直記得我們在一起合作的那美好的時光。

臨分珍重主人心，酒美無多細細斟。案上好書能忘晷，窗前嘉樹任移陰。　吝情忽共傷留去，論學曾同辯古今，試寫長謠抒別意，雲天東望海沉沉。

海陶瑋先生翻成英文：

About to go, I deeply feel my host's concern;
When fine wine is scarce, pour it carefully.
With good books on the table we forget the time.
The stately tree puts on its changing hues.
Reluctant on impatient, stay or leave, someone's hurt.
We have studied together, debated past and present.
I'll try to make this song convey my parting thoughts;
Clouds in the eastern sky, the ocean is deep.

二〇〇〇年六月，我去臺灣參加「中研院」主辦的第一次漢學會議，在臺灣開會時，我碰到了美國哥倫比亞大學東亞系主任王德威先生，他問我二〇〇一年春天能不能到哥倫比亞大學客座一個學期。我那時已經退休了，每年只是暑假以後到南開來，因為他說是春天，我比較有空暇，就答應了他。

二〇〇一年春天，我來到美國哥倫比亞大學。哥倫比亞大學在紐約，距離波士頓有四個小時的車程，我就利用春假去了哈佛。因為我在哈佛大學生活過很多年，熟人朋友也多，趁這次機會去看看他們。

一九六六年我剛到哈佛的時候，認識了趙元任的女兒趙如蘭，她是哈佛東亞系唯一的女老師，而且是中國人，我跟她很熟。趙如蘭在東亞系教語言，同時還在音樂系教中國音樂。趙如蘭讓她的一個學生來整理中國詩詞的聲律，有一些問題就來找我。趙如蘭還讓我誦讀中國的古典詩詞，她親自給我錄音，還錄了一段像。這些錄音、錄影我還都保存著。一九六八年趙如蘭還讓我給她父親趙元任先生創作的歌曲填寫歌詞，我就填了一首《水雲謠》，前面我寫了小序：

一九六八年旅居美國康橋，趙如蘭女士囑我為其父趙元任先生所作之歌曲填寫歌辭，予素不解音律，而此曲早有熊佛西先生所寫之歌辭，因按照熊辭之格式試寫《水雲謠》一曲：

1. 雲淡淡，水悠悠，雨難留。白雲飛過天上，綠水流過江頭。雲水一朝相識，人天從此多愁。

2. 雲纏綿，水淪漣，雲影媚，水光妍。白雲投影在綠水的心頭，綠水寫夢在雲影的天邊。水忘懷了長逝的哀傷，雲忘懷了飄泊的孤單。

3. 雲化雨，水成雲，白雲願歸向一溪水，流水願結成一朵雲。一任花開落，一任月晴陰，唯流水與白雲，生命永不分。

4. 雲就是水，水就是雲，雲是水之子，水是雲之母。生命永相屬，形跡何乖分，水雲相隔夢中身。

5. 白雲渺渺，流水茫茫，雲飛向何處，水流向何方。有誰知生命的同源，有誰解際遇的無常。

6. 水雲同願，回到永不分的源頭，此情常在，此願難酬。水懷雲，雲念水，雲飛水長逝，人天長恨永無休。

這次我回哈佛，跟趙如蘭、胡嘉陽還有方光珞都見了面，胡嘉陽是我在臺大中文系教過的學生，她在國外讀了圖書館專業，後來就留在了哈佛燕京圖書館負責中文部門的工作。多年來每次我來哈佛都是她去機場接我，幫我安排租房子，並開車帶我出去買菜辦事。她沒有結婚，沒有家累，對我照顧得十分周到。

二〇〇一年我到美國哥倫比亞大學東亞系短期講學，還見到了一些老朋友。每次有一個新人來的時候，東亞系主任王德威教授就邀大家吃一頓飯，互相見個面。這次吃飯的時候，王德威邀請了哥倫比亞大學已經退休的老教授夏志清先生。夏志清先生是研究小說的，我在美國百慕達和貞女島參加的那兩次會議他也都參加了。我是一九六六年認識他的，說來已經三十五年了。那時我們一起開會，當然也一起吃飯。因為我剛到美國的時候，不認識美國的菜單，到了點菜的時候別的不敢亂叫，我看了半天只認識牛排，就只好叫牛排。可是牛排太大，我根本吃不下。夏志清看到就說我，你怎麼回事，每次叫牛排每次又都不吃！他根本想不到我不認識其他的菜！夏先生非常喜歡開玩笑，學術界都叫他老頑童。這次他一見我就說，我剛過完八十大壽，你沒趕上。現在你寫一首詞來給我祝壽吧！後來我真的就給他寫了一首《金縷曲》，前邊還寫了小序：

辛巳之春，余應邀至哥倫比亞大學客座講學。抵達紐約後，東亞系主任王德威教授邀宴相聚，座中得見夏志清教授。余與夏公在二十世紀六十年代中期曾於百慕達及貞女島兩次中國文學國際會中相晤，此次再度相逢，夏公告我其八旬壽辰甫過，向我索詞為祝，因賦此闋。

八十稱眉壽。看筵前、夏公未老，童心依舊。三十四年都一瞬，歲月驚心馳驟。記當日、文章詩酒。百慕貞娘雙島會，聚群賢、多少屠龍手。恣笑謔，唯公有。　古今說部衡量就。論錢張、圍城難並，傾城難偶。一語相褒評說定，舉世同瞻馬首。更作育、青年才秀。一代學壇師友盛，祝長年、我落他人後。歌金縷，捧金斗。

「三十四年都一瞬，歲月驚心馳驟」，是說三十四年這麼快就過去了，「百慕貞娘雙島會，聚群賢、多少屠龍手」當年百慕達、貞女島兩次會議聚集了海陶瑋、謝笛克、白芝、周策縱，還有歐洲的霍克斯、侯思孟，日本的吉川幸次郎這些著名學者。「恣笑謔，唯公有」，喜歡開玩笑的只有夏志清，別人沒有他這麼愛說笑話的。「古今說部衡量就」，夏志清先生是研究小說的，他寫了一部中國古代小說史，一部中國近代小說史。「論錢張、圍城難並，傾城難偶」，錢、張指的是錢鍾書、張愛玲，夏志清先生在他的中國近代小說史中大力讚揚錢鍾書的《圍城》和張愛玲的《傾城之戀》，所以我就把這兩個城放到一起了。「圍城難並」，可以有兩層意思：一個是說錢鍾書的《圍

1990年與趙如蘭（右）、卞學鐄（左）夫婦合影。

八〇年代初在紐約與夏志清餐敘。

城》沒有人能和他相比，一個是說夏志清的論錢鍾書的《圍城》沒有人能和他相比，而且「圍城難並」字面上有難於兼併的意思，也與「圍城」兩字表面的含有戰事的意思相應合。「傾城難偶」也是兩層意思：一方面是說張愛玲的《傾城之戀》沒有人能和她相比的，一方面是說夏志清的論張愛玲的《傾城之戀》沒有人能和他相比的，而且字面上也有傾城美女難求配偶的意思。「一語相褒評說定」是說夏志清對錢鍾書、張愛玲這兩個人的讚美已經論定了兩部小說的評價，「舉世同瞻馬首」是說夏志清對錢鍾書、張愛玲這兩個人的評價得到了大家的認可，也都跟著這樣評價。因為錢鍾書、張愛玲的兩部小說在夏志清沒有讚美他們之前，還沒有被大多數人注意。錢鍾書的《圍城》很多人都不知道，張愛玲在上海寫的小說也不是那麼有名，是因為夏先生在書中對他們的讚美，他們二人的小說才出名的。「更作育、青年才秀。一代學壇師友盛」，這是說夏志清先生多年教書，培養了許多青年學生，同行師友也很多。「祝長年，我落他人後。歌金縷，捧金斗」，這是說他的八十壽辰我遲了一步，寫一首《金縷曲》，為他祝壽。

這些老朋友都很值得懷念，遺憾的是海陶瑋先生已經不在世了。

四、執教不列顛哥倫比亞大學

一九六九年我接到了哈佛寄來的聘書後，就去辦理接我父親一同來美的手續。本來我的證件是有多次出入的美國簽證，可是當我把我父親的資料遞上去以後，辦事的人說你的先生和孩子已經在美國了，你再把你父親接走，等於是移民了，那你就直接去辦移民吧。不僅不給我父親簽證，還把我證件上原有的多次出入美國的簽證取消了。從頭辦移民本來也未始不可，但是時間太長。我的兩個女兒在美國一個念大學，一個念中學，而當時我先生沒有工作，一家子的生活還有兩個女兒的學費我怎麼負擔啊！那時美元跟台幣是一：三十，我根本供應不了。海先生還是堅持讓我去哈佛，他就給我出主意，讓我把舊的證件作廢，重新辦一個，然後先申請加拿大的簽證，從加拿大再申請去美國就容易了。

來到溫哥華的第二天，我就到了美國駐溫哥華的領事館去辦簽證。結果他說，你拿著美國的聘書，怎麼從臺灣出來跑到溫哥華來辦美國的簽證，你為什麼不在臺灣辦美國的簽證？我不能給你簽證。他說的有道理呀，他說你要辦也可以，你把護照給我，我用文件給你寄回臺灣辦。可是我已經知道臺灣不給我辦，所以我就說我不辦了，把我的證件拿回來了。海陶瑋先生一看實在不行了，我不能馬上去美國了。他就跟 U.B.C. 大學亞洲系的主任蒲立本（Professor E.G.Pulleyblank）聯繫，因為他們都是好朋友，他對蒲立本說有這麼一個人，現在就在溫哥華，看你們那裡有沒有機會。蒲立本先生非常高興，因為他們亞洲系剛剛成立了研究所，從美國加州大學來了兩個博士生，更巧的是他們都是研究中國古典詩歌的，一個是研究韓愈詩的，一個是研究孟浩然詩的。蒲立本先生說：「我們正在想，還沒有找到一個合適的導師來帶他們，你來了太好了。」這樣 U.B.C. 大學亞洲系就把我留下了。他們對我的要求是，不能只教這兩個博士，還要教一班全校選修的中國古典文學課，而這門課是要用英語教的。

一九六六年我第一次到美國密西根大學教書的時候，我跟他們說好了，來聽我課的研究生一定要聽得懂中文，我要用中文講課。那時我只是日常說英文，講課都是用中文。可是現在人家要求我用英文講課，我為了養家糊口，已經別無選擇，只好硬著頭皮答應下來。我的先生和兩個女兒都在美國指望著我呢！我得趕快把他們接過來。我的大女兒可以從密西根州立大學直接轉學到 U.B.C. 大學，最簡單。我的小女兒還在念高中，溫哥華的公立高中不收外國人。我只好找了一個私立中學，拿到了入學許可證也辦好了。就是我先生還沒有資格過來，我就到移民局申請以眷屬的身分把他接過來。可是移民局的官員（還是個女的）說：「按照我們加拿大的法律，你是你先生的眷屬，你先生不是你的眷屬，他不能以你的眷屬的身分過來。」後來我跟我先生說這件事，我先生說，移民局說的對，男人就是家長。無奈之下，我就去跟我們系主任蒲立本先生說，如果我先生不能過來，我就不能留下來。蒲立本先生非常想把我留下，他就給了我先生一個助理研究員的名義，才把他接過來了，不久也把我父親接過來了。

在他們還沒過來之前，我就天天看著報紙的租房廣告找房子。因為我當時沒有汽車，我一定要找一個交通方便的地方。我上下班，兩個女兒上學，還得生活方便，這些我都得考慮。最後在第四十二街租了一個房子，旁邊就是菜場，我從學校回來順便就可以買菜。離郵局也很近。第四十一街是一條大街，有一趟公共汽車一直通到 U.B.C. 大學，我跟大女兒到學校去很方便。小女兒從四十二街走下去，到四十六街就是她的中學。因為那時沒錢，我還到處去找賣二手貨的地方，給家裡準備一些傢俱和基本的生活用品。這些都是我一個人看報紙廣告、查地圖、搭公車到各地買來的。安排好這些，我就把家人一個一個接了過來。

我先生閒居在家，又像從前一樣，重演以對妻子發威來顯示做丈夫權威的作風。那時我既要準備用英文教課的教材，還擔心第二年的工作沒有著落。我在工作和心理方面承受著沉重負擔，卻無人可以訴說，我既不願增加老父和女兒們的憂慮，更不敢向我先生訴苦。因為在他的觀念中，總以為如果我訴說勞苦，甚至只要有人同情我的勞苦，都是對他的侮辱和諷刺。總之，這一年來我嘗遍了工作和家庭兩方面的勞苦酸辛。不過我那時在思想上並沒有什麼覺悟，只覺得一切都該逆來

八〇年代中在家中做菜。

順受，以委曲求全忍辱負重為美德。還記得那時我教書所用的課本，是加州大學白芝教授（Cyril Birch）所編的《中國文學選集》（*Anthology of Chinese Literature*），其中選有一篇《史記》的《伯夷列傳》和一篇《國語》的《公子申生之死》。我在講述時對這兩位中國舊倫理傳統中的典範人物，都表示過尊敬讚揚。當時我的想法有兩點：一是倫理本是一種雙方面的人際關係，而這種關係是維繫社會安定的要素；如果人際的一方不守倫理的約束，而另一方仍然遵守約束的話，則社會至少還有一半以上的安定力量，否則便如伯夷所說的是「以暴易暴兮，不知其非矣」了。二是我以為完美的持守是一種最高的理想，無論人際的另一方的行為如何，自己的持守都不該改變；因為品格的持守，不只是對人的問題，而也是對己的問題。我後來才覺悟到這原來是造成人際關係之不平等的一種懦弱的道德觀，不過我的積習已成，所以直到今日仍沒有改變。

溫哥華英文拼為 Vancouver，不列顛哥倫比亞大學英文是 University of British Columbia。我對於北美的印象，不管是以前學地理或者在臺灣聽人家說的都是美國的地名和學校，根本不知道英文地名 Vancouver 是個什麼地方，而不列顛哥倫比亞大學我從來沒有聽說過。結果沒想到留在這裡待了好幾十年，天下事真的很難

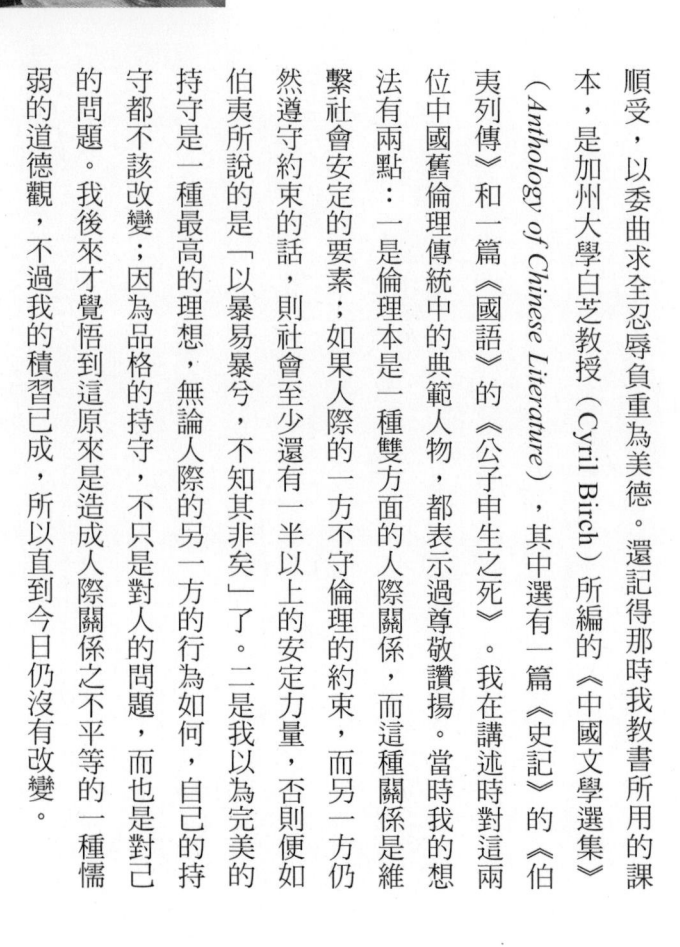

什麼都得從頭來。我千辛萬苦地看報紙、找廣告，去租房子、買舊傢俱，都是我一個人安排。等我跟人家講條件，要求用中文講課，因為我已經失去了跟人家講條件的資本。那時真的是無家無業，維持得住！我臨時接受了 U.B.C. 大學的聘書，還要用英文講課。我不能像在密西根州立大學那樣難以訴說。「獨木危傾強自支」，因為當時全家的生活就是靠我一個人維持，可是我不知道能不能是要回到自己的故鄉自己的家，而現在跑來跑去反而到了更遠的加拿大，完全違背了我的初衷而且「飄零今更甚年時」。「初心已負原難白」，我原來的心意已經辜負了，「白」就是表白，我原來個女兒將無以為生。不過現在雖說留在了加拿大，也是臨時的，沒有一個固定的地方，所以我說年的感覺更深了。因為我既不能按計畫回到哈佛，也不能再回到臺灣任教了，否則在美國讀書的兩枝」。「飄零今更甚年時」，雖然是到了加拿大，但還不知道下一步怎麼樣，我的飄零生涯比前一楓樹，一到秋天，到處都是紅葉，我所在的 U.B.C. 大學也到處是紅葉，所以我說「異國霜紅又滿

加拿大是我從來沒有來過的國家，加拿大的國旗就是一片紅色的楓樹葉子。很多地方都種了

異國霜紅又滿枝，飄零今更甚年時。初心已負原難白，獨木危傾強自支。忍吏為家甘受辱，寄人非故剩堪悲。行前一卜言真驗，留向天涯哭水湄。

感受已經找不著了，而有詩留下來，就能幫你把當時的感受留下來。這首詩的詩題是《異國》：很多記憶都是模模糊糊的，寫下來就比較真切。如果不寫成詩，即使你還記著這件事，但是當時的在我決定留在溫哥華的時候寫了一首詩，我覺得，寫一首詩就能把事情記下來了，不寫的話，

說，你也不知道自己最後落到哪裡去。

先生來了，我就帶他一起去看傢俱。可是在車上我先生忽然又說不去了，中途就要下車，我還得擔心他初來乍到迷了路。我就好像一根柱子獨自支撐勉強要倒的房子，我真的不知道該怎麼樣。「忍吏為家甘受辱」，一九六九年我想要接我父親到哈佛與家人團聚時遭到拒絕，到加拿大申請去美國簽證時又被拒絕；甚至後來申請把我先生和兩個女兒接到加拿大的時候移民官竟然不許我把我先生和女兒以眷屬身分接過來。我為了家人真是甘受這些官吏的氣。「寄人非故剩堪悲」，是說我臨時寄居在別人家裡。我剛剛來到哥倫比亞大學時不認識人，也沒有地方住，學校介紹我臨時住到亞洲系的一個老師家的地下室，我跟人家非親非故的，而且他們也不是中國人，所以說「寄人非故」。「行前一卜言真驗，留向天涯哭水湄」，指的是我離開臺灣的時候算了一個卦，還真應驗了。其實以前我是不算卦的，說來還有個故事。

我在臺灣教書的時候，在輔仁大學兼課。輔仁大學不在市裡，是在郊區一個叫新莊的地方。輔仁大學有一輛交通車，每天來接這些老師去上課。我去輔仁大學上課的時候，南懷瑾先生也正好去上課，我們經常坐一輛交通車去。輔仁大學剛剛成立不久，只有一個教員休息室，所有的老師下課以後，都在那裡休息。南懷瑾先生常常給我講一些占卦、算命、坐禪、修行這些事情。那一年快放寒假的時候，南懷瑾先生跟我說，他要帶領一個「禪七」，用七天坐禪，讓我也參加。我那時真的不相信這些，而且你要知道這個「禪七」是在什麼時候舉辦呢？是春節，過舊曆年的時候。我上有老下有小，我父親那麼大年歲了，兩個孩子都很小，還有我先生，過年了我這個主婦跑去坐禪，那怎麼可能呢？而且我這個人還是很保守的，我不是自己想怎樣就怎樣的。我覺得家是很重要的，所以我就沒有去。那次坐禪發生了很多奇妙的事情，南懷瑾先生還出了一本書，就是講那次他帶領的「禪七」所發生的事情。

這次是因為我簽證辦得不順利，真的感覺到前途未卜。南懷瑾先生就說，我認識一個人，算卦很靈的，我介紹你去看看他。當時我就去了。那個人讓我把生辰八字寫下來，然後他在一個紅色封面的本子上寫了很多字。其中有這麼兩句「時地未明時，佳人水邊哭」的卦辭。這就是說在時間和地點都不明白時，佳人就在水邊哭，我當時還不明白。當我到了加拿大，美國哈佛也去不了，臨時留在了加拿大，很多事情都不安定，我才恍然大悟：真是時地未明，能不能去美國的時間也不知道，最後我們一家落在什麼地方也不知道，溫哥華在海邊上，我一個人在水邊，真是「佳人水邊哭」。平常一般的事我不著急，可是現在我去不成美國，他們在美國生活怎麼維持，我真的著急了。而且一九六八年我雖然遵守信譽回了臺灣，可是我一年又走了，好像不回來的樣子，臺灣也很不滿意。我再回臺灣也是很困難的。那時我常常失眠，好幾夜都睡不著覺。「行前一卜言真驗，留向天涯哭水湄」說的就是這件事。

U.B.C. 大學開學了，按照學校的安排，我就開始用英文講課了。我這人講課喜歡跑野馬，上天入地的，而用英文講真的是放不開。我能把每個字用英文說明就不錯了，根本沒有辦法發揮。於是我把這種感受寫成了一首小詩，題目是《鵬飛》：

鵬飛誰與話雲程，失所今悲匍地行。北海南溟俱往事，一枝聊此託餘生。

「鵬飛誰與話雲程」，因為鵬鳥飛起來可以飛到九萬里的高空，在雲中來去自如。我是想到以前無論在北京或者在臺灣，我可以用自己的母語講詩，可以享受隨便發揮的樂趣。我說我像鵬鳥一樣飛到天上，在雲中來往自如的講詩的快樂已經不存在了。而且這種快樂沒有人可以訴說，跟誰說呢？「失所今悲匍地行」。我說我失去了可以自由翱翔的天空，再也飛不起來了，只好趴在地上爬行。「北海南溟俱往事」，「北海」指的是我的出生地第一故鄉北京，而「南溟」指的是我曾居住過多年的第二故鄉臺北。當年我在這兩地教書時，都能使用自己的母語來講授自己所喜愛的詩歌，有一種可以任意發揮、瀟灑自得之樂，可是現在這一切都離我很遠了，都是過去的事情了。而現在我必須用英語來講課，就好像是一隻高飛的鵬鳥突然從雲中跌落，變成了不得不在地面匍匐爬行的一條蟲。莊子上說：「鷦鷯一枝」，我就好像鷦鷯那樣的小鳥在蘆葦枝上做一個巢臨時寄託在那裡。所以我說「一枝聊此託餘生」。

這是我當時的真實感受。雖然我有在哈佛兩年的工作經歷，但是要用英語給外國人講授中國古典文學，那可不是容易的事。當時我已經四十五歲了，硬著頭皮每天抱著英文詞典查生字備課到深夜，第二天早上去給學生講課。所幸的是我的課還是受到了學生的歡迎。以前只有十幾個學生選這門課，我接了這門課以後，竟有六、七十人選，是很大的一個班。我的英文語法也不是完全正確，發音也不是那麼標準，靠著查字典這麼笨的教法，可是學生們還是很有興趣。

我說過，我這人天生是吃教書飯的。我所教過書的學校，每個學校的校長或是系主任都願意留我繼續教書，學生們也都喜歡聽我講課。U.B.C. 大學亞洲系的主任蒲立本先生對我也真是不錯，我沒有博士學位，而且用這麼笨的英文只教了半年，第二年三月他就給了我終身聘書。可以說，這在北美是沒有的。北美那些拿了博士學位的，而且教了好幾年的教師，都不見得拿到終身聘書。為了使生活早日安定下來，我接受了加拿大的終身聘約。所以說定居到溫哥華這個美好的城市，原來也不是我自己的選擇，這只是在我一生的不幸中一次幸運的機遇。

後來海先生退休時曾有意邀我去哈佛接他的課。U.B.C. 大學還有點緊張，蒲立本先生問我要不要去呀，我說我不會的，我已經安家在溫哥華，以後我可以利用假期去哈佛大學。

我到 U.B.C. 大學教書的時候，美國正在打越戰，已經打了好幾年了。很多美國年輕的大學生不願意打越戰，為了逃避徵兵就都跑到加拿大來。U.B.C. 大學把我留下來，其中一個原因就是亞洲系來了兩個美國加州大學過來的學生。這兩個學生都在 U.B.C. 讀博士。一個名叫施吉瑞（Jerry Schmidt），一個名叫白瑞德（Daniel Bryant）。施吉瑞的碩士論文是寫韓退之，博士論文寫的是楊萬里。白瑞德本來是讀碩士，我們亞洲系的系主任覺得他成績不錯，不用再通過另外一個申請，直接就讓他讀了博士，他的論文寫的是孟浩然。

施吉瑞畢業後到別的大學教了一段書，後來又回到 U.B.C. 大學。我退休以後，就接了我的課，教中國古典詩歌。不過他不教詞，他說詞太難教了，他不會講。其實我在沒退休以前，有時休假回中國，就是由他代課。有一次正好趕上我應該講詞，請他代課，他說不成，還是留著你回來再講吧。現在 U.B.C. 大學已經沒有詞的課了，我在的時候，是一邊教詩，一邊教詞的。我退休以後，施吉瑞只接了詩的課，詞的課就沒有人教了。施吉瑞比較專一，只教中國古典詩。從唐宋直到明清的詩人他都有研讀的興趣。他的中文很好，勤於做研究。一個美國人，能教中國古典詩實在很難得。

白瑞德畢業後在維多利亞大學教書，他的興趣比較廣。白瑞德教中國古典文學，也研究中國當代小說，還寫過有關明朝高啟的詩和南唐詞的論文。

我在六〇年代到北美的時候，海外漢學界比較注重中國的古典文學。但現在也是跟中國國內一樣，研究古典文學的人越來越少了。U.B.C. 大學還有一個我教過的學生叫陳山木，他現在負責中國語言方面的課程。他還協助中國主持漢語教學的工作，在溫哥華建立了孔子學院。還有一個學生

1989年退休時，在退休會上由施吉瑞（右）致贈紀念品。

叫方秀潔，她的博士論文寫的是吳文英的詞，她是我的學生中對詞的感受能力最好的一個。還有一個學生叫梁麗芳，跟我寫的論文是柳永的詞，後來研究了當代小說。還有從香港來的一個女學生叫余綺華，現在西門菲沙大學教書。我在 U.B.C. 大學教過的博士生沒有來自大陸的，有兩個女學生本來說要跟我念的，但是最後沒有拿學位——後來找到了另外的工作不念了。

我到 U.B.C. 大學不到半年，就被聘為終身教授，其實是趕上了一個機會。那時因為多年在 U.B.C. 大學教古典詩詞的一位女教授李祁先生年歲大了，而且體弱多病，U.B.C. 大學正在找一位教古典詩詞的人來接替她，就選中了我。

李祁先生是當年「庚款」培養的中國留學生，後來一直留在了北美。李祁先生真是一個很好的人，一個很好的詩人，而且不失赤子之心。我們認識以後關係很好，常常一起談詩論詞，有時我把我寫的詩給她看。一九七一年許世瑛先生去世，我寫了一首長詩悼念許先生。當我把這首許世瑛先生挽詩給李祁先生看的時候，她說你寫得真好，可惜許先生看不見了。這首詩要是許先生活著的時候就給他看看多好呀！她也常常把她的詩給我看。李祁先生還給我寫過幾首詩，詩題是《歲暮雜詠——一九七一年呈嘉瑩先生》：

莽莽乾坤一色中，憑它玉照徹吾衷。縱知有我還無我，水幻為花一樣工。
物未能齊我未忘，心為形役敢辭忙。總疑水到渠成候，日麗中天花自芳。
天外琴聲水上音，閑觀花鳥一沉吟。白雲偶過來投影，欲借清波覓彼心。
晚來風定雪全停，劈破蒼溟有數星。我獨有懷當此夕，夢中夢夢未能醒。
岳麓長沙西與東，漫山春到杜鵑紅。此中溫室栽盆供，細數花枝有幾叢。
花嬌葉茜樹如仙，雪壓難支臘月天。寄語主人勤護惜，莫教煙樹化為煙。
黨中之蠹一茅包，孔聖而今又受嘲。料得英靈在天笑，後生狂狷尚堪教。
沉沉遙夜若無涯，雪覆園林靜不嘩。卻喜萬家燈火豔，宵宵火樹鬧銀花。
青燈屏棄換紅燈，窈窕溫馨暖欲凝。黃卷也隨流水去，書生本自不安貧。
嶺背斜陽似斷紅，高樓遠望路無窮。回頭七十年間事，盡入孤鴻出沒中。
奉敕歸來息此身，風花雪夜作閒人。早眠遲起由來慣，只要盤餐日日新。
鐵樹開花始見春，可知天亦偶從人。如今一日三熏沐，可得明年見此辰。

有一次，李祁先生寫了幾首七言絕句，裡面提到有一個長著大鬍子的人使她感到很溫暖，這是個什麼人呢？當時我也沒好問。後來才知道，李祁先生有一個詩友，是個美國人，長著大鬍子。他是研究英詩的，而李祁先生是研究中國詩的，他們長期合作，把中、英詩互相翻譯。說來是一個非常感人的故事。

李祁先生多年來都是一個人生活，她的這位詩友比李祁先生小三十六歲，李祁先生七十六歲的時候，他四十歲。李祁先生退休以後到美國密西根去住了，這位詩友也去了那裡工作。兩個人就住在一起，因為他們倆都是屬老虎的，所以他們的住所就叫「二虎庵」。李祁先生生病、住院、開刀做手術，都是他照顧。後來李先生不能走路了，他就推著李祁先生外出、散步。最後李祁先生去世了，他還給我們 U.B.C. 大學寫來了一封信，詳細報告了李祁先生生病去世的情況以及李祁先生的遺囑。李祁先生要把她的骨灰撒到河裡，李祁先生生前用過的東西都留給誰做紀念，這位詩友都照著做了。李祁先生的這位詩友不僅在生活上照顧了她，陪伴她走完了人生的最後一程，而且還把李祁先生的身後之事辦得很周到，該做的都做了。這位詩友把李祁先生的遺囑一一落實，因為李祁先生知道我的小名叫荷，而且喜歡荷花，就囑託這位詩友把她收藏多年的一個古老的、有著荷花圖案的瓷碗送給我留作紀念。這位詩友非常仔細地打個小包，安全地寄給了我。我一直珍重地保存著。這些說來都是很動人的故事。你想想，一個年齡相差三十六歲的詩友，而且是完全不同的種族、不同的文化，能做到這樣，真是人間自有真情在！按常理看不要說有這麼大的年齡差距、東西方的文化差異，就是親生自養的兒女也不一定做得這樣好！

李祁先生在溫哥華時自己住一棟房子，她的那棟房子是帶地下室的，曾住過一位謝琰先生。我到 U.B.C. 大學的時候，謝琰先生已經在 U.B.C. 大學圖書館工作了。圖書館的館長姓伍，是一位女士，沒有結過婚，大家都叫她伍小姐。謝琰先生是館員，負責中文圖書的管理工作。謝琰剛到圖書館的時候，還沒有結婚，就住在李祁先生家的地下室裡。而我多年的習慣，不管到哪，只要是沒有課的時候，我總是去圖書館看書。而且那時我跟海先生一直合作研究，總是需要查閱資料、借書，所以就常常去圖書館請謝琰先生幫忙借書，慢慢熟悉起來。我跟謝先生也不大講話，就是我借書的時候他常常幫我找書。不久謝先生就結婚了。他新婚的夫人施淑儀是香港中文大學學中文的，很喜歡古典文學，謝琰先生就把我請到他家去，介紹我認識他的夫人。中間有一段時間，他們生了小孩，就忙了起來，我們就不常常聯繫了。後來孩子漸漸長大了，他們又有時間了，我們又開始經常聯繫，施淑儀也到西門菲沙大學工作了。

有一個美國人，中文名字叫王健（Jan Walls）曾經做過加拿大駐中國大使館的文化參贊。他本來在我們 U.B.C. 大學工作，也是亞洲系的教授。我沒學會開車以前，上課下課常常是他接送我。我父親出事時我就是給他打的電話，他幫我叫的救護車。他的夫人叫李盈，也在 U.B.C. 大學教中文。後來王健離開了我們學校，去了西門菲沙大學。西門菲沙大學本來是在溫哥華東面的一個城市，叫本拿比（Burnaby）離溫哥華市區比較遠。溫哥華市中心有一個百貨公司，有個從香港去的企業家林思齊捐款把它買了下來，在這裡成立了一個文化交流中心。林思齊就請了王健去做了文化交流中心的主任。這個文化交流中心開一些文化課，也開一些普通的語言課，教普通話、廣東話。施淑儀就是到王健他們這個西門菲沙大學的文化交流中心去教廣東話。

我在溫哥華有時常常給一些華人文化團體講一些課。華人學校每年都有一次聚會，請一些華人教授、學者去講演，他們也常常請我去講演。謝琰的夫人施淑儀經常聽我的課，她本來就是學中文的，真是實實在在地喜歡詩，她也跟我學作詩。她還跟我說：你不要跟我客氣，我就是你的學生，如果我夠資格的話。我說雖然我不敢當，但是如果你願意做我的學生，當然是有資格的。所以我們就越來越熟了。沒有想到的是，謝琰先生夫婦後來成了促成給我們南開大學古典文化研究所蓋樓的關鍵人物。

在溫哥華還有一對夫婦也是我的好朋友，就是梁珮和她的先生陶永強律師。梁珮在三十多年前選修過我的課，對古詩詞很有興趣。誰料到她結婚後竟然遷居到我家附近，成了最近的鄰居！梁珮除了自己的工作外，也在宋慶齡兒童教育基金會做義工。她對於我和溫哥華的一些友人們給南開大學中華古典文化研究所捐款之事給予了很大協助。我們透過基金會捐款可以減免一些所得稅，但要做很多計畫和報表的工作，這些工作都是梁珮做的。她的先生陶律師則是一位愛讀書而手不釋卷的人，近年他選了我的五十一首詩詞，譯為英文出了一本書，題名為《獨陪明月看荷花》，謝琰先生以優美的書法寫了我的原詩。因為我們三個人都出生在鼠年，我生於甲子年；謝先生生於丙子年；陶律師生於戊子年，就請溫哥華一位有名的書畫篆刻家黎沃文先生刻了一方以三鼠為圖案，題名為「三子會」的印章，又請楊志豪先生設計由畫家周伴娟女士配以荷花圖的封面。這本書是我過去所出版的詩詞稿的八種版本中最為精美的一個版本。

還有一位住在鄰近的好友胡守芳女士。她是東海大學外文系畢業的高材生，中、英文都非常好，經常在報刊上發表小說、散文和翻譯，得過不少獎。胡守芳意志非常堅強，她不僅戰勝了血癌，而且還在病後修了一個建築系的學位。她也經常來聽我講課，在談話中常給我很多啟發，在生活中也給我不少協助。我實在感到幸運，在溫哥華我竟然結識了這麼多好友，而且他們都是我極密切的鄰居，時常相互過訪或結伴出遊。陶淵明有句詩說：「聞多素心人，樂與數晨夕」，這實在是一件令人欣喜快樂的事。

一九七〇年，我應美國一個名為 Learned Society 的學術基金會的邀請，到貞女島開了一個古典文學研討會，到會的周策縱、劉若愚和日本的吉川幸次郎這些詩人見了面就問，最近誰寫了什麼詩沒有？我就把一九六八年的《留別哈佛三首》寫給了他們。第二天，吉川幸次郎先生拿來三首詩給我，而且是和我的詩，完全用我的韻。

世運奔波各異時，人間歌哭志安之。英靈河嶽鴻篇鑄，流別文章家數歧。原始堪尋天雨血，談詩好向水之涯。曹姑應有東征賦，我欲賞音鍾子期。
南來士女逐賓鴻，談吐繽紛西復中。洪浪接天都一碧，簷花經雨逾殷紅。測圭方識星朱鳥，浴海真成王倮蟲。群怨興觀評駁倦，危樓聊倚溯流風。
淵源詩品與文心，古井欲波容共斟。玉局和陶居海外，蘭亭修褉在山陰。詞人慧業堪終古，家法攀援可證今。溟渤光浮孤島曙，景情相遇足鈞沉。

第一首詩裡有「曹姑應有東征賦，我欲賞音鍾子期」兩句，曹姑就是班昭，史稱曹大家，他用曹姑指代我，意思是希望我去日本訪問。用鍾子期和俞伯牙相遇知音的故事表示對我的欣賞，寫得真是很誠懇。但是我很對不起他，當時他有意邀請我，因為我一直在加拿大和中國兩邊講學很忙，他在世的時候，我一次也沒有去日本。多年以後我才到日本訪問，講過一次學，但是那時吉川幸次郎先生已經不在世了。

吉川先生訓練學生很嚴格，他不僅自己作詩，而且要求跟他學習中國古典文學的學生一定要作詩，我現在都不敢要求我的學生一定要作詩。一九八〇年我到成都參加杜甫學會的年會，繆鉞先生喜歡寫詩，許多人在會上作詩。有一個年輕的日本學者，他說是吉川先生的關門弟子，他拿起筆來就作詩。當時我真是很感慨，人家日本年輕人都會作詩，而中國絕大多數的年輕人已經作不出詩來了。但現在還算不錯，在南開大學的研究所，我身邊的年輕人還是有人寫詩的。像安易、程濱、汪夢川、曾慶雨、靳欣等人的詩寫得都不錯。

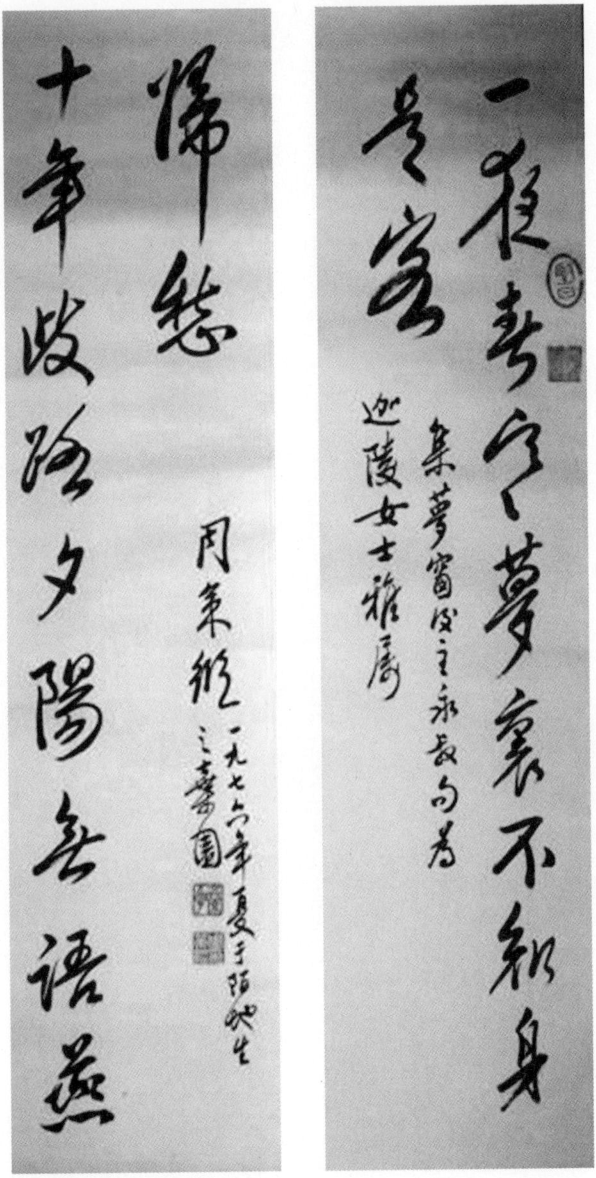

周策縱寫贈葉嘉瑩唐宋詞聯語。

那次開會時周策縱教授也和了我三首詩：

蕉葉留青不記時，偶來南國更何之。原文千載窮陶跡，論道三朝見路歧。淮雨別風生島趣，異花奇石滿天涯。蘭亭後會無前約，百代詞人儻可期。

邈邈予懷逐斷鴻，彝銘徵故每難中。俳優比興消愁緣，脂硯丹青品夢紅。稍別意言聞詠絜，細論沉鬱愧雕蟲。橫流逸韻終非並，絕海蕭條魏晉風。

相逢白髮印文心，清濁剛柔與共斟。異地神交惟夏日，故家修竹擬山陰。摛辭引氣猶疑古，偏詣論詩已證今。江海相忘又明日，無端歌哭意深沉。

我這個人平常不怎麼跟人家來往，只是在開會的時候，偶然碰見這些個學者、詩人。不知道是誰把我的《留別哈佛三首》和吉川幸次郎先生、周策縱先生和我的這些詩寄給了在美國的顧毓秀先生，顧毓秀先生也喜歡寫詩，他又和了三首，詩題是：《和葉嘉瑩女士同策縱教授吉川幸次郎先生三律》：

人間又到歲寒時，白雪紛飛且賞之。天際徒悲星散落，客蹤每苦路分歧。夢遊靈谷經盤谷，志在雲涯傍海涯。便欲乘槎回故土，神州消息尚無期。

離鄉萬里有征鴻，楓樹斜陽山色中。千嶺飛霜寒露白，三更滴淚蠟燈紅。無花春桂待秋桂，何意冬蟲問夏蟲。荏苒光陰逾廿載，雲天悵望玉關風。

出沒星辰豈有心，夕陽無語酒頻斟。蘭亭修禊流觴水，玉笛飛聲嘉樹陰。同好論文兼解字，難能博古復通今。聯吟仙島懷貞女，鬢影釵光夜色沉。

我跟顧毓秀先生不認識，他的和詩我也很感動，可是到現在我也沒跟他見過面。

我這個人一生到處講課，沒想到居然講到佛寺裡邊去了。說來也有個故事。我在溫哥華住的房子還是相當大的，兩個女兒都結婚走了，房子就空了下來。有個叫蔡寶珠的女學生就住在我家。她是一個很虔誠的佛教徒，嚴格遵守佛教的清規戒律，決不吃葷，完全吃素，而且過午不食。這是律宗的規矩，而且不「倒單」，就是不躺下睡覺，是盤腿坐在那裡休息。蔡寶珠非常喜歡聽我的課，喜歡聽我講詩詞。她上課的時候常常錄音，每到寒暑假她就到舊金山的萬佛城去住。她在廟裡住的時候，有時就聽我的講課錄音，所以她的師父也聽到了。蔡寶珠的師父是很有能力的，還不只是很有能力講道，而且很有辦法經營他的事業。這位師父老家是東北，他到香港去說法，後來又到舊金山說法。那時他還不會說英文，舊金山柏克萊大學的學生，有幾個東亞系的學生懂中文，聽了他的講道，對他很信服。他的大弟子法號恒實，是個美國人，中文、英文都很好。就是這個大弟子，為了表現他皈依的誠心，從洛杉磯三步一拜一直拜到舊金山。這個大弟子比蔡寶珠還虔誠，蔡寶珠只是不吃葷，而這個大弟子是不吃煙火，一律只吃生果、生菜。

這位師父的法號上宣下化，人稱他宣化上人。他在舊金山有個廟，後來又在加州辦了一個法界大學。這個法界大學下面還設有附屬中學、附屬小學，還真有家長從臺灣把孩子送到他這裡上學。加州這個廟本來是一座精神病醫院，很大很大的一片地方。這裡邊有僧眾、有俗眾。有已經出家的人，也有在家修行的人。還有帶家眷來修行的。男弟子、女弟子各有分區。我的這個女學生常常跟她的師父講到我。她放假的時候就到廟裡去，開學時就回到 U.B.C. 大學。

後來她的師父擴展他的宗教事業，相中了溫哥華的一個地方，也成立了一座廟，名叫「金佛寺」，一九八四年這位師父來這裡說法。我本來就愛學習，而且我當年在北京的時候就聽過廣濟寺的一位僧人講《妙法蓮華經》，我總聽蔡寶珠說起她的師父，這回我就借著機會跑去聽她的師父說法。這位師父聽蔡寶珠說我來了，他在講台上就喊我上台，讓我講。我說我對於佛法沒有研究，不會講。師父說，你不用講佛法，你愛講什麼就講什麼，非讓我去講。我當然不能講溫庭筠的「懶起畫蛾眉，弄妝梳洗遲」了，我就講了陶淵明的《飲酒詩》「結廬在人境，而無車馬喧。問君何能爾，心遠地自偏」。因為這個廟設在中國城，中國城本來很繁華熱鬧，也很雜亂。可是他們這廟裡卻真是清修的好地方，在這裡清修的人對外邊喧鬧雜亂的環境充耳不聞。我講課的時候，師父坐在中間，他的弟子們就盤坐在兩旁。等我講完了，師父就對他的那個大弟子恒實說，你把葉先生講的給大家翻譯成英文。他的中文非常好，我當時也沒看見他做筆記，等他開口一說，我非常驚訝，真是翻譯得好！因為師父有好幾個廟，不能總在溫哥華，他就派這個大弟子主持溫哥華這個廟。因為他懂中文，許多華裔的男女信徒整天找他說這說那，張家長、李家短，婆婆媽媽什麼事都有。這個大弟子就說，我現在閉關了，靜修，只有上台說法，只跟師父才講話，不跟其他人講話，所以我沒有跟他講過話。

我講完這次後，宣化上人就說，你講得很好，你以後每個禮拜都來講一次吧。我這個人不大會拒絕，人家求我的事，只要我能做到的我都做。他讓我講我也就講了。這次我只講了陶淵明《飲酒詩》的一首，可是《飲酒詩》一共有二十首。於是我就從頭講起，介紹陶淵明這位作者，他生活在一個什麼樣的時代，他的詩中表現了一種什麼樣的人格修養，一直講下去。那時我已經開始每年回

2008年與蔡寶珠（左）在南開大學合影。

國講學，講到第十八首的時候，又到了回國的時間了。我就對他們說，下個禮拜我就要回中國了，沒有時間了，不能再講下去了。那時蔡寶珠還是 U.B.C. 大學的學生，還沒有出家。一九八六年到一九八七年，我休假一年，整年都在中國。等我休完假回到溫哥華，她已經出家了。因為她出家就到了美國加州萬佛城的法界大學，我們就很久沒有見面。

過了好幾年，到了一九九三年春天，蔡寶珠被她的師父派到溫哥華來了，我們才又見面了。她出家以後的法名叫恒貴。別看她出家了，對詩詞還是很熱心。我見到她就問她，你怎麼決定出家了呢？她說：葉老師我就是因為聽了你講的課才決定出家的。我說我從來沒有講過佛法，你怎麼就出家了呢？她說主要是有幾句話影響了她。一個原因是因為我講李後主的一首詞「林花謝了春紅，太匆匆。無奈朝來寒雨晚來風。胭脂淚，相留醉，幾時重。自是人生長恨水長東。」她從中體會到人生是無常的，是空幻的。另一個原因就是有一次她寫學期報告，選了一個很不重要的作者。我說你如果真的要做，還是應該選一個有意義、有價值的題目來做。我說人生要做有意義、有價值的事。就是這些話影響了她。佛經也許是理性地告訴你，人生色即是空，空即是色。可是你想李後主的詞是一種感情的直接的打動，「自是人生長恨水長東」，他讓你覺得人生真的是短暫、真的是空幻。蔡寶珠說她找到了人生的覺悟，人生的意義，就皈依了佛門。蔡寶珠雖然是出了家，但是《飲酒詩》沒有講完她並沒有忘記。她說葉老師《飲酒詩》你只講了十八首，還差兩首沒講呢！這次我要把你請到加州萬佛城去講最後兩首。萬佛城我沒有去過，也很好奇，我想看看她的師父辦的法界大學是什麼樣子，我就去了。

這次去萬佛城講陶淵明的詩，我寫下了絕句四首。前邊寫了小序：

一九九三年春美國加州萬佛聖城邀講陶詩，小住一周，偶占四絕。

大千劫剎幾微塵，遇合從知有勝因。聖地同參追往事，謂言一語破迷津。
陶潛詩借酒為名，絕世無親慨六經。卻聽梵音思禮樂，人天悲願入蒼冥。
妙音聲鳥號迦陵，慚愧平生負此稱。偶住佛廬話陶令，但尊德法未依僧。
花開蓮現落蓮成，蓮月新荷是小名。曾向蓮華聞妙法，幾時因果悟三生。

這裡我只講其中的兩首：

第一首「大千劫剎幾微塵」，佛經說大千世界經過很多塵世之間的劫剎，我跟我的學生蔡寶珠都是在微塵的世界，經歷了多少劫剎，經過了多少滄桑，今天我們相見了，如果按佛教說的就是「遇合從知有勝因」，真是有好的因緣才能相遇。「聖地同參追往事」，聖地就是指萬佛城，現在我來了，我也跟你一同來參拜了，回憶過去的往事。「謂言一語破迷津」，她告訴我說，是我的一句話讓她覺悟了。

第二首「陶潛詩借酒為名」，陶淵明的《飲酒詩》只是題目是飲酒，他的詩裡都是感慨人生的，並不是真的說飲酒。「絕世無親慨六經」，陶淵明本來是慨歎人世的社會，他的《飲酒詩》的最後一首說：「如何絕世下，六籍無一親。」為什麼後代的我們對於詩、書、禮、樂、易、春秋這六經，沒有一個人願意親近它了。他還說「汲汲魯中叟，彌縫使其淳」，「魯中叟」是說山東的這位老先生，就是孔子，陶淵明說孔子汲汲惶惶、匆匆忙忙地周遊各國，就是想把墮落的、敗壞的、破碎的社會彌補起來，使它返回淳真。陶淵明的《飲酒詩》真的是寫他的人生理想，是寫他對於墮落的、敗壞的社會風氣的慨歎。「卻聽梵音思禮樂」，萬佛城有一個很大的講堂，每天早上從四、五點鐘就開始念誦《華嚴經》。他們起床都很早，吃早點也很早。我住在廟裡的客房，一大早我就到那個大佛堂去。天還沒有亮，萬佛城非常大，遠遠的東邊的天邊有一些熹微的光影，有一點點的晨光微曦的亮光，整個萬佛城都是一片梵唱的聲音。而且在開始之前，所有的人要念著經圍著佛堂轉幾圈。然後每個人有一個蒲團，或跪或坐開始念誦。前邊的人有的擊鼓，有的敲磬為大家伴奏。這樣的儀式非常有禮法，出家人和俗眾都按輩分的大小，學校的學生按年級的高低排列得整整齊齊。非常的有禮數，非常的有次第。所以我說「卻聽梵音思禮樂」。「人天悲願入蒼冥」，我是說孔子是入世的，要拯救人類，佛家是出世的，也是要拯救人類。我站在那裡，望著遠處天邊微曦的晨光，覺得這種拯救世界、拯救人類的願望都隨著這梵唱的音樂飄到天上去了。這就是我跟我的學生蔡寶珠的一段因緣。

二〇〇八年春天，在我即將離開南開回溫哥華的前一天，她和她的姐姐還一起到南開來看望我，而且參觀了我們古典文化研究所。

五、歐洲之行

一九七一年春天，嚴復的女兒嚴綺雲請我到西雅圖大學去教書，當時我已被 U.B.C. 大學聘為終身教授，就介紹我先生趙鐘蓀去了。這時我的大女兒已經上大學住校，我沒有汽車，每天搭同事王健的車去上班，那天溫哥華下了很大的雪，車子難開，我回到家已經很晚了。父親和小女兒在家等我回家做飯。我回到家後，父親就回他的房間休息了，我做好飯，請父親吃飯。他一出來，就覺得噁心，馬上就到衛生間，一下子就暈過去了。我打電話給王健先生，他讓我找急救車送父親去醫院。但是，父親再也沒有醒過來，一個月以後就去世了。想想我父親，從一九四九年離開大陸，再也沒有機會回到他的故鄉，再也沒有機會見到其他的親人了，甚至也沒有跟家裡通過一封信。我真是悲慨萬分，寫下了一首詩，題目是《父歿》：

> 老父天涯歿，餘生海外懸。更無根可託，空有淚如泉。昆弟今雖在，鄉書遠莫傳。植碑芳草碧，何日是歸年。

在我小的時候，父親給我們訂了一份兒童雜誌，裡面有很多翻譯文章，還有一些介紹西方名勝的圖片。我清楚的記得關於羅馬龐貝古城的介紹，那時我就想什麼時候我能親自去看看。到歐洲去旅遊，是我多年的願望，但是我並沒有急著去。

父親去世後的那一年暑假，我在哈佛認識的一些朋友，都說到歐洲旅行極為方便。恰巧以前在臺灣大學聽過我課的一位法國學者侯思孟教授也一定要我去，我在臺大教詩選的時候，侯思孟教授到臺灣來做研究。更巧的是我當時講的是阮籍的詠懷詩，而侯思孟教授正在寫關於阮籍的一本書，所以他常常來聽我的課。一個學期的課結束了，他就回了法國，不久我也去了北美。這個暑假侯思孟想出了各種辦法勸我一定要去法國。他告訴我他現在住的地方是一座古老的建築，相當中國元朝時的房子，有一個很大的花園。本來是法國國王路易第九的誕生地，後來改建成了一個教堂和一個修女院。現在這個教堂已經夷為平地，變成了一座果木花園，修女院就出租了，而他現在住的就是修女院的一部分。他還說，你今年要是不來的話，明年我們就搬家了，所以希望你今年一定來。另外我還有一個德國學生馬漢茂（Hamlet Martin），中國話說得很好，他在臺灣聽過我講杜甫詩，後來做了德國波鴻大學（Ruhr University Bochum）的教授。

我想現在去也好，法國有我的學生，德國也有我的學生，我就趁著這個機會去吧。還有我在哈佛認識的那位高友工先生，在哈佛畢業以後到普林斯頓大學去教書了。這次我在哈佛又見到他，他剛剛到歐洲遊歷了一遍。所以他就把到歐洲旅行的方法詳細地告訴了我：從美國康橋買一張飛機票先到英國倫敦，然後再買一種歐洲通用的火車票，可以買一週、兩週、一個月都行，在票面規定的日期內，到歐洲哪一個國家都不用再買票，隨時都可以坐火車來來往往，很方便。那時每年暑假從美國康橋到英國倫敦都有便宜的往返飛機票，可能就是二、三百塊錢。高友工先生又跟我介紹了這麼方便的旅遊方法，我想這樣花錢也不算太多，而且有學生家裡也可以住，我就買了一張機票飛到了倫敦。

在英國我參觀了幾所著名的大學，牛津大學、劍橋大學我都去了，然後我就過了英法海峽到了法國。侯思孟教授親自來接我，讓我住在他的家裡。當年他在臺大聽我課時就在寫阮籍，這時還沒有寫完，他還在繼續寫關於阮籍的書，這回把我接到法國，住到他家裡。他的妻子是一位很能幹的

1970年與父親在溫哥華海濱合影。

1971年攝於英國牛津大學。

人，每天都烹調一些美味，而侯思孟教授則每天都要與我討論阮籍。白天的時候，他就帶著我到處去參觀，像盧浮宮、歌劇院，還有一些美術館，他都帶我去了。晚上吃完晚飯，我們就開始討論研究阮籍的詠懷詩。當時，侯思孟還開玩笑說：以後我可能就得藉著你來傳名了，不然中國人不會知道我的名字。我在《歐遊紀事八律作於途中火車上》中記述了這件事：

> 匆匆七日小居停，東道殷勤感盛情。尼院為家林蔭廣，王朝如夢寺基平。舉杯頻勸葡萄釀，把卷深談阮步兵。我是窮途勞倦客，偶從遊旅慰浮生。（其一）

「匆匆七日小居停」，是說我在他家住了七天；「東道殷勤感盛情」，我說我很感激他們夫婦對我的款待。當年他到臺灣時，他的夫人、女兒都去了，所以我們都認識。後來他的女兒是繼承了父親的事業，也從事東亞方面的研究。「尼院為家林蔭廣」，他家以前不是個修女院嗎，所以我說「尼院」，而且有一個果木花園，所以我說「林蔭廣」；「王朝如夢寺基平」，這是說路易第九的出生地已經變成了花園。「舉杯頻勸葡萄釀」，每天晚上他們都讓我品嘗葡萄酒，這裡也是說他們的盛情。「把卷深談阮步兵」，吃完晚飯，我們就開始討論阮籍的詠懷詩。「我是窮途勞倦客，偶從遊旅慰浮生」，是說我歷經很多的勞苦，現在偶然來這裡渡假旅遊。

我在巴黎參觀了凡爾賽宮，《歐遊紀事》也有記載：

> 繁華容易逐春空，今古東西本自同。路易斯王前狩苑，拿破崙帝舊雄風。仍留殿飾餘金碧，唯剩噴泉弄彩虹。欲問豐功向何處，一尊雕像夕陽中。（其二）

在法國我還碰到當年我北京老家外院出租南房的房客盛成先生。他是上世紀中國一位集作家、詩人、翻譯家、語言學家、教育家為一身的著名國際學者。《光明日報》的記者侯藝兵編了一本書《世紀學人百年影像》，第二個人就是他。

盛成先生一生極具傳奇色彩，少年時代便追隨孫中山先生參加辛亥革命，被譽為「辛亥革命三童子」之一。「五四」運動中，盛成與北大學生一起衝擊東交民巷，火燒趙家樓。在這次運動中，盛成與周恩來、許德珩等學生運動領袖，結為親密的戰友。一九一九年底，盛成去法國勤工儉學時，加入了法國社會黨，並參與創建了法國共產黨。後來因為政見不同，退出政治，潛心學術研究。一九二八年盛成先生應聘到巴黎大學主講中國科學課程，他用法文寫的自傳體小說《我的母親》，在巴黎出版後立即震動法國文壇，得到著名作家紀德、羅曼・羅蘭、蕭伯納、海明威、羅素等人的高度評價。《我的母親》先後被翻譯成十幾種文字，發行上百萬冊，這部作品改變了西方人對中國長期的偏見和誤解。三〇年代初，盛成先生先後在北京大學、中山大學等校任教。抗戰期間，他一度投筆從戎，擔任過上海十九路軍政治部主任，被稱為「遊擊教授」。一九四八年盛成先生應邀到臺灣大學任教授，國民黨退到臺灣以後，盛成先生也因「赤色」嫌疑被軟禁。一九六五年，盛成先生以探親的名義離開臺灣輾轉來到法國，專門從事文學創作和學術研究。他的著作被收入法國中小學課本，同時還發行了由他本人親自朗讀的教學錄音帶。六〇年代，他還應聯合國教科文組織的約請，把《老殘遊記》譯成法文出版。一九七八年盛成先生回國定居，一九八五年法國密特朗總統授予他法國最高勳章——法蘭西榮譽軍團騎士勳章。

三〇年代初期，盛成先生住在我家南房的時候，我正在上小學。這次我到法國旅遊時，正好有一個以前我在臺灣教的一個外文系的學生正在巴黎，還有淡江大學的幾個學生也都在，他們就約我一起吃飯。這些學生跟盛成先生都很熟，也約了他。盛成先生跟約他的學生說：這個葉嘉瑩我認識，我在她家舊宅租住過。我真是沒想到，我跑到歐洲這麼遠會碰到四十年前的同學，又碰到五十年前父輩的鄰居。我在《歐遊紀事》裡也記錄了這件事：

何期四世聚天涯，高會梅林感復嗟。廿載師生情未改，七旬父執鬢微華。相逢各話前塵遠，離別還悲後會賒。贈我新詩懷往事，故都察院舊兒家。（其三）

那次我們在巴黎吃飯的餐館叫梅林，盛先生當時七十多歲，是我的父輩，我是第二代，我的學生是第三代，學生的孩子是第四代。和五十年前的父輩，二十年前的學生，四世同堂，高會梅林，真是感慨萬分。大家談著幾十年前的往事，分別後不知何時再見面。盛成先生還贈了我一首詩，裡面有「故都察院舊兒家」的句子。九〇年代我聽說盛成先生也回來了，定居在北京。我到北京看望了他，他的夫人也在，還請我吃了飯，並照相留念。盛成先生是一九九六年去世的，他生於一八九九年，那年他九十七歲，可稱高壽。

在德國的波鴻，我住在波鴻大學張祿澤女士家，說起來她是當年篤志學校高我三班的同學。當時我讀小學五年級，她讀初中二年級。她跟我前面提到的曾選我做「dear」的高文玲是同班同學，還記得那些往事。她特別會做飯，給我做了好多好吃的菜。她與女兒同住，女兒已經懷孕，很快就有孫輩了。我在《歐遊紀事》也記錄了這些事：

稚夢難尋四十年，相逢海外亦奇緣。因聆舊話思童侶，更味鄉廚憶古燕。往事真如春水逝，客身同是異邦懸。滄桑多少言難盡，會見孫兒到膝前。（其四）

在張祿澤女士家我還遇到一個波鴻大學的教授霍福民（Alfred Hoffmann），霍福民教授是一個很熱心的人，整天開車帶我參觀，像波鴻附近的鐘乳石岩洞、科隆藝術館等都帶我去了。霍福民教授對歐洲的繪畫很有研究，而且還會彈一種很古老的琴。我的《歐遊紀事》裡是這樣寫的：

論繪談詩博奧殫，驅車終日看山巒。雨中湖水迷千里，地底鐘岩幻百觀。生事羨君書卷裡，村居示我畫圖間。主人款客多風雅，一曲鳴琴著意彈。（其五）

「論繪談詩博奧殫」，是說他有時給我講繪畫，有時給我講詩，「博奧」是說學問很淵博。「驅車終日看山巒」，是說他整天開車帶著我到處去看風景。「雨中湖水迷千里，地底鐘岩幻百觀」，有時開車遇到下雨，經過湖邊景色迷人，他還帶我去參觀地下鐘乳石岩洞。「生事羨君書卷裡，村居示我畫圖間」，這個霍福民教授真的是一個學者，是一個很用功的人，所以我說他是書卷裡的生活。他對建築也很有研究，給我講德國、歐洲不同建築的特別的風格，還給我講這些建築物牆上的壁畫，所以我說「村居示我畫圖間」。「主人款客多風雅，一曲鳴琴著意彈」，霍福民教授曾邀我聚餐，而且親自彈奏了一曲古琴，真是給我的這次歐洲之行更添了不少愉悅。

這次在歐洲旅遊我除了英國、法國、德國以外，還去了義大利。在德國、法國都有熟人、朋友開車帶我去參觀，到了義大利就沒有朋友了。但是我坐火車還是很方便的，因為是短期旅行，而且是暑假，帶的衣服也不多，只要有換洗的就行了。我先坐火車到了羅馬，車站有很多存東西的地方，英文叫 locker。就是花錢租一個位置，自己拿鑰匙打開，把自己的箱子放進去，只拿著當天用的一個小包出去參觀。而且那時歐洲一到暑假，有很多人家就把自己房子拿出一間，讓你在那裡過夜，第二天早上給你一頓早點。義大利的一些小城，像佛羅倫斯、威尼斯等城都不大，都是很小的城，你走路就可以遊覽。這些小城到處都是古蹟，一個教堂接著一個教堂，一個藝術館接著一個藝術館，都很近，都是走路的距離。我就住在當地一個出租人家裡，吃完早飯，就拿著小包到處走。我那時為了節省時間，也為了節省金錢，就買一些水果，渴了我就吃橘子、蘋果，餓了我就吃香蕉、餅乾。因為你一個人下館子也沒意思，人生地不熟的，來一個東方人，人家會覺得你很奇怪。所以我就一個人獨遊，反而自在。這種遊覽方法在威尼斯那種小城可以，但到了羅馬就不行了。羅馬很大，龐貝古城很遠，根本不在市裡。因為我小時父親給我們訂的兒童雜誌上介紹過龐貝古城，我就想看看這被火山灰埋過的龐貝古城是什麼樣子，所以我就參加了一個旅行團，去看了龐貝古城。我在《歐遊紀事》裡也記錄了羅馬、龐貝這兩個地方：

頹垣如血自殷紅，羅馬王城落照中。一片奔車塵漠漠，數行斷柱影憧憧。千年古史殷誰鑑，百世文明變未窮。處處鐘聲僧院老，耶穌十架竟何功。（其六）

偶來龐貝故城墟，里巷依稀殘燼餘。几矗斷楹前代寺，半椽空宇昔人居。驚看體骨都成石，縱

有瓶罌儲亦虛。一霎劫災人世改，徒令千載客唏噓。（其七）

這次我的歐洲之行最後一站是瑞士，我在《歐遊紀事》最後一首有記述：

行行歐旅近終途，瑞士湖山入畫圖。藍夢波光經雨後，綠森巒靄弄晴初。早知客寄非長策，歸去何方有故廬。獨上遊船泛煙水，坐看鷗影起菰蒲。（其八）

其實我自己最想去的地方是回到北京，回到中國。因為我小時是我的伯父帶領我，我的老師啟發我，使我走上了詩詞的道路。這些年我在海外寫的詩，寫的論文，我所取得的一點成果，我最希望給我的伯父跟我的老師看看。可惜我一九七四年回國時，他們兩位都不在了，這是我當年最大的遺憾。所以我寫的這最後一首詩充滿了無家可歸的客子飄零之感。

第六章　結緣南開

一、第一次回國

因為我在海外多年，「人情同於懷土」，這是王粲的《登樓賦》上說的。我那時不管是在臺灣還是在北美講課，每當我念到杜甫的《秋興八首》第二首中「夔府孤城落日斜，每依北斗望京華」這兩句詩的時候，心裡總是很感動，幾乎都要落淚。因為那時我真的不知道，在我有生之年是不是能回來，尤其是「文化大革命」時期，我真的不知道我還能不能回來。一九七〇年，加拿大跟中國正式建交。我想國家都有正式外交關係了，我還不能回去嗎？我就給大弟嘉謀寫了一封信。當然我還是把信寄到我老家的地址察院胡同十三號，實際上那時已經改成了二十三號。但是我家的房子沒有改，我的弟弟還是住在那裡，所以信是收到了。那時中國跟西方的聯繫還很少，我弟弟就拿著我的信報告給他的領導，他的領導同意他給我回信，他就寫好了信給他的領導看了，然後當面封好給我寄回來。無論如何，我總算是跟家裡聯繫上了。

一九七三年我就開始申請回國，那時我住的溫哥華市沒有中國領事館，只是在渥太華有中國大

1998年與老同學史樹青在輔仁大學返校節合影。

使館。那時我的大女兒還在，她已經結婚了，他們住在多倫多。多倫多離渥太華比較近，我是先坐飛機到了多倫多我大女兒家，然後是她陪著我去到渥太華的中國大使館。那時中國駐加拿大的大使是章文晉，他的夫人是張穎，我對他們兩位印象非常好。那天我到了渥太華中國駐加拿大的大使館，章文晉大使的夫人張穎先出來接見了我，她說大使那裡有客人，等一下再來接見我。其實章文晉大使的客人就是一個中國古文物展覽在加拿大的訪問團，裡邊就有我的輔仁大學同班同學史樹青，當然他們不知道史樹青是我的同學，我也不知道史樹青在這個訪問團中。我跟張穎談到中午，才跟章文晉大使和國內的訪問團見面，我一眼就看見史樹青了，真是意外相逢。

我第一次回國，是在一九七四年。那時我很單純，也很興奮，寫了一首長詩《祖國行長歌》。當時還在「文革」之中，所以這首詩帶著歷史的痕跡，我在重新出版時寫了按語：

此詩為一九七四年第一次返國探親旅遊時之所作。當時曾由旅行社安排赴各地參觀，見聞所及，皆令人興奮不已。及今思之，其所介紹，雖不免因當時政治背景而有不盡真實之處，但就本人而言，則詩中所寫皆為當日自己之真情實感。近有友人擬將此詩重新發表，時代既已改變，因特作此簡短之說明如上。

卅年離家幾萬里，思鄉情在無時已，一朝天外賦歸來，眼流涕淚心狂喜。銀翼穿雲認舊京，遙看燈火動鄉情，長街多少經遊地，此日重回白髮生。家人乍見啼還笑，相對蒼顏憶年少，登車牽擁邀還家，指點都城誇新貌。天安門外廣場開，諸館新建高崔嵬，道旁遍植綠蔭樹，無復當日飛黃埃。西單西去吾家在，門巷依稀猶未改，空悲歲月逝駸駸，半世蓬飄向江海。入門坐我舊時床，骨肉重聚燈燭光，莫疑此景還如夢，今夕真知返故鄉。夜深細把前塵憶，回首當年淚沾臆，猶記慈親棄養時，是歲我年方十七，長弟十五幼九齡，老父成都斷消息，鶺鴒失恃緊相依，八載艱難陷強敵，所賴伯父伯母慈，撫我三人各成立。一經遠嫁賦離分，故園從此隔音塵，天翻地覆歌慷慨，重睹家人感倍親。兩弟夫妻四教師，侄男侄女多英姿，喜見吾家佳子弟，輝光彷彿生庭墀。大侄勞動稱模範，二侄先進增生產，阿權侄女曾下鄉，各具豪情笑生臉。小雪最幼甫七齡，入學今為紅小兵，雙垂辮髮燈前立，一領紅巾入眼明。所悲老父天涯歿，未得還鄉享此兒孫樂，更悲伯父伯母未見我歸來，逝者難回空淚落。床頭猶是舊西窗，記得兒時明月光，客子光陰彈指過，飄零身世九迴腸。家人問我別來事，話到艱辛自酸鼻，憶昔婚後甫經年，夫婿突遭囹圄繫。台海當年興獄烈，覆盆多少冤難雪，可憐獨泣向深宵，懷中幼女才三月。苦心獨力強支撐，閱盡炎涼世上情，三載夫還雖命在，刑餘幽憤總難平。我依教學謀升鬥，終日焦唇復瘏口，強笑誰知忍淚悲，縱博虛名亦何有。歲月驚心十五秋，難言心事苦羈留，偶因異國書來聘，便爾移家海外浮。自欣視野從今展，祖國書刊恣意覽，欣見中華果自強，辟地開天功不淺。試寄家書有報章，難禁遊子喜如狂，縈心卅載還鄉夢，此際終能夙願償。歸來故里多親友，探望殷勤情意厚，美味爭調飫遠人，更伴恣遊共攜手。陶然亭畔泛輕舟，昆明湖上柳條柔，公園北海故宮景色俱無恙，更有美術館中工農作品足風流。郊區廠屋如櫛比，處處新猷風景異，蔽野蔥蘢黍稷多，公社良田美無際。長城高處接浮雲，定陵墓殿鬱輪囷，千年帝制興亡史，從此人民做主人。幾日遊觀渾忘倦，乘車更至昔陽縣，爭說紅旗天下傳，耳聞何似如今見。車站初逢宋立英，布衣草笠笑相迎，風霜滿面心如火，勞動人民具典型。昔日荒村窮大寨，七溝八梁惟石塊，經時不雨雨成災，飢饉流亡年復代。一從解放喜翻身，永貴英雄出姓陳，老少同心奪勝利，始知成敗本由人。三冬苦戰狼窩掌，鑿石鋤冰拓田廣，百折難回志竟成，虎頭山畔歌聲響。於今瘠土變良疇，歲歲增糧大有秋，運送頻聞纜車疾，渡漕新建到山頭。山間更復植蔬果，桃李初熟紅顆顆，幼稚園內笑聲多，個個顏如花綻朵。革命須將路線分，不因今富忘前貧，祇今教育溝中地，留與青年憶苦辛。我行所恨程期急，片羽觀光足珍惜，萬千訪客豈徒來，定有精神蒙洗滌。重返京城暑漸消，涼風起處覺秋高，家人小聚終須別，遊子空悲去路遙。長弟多病最傷離，臨行不忍送登機，叮嚀惟把歸期問，相慰歸期定有期。握別親朋屢執手，已去都門更回首，憑窗下望好山河，時見梯田在陵阜。飛行一霎抵延安，舊居初仰鳳凰山，土窯籌策艱難日，想見成功不等閒。南泥灣內群巒碧，戰士當年辟荊棘，拓成陝北好江南，彌望秧田不知極。白首英雄劉寶齋，鋤荒往事話蒿萊，遍山榛莽無人跡，畦徑全憑手自開。叢林為幕地為床，一把钁頭一杆槍，自向山旁鑿窯洞，自割藤草自編筐。日日勞動仍學習，樺皮為紙炭為筆，寒冬將至苦無衣，更剪羊毛學紡織。所欣秋獲已登場，土豆南瓜野菜香，生產當年能自給，再耕來歲有餘糧。更生自力精神偉，三五九旅聲名美，從來憂患可興邦，不忘學習繼前軌。平疇展綠到關中，城市西安有古風，周秦前漢隋唐地，未改河山氣象雄。遺址來瞻半坡館，雨水之間臨灞滻，石陶留器六千年，緬想先民文化遠。驪山故事說明皇，昔日溫泉屬帝王，咫尺榮枯悲杜老，終看鼙鼓動漁陽。宮殿華清今更麗，辟建都為療養地，憶從事變起風雲，山間猶有危亭記。倉促行程不可留，復經上海下杭州，凌晨一瞥春申市，黃浦江邊憶舊遊。跑馬前廳改醫院，行乞街頭不復見，列強租界早收回，工廠如林皆自建。市民處處做晨操，可見更新覺悟高，改盡奢靡當日習，百年國恥一時消。滬杭線上車行速，風景江南看不足，採蓮人在畫圖中，菜花黃嫩桑麻綠。從來西子擅佳名，初睹湖山意已傾，兩岸山鬟如染黛，一奩煙水弄陰晴。快意波心乘小艇，更坐山亭瀹芳茗，靈鷲飛來仰翠峰，花港觀魚愛紅影。匆匆一日小登臨，動我尋山幽興深，行程一夕忙排定，便去杭州赴桂林。桂林群山拔地起，怪石奇岩世無比，游神方在碧虛間，盤旋忽入驪宮底。滴乳千年幻百觀，瑤台瓊樹舞龍鸞，此中渾忘人間世，出洞方驚日影殘。掛席明朝向陽朔，百里舟行真足樂，灕江一水曳柔藍，兩岸青山削碧玉。捕魚灘上設魚梁，種竹江干翠影長，藝果山間垂柿柚，此鄉生計好風光。盡日遊觀難盡興，無奈斜陽已西暝，題詩珍重約重來，祝取斯盟終必證。歸途小住五羊城，破曉來參烈士陵，更訪農民講習所，燎原難忘火星星。流花越秀花如綺，海珠橋下珠江水，可惜遊子難久留，辜負名城嶺南美。去國仍隨九萬風，客身依舊似飄蓬，所欣長夜艱辛後，終睹東方旭影紅。祖國新生廿五年，比似兒童甫及肩，已看頭角崢嶸出，更祝前程穩著鞭。腐儒自誤而今愧，漸覺新來觀點異，茲遊更使見聞開，從此癡愚發聾聵。早經憂患久飄零，糊口天涯百愧生，雕蟲文字真何用，聊賦長歌紀此行。

那時溫哥華沒有直飛北京的飛機。我從溫哥華先飛到香港，然後再到廣州，再回北京。我到加拿大以後一直沒有入籍，還是臺灣的護照，很不方便。香港我也沒去過，一點經驗也沒有。還是我的小女兒小慧的婆婆、我的親家母幫了忙，她的父親黃尊生老先生在香港。黃尊生老先生是一位學者，很有修養，詩也寫得很好。那時臺灣已經出了我的《迦陵談詩》和《迦陵談詞》那些書，香港已經出版了我的《王國維及其文學批評》與《中國古典詩歌評論集》等書。雖然我們沒有見過面，但是他已經看過我的書。黃老先生真的是一位很熱心的人，那時他已經有八十歲了，知道我要到香港，而且在香港沒有認識的人，就到機場接我。

因為我是臺灣的證件，當我乘坐的飛機到了香港以後，他們不許我出機場，我跟他們說了半天才答應讓我出去。但是一定要扣下我的證件，而且限我二十四小時之內回來，明天晚上就得走。當時我也管不了許多了，就讓他們留下了證件，趕快出來了。因為我知道，黃老先生在外面等著我呢！這已經耽誤了很多時間了。

出來後見到了黃老先生，同他一起去接我的還有一個女孩，是他的晚輩親戚，也是學中文的。他們把我送到旅館住了下來，我就跟黃老先生說了機場的事，黃老先生說沒關係，明天我帶你到中國旅行社，他們總會有辦法的。第二天，黃老先生陪我到了中國旅行社，我跟他們說，我的證件被扣下了，要求我二十四小時就走，可是我要帶給國內親友的東西還沒有買好，還要辦入境的手續，來不及呀。中國旅行社的那個人說，不要緊，你明天過關時只要交些罰款，他就會放你過去，絕不成問題。但我還是不放心，我怎麼知道到時候我能不能過去呢！我就要求中國旅行社的人明天陪我去，他答應了。因為我是第一次回國，想要給家裡買一些東西，黃老先生就陪著我去了裕華商場，一般香港人到大陸去帶東西，都是到那裡去買，我還特意給我自己買了一套人民裝。那時國內電視極少，我還買了一台電視帶回去。從香港入境在羅湖過關，果然是過了期限要罰款，交了錢就沒事了。可是所有的人到羅湖都要下車，我給家裡帶了很多東西，所有的東西都要自己拖過去，走過那一段才能再搭大陸的車，真是累死了。那時檢查很嚴格，他們有一個大房子，所有的東西都要打開，什麼都給你翻了。我也五十歲了，一個人把行李搬過去，一件一件打開檢查然後再裝好，費了很大勁，真是累。過關以後，中國旅行社就安排我在廣州住了一夜，第二天坐飛機回到了北京。

飛機到達北京已經是晚上掌燈的時候，那時燈火還沒有現在這麼亮，我在飛機上遠遠看見稀稀疏疏的燈火，真是激動啊，眼淚止不住的往下流。我在《祖國行》說的「卅年離家幾萬里，思鄉情在無時已，一朝天外賦歸來，眼流涕淚心狂喜。銀翼穿雲認舊京，遙看燈火動鄉情」，寫的就是我當時真實的感受。我這還算是好的，我是直到飛機飛到北京上空才流下眼淚。我的一個輔仁校友王亞春告訴我，她第一次回來的時候，是從廣州坐火車到北京，從一上火車就一路流著淚回到北京的，可見中國人的國家和鄉土之情真的是很強烈。現在的年輕人，不大能體會我們這一代人的心情了。很多人一心想出國，回來的時候也很隨便，想回來就能回來。不像我們經過了多少戰亂流離，幾十年都不能回來。

到了北京，中國旅行社安排我住到華僑大廈。一九四八年我離開北平時，家裡是有電話的，可是一九七四年的時候，家裡沒有電話。我是提前給家裡寫了信，告訴了他們我回來的時間，我弟妹跟家人是到華僑大廈來接我的。我急著回家去看一看，就叫車回了家。就是詩中說的「家人乍見啼還笑，相對蒼顏憶年少，登車牽擁邀還家，指點都城誇新貌」。

我家的四合院已經成了大雜院，大弟還是住在西屋。北房因為伯父、伯母都去世了，堂兄也去了臺灣，就空了下來，東屋原來是我伯父給人看病的脈房，本來就沒人住，這些地方就被北京的房管局分配讓別人住了。小弟住在南屋靠裡邊的兩間。我說「西單西去吾家在，門巷依稀猶未改」，我們家是在西單西邊，我們家門口沒有什麼大的變化，就是大門上那個「進士第」的匾沒有了，大門兩邊的石獅子的頭也被砸爛了。「空悲歲月逝駸駸，半世蓬飄向江海」，是說我半輩子漂泊在江海。「入門坐我舊時床，骨肉重聚燈燭光」，我進了家門，坐在西屋我以前的床上，跟我的骨肉親人重新相聚，「燈燭光」我不是隨便說的，因為那天停電，家裡就是一會兒有燈，一會兒點蠟燭的。「莫疑此景還如夢，今夕真知返故鄉」，我說如同夢境一樣，因為從前只能是夢中回到故鄉，可是今天是真的回來了。「夜深細把前塵憶，回首當年淚沾臆」，我們大家說起三十年前的往事，那時我弟弟他們還不大敢說「文革」受到衝擊的事情，都是我說。「猶記慈親棄養時，是歲我年方十七，長弟十五幼九齡，老父成都斷消息」，這是說想起當年我母親去世時，父親已經隨國民政府撤退到了成都，斷了消息，那一年我十七歲，大弟十五歲，小弟只有九歲；每天早上我還要給我小弟穿衣服，送他上學，那時他才上小學三年級。「鶺鴒失恃緊相依，八載艱難陷強敵」，是說我們姐弟三人相依為命，熬過北平淪陷那些年的艱苦生活。「所賴伯父伯母慈，撫我三人各成立」是說所幸的是還有伯父伯母的慈愛，撫養照顧我們姐弟三人。「一經遠嫁賦離分，故園從此隔音塵」是說我南下結婚走了，從此與故鄉家人隔絕。「天翻地覆歌慷慨，重睹家人感倍親」，經歷了這麼多的變故，終於與家人再度相聚，真是倍感親切。「兩弟夫妻四教師，侄男侄女多英姿」，我大弟跟弟妹是中學教師，我小弟跟弟妹是小學教師，那時還是「文革」期間，大家都是說好話。當時我說「小雪最幼甫七齡，入學今為紅小兵，雙垂辮髮燈前立，一領紅巾入眼明」，「小雪」是我小弟的女兒，她剛進入小學不久，脖子上繫著紅領巾，顯著很聰明的樣兒。我大弟的大兒子去了黑龍江建設兵團，當時不在北京。他的小兒子言才曾被選為勞動模範，後來他考上了南開大學，目前在日本一所大學教書。「所悲老父天涯歿，未得還鄉享此兒孫樂，更悲伯父伯母未見我歸來，逝者難回空淚落」，父親自一九四九年從上海去了臺灣，在外漂泊二十多年，一九七一年在溫哥華病逝，距我回國不過三年，沒有等到能夠回來；而我也沒能再見到我的伯父伯母，他們已經在多年前就去世

1979年在北京故居與大弟葉嘉謀（左）同練太極拳。

1979年與大弟一家人及小弟女兒葉雪合影，左二為葉嘉瑩。

了；所以是「逝者難回空淚落」。「床頭猶是舊西窗，記得兒時明月光」，因為我本來就住在西屋，我小時好幾首詩都是寫西窗的；我母親去世以後，我寫過「空床竹影多，更深斑歷歷」的詩句，就是說我在西屋常常看見月亮從東邊升起來，透過窗前的竹子照在床上，可是母親不在了，床上空蕩蕩的，都是竹子的影子。我對月亮還是很有感受的，我從小就喜歡看月亮，仔細觀察過月亮，上弦的月亮和下弦的月亮是不一樣的：十五以前，初三、初四的時候，上弦的新月雖然也是個月牙，但是非常的新鮮，是很整齊的月牙。可是到了下弦的月亮剩下一點點的時候，就變得很模糊，給人殘破的感覺，跟上弦的月亮完全不一樣。「家人問我別來事，話到艱辛自酸鼻，憶昔婚後甫經年，夫婿突遭囹圄繫。台海當年興獄烈，覆盆多少冤難雪，可憐獨泣向深宵，懷中幼女才三月」，這是說我到臺灣以後的一段遭遇。

那一天晚上，我只是回家看看，最後還是回到華僑大廈住的。家裡人說，你好不容易回來，不如回家來住吧。我在海外待了這麼多年，我當然願意回到家裡和家人住在一起。我就問旅行社能不能回家住，他們說可以，我就回到老家住了一段時間。

那個時候，我最盼望的，其實就是見到我的伯父跟我的老師顧隨先生。因為我的伯父、我的老師在我成長的過程中，對我影響最大。我小的時候，教我讀書學詩，鼓勵我學習作詩都是我的伯父；等我長大以後，給我很大啟發，讓我能夠真正體會到中國詩的那種高遠幽微的意境的，是我的老師。我在海外這麼多年，臺灣也出了我的幾本書，還寫了一些論文。我那時真正最盼望的就是把我的這些成績就像交一個卷，給我的伯父跟我的老師看一看。可是我的伯父已經去世了，我的老師也去世了。

我在華僑大廈住的那幾天，我的大侄女言權跑來看我，我們一起吃飯時我叫了一盤對蝦。直到現在小權還說，現在我們吃對蝦也不覺得怎麼樣了，就是那次跟姑姑吃的對蝦在我的記憶中覺得最好吃。那時小權還是一個天真的女青年，還陪著我去陶然亭划了船。

因為我離開祖國這麼多年，我還想多看看。我在家裡住了一陣子，旅行社就安排我到外地參觀。那時還在「文革」時期，所以旅行社安排的旅遊參觀都是與革命有關的地方，我不但參觀了北京的工廠、公社，還參觀了大寨、南泥灣、延安等地。我那時真的覺得中國的革命和解放是相當地有成績的。

去大寨參觀時，接待我的是一個叫宋立英的女同志。他們安排我住在大寨的窯洞裡，我聽到他們給我介紹，當年的大寨是七溝八梁的一片荒涼的土地，他們還留了一塊沒有開墾的地方，可以看見當年的景象。現在他們修了水渠，開闢了農田。我對大寨印象非常好，有人說那是做出來的，可是做出來的也是不錯呀，而且我一路上參觀了不少的公社，一路上我看見很多高粱和玉米，就數大寨種的高粱玉米長得特別肥美。我去的時候正是桃子長成的時候，他們摘了兩個桃子給我，我自己吃了一個，味又甜水又多，好吃得不得了，我還留下了一個沒有吃，帶回去給我弟弟。總而言之，我那時很興奮。想想看，我經歷了八年抗戰的艱苦生活，那時中國真的是積貧積弱。我這次回來，看到大寨的成就，人民都很自強，確確實實非常感動，覺得他們真是不簡單，不容易。我那時真的覺得大寨好得不得了。

我還參觀了南泥灣，在南泥灣給我做報告的是一個當年的紅軍老戰士名字叫劉寶齋，他給我介紹了南泥灣開荒的情況。那時他們是一手拿著鋤頭，一手拿著槍，開荒種地。自己開窯洞，自己編筐，自己紡線織布，用樹葉做染料染布。他們還用樺樹皮當紙，用炭當筆寫字學習。他們的艱苦奮鬥精神，真是使我很感動。我還去了延安，那時毛主席住的窯洞已經整理了，讓人參觀。周總理的窯洞破破的，他們說總理不許整理。

從延安我又到了西安，西安到處都是古蹟，從半坡遺址到歷史博物館，給你一種很豐厚的文化感覺。中國真是很奇妙的，不出國你還沒有感覺，出國了再回來，你就會知道，中國的歷史是那麼的悠久，真是源遠流長；中國的文化是那樣的深厚，那樣的豐富。溫哥華的氣候很好，大自然的風景也很美，而中國北方的風沙很大，西安附近的莊稼都是灰色的，因為上面有一層土，自然環境沒法跟溫哥華比。可是我每次都有這樣的感覺，你一下飛機回到溫哥華，看到外面的景色挺美的，有山，有水，到處都是花，可是你忽然間就覺得缺了什麼東西，空空的，文化一下子不知道跑到哪裡去了。因為溫哥華是個新城，沒有什麼歷史文化。

我參觀完西安就坐飛機去了上海。我還是七、八歲的時候去過上海，當年是跟我母親一起去探望我父親的。一九四八年我又先後兩次去過上海，先是三月底去上海結婚，後是十一月底經上海乘船去了臺灣。以前的上海是個歌舞昇平的繁華城市，我還記得電影裡唱的「夜上海，夜上海，你是一個不夜城」的歌。可是一九七四年的上海已經不是這樣了，這一次給我印象最深的就是早晨街上有很多晨練的人，那時真的覺得中國跟以前不一樣了。從上海我又去了杭州，美景無窮，只可惜我為行程所限，只做了匆匆一瞥。

離開杭州，我直接回到了廣州，本來我應該經羅湖到香港回溫哥華了，可是我聽說桂林的山水很美，就想去看看。因為前邊的活動都是旅行社安排的，我從北京到西安，有人接我，給我安排西安的參觀，幫我訂到下一個地方的機票；從西安到上海再到杭州，也是一樣。所以我到了廣州就跟旅行社接我的人說我要去桂林，讓他們給我訂票。可是那時快到傍晚了，他們告訴我太晚了，已經沒有座位了。我還是很不甘心的，我說我近三十年才回來一次，下一次還不知道什麼時候才能回來，你們給我想想辦法吧。他們說你反正也會說中國話，你就自己去航空公司交涉吧。我就叫了一輛車去了航空公司。到了航空公司，我跟他們說，需要一張明天去桂林的機票。他們說沒有，我說我只有一個人，如果你們有一個空位就可以，他們說那你就坐在這兒等吧，如果有了空位就給你。我這個人有時也很固執，就真的坐在那裡等。過了一會兒，他們還真的給我找到了一個位子，是第二天早上七點的飛機。我回到了旅館已經很晚，旅行社的人已經都下班了，我找不到他們。第二天一早，我沒有跟旅行社的人見面，就上了飛機到了桂林。

到了桂林，我要從機場到市區的桂湖賓館，沒有車接我，我就告訴機場的人我是臨時買票來的。機場的人說，下一班的飛機有個旅行團，你等一下搭他們的車吧。我就等到下一班的飛機來了，搭旅行團的車到了桂湖賓館。一到賓館，我放下行李，就讓服務台馬上給我叫一個車到蘆笛岩。服務員說：「已經十一點了，你還不洗一洗，先去吃飯，有什麼事吃完飯再說。」我一想也是，就洗一洗先去吃飯了。吃完飯我又叫車去蘆笛岩，他們說：「司機都在休息，你又會說中國話，自己搭車去吧。」我只好從旅館出來，準備搭公車去蘆笛岩。我沒有零錢，就找了一個小店買點東西，為的是換點零錢。我想買一包餅乾，售貨員說：「你有糧票嗎？」我說：「我剛從北京來，沒有糧票。」那時正是中午，她一聽我剛從北京來，以為我還沒吃午飯呢，就賣給我一包餅乾，我就換得了零錢。從旅館出來之前，我告訴服務台幫我訂一張明天去陽朔的船位。晚上我從蘆笛岩回來以後，他們告訴我沒有訂到位子，人家都是提前好久就訂了。我說：「我三十年才回來一趟，下次還不知道什麼時候呢！你還是想想辦法吧。」他問我：「船頂你坐嗎？」我說可以，他說：「那你明天一早來吧。」

第二天一早我就去了。這個船的正式的艙位已經坐滿了人，在船艙的旁邊有一個用一條一條鐵棍子做成的梯子，通向船頂。我那時五十歲，腿腳還利索，就從那裡爬到了船頂上。上去以後我才看見，那個船頂上是可以坐人的，而且不是我一個人，還有一些當地的人。上面擺放有一些椅子，搭了一個布篷子。桂湖賓館還找了一個導遊陪著我。

一九七七年，我跟女兒小慧又去了一次桂林，但是我覺得還是這第一次最好，因為那天天氣非常好，我坐在船頂上，四周一點遮擋都沒有，我拍了很多非常漂亮的幻燈片。那時在北美回到中國來的人沒有幾個，海外的人對中國都很好奇。我回到溫哥華大家都問我國內怎麼樣，我就給他們放映了這次回國拍的幻燈片。以前我從來不搞這些，這次我還特地買了一個幻燈機、一個大屏幕。我們那些朋友、學生都跑到我家裡來，我就把這次回國拍的幻燈片放給他們看，介紹回國旅遊參觀的情況。後來應其他一些朋友、學生的要求，又放映了好幾次。

那時我真是很興奮、很激動，可是我想了，我回來就是來旅遊，我所學的這一行在國內派不上用場了，因為當時還在「文革」，我在上海還看見一些大字報，還在批孔批儒，我覺得我沒有希望回來工作了。

總而言之，我這次回來非常興奮，你想我三十年才回來一趟，能不興奮嗎！一九七六年我本來計畫再回來，但因為唐山大地震就沒有來，也是這一年，我的大女兒夫婦出了車禍。

一九七三年當我申請回國時，我去到渥太華中國大使館。章文晉大使的夫人張穎先出來接見了我。張穎問我：「你是學文學的，看過國內的小說嗎？」我說沒有。她說：有一個叫浩然的，寫了一部《豔陽天》，挺不錯的，你可以看一看。

在這之前，我每年暑假都要去哈佛跟海先生合作研究。當時哈佛有幾個從臺灣去的留學生，都是臺大的學生，他們都旁聽過我的課。一九七一年我在哈佛碰到了兩個學生，一個叫龔忠武，一個叫郭松棻，龔忠武是歷史系的，郭松棻是外文系的。他們倆問我：葉老師你有沒有看過大陸的書？我說沒有，因為我是研究古典的，不大關注當代的小說。他們說你有時間應該看一看有關大陸的書。那我看什麼呢？他們就介紹我看一本一個美國人斯諾寫的介紹延安的書，書名是《紅星照耀中國》。我還看過一本回憶錄，都是親身經歷過長征的人寫的。看了這些書以後我很感動，沒想到共產黨人為了理想艱苦奮鬥真是不容易，他們爬雪山、過草地真是不簡單，共產黨的成功不是偶然的，我真的很佩服。以前我真是孤陋寡聞，一點都不知道這些。

這回張穎讓我看《豔陽天》，我已經有了一些基礎，我這個人是肯接受別人意見的，而且求知好學。我想我既然申請回國，也應該了解一些國內的情況。到了暑假我又去了哈佛，就跑到圖書館借了三大本《豔陽天》回來。本來我沒有抱著很大的興趣去看，因為我以為，凡是帶著宣傳的氣味寫的小說，不是真正的文學藝術，而且那麼厚的三大本哪有時間看。所以開頭我是抱著敷衍的態度，打算翻一翻知道了就可以了。可是我一看，它就把我給吸引住了，我不是在農村生長的，我也不熟悉農村的情況，可是我居然能看進去，而且我認真地把它看完了。《豔陽天》裡寫的鄉村故事非常生動，語言也非常活潑，完全是生活化的，我真的是很感動。

我是一九七四年回到中國的，距我離開北平已經整整二十六年。我在國內待了兩個多月，不僅在北京住了些日子，還到外地去旅遊了一圈，參觀了不少地方。那時還是「文革」時期，所有的報紙都是報喜不報憂，大家都以為「文化大革命」真的是把很多過去的舊傳統中，不管是政治上的，還是社會上的壞的、惡的、不好的東西都給改革了。我還帶了照相機，拍了很多照片、幻燈片。

那時美國、加拿大其實有很多華人對新中國抱有嚮往的感情，特別是像我這樣在抗戰時期淪陷區長大的人，當時真的覺得中國已經到了滅亡的邊緣了。那些從臺灣去的留學生，對中國百年的國恥、積貧積弱的歷史也是了解的。是毛澤東在天安門上宣布：中國人民從此站起來了！我們剛到U.B.C. 大學的時候，中國同學會貼了一個布告，說要放映中國原子彈試驗成功的記錄片，大家都很興奮。那時我父親還在世，跟我們一起去看了。還有一次放大型音樂舞蹈史詩《東方紅》，我父親也跟我們一起去看了。我們剛到加拿大的時候，家裡一切都很簡陋，就是為了看尼克森訪問中國的報導，我們買了一個比較大的電視。你想想我們這麼久沒有看見北京了，大家都想要看一看北京，所以大家對中國的事情都很熱心。

因為加拿大那裡是很自由的，我們 U.B.C. 大學數學系不知是誰還在樓梯口貼了一大張毛澤東像。我還記得，中國的訪問團第一次到 U.B.C. 大學訪問，我們一些華人教授也被約去一起參加，我們的校長、教務長都是西方人，為了接待訪問團，他們都還特意做了灰色的中山裝。

我第二次回國是一九七七年，「文革」已經過去。這次回來還碰到了於梨華，於梨華是臺灣寫小說的。她跟我說，明天我要訪問浩然，你要不要一起去呀，我說好啊。第二天我們就一起去了，好像是在北京飯店，我第一次見到了浩然。後來我寫過一篇文章，是講浩然的《豔陽天》，這也是有緣由的。

那時到過中國的人還不多，一九七四年我從中國回到北美以後，不管是溫哥華的 U.B.C. 大學還是美國的哈佛大學都叫我去演講，我就講了我的所見所聞。有一次哈佛的一些朋友說，你看了《豔陽天》，又見了浩然，給我們講一講吧。我就做了一次關於《豔陽天》的講演。

我這個人做事是很認真的，我想人家讓我講，我總得看仔細一點再講吧。我第一次回國以前是

1977年北京家中，浩然（左）來訪。

大使夫人張穎讓我看這部小說的，我只是匆匆忙忙的看了一遍，當然是那次看就把我吸引住了，但看得並不仔細。現在尤其是哈佛大學的人讓我講，人家都是很有學問的人，我要好好準備準備。所以我又重新把《豔陽天》看了一遍，不但是重新看了一遍，我還做了筆記，下了一番工夫，我確實覺得《豔陽天》寫得不錯。我把整個《豔陽天》分析了一遍，從人物到語言講得很仔細，後來就是根據這次講演整理了一篇文章，題目就是《我看〈豔陽天〉》。這篇文章寫得很長，好幾萬字呢！那時臺灣當然不會發表，大陸還沒有開放，我也沒有向大陸投過稿子，我的這篇文稿是在香港的一個刊物《七十年代》上發表的。《七十年代》是比較左傾的，但「文革」以後就轉向了，轉為批評中國，改成《九十年代》了。後來我把這篇文章寄給浩然，讓他看一看。浩然給我寫了回信，他說：葉先生你寫得很好，你的分析很深刻，有些東西我寫的時候是下意識的就這麼寫了，你這麼一分析，果然就是這麼一種感覺，就是這麼一回事情。浩然認為我真的是看懂了他的作品，後來我回到北京，他還到我的北京老家來看過我，還請我去他家吃過一次餃子，他的家人我也都見過。

一九九七年，加拿大駐中國大使館來了一個新的文化參贊，他的中文名字叫王仁強（Richard King）。這個王仁強是 U.B.C.

大學的博士，名義上的導師是我。但他本來是研究小說的，而且是研究「文革」時期的小說，研究《豔陽天》。他來到 U.B.C. 大學，本來的導師 Huters 是研究小說的。Huters 的太太在美國加州的一個大學教書，Huters 在溫哥華教書，夫妻兩人就分開了。後來 Huters在美國找到一個職位，跟他太太在一起，所以就走了。我們學校就另外請了一個研究中國現當代小說的導師叫杜麥可，可是這個人比較右傾，所以這師生兩個不對頭，王仁強就不肯認他做導師。他知道我寫過《豔陽天》，就找到我，讓我做他的導師，輔導他寫論文。我說我不能做你的導師，我是搞古典詩歌的，去做另一學科的導師，這在學校裡是不可以的，我怎麼能接受不同學科的學生呢。王仁強就去找了亞洲系的主任，要求讓我做他的導師。我剛到 U.B.C. 的時候，亞洲系的主任是蒲立本，後來蒲立本辭去系主任一職以後，亞洲系主任就是 Peter Harnety。Harnety 我也很熟，剛到 U.B.C. 的時候，臨時找一個住處，就住在他家的地下室裡。Harnety 找到我跟我說，這個問題得解決，他是個博士生，總得有一個導師，要不然怎麼辦呢、因為是系主任跟我說了，我就答應了。所以我說我是他名義上的導師。

因為王仁強是研究浩然的，所以他對浩然很有興趣。一九九〇年代的時候，王仁強在加拿大駐中國大使館做文化參贊，有一次他跟我說，我們找浩然談一談吧，看看他現在怎麼樣了。我們就跟浩然又見過一次面，那時他已經得過一次腦血管病了。而且因為那時跟他過去生活的時代大不一樣了，他已經跟不上時代了。起初他還有一個理想，他說現在經濟上、商場上的事他都不懂，他不寫這些，他想要把他的生平以自傳體的小說寫出來。我說很好，這是值得記錄的，不管怎樣，這是你親身經歷的一段歷史。可是現在他沒有完成，只寫了少年時代，出版後曾送給我一本。後來他又病了幾次，完全不能寫作了。我還是很同情他的，因為浩然不僅有才華，還是一個相當正直的人。雖然江青拉他，但是他並沒有因為江青欣賞他就怎麼樣，他還是儘量跟江青保持距離的，只是不得已，也不能不應付就是了，所以我對他的印象還是很不錯的。

一九七五年我寫完浩然的《豔陽天》讀後感以後，又有《星島日報》向我約稿，我就又寫了一篇文章，討論豔陽天裡邊〈蕭長春與焦淑紅的愛情故事〉。還寫過一篇〈浩然訪問記〉，「文革」過去以後，重印〈豔陽天〉的時候，浩然讓我再給他寫一篇重印序言。前後加起來，關於浩然我寫過四篇文章，可以編一本書了。

二、我的大女兒言言

我的大女兒言言是一九四九年暑假在臺灣出生的。因為是暑假，我就回到了我先生工作的海軍所在地左營。那天早晨天還沒亮，我開始破水，醫學上說是羊水破了，可是肚子還沒有疼。因為左營是個軍區，離街市很遠，我先生就把我送到了軍區的醫院。到了那裡以後，一個人都沒有，根本沒有人來管我。直到晚上快八點了，天已經黑了，還是我先生的姐姐著急了，她說這不成，羊水都破了，大人孩子都很危險。她就去找大夫，但婦產科大夫走了，不在醫院。因為姐夫在海軍的地位比較高，他們就給我要了一輛吉普車，把我拉到高雄去了。高雄有個產科醫院，是個私人醫院，晚上還開業。我到了以後坐在那裡，旁邊還有很多別的婦女，醫生也沒有來看我。因為我羊水已經流完了，肚子已經消下去了，我又沒肚子疼，看不出有什麼問題。聽了我的說明以後，醫生才緊張起來。他說得趕快，要不然大人孩子都很危險。馬上就給我打了催生針，這時已經是晚上九點多了。到了十一點肚子開始疼了，而且非常疼，可是一直沒有生下來。整整疼了將近十六個小時，到第二天中午以後才生下來。我的大女兒，從一出生就是有相當的危險的。

我在光華女中教書的時候，有一天我正在上課，那個照看我女兒的臺灣女孩來找我，說我女兒跌了一跤，把下巴給磕破了。我趕快把她帶到校醫室，給她清洗上藥。我那時不懂教課，還要做班主任。有一天學校有活動，班主任要帶著學生出去，我就把女兒交給那個女孩帶。等我回來時，看見我女兒半邊臉都包著，我問是怎麼回事，那個女孩告訴我說，她們在外邊走著，我女兒跌倒了，旁邊有個牛車經過，把她的臉蹭了一下。幸好這兩次臉上都沒有落疤。我先生被海軍關押了三年，他被放出來以後，我離開光華女中到臺南的一個工業職業學校去教書，我們全家就都搬到這個學校去了。有一天，我女兒在院子裡的大樹旁邊玩，忽然上邊掉下一根竹竿，正好碰到她的眼睛旁邊，還好沒有傷到眼睛。我在哈佛的那一年，她在密西根州立大學上大一。她學溜冰時又摔了一下，挺厲害的，住了好幾天醫院，沒敢告訴我。這是後來她的同學跟我說的。我只是說，我的大女兒，她從出生開始，就經常有災難的，不是跌破了這裡，就是跌破了那裡。

一九七三年我的大女兒結婚了，一九七五年我的小女兒也結婚了，我也年過五十。本來我以為，我這一輩子真是千辛萬苦的，從小時就經歷了抗戰時期的艱苦生活，母親去世後我帶著兩個弟弟，結婚以後又遭遇了臺灣的白色恐怖這些事情，我艱苦奮鬥一生，很多非常艱難困苦的局面都是我支撐過來的，我把大家都安排得好好的。為了這個家，我一步步奮鬥過來，我想，現在總算是好了，我也拿到了 U.B.C. 大學終身聘書，兩個女兒也都有了歸宿，而且婚姻都很好，我五十歲了，真是古人說的，可謂「向平願了」了，我終於可以舒一口氣了。可是真沒有想到，一九七六年春天，我大女兒出事了。

記得一九六八年我從哈佛回到臺灣以後，第二年出來的時候，南懷瑾先生給我找了一個人算命。我去的時候，也把大女兒的八字給算命先生看了，算出來一看，上面寫了很多「飛刃」的字

1973年攝於 U.B.C.校園，長女婚禮，右二為葉嘉瑩。

1975年與家人在次女婚禮上，右二為葉嘉瑩。

樣。當時我實在不明白，我也不知道那是什麼意思。這是多少年以後，我才知道，那是代表她的生命中常常有意外的事情。我對命運的認識，可能與我大女兒的很多事情有關。

那時在北美，每年春天都有一次亞洲學會。一九七六年春天的亞洲學會是在美國東部開的。我從溫哥華出發先到多倫多去看了我的大女兒，我的大女兒很能幹，她什麼都要學，我們家她是第一個學會開車的。每次我到多倫多，她就張羅著給媽媽做點什麼，還帶著我到處去玩，這次也是一樣。我走的時候，她跟我的女婿宗永廷開車送我到機場。我是到費城去看我的小女兒，她跟她的先生正在費城念碩士。那時我真的很高興，出來開會，可以順便看看大女兒，也看看小女兒，逍遙自在的。可是就在我剛到費城的當天晚上，就接到我先生從溫哥華打來的電話，說我大女兒出事了。我的大女兒喜歡滑冰、滑雪，那天大概就是去滑雪。他們夫婦開車經過一個十字路口時是黃燈——黃燈是閃燈，它不像紅燈、綠燈告訴你是停止還是通行，黃燈是要你自己看，你自己判斷是否能過——有一輛很大的卡車衝過來，撞上他們，我的大女兒和女婿兩個人當時都去世了。我跟我的小女兒馬上坐飛機趕到多倫多給他們安排後事，然後又飛回溫哥華。事後我把自己關在屋裡，很多天不肯見人。我不願意讓外人看見我哭哭啼啼的，聽別人說一些同情的話。在接連數十天閉門不出的哀痛中，我寫下了哭女詩十首，題為《一九七六年三月廿四日長女言言與婿永廷以車禍同時罹難，日日哭之陸續成詩十首》：

噩耗驚心午夜聞，呼天腸斷信難真。何期小別纔三日，竟爾人天兩地分。

慘事前知恨未能，從來休咎最難明。只今一事餘深悔，未使相隨到費城。

哭母髫年滿戰塵，哭爺剩作轉蓬身。誰知百劫餘生日，更哭明珠掌上珍。

萬盼千期一旦空，般勤撫養付飄風。回思襁褓懷中日，二十七年一夢中。
早經憂患偏憐女，垂老欣看婿似兒。何意人天劫變起，狂風吹折並頭枝。
結褵猶未經三載，忍見雙飛比翼亡。檢點嫁衣隨火葬，阿娘空有淚千行。
重泉不返兒魂遠，百悔難償母恨深。多少劬勞無可說，一朝長往負初心。
歷劫還家淚滿衣，春光依舊事全非。門前又見櫻花發，可信吾兒竟不歸。
平生幾度有顏開，風雨逼人一世來。遲暮天公仍罰我，不令歡笑但餘哀。
從來天壤有深悲，滿腹酸辛說向誰。痛哭吾兒躬自悼，一生勞瘁竟何為。

我在詩中說「萬盼千期一旦空，般勤撫養付飄風」，就是你對小孩子培養的時候，你是抱著很多的期望，期望她將來怎樣怎樣；人生真是很難說，你自己這樣安排，那樣安排，可是你的生活、你的生命究竟會發生什麼事情，是哪個人都不能預料的。我真沒想到我的命運竟是如此坎坷，才捱過了半世憂勞艱苦的生活，竟在五十多歲的晚年遭遇了如此重大的不幸。真是「平生幾度有顏開，風雨逼人一世來」。寫詩時的感情，自然是悲痛的，但詩歌之為物確實奇妙，那就是詩歌的寫作，也可以使悲痛的感情得到一種抒發和緩解。不過抒發和緩解還不能使我真正從苦痛中超脫出來，相當長的一段時期，我的整體心態仍然是悲苦而自哀的。

我之所以能夠從這樣的悲痛中跳了出來，是因為從一九七八年開始我就申請回國教書，一九七九年得到了批准，我就來到了南開。從那時起，我就把我的感情和精力都投入到回國教書這件事情上了。

三、申請回國教書

一九七七年，我跟我先生和小女兒一起回國探親旅遊，小慧那時也很興奮，每天晚上都寫一大堆的筆記、日記。為了回國，她還專門買了一個比較高級的相機，鏡頭可以伸縮的那種，後來她整理了幾大本相冊。

這一次回來我跟我先生和女兒還到西安旅遊，參觀了大雁塔等地，我們在火車上看見有個年輕人拿著一本《唐詩三百首》在讀，我高興得不得了。後來我們到長城參觀時，我買到一本《天安門詩抄》，那時好像還不太公開的樣子，陪同我們的導遊，我還記得她叫小金，她當然沒有對我說不能在大庭廣眾下公開看這本書，只是對我說：這太陽底下看書傷眼睛，回旅館再看吧。我當時覺得，中國真的是一個詩歌的民族，儘管經歷了那麼多的劫難，還是用詩歌來表達自己。周總理去世的那一年清明節，天安門廣場寫了那麼多詩。在參觀各地古蹟時，我也常常聽到當地的導遊，琅琅上口地背誦出古人的佳句名篇。我看到中國詩歌的傳統還在，心裡真是說不盡的歡喜，我覺得祖國雖然經受了不少災害和磨難，但文化的種子仍然潛植在廣大人民的心底。我在沿途旅遊中就隨口吟寫了一些小詩，其中有兩首是這樣寫的：

詩中見慣古長安，萬里來遊鄠杜間。彌望川原似相識，千年國土錦江山。

（《紀遊絕句十二首》之一）

天涯常感少陵詩，北斗京華有夢思。今日我來真自喜，還鄉值此中興時。

（《紀遊絕句十二首》之二）

我本來以為，我平生學的這點東西，是沒辦法報效祖國了。看到這種形勢，我想我還可以回國教書。動了這個念頭以後，回到加拿大，我就開始考慮著申請回祖國教書的事情。一九七八年的春天，我給國家教委寫了一封信，表示願意利用假期回國教書。當我寫好了信就到郵筒去寄。我們在溫哥華的家門前，是一大片茂密的樹林。那一天我是傍晚黃昏的時候出去的，我要走過這一片樹林，才能夠到馬路邊的郵筒去投信。當時落日的餘暉正在樹梢上閃動著金黃色亮麗的光影，春天的溫哥華到處都是花，馬路兩邊的櫻花樹正飄舞著繽紛的落英。這些景色喚起了我對自己年華老去的警惕，也更使我感到了要想回國教書，就應爭取早日實現的重要性。古人說「一寸光陰一寸金」，金色的夕陽雖美，終將沉沒，似錦的繁花雖美，終將飄零。我想要回國教書的願望，如果不能付諸實踐，也就像一場美夢終歸破滅消失，最後將了無尋處。當時滿林的歸鳥更增加了我的思鄉之情，於是我就隨口吟寫了兩首絕句：

向晚幽林獨自尋，枝頭落日隱餘金。漸看飛鳥歸巢盡，誰與安排去住心。

花飛早識春難駐，夢破從無跡可尋。漫向天涯悲老大，餘生何處惜餘陰。（《向晚二首》）

第一首「向晚幽林獨自尋」，是說我獨自在這片幽靜的樹林裡邊行走，這裡不說「獨自行」而說「獨自尋」，是因為你在行走之中有一種尋思，一種思索。「枝頭落日隱餘金」，是說樹枝被落日染上的金色已經漸漸退去，太陽就要落下去了。這是寫實的，景色就是如此，同時裡邊也有象徵生命的意思。一九七八年我已經五十四歲了，中國都認為五十歲就是年過半百了，人生已經開始走向下坡了。「漸看飛鳥歸巢盡，誰與安排去住心」，是說我看到飛鳥都已經歸巢了，而我什麼時候才能回到故鄉，實現我回國教書的願望。第二首「花飛早識春難駐」，這是說春天正是花落的時候，我看到這些落花想到春天是不能永久停留的，人的光陰，人的壽命也是不能永久存在的。「夢破從無跡可尋」，如果你有個夢想，而不能把它付諸實踐，就等於你這個夢破了，再也尋不回來了。「漫向天涯悲老大，餘生何處惜餘陰」，突然間想到自己已經年過半百，快要向六十歲奔的人了，而我還是漂泊在海外，在天涯，我今後的生命，我的餘生，究竟應該在什麼地方渡過呢？我要怎樣來珍惜我餘下的這一點光陰呢？

我把申請信寄出後，就一直注意著國內的報紙有關教育方面的報導。因為我既然要回國，就總要了解國內的情況。所以我就常常看報紙，有一天我看到了一則消息，說「文革」中許多被批判過的老教授，有很多已經得到平反，其中我看到了李霽野先生的名字。我當年在輔仁大學念書的時候，李霽野先生是外文系的教師，是研究西方文學的，我雖然沒有跟李霽野先生念過書，但是我知道李霽野先生。因為我的老師顧隨先生雖然是在中文系教書，但他是外文系畢業的，跟李先生是非常要好的朋友。抗戰勝利臺灣光復後，李先生曾經被臺靜農先生邀往臺灣大學教書，一九四八年當我快要去臺灣時，顧先生還寫信讓我到臺灣後去看望李先生。所以一九四九年春天我到臺灣大學看望了李霽野先生，那次我看望李先生不久前，臺灣發生了許壽裳先生被暗殺的事件，其後又因白色恐怖牽連多人入獄，我的先生和我也先後受到牽連，許多知識分子惶恐不安，不久李先生就離開臺灣回大陸了。從那時起我與李先生就完全斷絕了聯繫，已經有三十年了，而今忽然看到了李先生的

1979年與陳貽焮（左一）、費振剛（右二）、袁行霈（右一）在北京大學合影。

但我在北大教書的日子不長，那是因為南開的李霽野先生知道我回國講學的安排，便以師輩的情誼堅持邀請我去天津的南開。

五、南開大學

構廈多材豈待論，誰知散木有鄉根。書生報國成何計，難忘詩騷李杜魂。

（《贈故都師友絕句十二首》之十二）

這是一九七九年我第一次回國講學時，所寫的一首絕句，我與南開大學的情誼也就是從那一年春天開始建立起來的。回首前塵已有三十年之久了，當年我申請回國講學，還不知是否能獲得國家批准，到今天已經在南開大學組建了一個古典文化研究所，帶出了一批碩士、博士生。將近三十年的往事頭緒紛繁，幸虧我自己有一個寫詩的習慣，我就還是以詩歌為線索，回顧我與南開的情誼吧。

這一年我結束了在北京大學的短期講課後，就應李霽野先生的邀請來到了南開。當時從天津到北京來接我的，是中文系總支書記任家智先生和一位外事處的工作人員，那時我住在西郊的友誼賓館。任先生很客氣，說我們來接你，不是要你馬上就走。你這麼多年沒回來了，我們可以陪你轉轉，在北京遊覽一下。那麼去哪呢？我們商量了一下，就說去西山八大處吧，順便看看碧雲寺和臥佛寺。碧雲寺有個中山堂，因為中山先生的衣冠塚在那裡。那一天碧雲寺的中山堂正在舉辦畫展，

1979年初抵天津與南開大學教師們合影，右三為葉嘉瑩。

我一進門就看見了右邊牆上掛著一張屈原畫像。可能因為我對屈原很景仰，那張屈原像畫得也是真好，好像把屈原的感情都表現出來了，而且神情也很像我心目中所想像的屈原的樣子。我帶著照相機，正要把它照下來，忽然間展覽室中的一個小姑娘拿著杆子把這張畫給摘了下來。我問他們為什麼把這張畫摘下來，他們指著旁邊的一位遊客說，這位日本客人把這張畫買了。我當時就表示遺憾，這張屈原像畫得很好，可惜我連一張照片都沒來得及照。任先生在旁邊對我說，這位畫家范曾是南開校友，我們認識他，以後還有機會見到他的畫。這張屈原像給我留下很深的印象，後來，我為這張屈原畫像填了一首《水龍吟・題屈原圖像》的詞：

半生想像靈均，今朝真向圖中見。飄然素髮，翛然獨往，依稀澤畔。呵壁深悲，紉蘭心事，崑崙途遠。哀高丘無女，眾芳蕪穢，憑誰問，湘累怨。　異代才人相感，寫精魂、凜然當面。杖藜孤立，空回白首，憤懷無限。哀樂相關，希文心事，題詩堪念。待重滋九畹，再開百畝，植芳菲遍。

參觀碧雲寺的第二天我就隨任家智先生他們一起來到了天津，那時還沒有專家樓，他們就安排我住進了解放北路的天津第一飯店。飯店旁邊有個小公園，唐山地震後裡面搭蓋的許多臨建棚還在那裡，公園附近的樓房有的還留有震毀的殘跡。但忙碌的拆建工作，也使我看到了未來重建後所將有的一片美好前景。而且那時正是春天，街旁牆角的路樹，有的已經綻放了深紅淺粉的花朵。於是滿懷著對祖國的美麗前景的祝願和憧憬，我就寫了一首小詩：

津沽劫後總堪憐，客子初來三月天。喜見枝頭春已到，頹垣缺處好花妍。

（《天津紀事絕句二十四首》之一）

轉天上午李霽野先生親自到飯店來看我，經歷了「文革」批判的李霽野先生，外表看來雖然比三十年前我所見到的他顯得蒼老了，但精神矍鑠依然，對人熱誠如舊。李霽野先生先問我的生活情況和課程的安排，接著就問起了他在臺灣的一些老友，他最懷念的是當時臺灣大學的中文系主任臺靜農先生。他們二人既是同鄉，又是同學，年輕時一起離開安徽的老家來到北平，又一起追隨魯迅先生參加未名社的活動，還一起被國民黨政府關進過監獄。海峽雖然隔斷了他們的往來，但是不能隔斷他們之間深厚的情誼。李霽野先生在「文革」中的堅強不屈和今日對老友的深沉的懷念，都使我非常感動。

南大中文系為我安排的課是「漢魏南北朝詩」，從建安時代講起。每週上兩次課，每次二小時。上課地點是主樓一樓東側那間約可坐三百人的階梯教室，當時的系主任是朱維之老先生。朱維之先生是一位學養過人的忠厚長者，每次上課，他都坐在第一排與同學們一起聽課。我在南開講課約有兩個月之久，原計畫每週上課兩次，每次二小時，講授漢魏古詩。後來又增加晚間上課一次，講授唐宋詞。朱維之先生還是每次都親來聽講，我見到朱維之先生身體健康精力旺盛，以為他不過六十歲左右，直到那年「五四」運動六十週年紀念大會上，聽到朱先生自己講述當年參加「五四」運動的情況，說他六十年前參加「五四」運動時，年齡只有十四歲。我才知道朱維之先生已有七十四歲的高齡了。本來我對先生親來聽講，早已感到惶愧，知道先生的年齡後，心裡更是不安。尤其是天氣熱起來了，我的課排在下午兩點到四點，教室裡滿滿的都是人，大家都是汗流浹背。而朱維之先生則依然一直從容端坐，毫無倦容。因此我就為朱維之先生寫了一首詩：

餘勇猶存世屢更，江山百代育豪英。笑談六十年前事，五四旗邊一小兵。

（《天津紀事絕句二十四首》之五）

那時在國內，大家上課都是聽那種傳統的講法，很少有從國外回來的人講課，我就按我自己的習慣，想怎麼講就怎麼講，所以大家都覺得挺新鮮的。同學們聽得非常認真，反應非常熱烈。來聽課的人不僅坐滿了整個教室的位子，而且連講台邊和教室門口都是人。有時我走進教室和步上講台都很困難，於是中文系就想了一個發聽講證的辦法，只許有證的人進入教室。這個辦法實施以後，雖然解決了我走進教室和步上講台的困難，但教室的階梯上和教室後面的牆邊窗口，仍然擠滿了坐在地上或站在牆邊的人們。日子一天天過去，天氣逐漸熱起來，那時也沒有空調設備，滿教室的人，常常都是揮汗如雨。有一天一位女教師從講台下傳遞過來一把扇子給我。黑色的扇面，上面用朱筆以隸書寫了一首《水調歌頭》，那正是前幾天在課堂中我偶然講過的一首自己的詞作，題目是《秋日有懷國內外各地友人》。那是在一九七八年秋天，當我決定要回國教書時，寫下的這首詞，寄給我以前在臺灣教過的學生，還有在美國的友人，以及在北京的一些親友和舊日的同學。詞是這樣寫的：

天涯常感舊，江海隔西東。月明今夜如水，相憶有誰同。燕市親交未老，台島後生可畏，意氣各如虹。更念劍橋友，卓犖想高風。　　雖離別，經萬里，夢魂通。書生報國心事，吾輩共初衷。天地幾回翻覆，終見故園春好，百卉競芳叢。何幸當斯世，莫放此生空。

扇面上寫了這首詞，也寫了上款我的名字，但卻沒有寫下款的署名，只是蓋了一個小小的圖章，而書法則寫得極有功力。後來我才知道送我這把扇子的，原來是天津有名的書法家王千女士。於是我就寫了一首詩送給王女士：

便面黑如點漆濃，新詞朱筆隸書工。贈投不肯留名姓，唯向襟前惠好風。

（《天津紀事絕句二十四首》之十二）

因為我在課堂上曾提到過一些我自己的詞作，中文系就又提出了希望我能再給講一門唐宋詞課。同學們白天的課都已經排滿了，於是就把唐宋詞的課排在了晚上。大家的反應是同樣的熱烈，聽課的人還是滿滿的，而且晚上不肯下課，我臨走時最後一次課，一直到熄燈號都吹響了才下課。這件事我在那二十四首絕句裡也有記載：

白晝談詩夜講詞，諸生與我共成癡。臨歧一課渾難罷，直到深宵夜角吹。

（《天津紀事絕句二十四首》之二十）

在這一期所有的課程都結束之後，中文系為我舉行了一個歡送會。那是又一個揮汗如雨的夏日午後，不僅中文系師生都來了，許多來旁聽過的人，也都來參加了這個歡送會。朱維之老先生的那一段致辭說得非常好，可惜沒有錄下來。朱維之老先生非常誠懇、熱情，真是讓人感動。學生致答謝辭的是現在天津人民出版社的王華。最後中文系向我致送禮物。他們拿來了一個包裝得很仔細的長軸，請我到台上去，把長軸展開來一看，就是范曾先生畫的另一張屈原像。後來跟范先生熟悉了，我曾跟他說，這一張屈原像跟我在碧雲寺看見的那張屈原像比較，我更喜歡那一張。

後來我才知道這張屈原畫像得來也是頗費一番周折的。當初去北京接我的任家智先生，一直記得我喜歡在碧雲寺遊覽時見到的那張范曾畫的屈原像，所以當中文系討論要送我什麼紀念品時，任家智先生就提起了這件事。於是中文系就請歷史系的前輩教授鄭天挺先生與系領導聯名寫信，向范曾先生求畫，又派中文系教授寧宗一先生親自到北京與范曾先生聯繫。得畫後又請楊柳青畫店去裝裱，最後趕在歡送會上把這張畫送給我。這一份盛情，真是讓我感動。最後大家要我題詩留念，我就為大家吟誦了我在一九七七年夏天到西安旅遊時寫的一首絕句：

難駐遊程似箭催，每於別後首重回。好題詩句留盟證，更約他年我再來。

（《紀遊絕句十二首》之十二）

歡送會結束後，我又寫了兩首詩來記述這一次感人的盛會：

題詩好訂他年約，贈畫長留此日情。感激一堂三百士，共揮汗雨送將行。

當時觀畫頻嗟賞，如見騷魂起汨羅。博得丹青今日贈，此中情事感人多。

（《天津紀事絕句二十四首》之二十一及二十二）

然後我又為中文系送我的這幅范曾先生畫的屈原像填寫了一首詞，調寄《八聲甘州》：

想空堂素壁寫歸來，當年稼軒翁。算人生快事，貴欣所賞，情貌相同。一幅丹青贈我，高誼比雲隆。珍重臨歧際，可奈匆匆。　試把畫圖輕展，驀驚看似識，楚客遺容。帶陸離長鋏，悲慨對回風。別津門、攜將此軸，有靈均、深意動吾衷。今而後，天涯羈旅，長共相從。

范曾先生是清代著名詩人范伯子的後代，家學淵源，擅長吟誦古典詩詞，他還送給我一卷吟詩的錄音帶，我填了一首《水龍吟》答謝：

一聲裂帛長吟，白雲舒卷重霄外。寂寥天地，憑君喚起，騷魂千載。渺渺予懷，湘靈欲降，楚歌慷慨。想當年牛渚，泊舟夜詠，明月下，詩人在。　多少豪情勝概，恍當前、座中相對。杜陵沉摯，東坡超曠，稼軒雄邁。異代蕭條，高山流水，幾人能會。喜江東范子，能傳妙詠，動心頭籟。

除去以上這些與詩詞有關的人物和情事以外，我還寫過很多首贈給南開中文系友人的詩詞。贈給為我安排一切教學工作的古典文學教研室主任魯德才先生的一首，是這樣寫的：

襟懷伉爽本無儔，為我安排百事周。還向稗官尋治亂，雄風臺上話曹劉。

（《天津紀事絕句二十四首》之六）

魯德才先生是古典教研室主任，因為我來南開是李霽野先生請我來的，魯德才先生曾經陪李霽野先生來看望我。那時我住在天津第一飯店，除了我以外，還有幾個別的國外來的老師也都住在那裡。每天早晨學校有一輛汽車來接我，送到主樓前面，魯德才先生永遠站在主樓門口等我。過了幾天，我跟他說我已經來了這麼多次了，已經熟了，你不用天天在這裡等我。魯德才先生開玩笑說，那不成，我不等你，李霽野先生會罵我的。

贈給與我的研究興趣相近、講授唐詩的郝世峰先生的一首，是這樣寫的：

絕代風華中晚唐，義山長吉細平章。月明珠淚南山雨，解會詩心此意長。

（《天津紀事絕句二十四首》之七）

贈給講授《離騷》及漢樂府的楊成福先生的一首是：

風謠樂府源流遠，蘭芷騷辭比興深。贈我一言消客感，神州處處有知音。

（《天津紀事絕句二十四首》之八）

贈給為我赴北京向范曾先生求畫的寧宗一先生的是：

一從相見便推誠，多感南開諸友生。更喜座中聞快語，新交都有故人情。

（《天津紀事絕句廿二十四首》之九）

贈給也曾從顧隨先生受業的、與我有同門之誼的王雙啟先生的是：

兩篇詞說蒙親錄，一對石章為我雕。鐵畫銀鉤無倦賞，高情難報海天遙。

（《天津紀事絕句二十四首》之十）

「兩篇詞說」指的是王先生曾助我查尋顧隨先生遺著，在天津圖書館錄得顧先生四〇年代所撰的《東坡詞說》與《稼軒詞說》兩篇文稿。另外王先生還寫了十二首詩送給我，所以我還寫了一首詩，說：

相逢喜有同門誼，相別還蒙贈好詩。十二短章無限意，俳諧妙語鑄新詞。

（《天津紀事絕句二十四首》之十一）

那一階段我在南開講詩詞，常常來聽課的還有當時的校長吳大任先生和夫人陳鵁先生。他們夫婦雖然都是數理學家，但也非常熱愛古典詩詞。從一九七九年以來，每次我到南開大學來講詩詞時，他們夫婦常常一起來聽我的課。陳鵁先生還酷愛崑曲，一直到晚年，她還經常約一些喜歡崑曲的朋友，每週在她的家裡有一次聚會，有時也邀我到她家中參加崑曲的聚會。一九八六年的秋天，吳大任校長跟夫人陳鵁先生還送給我一盆菊花，讓我很感動，想到陶淵明的詩句「秋菊有佳色」，就寫了一首詩答謝他們：

白雲難寄懷高士，驛使能傳憶嶺梅。千古雅人相贈意，喜看佳色伴秋來。（《謝友人贈菊》）

我對他們夫婦二人的學問久懷敬仰，而他們對朋友的敦厚熱誠，尤其使我感動。

南開當時的老師同學對我真的都不錯，我與南開就有了一個很好的，讓我感動的開始。我的侄子葉言材一九七八年參加過一次高考，他也屬於被「文革」耽誤的那一代，只有國文還不錯，根本

與陳鴉（右）合影。

沒有學過其他的基礎課，所以當年沒有考上。後來有朋友為他補習了一些基礎課，一九七九年他又再考，這一次他考上了。那時他老想跑得離家越遠越好，想報廣州的暨南大學。我弟弟不贊成，不讓他一個人跑那麼遠，我弟妹也不同意。就是這一年的春天我第一次回國到南開教書，南開的老師也都挺熟的，離家也不遠。我就跟我弟弟說，讓他去南開吧。所以葉言材就到南開來了。我想天下事有時真的是有些機緣，我到南開來就是因為認識李霽野先生，後來我又叫我侄子來了南開，不但我侄子來了南開，後來我侄媳也來了南開。那是因為我侄子畢業後到日本進修，獲得碩士學位後留在日本九州大學教書。我的侄媳桐島薰子是日本人，當時在日本的NHK電視台做新聞節目。她喜歡歷史，她的大學老師跟她說，要研究亞洲歷史一定要熟悉中國，要到中國去留學。她想到中國去留學當然就要學中文，有人跟她說九州大學有個葉言材教得不錯，她就找我侄子教她中文。因為我侄子是南開校友，就讓她到南開來讀書了，她喜歡李商隱的詩，就跟郝世峰老師念了碩士。有了這種種因緣，我們家人跟南開的關係就越來越密切了，而我也果然信守了當年「更約他年我再來」的詩句中的盟諾，經常回到南開來講課。

那時因為我還沒有從 U.B.C. 大學退休，一般只能利用暑假期間回來。好在 U.B.C. 大學的暑假放得早，四月初我就可以回來，教

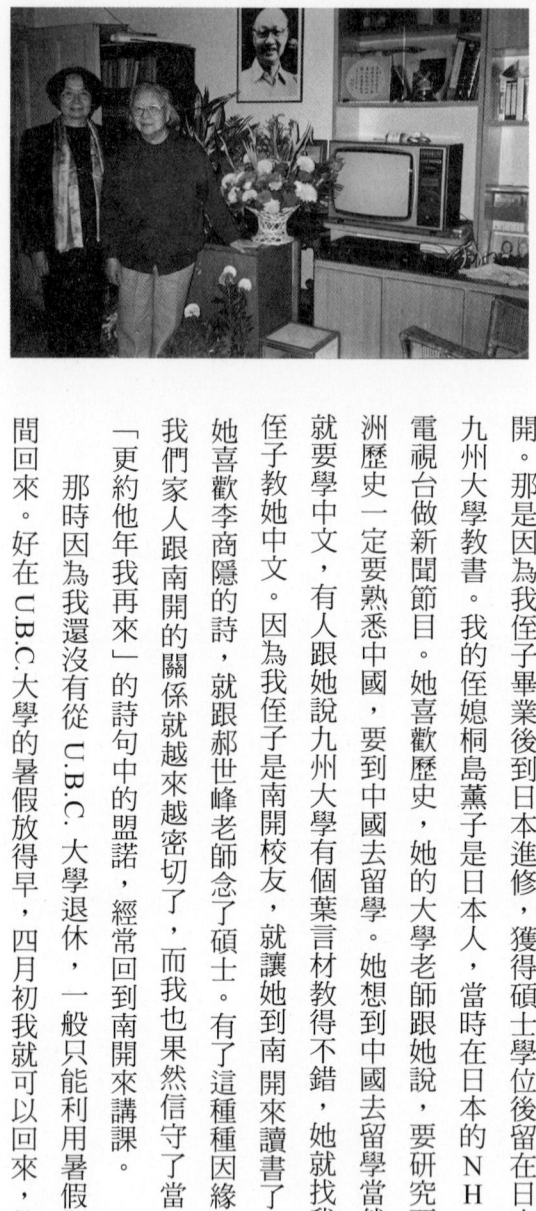

課到六月中旬或七月初，至少還有二、三個月的時間可以留在南開。除此以外，U.B.C. 大學還規定每隔五年可以休假一年，代價是休假的一年只能有六十%的薪金。我曾在一九八一年到一九八二年及一九八六年到一九八七年間，申請過兩次各一年的休假，一九八一年暑假後我在南開教了整整一個學期的課，一九八六年九月到一九八七年四月我在南開又教了半年多的課。

但是那時我沒有固定在南開，我教了很多地方。西南是成都、昆明，東北是哈爾濱、瀋陽、大連，中間是北京、天津，東南是南京、上海，西北是蘭州、烏魯木齊。而且每一個地方還不只是一個學校；北京有北京大學、北京師範大學、首都師範大學，天津有天津大學、南開大學、天津師範大學，南京有南京大學、南京師範大學，上海有復旦大學、華東師範大學，烏魯木齊有新疆大學、新疆師範大學等等。

一九八九年，我被臺灣清華大學請去短期講學。我從一九六九年離開臺灣到了加拿大 U.B.C. 大學以後，本來一直跟臺灣保持聯繫。我在臺灣的一些學生常常跟我要稿子，我寫的一些論文也常常在臺灣的刊物上發表。但自從一九七四年我回到大陸探親旅遊，寫了那首《祖國行》的長詩以後，臺灣就認為我是「附匪」了——不僅跑到大陸，還說了很多讚美的話。當時臺灣的《聯合報》用了半版的篇幅發表了一篇文章，題目是《葉嘉瑩你在哪裡》。自從這篇文章發表以後，許多臺灣的雜誌都不敢跟我要稿子了，像《文學雜誌》這個刊物，過去經常刊登我的稿子，這一期也已經印出來了，但是接到官方通知，把我的稿子抽出去了。從那以後，我的文章不准在臺灣發表，臺灣的任何學術會議也不敢請我參加了。所以自一九七九年以後，將近十年我都沒有回過臺灣，我只能通過從臺灣到海外留學的學生跟臺灣的師友通一些消息。

一九八七年七月十四日，蔣經國發布公告，臺灣持續三十八年的戒嚴令解除。臺灣忽然間開放了，有很多從前不允許回臺灣的人都可以回去了，而且臺灣人也可以到大陸尋親訪友、旅遊觀光了。臺灣一開放，清華大學第一個邀請我回去講學。其實我在一九六九年離開臺灣時，清華大學的人文社會學院還沒有成立，所以我沒有在清華大學教過書。一九八〇年清華大學才成立了中文系，一九八二年又成立了外國語文學系，到一九八四年又成立了經濟系，而且中文系、外文系合起來組建了人文社會學院。當時清華大學文學研究所所長陳萬益、中文系系主任呂正惠都是當年我在臺灣大學教過的學生。一九八九年這一次我回到臺灣，雖然發動請我回去的是清華大學，可是後來臺灣大學、淡江大學、輔仁大學都參加了。我就訂了一系列講演題目，從新竹到臺北一路講下來。因為我從前在臺灣教了很多年書，除了臺大、淡江、輔仁這三所大學，我還在廣播電台講大學國文、在電視台講古典詩詞，所以臺灣知道我的人很多。因為這麼多年沒有我的音訊，忽然間回來了，臺灣當地的很多報紙都發了消息。所以我在清華大學講演的時候，用了一個很大的禮堂，大約能夠容納一千五百人。不僅是新竹，還有臺中、臺北各地方的人都跑來了，把這麼大的禮堂都坐滿了。這麼熱烈的場面，真的讓我很感動，當時臺灣的媒體也都做了報導。第二年也就是一九九〇年，我從 U.B.C. 大學退休，清華大學又請我到臺灣客座講學一整年。所以那兩年我就沒有回到大陸來。

五、中華古典文化研究所與蔡章閣先生

一九九〇年我從 U.B.C. 大學退休以後，南開大學、復旦大學、南京大學先後都表示願意請我去教書。特別是南京大學匡亞明校長，曾經請當時負責接待我的史梅女士問我是否願意到南京大學中

1987年母國光校長（右二）為葉嘉瑩慶祝生日，中立者為葉嘉瑩，左側為陳省身夫婦，右一為滕維藻校長。

文系去教書。最後我還是決定留在南開大學了。那是因為一則天津離北京比較近，當時我北京的老家還有不少親人，京津之間來往比較方便；再則也因為當我一九七九年初來南開講學時，在李霽野先生對我的熱心關照下，南開中文系的整體給了我一種親如家人般的感受；三則也因為我曾問過安易（我的學生，對我很好，後來成為我的秘書）是否願意跟隨我，她聽說我要回國教書了就給我寫信說：「葉先生你如果在天津，我一定願意跟隨你，但是如果在外地，我就不能跟隨你，因為我的老母親跟我在一起需要照顧，我不能離開天津。」有此種種原因，所以我就決定到南開來了。

一九九一年我當選了加拿大皇家學會（Royal Society of Canada）院士。皇家學會本是英國學術界的最高組織，而以前溫哥華市是英屬地，所以我任教的大學稱英屬哥倫比亞大學，而原來的英國皇家學會也就被稱為加拿大皇家學會了。那一年我正在臺灣清華大學客座講學一年，並在臺大、淡江和輔仁三所大學兼課。寒假中南開大學邀我來天津，由前一任校長滕維藻和當時的校長母國光兩位先生共同主持，為我獲得了加拿大學術界的最高榮譽，在東方藝術系的講演廳舉行了一次慶祝會。也就是從那時開始，南開大學當時外事處的逄頌豐處長，通過我侄子葉言材與我商議，希望我在南開大學成立一個研究所，由我出任所長。

因為當時外事處成立了一個漢語教育學院，我想逄處長的構想是要把漢語教育學院擴大，提高一個層次，從單純的語言教學提高到文學的層次。可是我自己知道我不是幹這事的人，對於行政、人事我真是一竅不通，尤其是中國這麼複雜，我根本什麼都摸不著門。我就跟葉言材說這個事我絕對不能做，我只能教書。可是校方說你不用管那些行政事務，你只是掛個名做所長，我們找一個副所長幫你管事。接著就又提出了請誰來擔任副所長，以及研究所掛靠在哪一個部門的問題。本來是由魯德才先生做副所長，可是不久魯先生就被韓國請去講學了。後來就想請郝世峰先生做副所長，可是郝世峰先生是不喜歡出頭做事的人。最後徵得崔寶衡先生的同意，在研究所起步的艱難時刻，來擔任了研究所的副所長。經過反覆商量，研究所掛靠在漢語教育學院。

我來南開講課的時候，有很多天津師大的老師和學生也常常跑來聽課，師大有一個王英博老師還幫我介紹中醫。過了幾年，我還在專家樓住著的時候，有一次王老師來看我，跟我說：有個學生安易人很好，讀書也很好，她也聽過你的課。那時安易在《開發報》做記者，一九八六年冬天她來採訪我，那時我就認識了她，研究所成立

1990年當選加拿大皇家學會院士，接受證書。

了，需要找一個秘書，我覺得安易無論是為人或為文各方面都很好，就請安易來做我的秘書。一九九四年安易正式從報社調到南開大學。研究所剛剛成立時確實很艱難，崔寶衡先生跟安易在研究所創辦初期做了不少辛苦的工作。

學校給了新成立的研究所一些創辦費，沒有正式的經費，也沒有辦公室。學校就把東方藝術系的一個房間借給我們做辦公室，王文俊校長另為我們安排了一間房存放我從國外帶回來的一批線裝書。因為沒有正式經費，連電話費都沒有，我們沒有辦法維持。我侄子葉言材每年從日本帶一些日本學生來學中國文化，安易也幫忙開一些課。郝世峰先生、崔寶衡先生、李劍國先生也給這些日本學生開一些課，所裡才有一點收入。學生多的時候，還要找個教室來上課。像糊窗戶紙、擦桌子掃地、整理教室這些事情，都是安易跟崔寶衡先生親自幹的。研究所的所有雜事都是安易跟學校、系裡交涉。安易對我真是沒說的，以她的性格，她是絕對不喜歡這些工作的，她是為了我才接受了這些工作。我在南開這些年，安易一直在我身邊，幫助我工作，真是忠心耿耿。我生病住院也是安易跟張靜輪流陪著我住的。她雖然也不怎麼說什麼，但是你可以感覺到，她真的是很關心你。安易到了退休時，我問她要不要我跟學校說

八〇年代初與安易（右）在南開大學校園。

繼續聘用她，她說不要。但是她跟我說：葉先生今後不管您有什麼事，我一定全力幫忙。一直到現在，不論是查資料，還是打錄我的文稿，或者我要講演準備一些教材，還是安易去做，她只是不願意做那些事務性的事，安易真的是我的終身秘書。她為人很誠懇，絲毫不重視也絕不追求外表的東西。安易的真誠，也贏得了我身邊學生們的尊重，大家都很尊敬她。

當時國家教委已經有政策，允許在職讀研究生。安易、徐曉莉、楊愛娣，聽說我成立研究所，就都想讀我的研究生。但是因為我們所掛靠的漢語教育學院沒有招收研究生的指標，結果她們三個算是中文系的研究生，指導的老師是郝世峰先生。徐曉莉、楊愛娣在外校工作，她們兩個雖然也念了，但是因為工作繁忙，沒有拿正式的學位。最後只有安易堅持下來，拿到了碩士學位。最初我們研究所也考慮掛靠在中文系，可是那時中文系也不是很熱心接受我們，大家真是看不出我們的研究所有什麼前途，覺得是個累贅。直到一九九三年陳洪先生做了中文系主任，才接受我們掛靠在中文系，研究所才有了招收研究生的名額。因為我招博士生需要國家批准，所以當時只從中文系給我兩個碩士生，就是遲寶東和舒娟。後來我的博士生導師資格批下來了，才開始招博士。一九七九年我第一次到南開講學時，陳洪先生當時在南開中文系讀研究生，講學結束時，他曾親自幫我整理行李。陳洪先生畢業後留在南開中文系工作，一九九三年做了中文系主任，後來又做了文學院院長、南開大學常務副校長。多年來，陳洪先生對於我們研究所的工作給予了很大的支持。

因為我們研究所什麼都沒有，母國光校長親自跟我說，葉先生你如果能在海外募來一筆捐款，我們就可以像日本所一樣，給你們一塊地蓋一座樓。我跟崔寶衡先生為籌建這個研究所的教學樓做了一個簡單的計畫，我們兩個還跑去看了位於老圖書館旁邊的日本所，看看它有幾層樓，有多大面積。也看了學校說可以給我們用的幾個地方，其中一個地方就是陳省身先生住的寧園後邊小花園附近的地方。

促成給我們研究所蓋樓的是 U.B.C. 大學亞洲圖書館的謝琰先生。謝先生的夫人施淑儀女士是香港中文大學中文系畢業的高材生，對古典詩歌有很高的興趣和修養。那時她常常約我到她家裡去，有時也跟他們吃一頓飯。我剛剛開始在南開辦這個研究所的時候，真是相當地艱難，謝先生夫婦跟我都很熟，常常聽我說起來這些事。

謝琰夫婦經常邀請我去他們家舉辦一些詩詞講座，有一位熱心中國文化的企業家蔡章閣先生也在他們府上聽過我講課。有一次蔡先生跟謝先生談起推廣中國文化的一些問題，謝先生就請蔡先生吃飯，也約了我去，我就跟蔡先生見了面。蔡章閣先生少年時家境不是很好，他從小就出來學徒做工，後來很有成就。他自己也經歷很多不幸，他到了香港以後，在把全家從廣東接出來的時候，船遇到戰爭留下的海上魚雷，他的第一位夫人跟孩子全都遇難了，他是後來再結婚才有現在的這些孩子。蔡先生雖然小時家境也不好，但是舊日的中國，儘管是廣東的鄉村，一般還是有私塾，蔡先生讀過四書，所以他特別重視儒家的思想。

蔡先生一直很熱心教育文化事業，晚年退休以後到了溫哥華，他曾經捐了一筆錢給 U.B.C. 大學，建立了一個亞洲研究中心。蔡先生的理想是要推廣中國文化，可是現在一般人都是注重經濟交流，一些亞洲太平洋區域性的會議，也是以經濟交流為主。U.B.C. 大學這個亞洲研究中心蓋好了以後，事實上也都是做這方面的工作，蔡先生覺得跟他的理念並不是完全相合。

有一次我在謝琰先生家講課，講的是清朝張惠言的五首《水調歌頭》。張惠言是清朝有名的詞學家，編有《詞選》一書，但是在中國文化史上，他其實是一個經學家。他是研究易經的，張惠言在易經方面的學問，對他的詞學研究很有影響。中國這些讀書人，讀的都是孔孟之學，對於自己本因為在中國詞學史上是非常有特色的。因為早期的詞都是寫美女與愛情的，後來的詞雖然有了比興寄託，但都是指國家的、政治的，或者是自己仕宦的不得意，發一些牢騷。可是這五首詞是張惠言寫給他的學生楊子掞的，講的都是求學、修身、做人的道理，這些道理本來實在很難在詞裡邊寫進去，但張惠言這五首《水調歌頭》寫得真是好，他把形象、情意跟他的理想配合得非常好。他把自身的儒學文化方面的修養，與詞的美感特質微妙地結合在一起了。

張惠言的出身非常貧苦，他的祖父、父親都是三十多歲就死了。兩代人都是寡母撫養孤兒長大的。因為父親死得早，沒有人教他，他的母親就把他寄託到一個親戚家去讀書。他的母親跟姐姐靠給人家刺繡維持生活。他寫文章說，有時他回家看見母親、姐姐常常在油燈下刺繡。有一次傍晚，張惠言回到家，家裡沒有吃的，全家人就都餓著睡了。第二天早上，張惠言餓得不能起床。母親說，我跟你姐姐、弟弟常常過這樣的生活。張惠言在親戚家讀了四年書，回家後母親叫他教弟弟讀書。每天晚上，只點一盞油燈，母親和姐姐相對在燈下刺繡，張惠言和弟弟在旁邊讀書。這些早年艱苦勤奮的讀書生活，對於張惠言為學有著極大的影響。

那天也是很巧，我在講張惠言這五首詞，蔡章閣先生由他的小兒子蔡宏安陪著也來聽講，而且一直聽完才走。其實那時我對蔡先生的生平也不大了解，我在想，很可能是我講的課使他感興趣。一來張惠言小時出身很苦，而且這五首詞講的都是修身做人的道理，完全是儒家的思想；二來蔡先生讀過四書，所以他特別重視儒家的思想。後來，謝先生夫婦把我這邊創辦研究所的困難情形跟蔡先生說了，蔡先生可能認為我所講授的內容，與他的理想頗有暗合之處，所以一聽說我要向海外募資為研究所興建教研樓，馬上答應捐一筆錢給我們蓋一個樓。

本來我們可以在陳省身先生住的寧園附近的小花園那個地方單獨蓋一個樓，恰巧當時南開大學正要蓋范孫樓，陳洪主任跟侯自新校長商量以後，覺得在小花園那裡蓋樓，離范孫樓太遠反而不方便，不如跟文學院合在一起，按照蔡先生所捐款的數額，可以拿到范孫樓東側的四層樓。這個提議也得到了蔡先生的同意，蔡先生捐資時也跟南開大學說好，他只負責投資興建，以後的管理由南開大學負責，這樣一來，管理起來也方便。范孫樓於一九九九年落成，第二年「中華古典文化研究所」正式列入南開大學研究生招生計畫，籌劃了多年的研究所，雖然經歷了不少艱難，總算有了初步的基礎。

本來研究所開始成立時，我們把它定名為「中國文學比較研究所」。那是因為自八〇年代的中期我多次回國教書後，逐漸發現學校中修習古典文學的學生，竟然

1999年在中華古典文化研究所大樓落成儀式上，與捐資人蔡章閣的長子蔡宏豪（右二）、南開大學校長侯自新（右三）及題寫鐫石的書法家謝琰（右四）合影，左三為葉嘉瑩。

有了程度下滑的現象。在多年封閉和壓抑後，中國剛剛開始改革開放，青年學生心理上形成了一種偏差，對於海外的一切都感到新奇，而忽視對中國自己傳統文化的學習。面對經濟的飛速發展，大家競相追求物質利益，而精神文化方面沒有得到應有的重視。我將研究所定名為「比較研究」，一方面是為了吸收追求新學的青年，另方面也因當時的研究所掛靠在漢語教育學院，有面向海外的意思。不過我相信這只是短暫的現象，當人們物質利益達到一定水平以後，必然會回到對精神文化生活的追求。有感於這種狀態，我寫了一首詩，題為《高枝》：

高枝珍重護芳菲，未信當時作計非。忍待千年盼終發，忽驚萬點竟飄飛。所期石煉天能補，但使珠圓月豈虧。祝取重番花事好，故園春夢總依依。

「高枝」上的「花」，就象喻著我所熱愛的古典詩歌，我相信只要我們盡到自己的力量，則不僅「天」可以「補」，「月」也不會「虧」的。為了表示我自己的決心，我還寫了一首調寄《蝶戀花》的小詞：

愛向高樓凝望眼，海闊天遙，一片滄波遠。彷彿神山如可見，孤帆便擬追尋遍。　明月多情來枕畔，九畹滋蘭，難忘芳菲願。悄息故園春意晚，花期日日心頭算。

「望眼」中的「神山」是我所追尋的理想，「九畹滋蘭」是我教學的願望。我雖然只是一只孤帆的小船，但也不會放棄我追尋的努力，相信「花期」到了的時候，必將有盛開的那一天。當然我也自知自己的能力薄弱，我只是一株不成材的「散木」，如果把國家比做一座正在建造中的大廈，就像杜甫在他的《赴奉先縣詠懷》詩中所說的，國家之多才，自然是「當今廊廟具，構廈豈云缺」，至於我自己，只不過是對於我所熱愛的古典詩歌，有著一份「難忘詩騷李杜魂」的感情而已。所以我才在研究所的名稱中，在「中國文學」之後，加上了「比較」二字，以表示我們研究所在學習中國古典的同時，也重視對西方新學的融滙，但是我們的目的仍然在於向更深更廣的層次，拓展中國古典文學的研究。

因為古典文學中所蘊藏的正是中華的古典文化，在我與蔡先生商量的過程中，他希望研究所在從事古典文學方面研究的同時，也能注意到儒家思想方面的研究。蔡先生提出要以「中華古典文化」為研究所命名，我也就欣然表示了同意。最後我們這個研究所定名為「中華古典文化研究所」。

我自己為研究所捐出了我在 U.B.C. 大學所得的退休金之半數（十萬美金），設立了「駝庵獎學金」和「永言學術基金」。我平生雖然教了六十年以上的書，但卻從來沒有領過一筆完整的退休金。起初在北京教書，不到三年就到南方去結婚了，不久又隨先生的工作去了臺灣。在臺灣雖教了二十年書，但因未到退休年齡，我就於一九六九年到加拿大去了。到一九八九年我六十五歲從加拿大的教職退休，又因我初來的第一年只是訪問教學，不是正式教師，算來不到二十年，所以也沒拿到全額退休金。當時只拿了三十多萬加元，折合美金不過只有二十萬而已，所以十萬美元是我退休金的半數。不過那時美金值錢，折合成人民幣，也還是不小的數目。

這兩筆基金的命名要說明一下。「駝庵」是我的老師顧隨先生的別號，用我老師的別號命名這項獎學金，是為了紀念他。因為無論是任何一種學術文化得以綿延久遠，都是要依靠有繼承的傳人，而教學正是一種薪盡火傳的神聖的工作。我個人非常慚愧，多年來流寓海外，飽經憂患，沒有能夠按照老師的期望盡到自己傳承的責任。現在覺得自己年歲大了，更因眼見社會上對古典文化傳承的忽視和冷落的狀態，所以想到用老師的別號設立一個獎學金，希望能藉此給青年人一些鼓勵，使他們能認識到在文化傳承方面的責任重大。如果真的能使這一點薪火得以繼續相傳，也可以減少一點我對師恩的愧疚之情。我誠懇地希望領到獎學金的同學，所看到的不僅是這一點微薄的金錢，而是透過「駝庵」的名稱，了解到薪火相傳的重要意義和責任。

至於學術基金以「永言」這兩個字命名，大家可能想到的是《毛詩．大序》中的「詩言志，歌永言」。我是一個從事古典詩歌教學研究的工作者，以「永言」命名這筆學術基金，自然包含著我對古典詩歌重視的一種取意。其實除此以外，我以「永言」命名這筆學術基金，也是為了紀念我的大女兒言言夫婦。我的大女兒言言與女婿永廷在一九七六年三月因為車禍去世。我好不容易熬過了半生的勞苦，又遭此不幸，內心的痛苦可想而知。可能是一個人一定要真的受到很沉重的打擊，痛苦到了極點的時候，你反而有了一種覺悟。我大女兒的去世這件事，使得我反而有了一種覺悟，使我下決心回國教書，給我的生命找到了一個新的支點。所以我摘取了我的大女兒、女婿各自名字的一個字做了這筆學術基金的命名。

六、澳門實業家沈秉和先生

我們的研究所還得到了澳門實業家沈秉和先生的贊助，說來也是有一段因緣的。

1999年在中華古典文化研究所大樓前留影。

1999年在駝庵獎學金頒獎儀式上。

二〇〇〇年六月，有兩個會議邀請我去參加，一個是臺灣「中研院」舉辦的第一次漢學會議，一個是澳門大學舉辦的第一次國際詞學會議。臺灣的會議在前，澳門的會議在後，我就先去了臺灣。那一年到機場來接我的，有「中研院」的人，還有臺灣大學、淡江大學的校友。還有臺灣媒體的記者知道我來了，也跑到機場來採訪。那天很熱，我剛下飛機很狼狽，背著自己的行李包、皮包，手裡捧著鮮花，記者還要給我拍照。我的一個學生姚白芳也來接我，她看我拿這麼多東西就說「你把皮包給我拿著吧」，我說好，就把皮包給了她。等記者拍完照了，我就找姚白芳問：「我的皮包呢？」她說，剛才有一個同學，是個男士，看我拿的東西多，說幫我拿著，我給了他了。我說，那是誰呀？姚白芳說一定是老師的學生吧。結果問了所有的人都沒有找到那個人，那是外邊的人混進來，把我的皮包給騙走了。我的護照、駕照、信用卡、機票，所有的證件都丟了。本來計畫臺灣的會議結束後，隔一天我就到澳門去開會。澳門會議主辦人施議對先生打電話跟我聯繫，我只好告訴他我的護照、機票都丟了，我不一定能按時去開會了。

姚白芳是一個很負責任的人，她也很能幹，她馬上幫助我聯繫去補這些資料。我那時已經是七十六歲的年紀了，不過身體還好，大熱天，我除了開會，也跟著她跑。還好，加拿大在臺灣有個臨時辦事機構，給我補發了一個臨時護照，最後還趕上了澳門大學的國際詞學會議。就是在這次會上，我認識了沈秉和先生。

開會那天，我匆匆忙忙趕到澳門，他們還讓我做了主題講演。第二天，澳門大學安排我們去參觀大三巴，還參觀了一個小公園，裡邊有很多荷花。參觀回來吃飯的時候，通知我們晚上有人宴請。晚上的宴會上，沈先生夫婦就坐在我旁邊，那時我對他們一點印象也沒有。主持人讓宴請人講話，沈先生就到前邊去講了。他講話的時候我才注意到他，因為他講的內容跟我平常寫的關於詩詞

2005年與沈秉和夫婦合影。

評賞文章時的想法非常接近，我感覺他是一個對於詩詞很有感受的人。沈先生講完話，還是坐回到我旁邊。吃飯的時候，沈先生跟我說，等一下吃完飯，你不要跟他們大巴一起走，我還有事情要跟你談，然後讓我太太的車送你回去。飯後我就留下來了，沈先生跟我說，聽說你在天津辦了一個研究所，我想給你們一點點贊助。你回去以後，要把詳細的地址給我，我們好跟你聯繫。我們談完以後，他的太太陪著我，讓司機開車把我送回了旅館。接下來一天大會結束，又請大家吃飯送別，這次沈先生跟我不在一張桌子上，吃完飯他又專門來到我的桌上跟我說，葉先生你一定要記得昨天商量的事情，回去以後給我詳細的地址，我們好再聯繫，我就答應了他。沈先生自己喜歡喝茶，他還送給每一個開會的人一袋很講究的茶。

澳門大學的會議結束後，因為剛放暑假，我沒有回南開，而是先回了溫哥華。我回到溫哥華以後就給沈先生寫了一封信，當然寫得很簡單。我說他對中國古典文學這麼熱心，這次在會上碰到他很榮幸，並且簡單介紹了我們研究所的情況。過了幾天，沈先生就給我回了一封很長很長的信，沈先生的信寫得非常好，真的可以說是不俗。以前我聽到他的講演，只是覺得他是一個對詩詞很有感覺的人。我給他寫的第一封信，就是隨便寫的，這回看到他的信，我才覺得沈先生不是一般的人。一般很淺薄的人，字句寫得就淺俗，而文學修養好的人，寫的就很文雅，沈先生本質上就是那種對於詩詞有真誠的感受的人。他是真心熱愛詩詞，不是一般的人，有錢就拿出來贊助。那時我已經到了加拿大的東部，住在我女兒家，第二封信是在我女兒家寫的，從此我們就建立了通信聯繫。

到了秋天我回到南開的時候，沈先生就給我們寄來了一百萬人民幣，而且對我們表示信任，怎麼用他不管，由我們自己決定。

沈先生在我們來往的信中說，他非常喜歡詩詞，二十多年前，也就是七〇年代，他在香港看到了我的書，給了他很多啟發，可惜他現在沒有資格做我的學生了。我寫信跟他說，我有講課的錄影帶，可以給他寄去看看。我把我講唐宋詞的錄影帶給他寄去了一部分，大約有兩、三個小時。沈先生看了以後又給我來信說，他一口氣把錄影看完了，他覺得好像又回到了課堂上，就是太短了，他問我還有沒有。我就告訴沈先生，還有很多，一共有二十四講。如果你還想要這些錄影帶的話，九月份中華詩詞學會約我去深圳開會，離澳門也不遠，這麼多帶子寄也不方便，我去深圳的時候，給你帶著好了。

我到了深圳以後就跟沈先生聯繫上了，他很快就帶了公司的兩個職員到了酒店來拿那些帶子。恰好這時臺灣桂冠出版社已經出版了我的作品集，沈先生給了我們這麼大的贊助，他又喜歡讀書，我就讓桂冠公司送了一批書給沈先生。這次我見到他就問書收到了沒有，他說：收到了，那麼多書我讀就得花很多時間，你寫的時候不知花了多少時間呢！我跟他說這套書分四部分，有創作集、詩詞講錄、詩詞論叢、詩詞專著，每一部分我都寫了序言，前邊還有一篇總序，他要是想了解我，看看那些序言就可以。

沈先生看了我的唐宋詞錄影帶，又給我寫信，他說：「唐宋詞中的溫庭筠和韋莊我聽了兩遍，像我這樣只有普通文化水平的人都能聽懂，所謂懂就是聽了你的講課，知道了中國的傳統中原有這樣一路精緻的美。」他還說這麼好的東西應該做出來流傳，而且一定要做好。沈先生還不只是說說而已，還親自投入精力來辦。就是這一年的冬天，大約是十二月，沈先生親自來了大陸。他先去了上海，又跑到山東，找各地出版社聯繫，想把我的這些講課錄影好好做出來，沈先生還帶著出版社的人來到了南開。聽說他從山東坐火車到天津來，沒有座位，是一路站著來的。說實在的，我對於沈先生的熱心贊助真的是很感動——我說不是感謝，而是感動，現在做出來的我講唐宋詞的光碟，最早就是沈先生張羅做的。

這次沈先生來到南開，他說雖然看了我的錄影，可還是沒有真的聽過我的講演，我說那我就做一次講演好了。後來就安排在東藝系的禮堂，我講了李商隱的《燕台》四首，請了沈先生去聽。在我講演之前，我們還請沈先生講幾句話，他講得非常好，真的是文學家的講話，是詩人的講話，不直接說而是用比喻。他開頭說：「今天我本來是準備聽梅蘭芳的戲的，怎麼讓我上來了。」他說的「梅蘭芳的戲」是指的我的講演，可是台下的人沒有聽懂，講演結束後，就有人說：沈先生今天晚上本來是要聽戲的。遺憾的是南開大學沒有把他的講演錄完，剛開了一個開頭就沒有了，這是後來我找他們要來那天的錄影看時才發現的。真是很可惜，很多寶貴的東西就是這樣沒有保存下來。我在開始講李商隱之前跟大家說，沈先生不但是捐給了我們那麼大一筆錢，一出手就是一百萬，而且為了做我講唐宋詞的錄影帶，親自在路上奔波，沒有座位，就站來站去的，還親自去聽我給小孩子的講課。我對沈先生不止是感謝，真的是感動了。那時沒有人像現在這樣，有心把我的講課好好拍得像樣子一些留存，那時還沒有這個觀念，我在南開講了那麼多大課，都沒有錄下來。這次講李商隱是因為沈先生來才錄的，只可惜還是既沒有錄全也沒有錄好。

沈先生既然來了南開，也跟陳洪先生見了面，也商量這一百萬怎麼用。我這個人不大會管錢，也沒有什麼計畫。到了二〇〇一年沈先生就約我們去了澳門，陳洪先生、我們所的副所長趙季，助理張紅還有我，在沈先生家裡開了一個討論會，研究推廣古典詩詞的問題。我在認識沈先生之前就給江澤民主席寫過信，呼籲重視中小學讀古典詩詞。在這次討論時我們又談到這些，大家說現在學生讀不讀詩詞，關鍵是要看老師怎麼教，老師教得好，學生就願意學，老師教得不好，學生就不願意學，說不定還討厭了呢！我們就決定還是先從老師入手，打算辦一個師資培訓班。

暑假的時候，由沈先生出資，南開大學文學院主辦，在薊縣召集了一個古典詩詞講習班，主要培養對象都是師範院校的老師。這次古典詩詞講習班，沈先生沒能親自來，但是他親自給講習班的同學們寫來了一封信，大家很受感動。

沈先生認識了陳先生以後，他再來信就寫給我們兩個人，他說這筆錢怎麼用，只要陳先生跟葉先生說可以就行，不一定要等他的同意。後來這筆錢就由學校安排購置了一些教學用的器材和書籍。

沈先生不但有詩意，而且真的關心我們的事業。那時天津電大的導播徐士平先生正給我錄製給小孩子講詩的課程，我告訴了沈先生，他也去聽了。徐導是我被徐曉莉約去給天津電大中文系講課時認識的，他負責給我錄影，他們全家都看了我的講課錄影，都很喜歡。因此他主動要給我整理《唐宋詞十七講》的錄影，還拍了我給幼兒園小孩子講詩詞的錄影，可惜一直沒有做出來。很多工作徐導都是義務做的，沈先生也給了一些經濟上的支持。給幼兒園講課這套錄影沒有做完的原因，是徐導有一個理想，打算拍一些小孩子以詩歌為題材的舞蹈、唱歌的節目放在講課的內容之前，但是沒有來得及做，徐導就生病了。徐導去世以後，有一位張蕾老師又接著做了《唐宋詞十七講》的錄影的一部分工作，她是一個很負責任的人。現在唐宋詞的錄影光碟已經出來了，但是我給幼兒園小孩子講詩詞的錄影還沒有做出來。

從二〇〇〇年六月我在澳門國際詞學會議上認識沈先生，九月我到深圳參加中華詩詞學會的會議與沈先生再次見面，我們之間的交往一直延續到現在。在這些年的交往中，我也留下了幾首詩詞。沈先生真的是很儒雅，對文化很有感覺。出版《老照片》的那個山東畫報出版社，後來出了一本《老油燈》影集，沈先生看見了就買了一本送給我，觸發我寫了一首《鷓鴣天》，前邊寫了小序：

友人寄贈「老油燈」圖影集一冊，其中一盞與兒時舊家所點燃者極為相似，因憶昔年誦讀李商隱《燈》詩，有「皎潔終無倦，煎熬亦自求」及「花時隨酒遠，雨後背窗休」之句，感賦此詞。

皎潔煎熬枉自癡。當年愛誦義山詩。酒邊花外曾無分，雨冷窗寒有夢知。　人老去，願都遲。驀看圖影起相思。心頭一焰憑誰識，的歷長明永夜時。

二〇〇一年沈先生約我們去澳門，沈先生送給我們每人一個禮物，送給我的是一個非常漂亮的蓮葉形的大花缸——因為我的小名叫荷，所以我對蓮也是情有獨鍾，我讓學生們從蘇州園林移來微型的小蓮藕種在裡邊。蓮藕後來沒有種成功，但這花缸我非常喜歡，就寫了一首《浣溪沙》：

新獲蓮葉形大花缸，喜賦。

蓮露凝珠聚海深，石根縈藻繫初心。紅蕖留夢月中尋。　翠色潔思屈子服，水光清想伯牙琴。寂寥天地有知音。

二〇〇一年，沈先生又計畫再創辦一個產業，所得利潤用於從事文化事業。我得知此事後寫了一首《金縷曲》，前邊寫了小序：

澳門實業家沈秉和先生熱心中華文化，雅愛詩詞，自謂早在七十年代初即曾因偶閱拙作有所感發，去歲澳門大學舉辦國際詞學會議，筵前初識，即慨然捐資人民幣百萬予南開大學我所創設之中華古典文化研究所，為推廣詩詞教學之用。近日沈君又計畫更創新業，其意願固仍在以營利所得為從事文化事業之用也。沈君才質敏慧，經常撰寫文稿在港澳報刊發表，間亦寫作小詩，其文筆詩情皆有可觀，性嗜飲茶，一杯在手，神遊物外，雖經營世務而有出世之高情，其資秉志意皆有過人之處，因為此詞以美之。

記得初相識。正濠江、詞壇高會，嘉賓雲集。多謝主人安排定，坐我與君同席。承相告、卅年前日。偶閱拙篇興感發，似雲開、光影窺明月。百年遇，一朝夕。　陶朱事業能行德。况端木、論詩慧解，清才文筆。傾蓋千金蒙一諾，大雅扶輪借力。看天海、飛鵬展翼。偏有高情塵世外，伴明燈、嗜讀茶香側。多少意，言難說。

我在南開這二十多年，南開大學各方面的領導和友人們給了我很大幫助，我在國內外的家人們對我所做的一切事也都非常理解和支持。在這裡要特別提到我的小女兒，她不僅支持我所做的一切，在各方面給了我很多協助，還給了我一個寶貴的建議：她認為對中國古典文學人才的培養，等到了大學和研究所時才開始注意，已經太晚了；她認為如果想真正能培養出對中國的古典文學和古典文化有興趣和有修養的下一代，實在應該從一個人的童幼年時代開始才好。其實我自己個人近年來對這件事也有了同樣的想法和認識，小女兒的話不僅更使我認識到它的重要性，同時也更增加了我要在有生之年在這方面做出一點貢獻的決心。我曾經與友人合作編印了一冊教兒童學古詩的讀本《與古詩交朋友》，也應邀在很多地方做過教兒童古詩的示範教學。這種教學往往因我個人的忙碌，而不能持之以恆，每次教學的反應雖然都很好，但每當事過以後無人為繼，使得我的努力都歸於徒勞。正如投石於水，投入時雖也可引生一些漣漪，然而漣漪靜後石沉水底，便了無蹤跡可尋了。後來我在臺灣姚白芳女士的幫助下做出一套教兒童學古詩的錄影在臺灣出版了，我希望能藉此喚起負責教育方面的人士的注意。如果能夠在幼兒園中設一個「古詩唱遊」的科目，以唱歌和遊戲的方式教兒童學習吟唱古詩，持之以恆，對於兒童們的文化品質的培養和提高，必能收到很好的效果。在這方面，資助我們所蓋樓的蔡章閣先生也與我有同感，他還提議除了古詩以外，希望研究所能編一本教青少年學習《論語》的讀本。這本書已經由南開大學的馮大建編寫完成了，書名是《論語百則》，每一則都做了中英文的說明和翻譯，受到孩子們家長的歡迎。

現在跟我一起學習的有碩士、博士、還有博士後，我每年都從加拿大回到南開來，每次至少要停留半年。學校也給我安排了長久的住所，自從我北京祖居的老宅察院胡同被拆毀夷平後，南開大學就成了我在祖國的唯一的「家」了。三十年前以李霽野先生為首的南開各位老師的接待，使我對南開有了非常親切的感情。這種感情一直延續到今日，文學院的領導和同事不少都是當年的舊識，他們隨時給我周到的關懷。許多聽過我講課的同學們，無論是三十年前的舊學生，還是近年才考入的研究生，更是對我有如家人親長一般地照顧，而他們彼此之間也有著如同姐弟兄妹一樣的情誼。我非常感謝南開大學給我機會，使我三十年前所懷抱的「書生報國成何計，難忘詩騷李杜魂」的一點願望，能在南開園中真正得到了落實。

第七章　研讀治學

一、早期的詩詞評賞之作

一九五四年以前我沒有寫過真正意義上的詩詞評賞之類的論說文字，我只寫詩詞的創作，而且詩詞的創作也只是在上大學的時候常寫，所以大家都不知道我，對我根本沒有印象。開始寫關於詩詞評賞的文字，最早是給一家名叫《幼獅》的刊物寫的，而且用的是我的筆名「迦陵」，當然也沒有人知道迦陵是誰。

我先生的姐夫包遵彭原來在海軍工作，我先生最初在海軍的工作，就是他介紹的。他是一個喜歡讀書、也喜歡研究的人，中國最早的一部海軍史就是他寫的。後來一方面是因為國民黨在臺灣的白色恐怖，一方面也是因為海軍內部的政治鬥爭，他離開了海軍，在臺北歷史博物館做了館長。他同時參加了一個專門管青年文化活動的團體——幼獅，這個團體辦了一個刊物也叫《幼獅》。一九五四年，包遵彭找我給他們寫點東西。我一共寫了兩篇小文章，一篇是論詩的，寫的是初唐王績的《野望》；一篇是論詞的，寫的是辛棄疾的《祝英台近》，這兩篇小文章寫得比較簡單，都很短，所以沒有收進我的集子裡。

我早期寫的第一篇真正嚴格意義上的關於詩詞評賞的文章，是評賞王國維的詞，題目是《說靜安詞〈浣溪沙〉一首》。那是一九五六年夏天，臺灣的教育主管部門舉辦了一個詩詞講習班，請了一些社會上有名的教授主講，詞這一部分請的是臺大的知名教授鄭騫先生。我那時只有三十二歲，是青年教師，正在臺大教大一國文和歷代文選，而臺大的詩選、詞選都是我的老師一輩在教。戴君仁先生教詩選，鄭騫先生教詞選。可是這個講習班鄭騫先生自己不願去，他讓我去講，所以我就去講了幾小時五代和北宋的詞。講座結束以後，教育主管部門又要我們這些講課的人，每人寫一篇論文刊登在當時臺灣教育主管部門出版的《教育與文化》這本刊物上。

那一陣子我剛剛從患難之中走過來，我對於人生真的是非常的悲觀。那時我特別喜歡悲觀的作品，還不只是悲觀，我是特別喜歡那種把人生寫到絕望、痛苦、什麼希望也沒有的作品。因為王國維就是一個非常悲觀的人，而且他的一些詩詞也寫得極為悲觀，這正是我喜歡他的詩詞的原因。於是那些經常在我心中盤旋的、靜安先生的悲觀絕望的詞句，就臨時被我借用為寫作的題材，草寫了《說靜安詞〈浣溪沙〉一首》。王國維的這首《浣溪沙》是這樣寫的：

山寺微茫背夕曛，鳥飛不到半山昏，上方孤磬定行雲。　試上高峰窺皓月，偶開天眼覷紅塵，可憐身是眼中人。

我以為王國維在這首詞中寫的不是抒情，不是敘事，也不是說理，他寫的是對人生哲理的一點

1988年與王國維之女王東明（右）在臺北合影。

體悟。王國維曾經說，寫實的作品中間也要有理想，而理想的境界也要合乎現實。我們從上半首來看好像是寫實的，「山寺微茫背夕曛」，他說山上有一個寺廟，在微茫遙遠的地方看不清楚。「夕曛」是傍晚的斜暉，西天落照，太陽已經沉下去了，但還有一點光影在那裡。這座寺廟還不是對著斜暉，而是背著斜暉。他這裡寫的是一個非常高遠，非常渺茫的，看不清楚的境界。「鳥飛不到半山昏」，是說這個寺廟那麼高，那麼微茫，看都看不清楚，連鳥都飛不到那裡，而且半山的天色已經昏暗了。「上方孤磬定行雲」，是說你雖然看不見，也飛不上去，可是你卻能聽到在那上邊的寺廟裡有孤磬的聲音傳來。這個孤磬的聲音非常美妙，使得天上飄行的雲都停在那裡不肯離開。這裡用的是《列子・湯問篇》的典故，《列子》上說：有一個叫秦青的人，唱的歌很動人，秦青唱歌的時候，「響遏行雲」，能把天上的雲彩留住。這裡寫得很妙，上方那個高遠的寺廟你看不清楚，也不能到達，可是有一個孤獨的擊磬聲使你動心，吸引著你。所以你就要「試上高峰窺皓月」，「試」是嘗試，努力。當你努力想爬到那寺廟所在的高高的山峰上，看一看天上的明月的時候，「偶開天眼覷紅塵」，你偶然睜開了眼睛看見了紅塵間的人世；「可憐身是眼中人」，可悲哀的是，你其實就是你所看見的下面蠕蠕蠢蠢的紅塵中的人。

我是讀了一輩子古典詩詞的人，這第一篇賞評文字為什麼不寫五代、兩宋的大家，而寫王國維呢？用我自己的話說，就是「不得於心者，固不能筆之於手」。如果不是我真的有感受，真的有理解，我是不會把它寫出來的。我無論講詩詞還是寫論文都是有自己的感受、自己的體會才寫出來、講出來的。

王國維為什麼使我感動呢？那是因為我所遭遇的種種不幸和挫折。我所遭遇的不幸和挫折還不只是我先生和我先後被關，還有我跟我先生的感情問題。我先生被關了三年後被釋放，不幸的遭遇造成了他內心的許多牢騷憤怨，我是能夠體諒的，因此遇事總是格外容忍。所以除了生活的重擔以外，我還又加上了精神上的負擔。生第二個孩子的時候，我先生在產房門口等候消息，當我從產房裡被推出來時問他幾點鐘——因為又是一個女兒，他連一句話都不肯回答，掉頭就走了。產後第二天我就發了高燒，所以身體更加虛弱，又染上了氣喘病。那時，我們全家已經搬到了臺北，我在很多學校兼課，教書工作十分繁忙。每天下課回來，胸部都隱隱作痛，好像肺部的氣血精力都已經全部耗盡，每呼吸一下都有被掏空的感覺。同時我還要以沒有時間做好家事的負疚的心情，接受來自於夫權的責怨。那時，對於一切加在我身上的咆哮欺凌，我全都默然承受。這還不僅是因為我生長在古老的家庭中，接受過以含容忍耐為婦女美德的舊式教育的原因，而且也是因為當時我實在再也沒有多餘的精力可以做任何爭論了。那一陣子我經常夢見自己陷入於遍體鱗傷的彌留境地，或者夢見我的母親來了，要接我回去。其實我還常常夢見趙鍾蓀在打我們的兩個女兒，我在拼命地保護她們。我常常做這樣的夢，因為他不僅對我很凶，就是對我們的兩個女兒也很凶。當然這事已經過去多年了，現在我已經不做這樣的夢了。在那一段生活中，我最常記起來的，就是靜安先生用東坡韻詠楊花的《水龍吟》那首詞中寫的頭兩句：「開時不與人看，如何一霎濛濛墜」，我覺得自己就像靜安先生所詠的楊花一樣，根本不曾開過，就已經零落凋殘了。

不過我的性格中另外也有著極為堅韌的一面，我可以用意志承受許多苦難而不肯倒下去，更不願接受別人的憐憫和同情。因此多年來我沒有向任何人透露過我的不幸，外表上也一定要保持住我一貫平和的樣子。我相信當年臺灣的朋友和同學們，除了記得我那時的瘦弱以外，大概沒有人知道我所經歷過的艱苦和酸辛。

那時我除了為生活而必須工作，對兩個女兒盡教養的責任之外，我對一切都不存任何希望，所以有很長時間都不曾提筆寫作。有些人談到小說的寫作，常常說一般作者的第一篇小說，都多少帶有自傳的性質。因為無論任何一個人，他所感受得最深，知道得最清楚的，總是跟他自己的生命相結合的一些事物，所以在一開始寫作時，總會多少帶有一點自己的投影，總要把這些長時間已經鬱積的感受抒發完了，才會開始向自己以外的世界去尋找可寫的題材。《說靜安詞〈浣溪沙〉一首》這一篇文稿是我在好久不寫作之後的第一篇作品，所以在一開始寫了一段近於自敘的話。當我說到靜安先生悲觀寂寞的心境時，也不免有我當時心情的一些投影。

那時我覺得人生是這樣的無常，這樣的短暫，這樣的空幻，而且充滿了悲哀和苦難。那一段比較悲觀絕望的時期，我喜歡那些悲觀的文學作品，而且是極端悲觀的。如果只是像「少年未識愁滋味，為賦新詞強說愁」，那種傷感還不夠，我喜歡的一定是那種把人生一切都看破，就像卡夫卡的《變形記》寫的那樣痛苦、絕望，所有的感情都是靠不住的，人生一點希望都沒有。《變形記》寫的是一個公務員，一天早上突然發現自己變成了一隻蟲子。這個故事看起來好像很荒誕，一個人怎麼會變成一隻蟲子呢！可是卡夫卡把這個荒誕的故事寫得非常現實。本來這個公務員是他家裡唯一養家的人，他有父親、母親和妹妹，大家對他都很好。當他變成一隻蟲子以後，他的父母對他的態度大為轉變，要把他打死，把他趕走，寫的真是現實的、真實的人生。我對於這些透過荒謬的故事而揭示出來的人類生活的悲苦與絕望的作品，感到強烈的震撼和感動，似乎只有寫到如此極端的作品，才能使我因經歷過深刻的悲苦而布滿創傷的心靈，感到共鳴和滿足。總而言之，那時我對人生就是抱著這樣一種悲觀的態度。

《說靜安詞〈浣溪沙〉一首》這篇文稿是用淺白的文言寫的，因為其中有些我自己的投影，用文言也比用白話多一份安全的距離感。這時我剛剛開始寫學術的論說文字，還不是很習慣，雖然是寫賞評的文字，還是帶著我那種創作的情意來寫的，不只是簡單地說一個道理，還希望有一些文采和詩意。不像我現在寫學術論文，只注重在於說一個道理，把它說明白就好了。那時我在寫作風格上很注意文字的美感，也模仿了王國維的風格，王國維的雜文集裡寫的都是淺白的文言，別具一種風格。有的人以為王國維的散文和梁啟超的散文一樣，都是由古開今轉折時期的作品，都是既保留了古典的傳統，又注重實用價值的，近於白話的淺白的文言。這種看法只是說了一個方面。另一方面他們的風格卻是截然不同的，梁任公的風格是鋒銳、奔放、縱橫馳騁、開闊發揚；靜安先生的風格則是古雅、寧靜，在含蓄收斂之中隱含有深摯激切之情，是一種在靜斂中也仍然閃現出來的才華和光彩。我對他的這種風格也像對他的詩詞一樣欣賞，寫作的主題又是靜安先生自己的詞作，所以我在寫這篇文章時有意模仿了靜安先生的文字風格。現在我早已用白話寫論說文字，但仍一直不肯寫白話的抒情文字，還是用古典詩歌來抒發內心的情懷。

那時臺大外文系的老師和同學辦了一個《文學雜誌》，是夏志清的哥哥夏濟安和外文系的一些學生們辦的。《文學雜誌》是一個文學性的刊物，刊登一些小說、詩歌、翻譯和一些評賞的文章。我在中文系教書，外文系有一批學生，像白先勇、陳若曦、歐陽子等人，也都跑來旁聽我的課。他們也向中文系的師生要稿子，因此我才寫了《幾首詠花的詩和一些有關詩歌的話》和《從李義山〈嫦娥〉詩談起》這些文章，發表在《文學雜誌》上。

《幾首詠花的詩和一些有關詩歌的話》，這篇文章也是從王國維引出來的。因為我看到一本王國維的紀念特刊，裡面有王國維自沉昆明湖前一天給學生寫的一個扇面，扇面上寫的是兩首詠花的七言律詩。我在這篇文章裡把從《詩經》以來，所有的詠花詩的不同風格都做了一個比較。為什麼中國的詩人常常詠花呢？因為所有有生命的東西，都有一個從生到死的過程，一個人要活好幾十年，生死的過程不是一下子能看到的。特別是成年以後，今年看起來是這樣，明年看起來也還差不多，人的變化是逐漸的。可是花就不一樣了，從它含苞，到它開花，到它零落是很快的。就像《桃花扇》裡說的「眼看他起朱樓，眼看他宴賓客，眼看他樓塌了」那樣。而且我還注意到了花落的時候，形式也是不一樣的：你看那春天的桃李，它的花瓣兒比較細小，而樹是比較高大的，當它花落的時候，是細碎繽紛的，一陣風吹過，很多花瓣兒都飄落下來了；夏天的荷花，因為它的花朵很大，它的花落的時候，是一瓣兒一瓣兒地落下來，剩下的殘花還在那裡；茶花就不然了，茶花它不落，它是乾在樹上。同樣是落花，桃李給人一種飄零的感覺；荷花給人一種殘破的感覺；茶花給人的感覺最難堪，因為別的花落就落了，就沒有了，可是茶花，你就眼看著它慢慢地變黃，慢慢地變乾，直到它憔悴在枝頭，那實在是讓人覺得很難堪。我在臺北住的院子裡就有一棵茶花，這種花從含苞到開放，從鮮美直到黃萎的生命歷程，曾經給我很深刻的印象和感受。我甚至想，一個人真的絕望了，哪種自殺的形式最好呢？我真的認真地考慮過，想來想去覺得煤氣是最好的，沒有什麼痛苦，人在不知不覺中就完了，可見我那時真的是很悲觀。不過我沒有那樣做，我還是很堅強的，因為我有孩子，有責任。

我原來以為，王國維自沉前一天寫在扇面上的那兩首詠花的詩，是他自己的作品，因為那兩首詩寫的都是對生命悲苦無常的感覺。後來我才知道那是清朝另外一個詩人陳寶琛寫的。這兩首詠花詩是這樣寫的：

生滅原知色是空，可堪傾國付東風。喚醒綺夢憎啼鳥，罥入情絲奈網蟲。雨裡羅衾寒不耐，春闌金縷曲方終。返生香豈人間有，欲奏通明問碧翁。

流水前溪去不留，餘香駘蕩碧池頭。燕銜魚唼能相厚，泥汙苔遮各有由。委蛻大難求淨土，傷心最是近高樓。庇根枝葉從來重，長夏陰成且小休。

第一首開頭他說「生滅原知色是空，可堪傾國付東風」，「生滅」、「色空」原是人人都知道的言語，但是用在這裡仍然有震撼人心的力量。這兩句是說生命的短暫，變化的無常，因為從花開到花落是很明顯的，中國的詩人就是這樣把人世間的滄桑表現出來了。「喚醒綺夢憎啼鳥」，用的是孟浩然的詩——符號學注重語言的來歷，要有出處，說到落花，最有名的當然就是孟浩然的「春眠不覺曉，處處聞啼鳥，夜來風雨聲，花落知多少」這首詩了，前面說的是處處的「啼鳥」，後面說的是多少的落花——「綺夢」是美麗的夢，是窗外的啼鳥把你從美麗的夢幻中叫醒了；「憎」是說人不願意醒來，憎恨啼鳥把人喚醒，因為醒來就驚破了好夢，落花的意思是因孟浩然的詩句隱藏在這裡邊的。下面說「罥入情絲奈網蟲」，「罥」就是被網住，「情絲」對於人來說，指的是愛的牽掛，而對於花來說，則應當指的是蜘蛛的網絲。辛棄疾有一首《摸魚兒》說「更能消、幾番風雨。匆匆春又歸去。惜春長恨花開早，何況落紅無數。春且住，見說到、天涯芳草迷歸路。怨春不語。算只有殷勤，畫簷蛛網，盡日惹飛絮」，是多情的蜘蛛網網住了落花飛絮，可是你要知道，它網住的不只是你這花絮，還有蟲子呢！什麼蒼蠅、蚊子它都網住了，這是無可奈何的事情。人生在世不要說沒有遇見有情人，就是遇見有情人，真正百分之百純潔的感情有嗎？大多數感情裡邊都是有雜質的，就像網住了落花的蛛網，同時也網住了蟲屍。「雨裡羅衾寒不耐」，用的是李後主的《浪淘沙》，「簾外雨潺潺，春意闌珊。羅衾不耐五更寒。夢裡不知身是客，一晌貪歡」的意境，這裡寫的是對整個人生感到的心靈上的孤寂寒冷。「春闌金縷曲方終」，春天已經走了，「勸君莫惜金縷衣，勸君惜取少年時，花開堪折直須折，莫待無花空折枝」，這是杜秋娘的《金縷衣》曲。往者不可追，逝者長已矣。消逝的就是消逝了，零落了就是零落了，再也回不來了。所以下邊說「返生香豈人間有」，你燒了這個返生香，想把春天拉回來，把春天留住，讓花再生、重生——這樣的事人間有嗎？為什麼人世間這樣的無常呢？「欲奏通明問碧翁」，我們除了去問一問碧空之上的老天爺還有什麼辦法！這首詩寫得很妙，它是一首詠落花的詩，但是通篇看不到落花，可是幾乎每一句都引了前人與落花有關的詩，真是一首好詩。

第二首他說「流水前溪去不留」，古《前溪曲》有「花落隨流去，何見逐流還」的句子，花雖然落了，水也流走了，不能再回來，可是留下了一縷香氣。陸放翁說「零落成泥碾作塵，只有香如故」，去者難留，逝者無還，生滅色空，早當了悟。然而最使人難堪的，是逝去之後留下的難忘的餘情，所以下面說「餘香駘蕩碧池頭」，這「餘香」的「駘蕩」給人一種無可奈何的悲哀。「燕銜魚喋能相厚，泥汙苔遮各有由」，花都是要落的，可是每一朵落花的命運是不同的。同是落花，有的零落成泥，被燕子銜去做了巢；有的漂流隨水，被游魚吞到嘴裡成為食餌。然而不論被燕子叼走還是被游魚吞食，還好像有相親厚的意思，還是不錯的結局。如果落在泥土之中，苔蘚之上，就被污穢了。同是落花，命運不同各有因緣。「委蛻大難求淨土」，「委蛻」就是擺脫，離開塵世。可是離開塵世到哪裡去呢？「難求」是難以找到，你找不到一塊乾淨的土地。「傷心最是近高樓」，這裡用的是杜甫的詩：「花近高樓傷客心，萬方多難此登臨」，花都是要落的，矮處的花是要落的，高樓上的花也是要落的，可是高樓上的花落就更使你傷心。「庇根枝葉從來重」，人有生就有死，不足為惜。可是你有沒有盡到責任呢？今年的花落了明年還有沒有呢？樹的根本是不是還在呢？用你的枝葉保護好樹的根本從來是最重要的。就像一個人在大的民族文化傳統中，有沒有盡到傳承的責任呢？「長夏陰成且小休」，花雖然落了，可是樹已長成，而且枝葉繁茂，該盡的責任我也盡了，我可以休息了。這是一個疲於悲苦的人希望早日得到一個休息之所的願望。我想，這就是王國維自沉之前的心境。

《從李義山〈嫦娥〉詩談起》這篇文章也是在王國維的影響下寫的。我在這篇文章中，從李商隱的《嫦娥》詩談到王國維，又談到王維，把詩人的寂寞心做了一個比較。我覺得這幾位詩人雖然都是有著一顆寂寞的心，但是他們寂寞的原因和結果是不同的。靜安先生所有的是哲人的悲憫，摩詰居士所有的是修道者的自得，而李義山所有的則是純詩人的哀感。我對於這篇文章中所涉及的幾位詩人的稱謂並不一致，我對王國維稱「靜安先生」，以表現我的一份尊敬之意；對王維稱「摩詰居士」，以表現我的一份疏遠之感；對於李商隱則不加任何稱謂，直呼他的字「義山」，以表示一種近於同類的親切。這種純任自己的聯想和主觀感受的寫作方式，其實並不符合一般論文的寫作慣例，我覺得約我寫稿的《文學雜誌》並不是嚴肅的學術刊物，我寫的當然也不必是嚴肅的學術論文，所以我才敢放筆去隨意抒寫，沒有受體例和形式的限制。

李義山的《嫦娥》詩我小時學詩的時候背過。像「屏風」、「燭影」、「長河」、「曉星」，這些都是我認識的事物，「嫦娥奔月」也是我熟悉的故事，當時我以為我懂了這首詩。可是等我經歷了憂患之後，從臺南轉到臺北二女中教書的時候，我偶然給學生講《資治通鑑》的淝水之戰，講到晉朝把前秦苻堅給打敗了，獲得了苻堅所乘的雲母車。我講到這一句時只是說雲母是一種珍貴的礦石，車上有雲母的裝飾是很貴重的，沒有再說很多。下課以後我一路從學校走到車站等車，從雲母車想到了我小時背的《嫦娥》詩，就在心裡默誦起「雲母屏風燭影深，長河漸落曉星沉。嫦娥應悔偷靈藥，碧海青天夜夜心」這幾句詩。忽然間我被這首詩中所蘊含的那種詩人的悲哀寂寞的心情感動了。我忽然間體會到「雲母屏風燭影深，長河漸落曉星沉」其實是寫一個孤獨寂寞的人內心深處的一種幽微的境界。這時距離我初讀這首詩已經二十多年了。

這首詩前兩句「雲母屏風燭影深，長河漸落曉星沉」，是寫現實生活中的「身」的寂寞，後兩句「嫦娥應悔偷靈藥，碧海青天夜夜心」，是寫超現實生活的「心」的寂寞。「雲母屏風燭影深」是寫詩人居室內的情景，「長河漸落曉星沉」是寫詩人所望見的天空之情景。中國古人常常喜歡在房間裡放一個屏風，使得居室裡邊顯得很幽深，在房間的深處，有蠟燭搖動的光影，就是說人還沒有睡。用雲母鑲嵌的屏風，應該是很精美的，在這樣精美幽深境界中的詩人，所望見的是「長河漸落曉星沉」這樣的景象。從「燭影」到「長河漸落」這六個字來看，這個詩人一定是長夜無眠。眼看著天上的長河已經斜下去了，早晨的啟明星也慢慢地不見了，他在想什麼呢？他想的是「嫦娥應悔偷靈藥，碧海青天夜夜心」。月亮裡嫦娥如果有知、有情的話，一定會後悔當時她偷得靈藥，飛升到天上去。千萬年來天上除了月亮，沒有別的伴侶，她只能一個人孤獨寂寞地生活在廣寒宮裡，對著下面的碧海和上面的青天，在天海茫茫之中永遠地忍受著孤獨和寂寞。這裡「應悔」兩個字寫得極真摯、極誠懇，真是一片深厚的沉痛。碧海無涯，青天罔極，夜夜徘徊於這樣無涯罔極的碧海青天之間，無可為友，無可為侶，這真是最大的寂寞，也是最大的悲哀。這首詩的最後一個「心」字，元遺山《論詩絕句》曾說「朱弦一拂餘音在，卻是當年寂寞心」，李商隱這首詩的「碧海青天夜夜心」的「心」，真是詩人的寂寞心。

說到「寂寞心」我想起從前我在輔仁大學讀書的時候，曾經見到文學院院長沈兼士先生書法所寫的兩句詩：「輪囷膽氣唯宜酒，寂寞心情好著書」。人只有在寂寞中才能觀察，才能感受，才能讀書，才能寫作。作為一個詩人，更要有仔細的觀察和銳敏的感覺，所以詩人大多都是有寂寞心的。詩人有詩人的感情，常人是不能體會的，就是說常人的境界常人能夠體會，可詩人的某一種感情常人不能夠理會。王國維所說的「試上高峰窺皓月，偶開天眼覷紅塵」，那也是他離開了塵世，不同於常人的那種感覺和感情。可另一方面你實在離不開常人，你也要過常人的生活，也要經歷常人的悲歡哀樂，這就是「偶開天眼覷紅塵，可憐身是眼中人」。王維寫的《竹裡館》那首詩：「獨坐幽篁裡，彈琴復長嘯。深林人不知，明月來相照。」他說雖然我是獨坐在竹林裡，可是我可以彈琴，我還可以大聲地長嘯。我在茂密的深林之中，沒有一個人知道我是孤獨的，可是沒有關係啊，天上的月亮照到我，我有一種跟明月相印證的，一種空明的、自得的樂趣。這是王維之所以不同，李商隱、王國維在孤獨寂寞之中都是悲哀的，可是王維在孤獨寂寞之中有一種自得之樂。他不是悲哀，他是自得，在孤獨寂寞之中反而有一種自得的快樂。

王國維、李商隱、王維這三個人寫的都是孤獨寂寞的境界，可是三個人的孤獨寂寞是不同的。我就對他們做了一個分析。王維在孤獨寂寞之中還可以能夠自得其樂，就是《論語》裡說的：「求仁得仁，又何怨？」你自己願意過這種生活，你在這種生活裡很快樂，那好啊。這是王維的境界。可是王國維跟李商隱兩個人都是在孤獨寂寞之中感到一種很深重的悲哀，但是兩個人也不一樣。李商隱在孤獨寂寞中雖然沒有王維的自得其樂，但李商隱還有一種詩意的感覺。他的詩有一種情調，是比較滋潤的。你看「雲母屏風燭影深，長河漸落曉星沉。嫦娥應悔偷靈藥，碧海青天夜夜心」，他是帶著一種詩意的感情和想像寫的。李商隱還有一首詩：「荷葉生時春恨生，荷葉枯時秋恨成。深知身在情常在，悵望江頭江水聲。」寫的真是一往情深。而王國維的孤獨寂寞是一個哲人對整個人生的悲憫。王國維的感情極為深厚，而理智又促使他研究哲學，希望在哲學中求得了悟與解脫。感情又使得他沉溺在對人生的厭倦和痛苦中不能自拔。我們來看王國維的另一首詩《蠶》：

余家浙水濱，栽桑徑百里。年年三四月，春蠶盈筐篚。蠕蠕食復息，蠢蠢眠又起。口腹雖累人，操作終自己。絲盡口卒瘏，織就鴛鴦被。一朝毛羽成，委之如敝屣。耑耑索其偶，如馬遭鞭箠。呴濡視遺卵，怡然即泥滓。明年二三月，蟻蟻長孫子。茫茫千萬載，輾轉周復始。嗟汝竟何為？草草閱生死。豈伊悅此生，抑由天所畀？畀者固不仁，悅者長已矣。勸君歌少息，人生亦如此！

這首詩寫的真是極其悲觀。「余家浙水濱，栽桑徑百里」，是說我的家在浙水邊上，這個地方幾百里種的都是桑樹。「年年三四月，春蠶盈筐篚」，每年三、四月份的時候，所有的竹筐都養滿了蠶。「蠕蠕食復息，蠢蠢眠又起」，這些蠶蠕動著一口一口地吃著桑葉，吃飽了就睡，睡醒了又接著吃。「口腹雖累人，操作終自己」，這是說每個人都要為吃飯忙碌，蠶也是如此。「絲盡口卒屠，織就鴛鴦被」，等蠶把絲都吐出來了，它就自己給自己做一個繭，這裡把繭比作鴛鴦被。「一朝毛羽成，委之如敝屣」，一旦有一天蛾的翅膀長成了，它就把原來的繭當作外殼丟掉了。「耑耑索其偶，如馬遭鞭箠」，這些蛾就像被鞭子抽打著一樣，迫不及待地去追求配偶。這裡王國維是受了叔本華的「意欲」之說的影響，就是說人生都是在欲望的驅使之下，不管你是在追求飲食的欲望，還是追求配偶的欲望。「呴濡視遺卵，怡然即泥滓」，是說等蛾有了配偶，產了卵，它就很安心的歸於泥土了。這就是蠶的一生，吃飽了就睡，睡醒了就吃。然後有了配偶，產了卵，就死了。「明年二三月，𧕎𧕎長孫子」，到了明年二、三月份，這些蛾產的卵就孵化出來，變成了小蠶。「茫茫千萬載，輾轉周復始」，天地之間，千萬餘年都是如此，一代一代地循環。「嗟汝竟何為？草草閱生死」，我就笑你們這些蠶啊，你們這一生有什麼意義呢？這麼匆匆忙忙地來了又死了。「豈伊悅此生，抑由天所畀？」，是你們這些蠶果然喜歡這樣的生活，還是真有個上天讓你們這樣生活呢？「畀者固不仁，悅者長已矣」，如果真的有個上天讓你們過這樣的生活，那是天地不仁，如果是你們自己願意過這樣的生活，那我無話可說。「勸君歌少息，人生亦如此」，我勸你們還是停下來不要唱這首歌了，人生不也就是這樣嗎！這就是王國維看到的人生。

我覺得一般人都是在欲望的驅使之下過這樣的生活。一個人過著像蠶這樣愚蠢的、勞苦的、沒有意義的生活，但他自己不以為他是勞苦的、他是愚蠢的，他是心甘情願這樣過的還不算什麼，他沒有覺醒。痛苦的人是什麼？痛苦的人是他醒了以後，覺得他是勞苦的，覺得是沒有意義的。可是他又跳不出去，還得過這樣的生活。這就是「試上高峰窺皓月，偶開天眼覷紅塵，可憐身是眼中人」。就如同一個人死了，屍身已經腐爛了，長滿了螞蟻、蛆蟲，他也不知道，沒有痛苦。難堪的是，有一個人死了，可他沒有完全死掉，他還有知覺，是清醒的。他看見自己這樣的腐爛，那才真是一件痛苦的事。王國維就是那個覺醒的人，那個不幸的人。這是那時我對王國維的解說。

總而言之，我早期寫的論詩說詞的文章，都是帶著我自己的感情色彩，《說靜安詞〈浣溪沙〉一首》、《幾首詠花的詩和一些有關詩歌的話》、《從李義山〈嫦娥〉詩談起》這幾篇文章，都是當時我在悲觀痛苦之中看到這些詩詞有了感動，對這些詩詞有了共鳴後寫的，裡邊帶著我自己主觀的感情。如果從詮釋學的角度來說，就是所有做詮釋、欣賞的人沒有一個可以離開自己的。繆鉞先生也說我雖然是欣賞古人的詩詞，但常常有我自己的理想、情意在裡邊。

本來從我母親去世，我就對人生的無常和空幻有了一種體認，形成了一些對空觀的認識。人生在世，這世界上所有的悲哀、痛苦、挫折、患難都是原本就在裡邊的，人生就是一個非常悲苦的世界。現在我對空觀的認識沒有改變，只是把它轉過來了，就是我所說的以悲觀的心情過樂觀的生活，我以我對空觀的認識，已經從過去的悲苦中跳出來了。有人問我你是什麼時間跳出來的，當然這也不是一個簡單的過程，我也不是那麼早就有什麼覺悟，那麼快就跳出來的。我想我回國教書的時候應該是在我跳出來以後，你們大家所見到的我已經是跳出來以後的我。現在我已經超越了這些。

這個時期，我寫了這麼多篇文章，都是因為《說靜安詞〈浣溪沙〉一首》這篇文章引起的，這篇文章發表在教育主管部門的刊物上，這一下子就引起了大家的注意，受到了好評。有人說能寫出這樣的文章不簡單，一方面是對詩詞的體會，一方面是文筆的修養，大家就開始找我要稿子。

所以此後不久，我就應《文學雜誌》之邀，又發表了一篇題為《從義山〈嫦娥〉詩談起》的文稿。鄭騫先生看了我寫的文章後對我說：「你所走的是顧羨季先生的路子。」鄭先生是顧先生的好友，對顧先生非常理解，鄭先生說我可以說是傳了顧先生的衣缽，得其神髓了。其實我當時正是憂患餘生，內心並未敢抱有什麼「傳衣缽得神髓」的奢望，我只是藉機把自己讀靜安詞和義山詩所引起的共鳴和感動加以抒發而已。也許因為當時我自己的寂寞悲苦的心情與靜安詞和義山詩有某種暗合之處，反而探觸到了他們詩詞中的一些感發的真正本質。

那時的暑假，臺灣的大學、專科招生聯考，所有的卷子是集中批改的。我參加國文卷子的閱卷工作，所有的卷子都是密封的，每一個考場分科包成一包一包的。這邊一張大桌子都是評閱國文的，那邊一張大桌子都是評閱英文的，我們每一個人到管理人員那裡領一包開始看，一個人看了就打分是不可以的，如果萬一你主觀把分數給打高了怎麼辦呢？所以凡是大題都是輪著看的，然後加在一起給出平均成績。我這人平常也不怎麼跟人來往，所以也不認識多少人，就是那天閱卷的時候，我們中文系的葉慶炳先生領著一個人來給我介紹，說：「這是外文系的夏濟安先生，看了你的文章，想認識一下你這位作者。」這樣我就認識了夏濟安先生。

那時臺灣還有一個私立大學就是東海大學，東海大學中文系主任徐復觀先生看了我寫的這些文章以後，有一次他從臺中到臺北來，跑來找我，說看了我的文章想來認識我，他還找臺靜農先生問我要不要到他們東海大學去教書。當時我們一家都在臺北，我就沒有答應。徐復觀先生主持一個名叫《徵信新聞》的報紙副刊，後來他就找我約稿，我就寫了《從「豪華落盡見真淳」論陶淵明之「任真」與「固窮」》這一篇文稿。徐復觀先生拿到這篇稿子後，跟他的同事孫克寬先生說，明天我們這個報上有一篇好文章，你可以看一看。孫先生就問是什麼題目，徐先生就告訴了他。孫先生聽了說，這個題目寫的人太多了。後來文章印出來了，孫先生看完後見到徐復觀先生時說，這篇文章寫得真不錯，跟大家寫的不一樣。這就是我當年那一階段寫作的情況，我從單純的詩詞創作走上了詩詞評賞的道路。

二、中期理性的學術研究

以前我寫的《從李義山〈嫦娥〉詩談起》、《幾首詠花的詩和一些有關詩歌的話》都是在臺大外文系辦的《文學雜誌》上發表的，因為《文學雜誌》是文學性質的刊物，我都是從文學欣賞的角度來談的。其後大約是一九五七年，許世瑛先生他們辦的《淡江學報》也邀我寫稿子，我就給他們寫了《溫庭筠詞概說》。因為《淡江學報》是學術刊物，我覺得性質不同了，所以我的這篇文章寫的是比較理性的、比較客觀的。《溫庭筠詞概說》這篇文章應該是我從自己個人情感中跳出來以後，完全從文學的、藝術的、批評的角度寫的。

我早年對溫庭筠的詞沒有十分的感動，不大喜歡。那時我比較年輕，喜歡那些能夠比較直接地打動我的詩詞。像溫庭筠的「小山重疊金明滅，鬢雲欲度香腮雪」，寫得漂漂亮亮的，但這並不能引起讀者直接的感動，所以我寫溫詞的論文完全是用理性來寫的。因為我覺得要寫詞的話就得從溫庭筠寫起，所以第一篇就寫了溫庭筠。

《溫庭筠詞概說》這篇文章，我完全是按照學術論文的要求寫的。當時我搜集了很多歷史資料，不但是《新唐書》、《舊唐書》上的正史，還有當時的筆記對溫庭筠的介紹。我還搜集了前人對溫庭筠批評的資料，我把這些資料分成兩類：一類是比較欣賞溫庭筠的，像張惠言的觀點；一類是不同意張惠言的觀點，認為溫庭筠的詞沒有什麼深刻的意思，像王國維、李冰若的觀點。

雖然我主觀上不太喜歡溫庭筠的詞，可是我在分析的時候，還是很仔細地注意到溫庭筠的詞所蘊含著的更深一層的情意。其實那時我就開始講到了他的「懶起畫蛾眉」的蛾眉，可以讓人聯想到屈原《離騷》裡的「眾女嫉余之蛾眉兮」，我也講到蛾眉可以讓人想到李商隱的「八歲偷照鏡，長眉已能畫」。「懶起畫蛾眉」還可以讓人想到杜荀鶴的《春宮怨》：「早被嬋娟誤，欲妝臨鏡慵。承恩不在貌，教妾若為容。」因為這些都是我小時背的詩，蛾眉、畫蛾眉所能夠給人的聯想都想到了。我完全是用了中國的傳統說詩的方法講的，像仇兆鼇注杜甫詩一樣，每一個詞語跟古代的詩文有什麼關係，都把它引出來，使得這首詞的內容和意義就豐富了，可以給讀者很多聯想，可是那時我沒有理論，對於這些聯想我沒有一個理論的說法。

直到六〇年代末期我離開臺灣到了北美以後，我看到了一些西方文藝的理論，學了很多西方新的名詞，我才能用文本裡邊語言的符號、文化的語碼、互為文本這些理論來分析中國的詩詞，這是後來的事情。我在寫《溫庭筠詞概說》時雖然沒有這些理論，但是已經跟我給《文學雜誌》寫的文章不同了。

中國不講互為文本、語碼、符號，但是中國講出處。大家都讚美杜甫，說杜甫的詩無一字無來歷，他的每一個字都有出處，這是中國古典詩詞一個奇妙的地方。就是說你這個語言要有出處，才是典雅的，在你的這個詩句或詞句裡包含了很多的聯想和可能性，當然也不是所有的詩句都有出處，天下沒有絕對的事情。因為文學欣賞是非常靈活的，我們說注重出處，不是說非要有出處。有出處的作品可以是好的，但是有些人沒有真正的感受，只是堆砌古典，也寫不出好的作品。像有些人寫的那些詠物詞，只是翻翻類書，找出蟋蟀都有什麼典故，荷花有什麼典故，就都搬上去了。很多人寫詠物的詞都是這麼寫作的，這是不好的。王國維曾經說過：「『西風吹渭水，落葉滿長安』，美成以之入詞，白仁甫以之入曲，此借古人之境界為我之境界者也。然非自有境界，古人亦不為我用。」你一定要自己有境界，你才能用古人的詞句，如果你自己沒有境界，那麼古人也不為你所用。如果自己沒有境界、沒有真正的感受，你就是堆砌成語典故，那也是沒有生命的。而且也不是盡然要用古人，你自己創新，也可以有很好的效果。

像辛棄疾寫了一首《卜算子・齒落》，那時因為他的牙齒掉了，他就自己寫了這首詞嘲笑自己。他說「已闕兩邊廂」，兩邊的牙都掉了；「又豁中間個」，中間的牙又掉了；「說與兒曹莫笑翁」，跟小孩子說你們別笑我；「狗竇從君過」，這是說齊國晏子出使楚國，楚國人欺負他個子矮小，不肯讓他從大門走，讓他走一個很小的門。晏子說，狗的國才走狗的洞呢！辛棄疾就是把這種玩笑的話寫到詞裡，而且他還說「剛者不堅牢」，很硬的不一定堅固牢靠；「柔者難摧挫」，柔軟的反而不容易受到傷害；「不信張開口角看」，不信你就把嘴巴張開看看；「舌在牙先墮」，柔軟的舌頭還在那裡，堅硬的牙齒反而落了。這裡又包含了哲理。你看他這裡邊都沒有什麼古典，而且他用很多俗話，但是寫得非常好。而另外一方面，辛棄疾的詞也往往會用很多典故，只是辛詞的用典都有他自己的感發，絕不同於一般的堆砌，所以辛詞不論是否用典都寫得好。

又如大家都說杜甫無一字無來歷，但他有一首詩《遭田父泥飲美嚴中丞》完全用了農村通俗的語言。這首詩說他在四川的時候，跟左鄰右舍的鄉下人做了很好的朋友。有一個老農夫請杜甫喝酒，喝完一個小缸，不讓杜甫走，還要開一個大缸讓他再喝。杜甫寫當時情況說，「欲起時被肘」，說我站起來要走，被他拿胳膊肘一拐，把我給摁下來了。你看杜甫有時也用這樣很通俗的字，所以天下事沒有絕對的。如果你是真正有生命的，有感發、有感情的，你用雅也可以，你用俗也可以。這是我現在說的話，我在《溫庭筠詞概說》裡沒有這樣說，我只是說那時我是用傳統方法，把語言的出處都給找出來了，分析得很仔細。

那時我還做了一個工作，是一個很笨的工作，就是寫了《杜甫〈秋興八首〉集說》，這是一本研讀杜甫詩的參考書。這本書的寫作動機，主要有兩個方面的原因。

一個原因是那時我在臺灣大學和淡江大學都開了杜甫詩的課。杜甫的詩歷來是各種注本最多的，因為杜甫的詩非常有名，被人稱為「詩聖」。從宋、明、清以來，杜甫詩各種版本不同的注解之間有一些問題。例如「征西車馬羽書遲（馳）」，是遲到的遲呢？還是奔馳的馳？不同的版本的文字不同。還有解說也有不同，例如「同學少年多不賤」，有的說「同學」是指杜甫少年時的同學；有的說是指現在這一批年輕人他們所共同的學習方向。還有「五陵衣馬自輕肥」，有的說「自輕肥」是輕視他們的意思，是任憑他們輕肥；還有的說「五陵衣馬」是這些人自己只管自己的享受，對杜甫就不顧念了。凡此種種，有很多很多的不同的解釋，我就把這些不同的版本都看一看，發現各種版本有很多的不同，解說也有很多的不同。於是我就想把它們整理一下，對於這樣的詩，我們應該怎樣判斷，哪個解釋是對的，哪個解釋是錯的；哪個版本是對的，哪個版本是錯的。我要講杜甫的詩，當然要做這個功夫，這是我寫《杜甫〈秋興八首〉集說》的一個原因。

還有一個原因，就是六〇年代的時候，臺灣文壇上「現代詩」風行一時。許多人對當時這種以句法顛倒及意象晦澀為美的作品提出批評，由此引發了傳統派與現代派的一場爭論，打起了筆仗。那時我正在臺灣大學教杜甫詩，對於這場爭論也有一些自己的看法。

當時西方文學藝術領域有一種新的風氣，就是以晦澀為美。不但詩歌以晦澀為美，很多文學藝術作品都是這樣。像繪畫，本來寫生畫一個花瓶就是一個花瓶，畫一個蘋果就是一個蘋果，畫山就是山，畫水就是水。可是後來繪畫有了抽象的、意象的表現手法，從具體的、明白的、有形象的畫變成東一塊紅，西一塊黑的，你根本看不出來畫的是什麼東西。

還有話劇也是這種情況，以前的話劇像《娜拉》表現的女性解放的主題，寫的都很明白。到了六〇年代初期，像法國人貝克特寫的《等待果陀》，表現的就是一些荒誕的、晦澀的東西，根本就沒有故事。一開始兩個人站在舞台上，說一些非常無聊的、不成意義的話。整個劇本也沒有什麼情節，就說兩個人在等一個叫果陀的人，兩個人說來說去，後來有一個小孩上來了，說果陀不來了，就走了。第二幕再上來還是那樣，兩個人還是說那些無聊的話，那個小孩又來了，說果陀不來了，就走了。很多人看了這個話劇覺得很沉悶，因為他們說的話都是無意義的，前言不搭後語的，也沒有一個情節，沒有一個故事。你聽他們說一個鐘頭莫名其妙的東西，當然會打瞌睡的。但其實，我是非常喜歡貝克特的作品的。就說《等待果陀》，你看他非常無聊，說這些無聊的話讓你打瞌睡，可事實上，他就是讓你有這種感覺，他正是要用這些空洞的、無聊的、沒有意義的東西告訴你：這就是人生。人生有時候就是沒有意義的，就是空洞的、無聊的，就是讓你等。你或者有個理想，或者有個盼望，可是你的理想也不一定能夠實現，你的願望也不一定能夠達到，整個人生就是這樣荒謬的。可是我們大多數人，並沒有感覺到人生是荒謬的，貝克特就把這些荒謬的東西拿到舞台上，表演出來給你看，讓你感覺到人生真的是荒謬的，他就是用這種荒謬的故事寫出來人生的悲哀，這種荒謬劇當時是很流行的。

我認識了解這些西方文學藝術的狀況與《文學雜誌》有很大的關係。多年以後我在講西方的符號學、詮釋學的時候，講到布拉格學派。當時布拉格學院裡邊就是有這麼一批人聚在一起，大家都對詮釋學、符號學感興趣，對於詩學感興趣，大家經常一起討論，就碰出了火花，寫出了很多篇論文，提出很多新的文學理論。當時的臺灣大學也是這樣，也是有這麼一種風氣。夏濟安先生在外文系教書，而恰好他們班上有白先勇、歐陽子、陳若曦、王文興這麼多優秀的學生。所以天下事有時候真是有時運，有因緣際會，臺灣大學有夏濟安先生這樣的老師，又有這樣一批優秀的學生，他們就辦起了《文學雜誌》。《文學雜誌》對於中、英的文學是同時兼收並蓄，它的主要宗旨就是要介紹西方新的文學創作，像卡夫卡、貝克特都是《文學雜誌》介紹的，我寫的《幾首詠花的詩和一些有關詩歌的話》、《從李義山〈嫦娥〉詩談起》也都是在《文學雜誌》發表的。

那時臺灣開始流行現代詩，不過這種現代詩跟胡適之他們的白話詩是不同的。因為胡適之他們是剛剛從古典走出來，他們的主要目的就是說白話，所以寫出來的東西跟口語一樣。可是臺灣的現代詩正相反，他們寫的詩是不要像口語一樣。你看那些詩寫得真的是晦澀，真的是顛倒不通，很多習慣於舊的傳統的人就不喜歡它，認為這些現代詩根本就不通，連文章都算不上。寫文章你一句話還要說通順了呢，連話都說不通，怎麼就成了詩了呢！他們以為，這些寫現代詩的人，是故意製造一些艱深晦澀讓人看不懂的東西來遮掩他們的膚淺，故意讓你看不懂，你不懂就莫測高深了麼！

在這場爭論之中，我之所以寫杜甫的《秋興八首》，是因為《秋興八首》中有些句法就是顛倒錯綜的，比如「香稻啄餘鸚鵡粒，碧梧棲老鳳凰枝」這兩句。

當年胡適之寫《白話文學史》時曾說，杜甫這些詩都是難解的詩謎，就是拿詩製造一些謎語，句子也不通，人家根本看不懂。「香稻啄餘鸚鵡粒」，香稻沒有嘴怎麼能夠啄呢！「碧梧棲老鳳凰枝」，「棲」是落下來，有腳才能落下來，碧梧沒有腳怎麼能棲落呢！應該倒過來說才對。鸚鵡是鳥，有嘴才能啄，鸚鵡吃不了才剩下了香稻粒，所以應該說「鸚鵡啄餘香稻粒」。鳳凰有腳才能落在碧綠的梧桐樹上，應該說「鳳凰棲老碧梧枝」。「鸚鵡啄餘香稻粒」、「鳳凰棲老碧梧枝」，這多麼通順，多麼明白，杜甫這個人簡直是莫名奇妙，通順的句子不要，非要把它顛倒變成不通的句子，胡適之就這樣把杜甫給罵了。

我之所以要寫杜甫的《秋興八首》就是要說明，那些被胡適之罵做晦澀不通的詩，不是完全沒有道理的。有的詩句子不一定都要像說話那樣明明白白地說出來，是可以顛倒的，是可以用一些好像不通的語法來寫的。這當然有原因，而且要分別來看待。原因是什麼呢？是因為詩一定要有餘味，就是說要留下一些東西，讓讀者去感發，讓讀者去想像，你的話都說完了，就沒有意思了。就是把話都說完的時候，也要有更大的感發的力量藏在背後，雖然都說出來了，還有更大的感動在後邊，這是杜甫常常做到的，我們舉一個例證。

杜甫跟他的好朋友鄭虔在長安的時候，常常一起喝酒，一起作詩。經過「安史之亂」，長安淪陷於叛軍之手，杜甫當時不在長安，他跟家人在奉先，他知道長安陷落了，肅宗到了靈武，他就去投奔肅宗，在路上叛軍把他捉到了長安，但是杜甫在長安待了一年以後就又跑出來了。可是鄭虔當時就在長安，他本來做一個很清苦的廣文館的學士。一個讀書人，四體不勤五穀不分的，不做官，家裡就沒飯吃了，所以鄭虔就接受了叛軍讓他做的官。等到長安收復了，杜甫再回到長安的時候，鄭虔已經被貶到台州去了。杜甫寫了一首七律懷念他的好朋友。題目是：《送鄭十八虔貶台州司戶，傷其臨老陷賊之故，闕為面別，情見於詩》：

鄭公樗散鬢成絲，酒後常稱老畫師。萬里傷心嚴譴日，百年垂死中興時。倉惶已就長途往，邂逅無端出餞遲。便與先生成永訣，九重泉路盡交期。

鄭虔排行十八，所以稱他鄭十八。杜甫說「鄭公樗散鬢成絲，酒後常稱老畫師」，這是說鄭虔是一個像莊子說的樗樹散木，很不合現實的人，現實的功名利祿都沒有追求到，他在喝醉酒以後常常說自己不過是個畫師，這是牢騷話。「萬里傷心嚴譴日，百年垂死中興時」，是說人生不過百年，我們現在都已年過半百快要死的人了，國家正是在中興的時候，你卻被貶遣到萬里之遙，我真的傷心至極。「倉惶已就長途往，邂逅無端出餞遲」，是說你這麼匆忙就走上了那麼一個遙遠的、漫長的旅程，我想跟你見一面都沒有機會，也來不及給你餞行敬酒了。「便與先生成永訣，九重泉路盡交期」，是說我們再也沒有機會見面了，是永別了，但將來就是我們兩個人都死了，到了九重的黃泉之下，我們的友誼，我們的交情一樣還存在。

我講這首詩就是想說，一首詩就是把話說盡了，就是把什麼樣的感情，什麼樣的悲哀都說出來了，是同樣可以使人感動的，因為杜甫的感情果然是這樣的真摯，果然是這樣的深厚。所以他就是都說出來，你仍然受到他的感動，因為他的本質就是真摯、深厚的，他不怕在你面前展現、流露他所有的情感。可是如果你本來就是膚淺的，或者本來就是虛偽的，你都說出來就什麼都沒有了。所以有的詩不能用白話都說完了，說完了就沒有餘味，詩是要有餘味的。可是詩不是你不說出來就有餘味，人家杜甫都說出來也有餘味！只是一般的人，不得不遮遮掩掩的，才好像有餘味。因為他本來就很淺，如果都打開，人家一看，沒有什麼東西，就是這個樣子嘛！所以他不能全打開給人看，只好用盒子包的漂漂亮亮的就是了。白話詩的缺點就是都說成白話了，就不像詩了。當時臺灣的現代詩以及後來大陸的朦朧詩，都是詩歌在發展中的一個必然過程。

我這個人一方面是有感覺、有感情的，可是我也很理性，而且我也比較通達。我不講絕對，只有我是對的，你是錯的。我從不這樣看，我覺得你有你的道理，我有我的道理。天下事都有它存在的原因，所以我都承認。我覺得當時他們打筆仗的鬥爭不大好，就舉出杜甫的《秋興八首》中的例子說明詩不是都要用白話說出來，句法是可以顛倒的。

杜甫的《秋興八首》有兩個特色，一個是句法的顛倒。他不說「鸚鵡啄餘香稻粒」，而是說「香稻啄餘鸚鵡粒」。但是杜甫的顛倒，不是故做玄妙的顛倒，不是為了讓你看不懂才故意顛倒的，杜甫的顛倒有他顛倒的道理。《秋興八首》所寫的都是他在四川夔府懷念長安的感情，第八首寫的是懷念當年長安所有美好的景物，有昆吾亭、有御宿川、有紫閣峰，長安除了這些山水美麗的景色，還有什麼呢？還有長安的富庶。長安在中國的北方，北方不是盛產水稻的地方。可是長安的近郊渼陂這一帶有很多水，這裡是種水稻的，渼陂出產的稻子是最好的。杜甫要寫長安當年的富庶，長安當年的美好，所以說「香稻啄餘鸚鵡粒」，「香稻」是一個名詞，「啄餘鸚鵡粒」是一個形容的短句，它是可以顛倒的。香稻不但好吃，而且很多，多到可以拿它去餵鸚鵡，鸚鵡都吃不了。杜甫不說「鳳凰棲老碧梧枝」，而是說「碧梧棲老鳳凰枝」也是這樣。查一查長安縣誌你就知道，長安附近渼陂這一帶的路上種的都是梧桐樹，這是當時真實的景物。渼陂這一帶的梧桐樹碧綠碧綠的，非常美，美到什麼程度？美到連鳳凰鳥都願意落在這裡，終老在這裡再也不走了。所以杜甫說「碧梧棲老鳳凰枝」，「碧梧」是名詞，「棲老鳳凰枝」是形容碧梧美好的短句，也是可以顛倒的。他的重點在香稻、在碧梧，因為這樣才能增強香稻的多、碧梧的美，才能給你這樣的感覺。杜甫這裡的顛倒，是有他的道理的。所以那些現代詩把句子、文法顛倒了，不是不可以的，如果它是有道理的，它盡可以顛倒。但區別是，當時寫現代詩的人，有一些好的作者，他的顛倒是有道理的，他顛倒的結果，果然造成了一種詩歌感發的效果，當然就是好的；可是有的寫詩的人，自己本來就沒有東西，他是故意寫得讓你看不懂，那就是不好的。

杜甫的《秋興八首》的另一個特色就是他所用的意象往往可以超越現實。比如「昆明池水漢時功，武帝旌旗在眼中。織女機絲虛夜月，石鯨鱗甲動秋風」，用的都是一個一個的形象。這些形象有時你也不懂，「織女機絲虛夜月」是什麼意思？這是說昆明池旁邊有個織女的雕像，昆明池就象徵著銀河，可是這個石頭的織女，她織不出布來，她只能對著天上的明月，而織布機是空的，什麼都沒有織出來。杜甫幹嘛要用這個形象，這個形象是什麼意思？這個形象是寫唐朝經過幾次戰亂以後老百姓生活的貧困。杜甫用的是《詩經・大東》上的句子，「小東大東，杼柚其空」，這是說周朝時經過戰亂之後，人民生活極為困苦，什麼都沒有，織布機上當然就織不出布來了。杜甫用「織女機絲虛夜月」這個形象，你看起來莫名其妙，可是他是有著具體的意思的。杜甫的《秋興八首》裡很多都只是一些個形象，這些形象都包含了很多的意思。所以現代詩裡有時有一些漂亮的、奇怪的形象也是可以的，不是不可以的。

這就是我寫《杜甫〈秋興八首〉集說》的原因：一是為了我教書，我把二、三十家不同的說法都搜集起來了；二是為了當時臺灣傳統詩人跟現代詩人打筆仗的爭論寫的。我的本意是想要把杜甫這八首詩中的一些超越變化的妙用之理，提供給當時臺灣寫現代詩的年輕人作為參考，我的意思是說，用形象的跳接是可以的，語法的顛倒也是可以的，但是做得好就是成功，做得不好就是失敗。杜甫的詩裡也有把句法顛倒，意象比較模糊的現象。只要你所寫的內容表達得很好，這種形式是可以的。有些年輕人在形式上追求新奇，可是內容空洞，那就不好了。當然，如今已經時隔好多年了，臺灣的現代詩風早已有了轉變。我所講的這些對於大陸一些年輕人或許仍然可以有些參考價值。

我寫的《杜甫〈秋興八首〉集說》只收宋、明、清光緒以前的注解，我不收民國以來的說法。就是從宋到清已經有好幾十家了，加上後來我回大陸又搜集一些，可能有上百家了。如果再把民國以來的文言翻譯成白話，把詩歌翻譯成散文這些評說都收進來就更亂了，所以就沒有收。

因為我所搜集的資料都是宋、明、清的，所有的圖書館都規定清光緒以前的書都屬於善本，一律不出借。那時影印機還不流行，臺灣「中央圖書館」以及各個大學圖書館都沒有影印機，所有的資料都是我一個字一個字地抄下來的。平時我擔任三個大學的那麼多課，根本沒有時間，我是利用暑假的時間，每天到各個圖書館去查書。臺灣的暑期非常熱，那時臺灣很多人還沒有私家車，我每天都是擠公共汽車去的。我這個人要做一件事情，真是下死功夫去做。大熱的天，我擠著公共汽車，一身的汗，一個圖書館一個圖書館地跑，去找這些善本書，然後再一個字一個字地把它抄下來，為了寫這本書，我所付出的辛苦和勞累是可想而知的。

《杜甫〈秋興八首〉集說》與以前我寫的《從李義山〈嫦娥〉詩談起》、《幾首詠花的詩和一些有關詩歌的話》那幾篇文章不同，那幾篇寫的是欣賞性的文章，我在寫作時還儘量注意欣賞的意趣，在語言文字方面是比較美的，讀起來很輕鬆。《杜甫〈秋興八首〉集說》就不同了，我下了很笨的功夫，一句詩我引了好幾十家的解釋，而且光引人家的也沒有意思，我還在每一種解釋的後邊加了一個按語，說明我的看法：我認為那些不同的說法哪個是對的，哪個是錯的，光說這個對那個錯還不成，我還都要給它說出一個理由來，這個對是為什麼對，那個錯是為什麼錯。詩是可以多義的，比如李後主詞的「天上人間」是什麼意思，是夢幻？是感歎？還是對比？你都要把他說出一個道理來，對於各種不同的解釋都要給它做一個衡量。所以這本書如果只是普通的文學愛好者是不會喜歡的，而對於那些真正做詩歌的批評、欣賞和研究的人，這本書才是有用的。可以說我寫《杜甫〈秋興八首〉集說》，是為後學年輕人而寫的，是「為人」的寫作。

早期我寫的那些詩詞評賞的文章，都是從我自己個人的感受，我自己的喜愛為出發點來寫的，像《從李義山〈嫦娥〉詩談起》、《說靜安詞〈浣溪沙〉一首》都是「為己」的學問。從六〇年代開始，我寫文章的路子從「為己」慢慢轉向了「為人」，這種轉變是從《杜甫〈秋興八首〉集說》開始的，是針對當時臺灣文壇上傳統與現代的困惑而寫的。到了海外以後，我寫的第一篇論文是《論吳文英詞》。因為吳文英的詞也是用了一些時空的顛倒，也是用了一些感覺性的修辭而不用理性的修辭。這篇論文還是接著我對臺灣現代詩問題的關懷寫的，也可以算是一種「為人」的研究，是針對社會上的一些現象寫的。

三、關於西方文學理論以及對傳承的責任的醒覺

我到海外以後，這些西方學生的論文當然是用英文寫的，裡面所涉及的所有的中國詩都要翻譯成英文，我從中發現他們的翻譯常常有很多誤解，很多錯誤。那時臺灣開始形成一種風氣，就是以用西方文學理論來研究中國文學為好。這些人以前在臺灣讀的是英文系，然後到海外又讀了東亞系，回到臺灣以後，常常喜歡用西方的文學理論寫一些評論中國古典詩詞的文章，我看到有些文章把中國古典詩詞都給扭曲了的現象。我以為西方的文學理論不是不可以用，可是你用的時候，至少要對中國自己的東西有相當的了解。你對自己的東西都不大了解，就去用人家的東西，往往就把中國的舊詩給扭曲了，所以我就寫了《漫談中國舊詩的傳統》這篇文稿。我在這篇文稿裡舉了很多例證，有西方人對中國文化和漢語語法不熟悉造成的誤解；也有中國人對傳統文化修養不夠，對典故不熟悉而發生的錯誤。我對這些錯誤進行了辯證說明，反映出我自己在這條道路上摸索探尋中的甘苦。這是我當時研究方向的又一個轉變，就是由「為己」的學問轉變成「為人」的學問以後，開始

有了一種醒覺，就是我對於文化傳承的責任的醒覺。

我早年三十多歲在臺灣的時候，根本沒有這個觀念，無論是教書還是寫文章都是選我自己喜愛的作品，我自說自話、自享其樂。到了海外以後，我開始有了對文化傳承的醒覺和關懷，一個原因可能是因為我慢慢年歲大了，就想到怎麼樣把這些文化傳統延續下去。另一個原因就是看到當時臺灣用西方文學理論把中國古典詩詞扭曲了的現象，我覺得我們既然從我們的長輩、我們的老師那裡接受了這個文化傳統，到了我們這一代如果沒有傳下去，是一件令人愧疚的事。一個人生命的傳承是靠子女，而一個文化傳統的傳承是靠下一代的青年學生。為什麼孔子去世以後，他的學生趕快把老師的學說整理成一部《論語》，就是想把孔子的學說傳承下去，他們果然做到了。到現在都兩千多年了，不是還影響著我們嗎？生命的意義就是在於傳承。

像我的老師顧先生，我剛回來的時候，他一本著作都沒有流傳下來，只有他早年自費印的幾本詞集。所以我一定要把他的作品整理出來，也要把我保存的當年聽課筆記整理出來。如果我當時沒有記筆記，或者沒有保存下來，那真是世界上的很多非常寶貴的東西就失落了。顧先生的講詩，一定是對詩詞有靈感、有體會的人才特別喜歡，因為他真是把詩詞裡的生命、靈魂給講出來了。他不像一般人的講課，都是知識，都是詩歌以外的東西，並不是詩歌本身。很多人看了顧先生講詩的筆記都說很受啟發，我的一個學生程濱就是看了顧先生講課的筆記受到了啟發而有志於詩的，他的詩寫得很不錯，他的學生也喜歡聽他講課。還有沈秉和先生也是覺得我的老師講得好，有一次他到南開來，我講了李商隱的《燕台詩》，沈先生還跟我開玩笑，說你怎麼革你老師的命呀！你的老師說《燕台詩》是不可以講的。我老師的確講過這類的話，但是我忘記了，可是沈先生他看過我老師的書，他就記住了。沈先生做了一個比喻，他說你老師的說法就如同李白的詩，很好，但是沒有辦法追隨；你的說法就如同杜甫，都明明白白說出來了，就可以追隨。我覺得沈先生說得有道理，差別就在這裡。還有我在 U.B.C. 教的一個學生戴綺華，這個女學生對於詩歌，對於文學是很有靈感的。她看了顧先生的書跟我說，你的老師比你好多了。我說：當然我的老師比我好多了，因為我的老師是說到了詩詞中非常微妙，非常高的境界，我的老師真是飛在天上去說的，我是看到老師在天上飛，我是能夠理解的，可是我是站在地上說的。無論怎樣，我還是覺得我當年在顛沛流離中把老師的筆記保存下來是非常正確的。我從北京到上海，到南京，到臺灣，到北美，二十多年輾轉搬遷，書籍、衣物等等丟了很多，就是我老師的幾本筆記，一直隨身帶著，從來不托運，所以一本都沒有丟失，全都保存下來了。我的觀念是：那些衣服和印刷的書都是身外的東西，沒有了可以再買，可是我所記的老師的講課筆記是唯一的，是最寶貴的，因為從來沒有整理印刷過，所以是不能丟的。

我的老師在給我的信中說，希望我是南嶽之下的馬祖，而不只是孔門的曾參。孔門的曾參就是跟著老師走的，老師說一就是一，老師說二就是二。我的老師是說，你要做一個好的學生，你只能跟隨老師是不夠的。我的老師還常常引用佛家的說法，「見與師齊，減師半德；見過於師，方堪傳授」：你的見解跟老師一樣了，你就把老師的好處減少了一半；你的見解一定是要比你的老師更高出一層，這樣的學生才是值得傳授的。我的老師就是這樣鼓勵我們。

我對於中國的古典詩詞有了外在的關懷，有了對傳承的醒覺以後，我所寫的文章還是針對詩詞的文本來寫的，就是說這個文本是應該這樣講的，是應該這樣理解的，你如果不了解它的傳統，你的體會就很容易發生錯誤。直到一九六七年我參加了在貞女島召開的一個國際漢學會議，這次會議的主題是「中國的文學批評」，所以我才開始寫關於中國的文學批評的文章。我寫的題目是《常州詞派比興寄託之說的新檢討》。從此，我又開始了對詞學理論的探索，這是我到海外以後研究方向的又一個轉變。

我的寫作本來是為己的欣賞，後來轉到了為人的對傳承的關懷，又轉到對文學理論的探討。那時我雖然是轉到了文學理論的探討，但是我還是在中國文學批評的傳統框架之中。我這個人是好為人師，急於要把我所知道的詩裡的好處、詞裡的這麼豐富的內容告訴別人，總是希望別人也知道這些好處。可是同時，我也好為人弟子，非常喜歡學習的。我在海外查著英文字典教書，教了幾年以後，查的生詞多了，我的英文聽力、閱讀能力都慢慢提高了，就常常去聽他們西方人的課，還借那些西方文學理論的書來看。就是在這個時候，我逐漸接受了西方的文學理論，而且用之來講中國的詩詞評賞。

四、中國詞學理論的探索

我從十幾歲開始填詞，都是出於個人的興趣，根本沒有理論的觀念。我以同等學力考上初中時，母親為了獎勵我，買了一套《詞學小叢書》給我。這套書裡有一本就是王國維的《人間詞話》，這本書就成了為我開啟通向詩詞欣賞之門的一把鑰匙。現在回想起來，我當時對這本書的要義實在並不完全了解，但是讀起來卻常常有一種直覺的感動，給我留下了深刻的印象。不過我對王國維關於「境界」的說法，覺得義界不夠明確，還有他對於南宋詞只喜歡稼軒一人，對於其他各家都不喜歡，我也覺得他有些偏見。那時我對於這些困惑沒有深入研究，直到上世紀五〇年代中期，我開始在臺灣的淡江大學和輔仁大學教詞選課以後，我才對詞這種文學體式的源流演變以及怎樣評賞詞的美感特質，開始了反思和探索。從上世紀的六〇年代到本世紀之初，經過四十年來教研的反思和體認，對於過去我所看過的一些前人的詞話和詞論，才慢慢有所辨識，對於這些詞話和詞論的得失才有了比較清楚的體會。

我寫出的第一篇有關詞學理論的正式論文，就是前面提到前《常州詞派比興寄託之說的新檢討》。一九六七年我參加了在貞女島召開的一個國際會議，這次會議的主題是「中國的文學批評」，這篇論文是我向會議提交的論文。當時我正在美國哈佛大學客座講學，哈佛大學的海陶瑋教授幫我把這篇文稿翻譯成英文，在會上做了報告。這篇論文後來被編入了這次大會的論文集，得到了較高的評價。我想那是因為在當時的北美漢學界，還很少有人對於中國詞論做過如此深細之研究的緣故。

清朝號稱為詞的中興時代，不僅作者輩出，而且流派紛呈，先後有陽羨詞派、浙西詞派、常州詞派興起。浙西詞派以朱彝尊為領袖，陽羨詞派以陳維崧為領袖，常州詞派以張惠言為領袖。陳維崧、朱彝尊都是大家，詞作都比張惠言的多得多，可是他們的詞學，他們對於詞的批評，沒有盛行，對後代沒有造成很大的影響。張惠言說「意內而言外謂之詞」，提出以比興寄託說詞的方法，奠定了常州一派的詞學理論基礎，影響深遠。張惠言的詞學被後人這麼看重，影響這麼久遠，就是因為張惠言有繼起的人接著發揚了他的學說，這個人就是周濟。我曾經寫過一篇題為《對常州詞派張惠言與周濟二家詞學的現代反思》文稿，以現代文學理論，對常州派創始人張惠言和他的後繼者周濟的比興寄託之說的詞學理論進行了客觀的評價。

中國詞的美感特質是它往往蘊含著一種言外的情致。從花間詞那些寫美女愛情的詞開始，凡是被後來的讀者和詞學家認為是好的作品，都是說那些作品有言外的情致。一篇文學作品，能夠給人

1970年在美國貞女島出席學術會議時，與哈佛大學亞洲系系主任海陶瑋教授（右）、法國侯思孟教授（左）合影。

留下聯想、回味的空間，才是好的作品。張惠言確實看到了這一點，這是他很有眼光的地方，可張惠言的錯誤是他把讀者的這種聯想都指成作者有心的用意了，所以他的說法就變得很拘執，很狹隘。所以後世許多學者不贊成張惠言，認為張惠言是牽強附會。

王國維就不贊成張惠言，李冰若也不贊成張惠言，甚至我的老師顧隨先生也不贊成張惠言。可是很奇妙的是，王國維雖然反對張惠言，可是他自己的詞裡邊也有言外的意思，他把人生哲理都寫進去了。我的老師也不喜歡張惠言，可是你看他寫的那首《鷓鴣天》：「不是新來怯憑欄。小紅樓外萬重山。自添沉水燒心篆，一任羅衣透體寒。　凝淚眼，畫眉彎。更翻舊譜待君看。黃河尚有澄清日，不信相逢爾許難。」完全把愛國的情思寫進去了。所以不管怎麼樣，詞的本身就是可以有言外引人聯想的感發的作用，張惠言體會到了，他說詞可以「道賢人君子幽約怨悱不能自言之情」，所以有它的意義和價值，但是他過於牽強附會了，引起了後人對他的很多批評。

周濟和譚獻是常州詞派的繼起者，他們提出了不少更精闢的詞學理論。周濟是張惠言的外甥董晉卿的好朋友，受到董晉卿的很多影響，他們常常一起切磋。周濟就比張惠言更有眼光，周濟也承認這些五代兩宋的小詞有言外的意思，但是他能夠跳出來，發展了張惠言的學說。中國人不管是講哲學，還是講文學的批評，他們都是把他的體會、他的理念用一個形象來表述。你看莊子的哲學都是一個一個的寓言，一個一個的故事。周濟也是把對詞的批評用形象來說明的，他給讀者提出一種自由的欣賞和解說的方法，他認為「讀其篇者」就如同「臨淵窺魚，意為魴鯉；中宵驚電，罔識東西」。這是說體會一首詞的言外之意就好像你站在深淵之上，看見水裡是有魚游來游去，可那是魴魚還是鯉魚呢，你沒能看清楚；又好像半夜裡你看到天上一道閃電亮了一下，究竟是什麼方向，是東邊還是西邊，你也沒看清楚。周濟的這個比喻非常妙，他就把張惠言那種認定了有言外寄託的詞學理論給說活了，給發展了。周濟在這裡明白地指出在詩歌的欣賞中，有一部分作品原來是不可能給予確定的解說，也不需要給予確定的解說，可以說是「仁者見仁，智者見智」。後來的譚獻在周濟的詞學理論基礎上又提出了「作者未必然」，可是「讀者何必不然」的說法，承認讀者可以有自己的聯想的自由。這種通達的說法和態度，彌補了張惠言的過於拘執比附的缺點，可以說是對常州詞派理論的一個很大的拓展。

本來我是覺得詩歌本身的欣賞才是有意思的，它是有靈感的，它是有生命的，它是有感情的。而文學理論其實是很枯燥的，沒有什麼意思。所以我以前都不講這些文學批評的批評，我覺得這是很無聊的事情。可是當我走上了這條路的時候才發現，以張惠言為代表的常州詞派的理論，果然掌握了詞的特殊的美感特質。特別是我學習了西方文學理論以後，發現用它來解說、闡釋中國詞的這種微妙的作用也非常適合，所以我也開始感覺很有意思。我對於中國舊的文學批評原來有一些想法、一些體會，可是我不能很有條理地把它說清楚。當我學習了西方文學理論以後，竟然發現他們與中國的傳統的詞學理論有不少暗合之處。我忽然間找到了一個理論、一個依據，恰好能夠把

八〇年代初攝於王國維故居。

它說清楚，我覺得這是一件非常值得喜悅的事情。那些英文的理論書，不像一般的故事、日常對話那樣容易，常常有一些特殊的術語，看起來很吃力，但是我還是很有興趣地研讀下去，並且逐漸用西方文學理論中的詮釋學、符號學、接受美學等來詮釋中國的古典詩詞。這些嘗試不僅為我在中國詞學理論的研究中找到了理論的依據，而且在課堂教學上也收到了很好的效果。多年來在海外教學，使我感到中國傳統的妙悟心通式的評說詩詞的方法，很難使西方的學生接受和理解。而運用這些西方文學理論來解釋，能夠幫助那些西方文化背景的洋學生更好地理解中國古典詩詞中的美感特質。

我對於王國維的詞學理論和對於張惠言的詞學理論的研究是不斷發展的，繼《常州詞派比興寄託之說的新檢討》之後，七〇年代初，我又寫了《王國維〈人間詞話〉中批評之理論與實踐》專題的討論。不過我對這兩篇文章並不完全滿意，因為我覺得我在這兩篇文章中所做的，不過只是對這兩家詞論的一種梳理性的探討而已。雖然也有不少我個人深思後的見解，但對於中國詞學發展的源流和脈絡，還沒能形成一個完整的體系。於是我對這兩篇文章又做出了一些後繼的研討，又接著寫了《對常州詞派張惠言與周濟二家詞學的現代反思》及《從一個新論點看張惠言與王國維二家說詞的兩種方式》，我開始用了詮釋學、符號學、接受美學等這些西方文學理論，來講中國詞學的理論，這其間也是有一個發展過程的。

詞，作為中國文學的一種體式，有一種特殊的性質。它突破了中國「詩言志」、「文載道」的傳統，是在歌筵酒席間伴隨著樂曲成長起來的。它興起於隋唐年間，起初流行於市井里巷之中，文士們覺得它的曲調很美但文詞卻不夠典雅，於是就偶然插手為這些優美的曲子來填詞。真正能夠使詞開始有自己的傳統流傳下來的，始自《花間集》。《花間集》是五代後蜀的趙崇祚編的，前邊有歐陽炯寫的序文，這個集子就是我國最早的詞集。西方把這本詞集的名字譯為「在花叢裡唱的歌」（*Songs Among the Flowers*），這名字很美，而且名副其實。歐陽炯在《花間集序》裡說：這些所謂「詩客曲子詞」原只是一些「綺筵公子」在「葉葉之花箋」上寫下來，交給那些「繡幌佳人」們「舉纖纖之玉指，拍按香檀」去演唱的歌辭而已。在這樣的背景之下，可想而知，詞的內容自然也就離不開美女和愛情了。在作者的顯意識中，原來也沒有藉此來抒寫自己情志的用心，所以詩人文士寫詞時的心理狀態和寫詩時的心理狀態是不同的。詩，向來有言志的傳統，杜甫說：「杜陵有布衣，老大意轉拙。許身一何愚，竊比稷與契。」又說：「致君堯舜上，再使風俗淳。」稷與契以天下為己任，覺得天下有一個人沒吃飽，有一戶不安樂，那都是自己的責任。詞就不同了，文人們寫詞時不存在這類意念，因為詞不過是在歌筵酒席上寫來交給歌伎們去演唱的歌辭，可以不受政治和道德觀念的約束。

但是，文學作品必須通過作者這個媒介。詩的言志是作者顯意識的活動，而詞在男女愛情和相思離別的背後卻往往暗藏著作者潛意識的活動。德國一位女學者漢柏格（Kate Hamburger）在她的

《文學的邏輯》（*The Logic of Literature*）一書中認為，凡抒情詩歌，無論其內容、感情與事件是否真實，其中總是帶有一種感情的品質，而感情的品質也就代表了作者的品質。所以，從溫庭筠、韋莊、馮延巳、李煜到北宋的晏殊、歐陽修，這些詞的作者，由於他們的品質、修養不同，也就造成了他們的詞的境界的不同，他們的潛意識在不知不覺之中流露到作品裡，就形成了詞的一種「言外之意」。

王國維在《人間詞話》裡說：「詞之為體，要眇宜修，能言詩之所不能言，而不能盡言詩之所能言。詩之境闊，詞之言長。」他說詞這種文學體式是「要眇宜修」，「要眇宜修」出自《楚辭・九歌・湘君》「美要眇兮宜修」，是說湘水之神具有一種要眇宜修的美，「要眇宜修」是一種纖細幽微的女性美。「詩之境闊」，是說詩所表達的內容無所不包，而詞一般只是寫景抒情。「詞之言長」，不是說詞的篇幅長，而是說詞的韻味悠長，給人長久悠遠的聯想和回味。這就是說，一定要有言外的意味，能夠引起人的感發和聯想，那才是好詞。也正是由於詞有言外之意，所以引起了後人的許多不同的看法。我認為，後人不同的看法主要可以分為兩大派別：一個是張惠言《詞選》的說詞方式；一個就是王國維《人間詞話》的說詞方式。

張惠言是主張以比興寄託說詞的，溫庭筠有一組很有名的《菩薩蠻》，張惠言就認為它們都有寄託。其中第一首是：

小山重疊金明滅，鬢雲欲度香腮雪。懶起畫蛾眉，弄妝梳洗遲。　照花前後鏡，花面交相映。新貼繡羅襦，雙雙金鷓鴣。

張惠言說，這一首詞裡邊的「照花」四句有《離騷》「初服」之意。屈原的《離騷》是敘述他自己「信而見疑，忠而被謗」之遭遇的作品，而溫庭筠是寫一個女子簪花照鏡。溫庭筠的詞果真有屈原《離騷》的意思嗎？這不能不令人懷疑，於是就有別的學者出來反對了。王國維就說：「固哉，皋文（張惠言之字）之為詞也。飛卿《菩薩蠻》、永叔《蝶戀花》、子瞻《卜算子》，皆興到之作，有何命意？皆被皋文深文羅織。」

可是這裡就出現了一個問題。因為王國維在他的《人間詞話》裡也曾說過：「南唐中主詞『菡萏香銷翠葉殘，西風愁起綠波間』，大有眾芳蕪穢，美人遲暮之感。」這「眾芳蕪穢，美人遲暮」是哪裡的句子？正是屈原《離騷》裡的句子！王國維既然反對張惠言用《離騷》來解釋溫庭筠的詞，為什麼他自己也用《離騷》來解釋南唐中主李璟的詞呢？他們的這些說法到底有沒有根據？能不能成立呢？

中國舊傳統的說詩人，他們的長處是對詩有很深的體會和感受，能夠掌握它的感發生命的源泉，而缺點是他們缺少有邏輯、有系統的科學理論上的說明。中國在很早就有「比興」的說法。如果單從詩的創作而言，比，是你的內心先有一種情感，然後再找一個外物來比，它是由心及物的；興，是先有外物，然後引起你內心的感動，它是由物及心的。這種心與物相感的關係，實在是一切意識活動的根源。在第一次世界大戰的前夕，德國興起了現象學的哲學，現象學所研究的，既不是單純的主體，也不是單純的客體，而是在主體向客體投射的意向性活動中，主體與客體之間的相互關係。我們中國古老的比興之說，所講的也正是心與物的關係，在這一點上，它與西方的現象學是相吻合的，而如果把「比」與「興」的兩種感發方式引用到中國說詞的傳統中來看，張惠言的說詞方法該是屬於「比」的方法，而王國維的說詞方法該是屬於「興」的方法。

西方近代文學理論中有一個重要理論叫「符號學」（Semiotics）。符號學家認為，人類不僅用符號來交流資訊，而且也被符號所控制。也就是說，由於聯想的作用，在作品中存在一個具有相同歷史文化背景的符號體系，這個系統中的某些「語碼」，能夠使人產生某種固定方向的聯想。當然，這個系統必須在說話人和受話人雙方都掌握相當一致的語言符碼時，才能夠充分實現信息的交流。這種理論，與中國歷史悠久的傳統文化是有所暗合的。

那麼，我們回過頭來再看剛才那首溫庭筠的《菩薩蠻》：「懶起畫蛾眉」。「蛾眉」，是具有中國文化背景的一個語碼。我說「蛾眉」是語碼，並不是由於《離騷》裡用了一次「眾女嫉余之蛾眉兮」，它就成了語碼，是因為用照鏡畫眉來作託喻，在中國文學中已形成一個傳統。李商隱有一首《無題》詩說：「八歲偷照鏡，長眉已能畫。十歲去踏青，芙蓉作裙衩。十二學彈箏，銀甲不曾卸。十四藏六親，懸知猶未嫁。十五泣春風，背面秋千下。」他寫的是什麼？他寫的是一個才人志士的成長。對鏡畫眉，從鏡子裡看到你自己，這是對自我的一個反思和覺醒。這個女孩子八歲已有了對自己才志的覺醒，十歲有了對理想和抱負的追尋，並為此而從早到晚地學習，但是她想到自己還沒有一個許身的對象，就為此而流下淚來。唐代的讀書人要想為自己的才志找一個出路是很難的，因為他只能通過科舉的考試，只能等待別人的欣賞和任用，這情況和女子的等待許身給一個人是一樣的，所以你看，這照鏡畫眉含有多少象徵的意義！

「懶起」，也成為有託喻性的一個語碼，唐朝詩人杜荀鶴有一首詩說：「早被嬋娟誤，欲妝臨鏡慵。承恩不在貌，教妾若為容。」天生麗質難自棄，如果你許身給一個不該許的人，你一輩子生命的意義和價值就斷送了。但是，那些正在走紅得寵的人，果然是因為才志美好嗎？不是。是因為他們會吹牛拍馬，是因為他們會走後門送紅包。所謂「黃鐘毀棄，瓦釜雷鳴」，美好的事物沒有人欣賞，怎能不「欲妝臨鏡慵」呢？當然，一個人最需要的是完成自己生命的意義和價值，如果你非得等別人的欣賞和任用，這是有待於外，有求於人，難道別人不肯定你，你就沒有價值了嗎？在這點上，陶淵明就高人一籌。他說：「知音苟不存，已矣何所悲。」但是一般人很難達到陶淵明那樣的境界，所以就因為「承恩不在貌」而「欲妝臨鏡慵」，也就是「懶起畫蛾眉」了。可是要注意：「懶」，並不是不畫了，而是「弄妝梳洗遲」。這個「弄」字，同時也隱藏著一種精神上的境界，她不是像杜甫在《北征》詩中所寫的他的小女兒那樣，「移時施朱鉛，狼藉畫眉闊」，胡亂塗抹，而是十分仔細，十分珍重，儘量化妝得更精緻更完美。既然沒有人欣賞為什麼還要畫？要知道，「蘭生空谷，不為無人而不芳」，「葵藿傾太陽，物性固莫奪」，這種追求完美的要好之心實在是才人志士的一種本性，也就是屈原在《離騷》裡所說的「余獨好修以為常」。現在我們就可以知道，張惠言從溫庭筠寫美女愛情的詞裡看到《離騷》的比興寄託不是沒有原因的。

再就西方接受美學而言，一篇文學作品如果沒有讀者來領受，就只是一件沒有生命、沒有意義和價值的「藝術的成品」（artifact）。只有在讀者對它有了感受，受到啟發之後，它才有了生命，有了意義和價值，成為「美學的客體」（aesthetic object）。但是，由於讀者的修養、文化背景各不相同，對同一作品的感受也不相同。西方還有一個學派叫「詮釋學」（Hermeneutics），一般而言，大家都主張追尋作者的原意，但詮釋到後來才知道，原來任何一個人的解釋都帶著自己的色彩和文化背景。既然如此，張惠言認為「照花」四句有《離騷》「初服」的意思，那就是張惠言對溫庭筠詞的詮釋，為什麼不可以呢？當然，張惠言這種以比興寄託說詞的方法也有缺點，那就是拘狹。儘管他運用了文化背景的聯想，但他的比附非得落實到政教上不可，有時就顯得牽強附會，很不自然。

這是一件很有趣的事情：張惠言所用的帶有政教意味的、比興寄託的方法本來是中國古老的傳統，可是能夠為他作證明，說他可以這樣聯想的，卻是一些西方的新理論。

我們再來看王國維的說詞方式。王國維說南唐中主李璟的「菡萏香銷翠葉殘，西風愁起綠波間」，有「眾芳蕪穢，美人遲暮」的感慨，這也是一種言外之意。張惠言的說詞方法我們可以從西方最新的理論中給他找根據，如果我們也試圖給王國維找一些理論根據的話，那我們首先要回到中國更古老的傳統中去，那就是中國的詩歌中重視「興」的作用的傳統。

我一向認為，「興」是中國詩歌裡真正的精華，是我們中華詩學的特色所在。孔子說過，做人的道理第一就是「興於詩」。要知道「哀莫大於心死」，興是一種感發，它能使你內心之中產生一種生生不已的活潑的生命，而詩就可以給你這種興的感發。《論語》記載孔子跟子貢有一次談話，子貢問：「貧而無諂，富而無驕，何如？」孔子回答說：「未若貧而樂，富而好禮者也。」孔子的回答把子貢的境界提高了一步。子貢說：「《詩》云：『如切如磋，如琢如磨』，其斯之謂與？」於是，孔子就讚美子貢說：「賜也，始可與言《詩》已矣，告諸往而知來者。」還有一次，子夏問孔子：「『巧笑倩兮，美目盼兮，素以為絢兮』何謂也？」為什麼白色是最絢麗的呢？孔子回答說：「繪事後素。」先要把質地弄得潔白了，才好作畫。子夏就領悟到：「禮後乎？」先要有一顆守禮的心，然後才講到外表的禮。孔子讚美說：「起予者商也。始可與言《詩》已矣。」由此可見，孔子讚美的是富於聯想的學生。「興於詩」，是孔子教育學生的根本，他要求學生有一顆富於感發的心，而且經常能夠從詩裡面感發到做人的道理。子貢是從做人聯想到詩歌，子夏是從詩歌聯想到做人。這種自由的感發和聯想，正是中國最寶貴的傳統。遇羅克的日記裡引了杜甫的詩：「爾曹身與名俱滅，不廢江河萬古流。」杜甫是說「四人幫」嗎？當然不是，他是論唐初四傑的詩歌，但這兩句詩卻能感動千百年之後的讀者，給他們的內心一種啟發和激勵！這也就正是「詩可以興」的感發作用。

王國維在《人間詞話》中有三則例證，就都是發揮了「詩可以興」的傳統。

第一則詞話說：「南唐中主詞：『菡萏香銷翠葉殘，西風愁起綠波間。』大有眾芳蕪穢、美人遲暮之感。乃古今獨賞其『細雨夢回雞塞遠，小樓吹徹玉笙寒』，故知解人正不易得。」

第二則詞話說：「古今成大事業大學問者，必經過三種之境界：『昨夜西風凋碧樹，獨上高樓，望盡天涯路』，此第一境也；『衣帶漸寬終不悔，為伊消得人憔悴』，此第二境也；『眾裡尋他千百度，回頭驀見（按：當作「驀然回首」），那人正（按：當作「卻」）在，燈火闌珊處』，此第三境也。此等語皆非大詞人不能道，然遽以此意解釋諸詞，恐晏、歐諸公所不許也。」

第三則詞話說：「尼采謂：『一切文學，余愛以血書者。』後主之詞真所謂以血書者也。宋道君皇帝《燕山亭》詞亦略似之。然道君不過自道身世之戚，後主則儼有釋迦、基督擔荷人類罪惡之意，其大小固不同矣。」

這三則詞話的評說同樣出於自由聯想，但仔細看來卻各有不同。王國維在第二則詞話中說他所講的不見得是作者的原意，這是相當客觀的；可是在第一則中他卻十分肯定地說別人都不是「解人」，只有他才得到了作者的真意。這是為什麼呢？我們先要看李璟的全首詞：

菡萏香銷翠葉殘，西風愁起綠波間。還與韶光共憔悴，不堪看。　細雨夢回雞塞遠，小樓吹徹玉笙寒。多少淚珠何限恨，倚闌干。

這是一首寫思婦懷念征人的詞，上片寫的是思婦看到秋天的景色就想到自己的憔悴衰老，因此不忍心再看。下片是說她夢見了丈夫，醒後才想到丈夫還遠在雞塞之外，於是就起來吹笙。小樓的閉鎖、四圍的寒冷、玉笙的珍貴，都突出表現了思婦的孤獨、寒冷和情意的纏綿。結句是「倚闌干」，「倚闌干」時看到的是什麼？還是那「不堪看」的「菡萏香銷翠葉殘，西風愁起綠波間」！

馮延巳和王安石都曾稱讚過這首詞裡的「細雨夢回雞塞遠，小樓吹徹玉笙寒」兩句，他們的眼力一點兒都不錯，這兩句寫得確實很好，而且這兩句所寫的情意正是這首詞的主題所在。其中那深微幽隱的感情是隱意識的，是一種不自覺的流露。就李璟這一首詞而言，寫思婦的感情寫得最好的地方是「細雨夢回雞塞遠，小樓吹徹玉笙寒」兩句，那是不錯的；但如果從它所傳達的感發生命而言，給人最強烈的感動的卻是頭兩句「菡萏香銷翠葉殘，西風愁起綠波間」。西方的新批評學派注重作品本身的語言、結構、形象和文字的質地，以文字的質地而言，這第一句如果改為「荷瓣凋零荷葉殘」，意思完全一樣，但效果就大不相同了。而所謂「言外之意」是要靠文字傳達的：「菡萏」出於《爾雅》，這個詞比較古雅；「翠」字可以使人想到珠翠、翡翠；還有「香」字所表現的馨香和芬芳——它們都能給人一種珍貴、美好的感覺。而這些美好的東西卻結合了「銷」和「殘」兩個動詞，於是就造成了一種效果——傳達了世間美好的東西同歸於消逝和殘破的短暫無常的悲慨！這頭一句還只是菡萏和翠葉本身的消逝，而「西風愁起綠波間」則是說這美好而短暫之生命的整個生存環境，是如此的淒涼和動盪不安！就作者而言，「細雨夢回雞塞遠，小樓吹徹玉笙寒」，可以說是南唐中主李璟寫這首思婦懷念征人之詞時的顯意識；而當時南唐這樣一個小國，進不可以攻，退不可以守，朝不保夕，處於風雨飄搖之中，則是南唐中主的隱意識。他的這種隱意識無意之中流露在寫思婦的這首小詞中，這種「眾芳蕪穢，美人遲暮」的感慨與這首詞中所寫的思婦的悲慨暗中有相合之處。王國維正是掌握了這一感發的生命的本質，所以說那開頭兩句大有「眾芳蕪穢，美人遲暮」之感，而且敢十分肯定地以「解人」自居。

至於「昨夜西風凋碧樹，獨上高樓，望盡天涯路」，這是北宋晏殊《蝶戀花》詞裡的兩句。這首詞本來也是寫相思離別的，但是其中這兩句卻使王國維產生了成大事業大學問之第一種境界的聯想。叔本華認為，每個人都跳不出意欲的圈子，不過每個人目光的廣狹和遠近都不相同。一般人為庸俗淺薄的東西所吸引，而成大事業的人則意願遠大。所以，一個人要追求更高遠的理想，就一定要先打破眼前五光十色的繁華世界，經過一個「昨夜西風凋碧樹」的階段，才能有「獨上高樓，望盡天涯路」的目光。於是，王國維就從這種感發的作用看出了成大事業大學問的第一種境界。

「衣帶漸寬終不悔，為伊消得人憔悴」是柳永《蝶戀花》詞裡的兩句。柳永的詞原來是寫男女之情的，但是他這兩句也能給人一種聯想，使人想到人類為追求理想而殉身不悔的精神。衣帶寬鬆了，表示一個人憔悴消瘦。但是他說，「為了我所愛的那個人，我不後悔。她是值得我為她而憔悴消瘦的」。這種激情，也與我國傳統詩歌裡的一種感情相合，那就是屈原《離騷》裡所說的「亦余心之所善兮，雖九死其猶未悔」。所以王國維把它列為成大事業大學問的第二個境界。

「眾裡尋他千百度，驀然回首，那人卻在，燈火闌珊處。」是辛棄疾《青玉案‧元夕》裡的句子。現在有些青年人急功近利，總想一下子打出一個知名度來。這樣的人永遠不能成就大事業大學問，充其量只能得到眼前小小的名利。要知道，堅持不悔，而且耐得寂寞，這是成大事業大學問的第三個境界。

王國維從這些小詞裡看到成大事業大學問的境界，這是一種「興」的聯想，但這種聯想與原詞的主題顯然不同。所以他在列舉了這三種境界之後說，如果真的這樣來解釋這些詞，「恐晏、歐諸公所不許也」，這種體會完全是他個人的聯想。

再看第三則詞話，李後主有一首《相見歡》的詞：「林花謝了春紅，太匆匆。無奈朝來寒雨晚來風」。這幾句表面上是寫林花的凋零，但實際上是表現了生命的短暫無常。而在這短暫無常的生命之中還有那麼多的折磨與痛苦：「朝來寒雨晚來風」，這樣的悲哀是一切有生之物都有的。王國維所謂「後主則儼有釋迦、基督擔荷人類罪惡之意」，並不是把後主比作釋迦和基督，而是一種借喻的說法。因為後主詞中所表現的雖然只是他自己的悲哀，但卻包舉了所有人類的悲哀。王國維的這種「興」的聯想與前邊所說的那兩種又有不同。在這裡，他所感受的是後主詞中那種感發力量的強大。

現在，我們就來做一個總結。我們說過，好詞一定會使讀者有言外的聯想。用什麼方式來理解詞的言外的聯想？我認為主要有張惠言和王國維的兩種不同的說詞方式。張惠言說作者一定有這樣的用心，是由語碼產生聯想，內容是傳統的以政教為比興之說的方式；王國維說作者不一定有這樣的用心，但是我可以有這樣的聯想，是由感發的「興」引起聯想，內容是一種以哲理為主的方式。

八〇年代初我開始與四川大學繆鉞先生共同撰寫《靈谿詞說》的合作。當我寫到《論周邦彥詞》一篇時，我對於周邦彥的詞所表現的一種特殊風格提出了「賦筆為詞」的說法。在這一篇文章中，我談到自五代北宋以來，詞的內容與風格雖然有多方面的表現，也不乏創新的開拓，比如蘇軾在內容方面的開拓和柳永在形式方面的開拓，都有著極可注意的成就；但我以為他們在本質上仍有著一點相似之處，那就是他們都是以直接的感發為作品中的主要質素。而周邦彥詞的出現，特別是他的一些長調慢詞，使得詞的寫作在本質上有了一種轉變，那就是一種以思索安排來寫作的新的質素的出現。這種寫作質素的改變，為詞的寫作開拓出了一種新途徑，對於後來的南宋各家詞人產生了極大的影響，也造成了南宋詞與北宋詞的兩種不同的品質與風格，我在文章中把這種新途徑叫做「賦筆為詞」。既然寫作質素有了轉變，那麼評賞的途徑和標準當然就也不得不隨著轉變。許多欣賞北宋詞而鄙薄南宋詞的人，是因為他們對這種寫作質素的轉變，沒有清楚的認知，還是以評賞北宋詞的眼光來評賞南宋詞的緣故。張惠言之所以把五代宋初的那些令詞都視為有比興之意的附會之說，以及王國維不喜歡南宋詞的偏見，事實上都是由於他們對詞的寫作中這兩種不同的質素，沒有能夠加以區分的緣故。我提出這種說法後，首先得到了繆鉞先生的肯定，後來程千帆先生看了這篇文章，也稱讚這種說法解決了詞學中許多困惑的問題。

《論周邦彥詞》一文寫於一九八五年，從一九八六年開始，我又應《光明日報・文學遺產》編者之邀，開始為他們寫了一系列用西方文論來講中國詞學的題為《迦陵隨筆》的文字。那是因為當他們來邀稿時，特別說到當時古典文學遺產遭受到冷落，希望我能在《隨筆》中加入一些新觀念以挽回頹勢，這正是我這一系列《隨筆》為什麼大多引用西方文論的緣故。但我的努力也並未能挽回《文學遺產》的頹勢，所以在寫了十五篇以後，就停止了。這時又有人向我建議，把這些《隨筆》中的零星見解改寫成一個長篇的專論。

一九八八年我在《隨筆》的基礎上寫了一篇題為《對傳統詞學與王國維詞論在西方理論之觀照中的反思》的長文，對中國整體詞學做了一次通觀的梳理。我把唐五代兩宋詞在發展演進中所形成的幾種不同詞風的作品，結合對歷代詞學家詞學理論的探討略加歸納，劃分出了三個階段，正式提出了「歌辭之詞」、「詩化之詞」與「賦化之詞」的說法。

歌辭之詞流入士大夫手中之初，他們的意識中原來並沒有要藉之來抒寫自己情志的用心，他們只是為流行的音樂填寫歌詞，可以說完全脫離了倫理政教的約束，這對於中國詩學的傳統而言，是一個重大的突破。但一般來說，這一類作品往往不免流於淺俗柔靡。其中一些好的作品，卻形成了一種可以顯示作者心靈中深隱的本質，而引發讀者豐富聯想的微妙作用，這可以說是五代及北宋初期小詞的一種最值得注意的美感特質。其形成原因有以下幾點：其一是由於詞在形式上，本來就有一種伴隨著音樂節奏而變化的長短錯綜的特殊美感，適合表達那種深隱幽微的情思；其二是由於詞的內容是以敘寫美女和愛情為主，自然形成了一種婉約纖柔的女性品質；其三是由於中國文學傳統中本來就有以美女愛情為託喻的傳統，所以凡是敘寫美女和愛情的辭語，常常容易引起讀者豐富的聯想；其四是由於詞的寫作落入士大夫手中，他們在以遊戲筆墨填寫歌詞時，無意中流露了作者自己性情學養所融聚的一種心靈本質，這可以說是歌辭之詞在流入詩人文士手中以後第一階段的特殊美感。

由於這些詩人文士早已習慣了詩學傳統的言志抒情的寫作方式，他們對詞的寫作也逐漸由歌辭轉入了言志抒情的詩化階段。詩化之詞寫得不好的作品容易流於浮率叫囂。蘇軾、辛棄疾是詩化之詞最傑出的代表，他們為小詞的寫作開拓出一片廣闊而高遠的新天地。夏敬觀說蘇軾的詞「正如天風海濤之曲，中多幽咽怨斷之音」；陳廷焯說辛棄疾的詞是「詞中之龍也，氣魄極雄大，意境卻極沉鬱」，雖然屬於豪放之詞，但仍然具有曲折含蘊之美。像蘇軾的《八聲甘州》（有情風萬里卷潮來）、辛棄疾的《水龍吟》（舉頭西北浮雲）都是詩化之詞的成功之作的例證，就是說詞在演進到第二階段詩化之詞以後，仍然保持著屬於詞的特殊美感。

周邦彥《清真集》的出現，使用賦筆為詞，以鋪陳勾勒的思力安排取勝，使得詞的寫作進入了賦化之詞階段。特別是他的長調慢詞，使得詞的寫作在本質上有了一種改變，就是以思力安排為寫作動力這一新的質素的出現。賦化之詞寫得不好，常常流於形式堆砌而內容空洞，而成功的優秀作品則往往在勾勒中見渾厚，隱曲中見深思，在思力安排之中蘊含深隱之意。只要讀者找到欣賞這一類詞的途徑，從思力入手去追尋，自然也可以獲得它蘊含於內的一種深思隱意。像周邦彥的《蘭陵王》（柳陰直）、《渡江雲》（晴嵐低楚甸）都是賦化之詞中的成功之作。這些詞可以說在詞演進到第三階段賦化之詞以後，仍然保留著屬於詞的特殊美感。

我認為其中有兩點最值得注意的是：歌辭之詞的出現是對於詩學中言志的傳統以及倫理教化觀念的一種突破；而賦化之詞的出現則是對詩學傳統中以興發感動為主要寫作方式的一種突破。至於詩化之詞，表面看來雖然似乎是對詩學傳統的一種回歸，但是詞體與詩體的形式不同，詩是齊言體式，直接抒寫長篇歌行，可以用氣勢取勝；而詞是長短句的體式，如果全用直接抒寫，就可能因為失去了齊言的氣勢，而流於叫囂了。這也正是長調慢詞不得不改用賦筆為之的緣故。蘇軾、辛棄疾是詩化之詞中寫得最好的，那是因為這兩個詞人在本質上有著沉厚超拔而不致流於叫囂的一種質素，當然就不需要借賦筆為之了。歌辭之詞、詩化之詞、賦化之詞這三類不同的詞風，它們的得失利弊各不相同，但是如果綜合來看，我們卻不難發現它們原有一個共同的特點，那就是這三類詞中好的作品都是以「具含一種深遠曲折耐人尋繹之意蘊為美」。

在寫成這篇文稿後不久，一九九〇年我又應邀在美國緬因州參加了北美首次國際詞學會議。在這次會議我提交了《論王國維詞——從我對王氏境界說的一點新理解談王詞之評賞》這篇論文，對我以前論王氏之「境界」說的一些論點做了修改和補充，提出了王氏之不能欣賞南宋詞，乃是因為他對於詞體中以賦筆為詞的這種新途徑的特質未能有所認知的緣故。記得當時一同開會的普林斯頓大學的高友工教授對我的說法很感興趣，他說「賦化之詞」的說法還沒有聽說過，但這種提法確實解答了詞學中的許多問題。在這篇論文中我還提出，無論是歌辭之詞、詩化之詞還是賦化之詞，都要以其中含有一種深隱幽微之質素才能稱為佳作。不過當時我對於詞這種文學體式形成這種美感特質的原因，還未能做深入的討論。

一九九二年，我又寫了一篇題為《論詞學中之困惑與花間詞之女性敘寫及其影響》的長文。在這篇文稿中，我就女性形象、女性語言以及男性作者在女性敘寫中無意流露出來的雙性心態，探討了花間詞所形成的一種美學特質。我以為花間詞具含了一種不同於詩歌的、不屬於作者顯意識的活動，而完全由文本中的女性形象和女性語言傳達出的深微幽隱的意蘊。這種意蘊特別富於引起人產生言外聯想的潛能，這種潛能使得花間詞為詞這種文類創造出了一種特殊的美學品質，使後世的詞學家因此形成了對詞的衡量的一種特殊的期待視野，那就是以富於深微幽隱的言外之意蘊為美。我引用了西方的多種文論，對於詞這種文學體式所形成的這種美感特質的基本原因做了較為深入的論述。

我以為《花間集》中寫美女與愛情的小詞，容易引起人產生託喻之想，是由於一種雙重性別的因素。張惠言的比興寄託之說雖然有些牽強附會，但這種雙重性別的質素，確實具有使讀者產生一些聯想的可能性。

「雙重性別」是說這些寫女子相思怨別的感情的小詞，現實中的作者是男子，是男子來寫女子失意的感情。當他寫這個女子沒有找到一個愛她的人的時候，無意之中把他自己在官場上的失意，把他自己得不到人的認識和欣賞的某一種潛在的感情給流露出來了。這是小詞之所以形成了以要眇深微為美的美感特質的一個要素。

只不過小詞中的雙重性別這一質素，與過去傳統詩歌中的男子作閨音的有心喻託之作，實在有極大之差別。我在該文中還引用了法國女學者克利斯特娃（Julia Kristeva）的說法，指出詩歌語言中的兩種作用，一種被克氏稱為「象喻的作用」（symbolic function），另一種被稱為「符示的作用」（semiotic function）。中國傳統詩歌中男子作閨音的比興之說是屬於前一種作用，而小詞中的雙重性別則是由其敘寫的口吻及語言符號與顯微結構等因素而使人產生託喻之想，是屬於後一種的作用。前者是受拘限的、被指定的，而後者則是自由的、不斷在生發變動之中的。這一種說法，當然也是前人詞說所未曾指出的。

以上各篇文稿，反映了我對詞學中之困惑的一段長期探索的路程。我對詞學中的困惑之形成以及詞的美感特質之形成的種種因果關聯，其間一些微妙的質素，都做了簡要的說明，但似乎仍然沒有一個總體的歸結。我覺得還有兩點應該加以說明的：一是詞體中的要眇幽微之美，它的本質究竟是一種什麼樣的質素；二是這種難言的美感，既不能用張惠言的說法拘狹地指為比興，也不能用王國維的說法含混地稱為「境界」，那麼這種美感特質究竟應叫做什麼呢？

一九九三年我又寫了《從豔詞發展之歷史看朱彝尊愛情詞之美學特質》一篇文稿，對以上的兩個問題提出了兩點說法。一是對詞體中之要眇幽微之美的基本質素究竟是什麼的問題，我以為這種特殊的美學品質是屬於一種「弱德之美」。不僅晚唐五代與北宋的令詞之佳作是緣於其具含了這種弱德之美質素的一種美，就連蘇、辛一派之所謂豪放詞的佳作，甚至南宋用賦化之筆所寫的詠物之詞的佳作，基本上也都是緣於其具含了這種弱德之美的質素。二是張惠言所提的比興之說與王國維所提的境界之說，對這種特殊的美學品質都不能加以涵蓋的原因，是因為他們在傳統說詩的論述中，找不到一個適當的術語來加以說明的緣故。

我認為由《花間集》為詞這種文類創造出了一種特殊的美學品質，使後世的詞學家因此形成了對詞的衡量的一種特殊的期待視野，那就是以富於深微幽隱的言外之意蘊為美。詞在演進的歷史中，發生過幾次重大的轉變：一是柳永的長調慢詞的敘寫，對花間派令詞的語言造成了一大改變；二是蘇軾的自抒襟抱的詩化之詞的出現，對花間派令詞的內容造成了一大改變；三是周邦彥的有心勾勒安排的賦化之詞的出現，對花間派令詞的自然無意的寫作方式造成了一大改變。如果從表面來看，這三次重大的改變無疑是對花間詞原來的語言、內容、寫作方式的層層背離。而值得注意的是，在詞的演進發展中，無論是柳詞一派的作品、蘇詞一派的作品，還是周詞一派的作品，凡是其中被認為好的作品，大多都是仍然含有一種深微幽隱的言外之意蘊的作品。也就是說，在詞的演進中，雖然寫作的語言、寫作的內容和寫作的方式，都已經發生了種種變化，但是由「花間」形成的，以富於深微幽隱的言外之意蘊為美的這一期待視野與衡量標準，一直沒有改變。在這種認知背景下，我從花間詞以來豔詞發展的歷史，透過對朱彝尊的愛情詞所做的考查，發現他的《靜志居琴趣》所收的愛情詞，寫得樸質深厚，別有吞吐不盡之意，在藝術上完全暗合於自「花間」以來所形成的以深微幽隱富含言外意蘊為美的美感特質。

可是當我對《靜志居琴趣》中的詞再進一步思考，就發現這些詞的言外之情思，卻與早期令詞所引人生言外之想的因素有所不同。早期令詞之所以引人生言外之想，往往是由於在作者的潛意識中，果然有某種深隱的情意——如雙重性別、雙重語境、憂患意識或品格修養等種種附加的質素——滲入了豔詞的敘寫之中的緣故。朱彝尊的這些愛情詞，只是寫愛情，沒有其他質素在裡邊，是什麼原因使這些詞具含了無限情思於言外的美感特質呢？要想回答這一問題，我以為陳廷焯在《白雨齋詞話》中對朱彝尊的評價很有參考價值，他說「竹垞豔詞，確有所指，不同泛設，其中難言之處，不得不亂以他辭，故為隱語，所以味厚」。從陳廷焯這段話我們推論，朱彝尊的這些愛情詞之所以有深厚不盡的情思，是因為其中有一種「難言之處」，而朱彝尊的難言之處是因為他寫作的對象是「確有所指」，而不是一般士大夫寫給歌伎唱的豔曲，他寫的是現實中確有，但卻不為現實所接受的一段私戀之情。由此看來，朱彝尊的愛情詞雖然沒有早期令詞那些作者潛意識中的雙性心態、憂患意識等等附加質素，但是我們讀起來仍然感受到一種深微幽隱的意境，是因為他所寫的愛情對象不同的緣故。從這裡我就發現一個值得注意的現象，正是這種不為社會倫理所容的感情的難言之處，反而形成了文學中的一種特殊的美學品質。

如果進一步反思，就會有一個更大的發現，那就是詞之所以形成以深微幽隱富含言外之意蘊為美的這種美感特質，原來就是因為在早期令詞的發展中，有些作者曾經把他們自己內心中的某一點難言之處，無意中寫進了小詞的緣故。例如溫庭筠仕宦不如意的失志之悲；馮延巳深感國勢岌危而不能挽救的煩亂之情；南宋辛棄疾壯志難酬的蒼涼沉鬱之懷——凡此種種，如果從廣義來說，實在都可以說是一種難言之處。如果按照張惠言《詞選・序》中的說法——詞的特質是「興於微言，以相感動」，可以「道賢人君子幽約怨悱不能自言之情」，然後才能使詞表現為一種「低徊要眇」的美感特質——來看，雖然朱彝尊所「難言」的，與賢人君子們「幽約怨悱」的志意有所不同，但二者在本質上很有相近之處，那就是：二者都同是處於外界的強勢壓力之下，不得不把自己的情思以委婉的姿態表達出來，但內心在約束收斂中還有著對理想的追求和對自身品格的操守。如果從這種基本相通的一點來看，我覺得可以對詞的美感特質歸納出一個更為觸及本質的共性，我姑且稱之為

「弱德之美」。這樣我們再反觀前代詞人的作品，就會發現，凡是被詞評家們稱為「低徊要眇」、「沉鬱頓挫」、「幽約怨悱」的好詞，其美感特質原來都是屬於這種弱德之美。

一九九八年初，我為一位古農學家石聲漢先生的詞集《荔尾詞存》寫了一篇序言，對我所提出的「弱德之美」這一詞的美感特質又有所發揮。

石聲漢教授是一位為科學獻身的科學家，他平生的一切成就，都是在憂患困苦中完成的。他以深厚的古典學養還為我們留下了不平凡的詞作，他的不平凡之處，在於生而就具有一種特別善於掌握詞之美感的、屬於詞人的心性。當我讀到石聲漢先生以「憂讒畏譏」為題目來敘寫他自己寫詞的經歷和體會時，油然產生一種共鳴。我以為石聲漢先生所提出的「憂」、「畏」之感，與我提出的「弱德之美」在本質上有著相通之處，都是在外界強大壓力之下，不得不自我約束和收斂以委曲求全的一種品質。我實在沒有料到，石聲漢先生以一個非詩詞專業的自然科學工作者，竟然能以他所稟賦的詞人之心，如此敏銳地以他自己的直觀體驗，輕易地掌握了詞的美感的最基本的特質。

「憂讒畏譏」這四個字出於宋代范仲淹的一篇名作《岳陽樓記》。范仲淹所敘寫「憂讒畏譏」的心態，正是一位具有「居廟堂之高則憂其民，處江湖之遠則憂其君」的以天下為己任的才人志士的「憂」、「畏」。所以「憂讒畏譏」這四個字所蘊含的，實在不僅是自我約束和收斂的弱者的感情心態，而是在約束和收斂之中還有著一種對理想的追求與堅持的品德方面的操守。其形雖「弱」，但卻內含著「德」的操守。這正是我之所以把詞的美感特質稱之為「弱德之美」的緣故。石聲漢先生的人生經歷以及他的詞作，我在本書第八章有專題敘述，大家可以參看。

總之，我把詞體的美感特質稱之為「弱德之美」：「弱德」，是賢人君子處在強大壓力下仍然能有所持守、有所完成的一種品德，這種品德自有它獨特的美。「弱」是指個人在外界強大壓力下的處境，而「德」是自己內心的持守。「行有不得者皆反求諸己」、「躬自厚而薄責於人」，這是中國儒家的傳統。

二〇〇〇年我又寫了一篇題為《論詞之美感特質之形成及反思與世變之關係》的文稿，分析了詞之美感特質的形成及反思與世變所形成的互為因果的多重複雜之關係。

西蜀南唐的大多數歌辭之詞中所蘊含的幽微要眇、悱惻淒涼的美感特質與世變的陰影有著密切的關係，到五代時也出現了少數詩化之詞，如李煜、鹿虔扆。這些詩化之詞直抒哀感，變歌辭之詞為士大夫之詞，更是與破國亡家的巨大的世變有著密切的關係。然而詩化之詞的出現，北宋初期卻並未被廣大的詞人們所接受和繼承。直到柳永與蘇軾二位作者的出現，才使北宋詞壇發生了變化。柳永的貢獻是在形式方面的拓展，寫出了大量的長調慢詞。蘇軾的貢獻則是在內容方面的拓展，使得詞突破了豔歌的局限，成了可以抒懷寫志的新體詩篇。這兩方面的突破，主要是由於柳永個人在音樂方面所具有的特殊才能，與蘇軾在創作方面所具有的過人稟賦，所以他們的成就可以說是個人的因素，與世變並無必然的關係。使得柳永、蘇軾二家之開拓又重新獲得了詞之深微幽隱的美感特質的，是由於當時政壇上所發生的幾次重大的世變。北宋之世所發生的新舊黨爭，不僅蘇軾的幾篇佳作，如其《水龍吟・詠楊花》及《八聲甘州・寄參寥子》等，其天風海濤之曲中有幽咽怨斷之音的一些作品，是因為其中蘊含著黨爭世變之悲慨的緣故；就是由柳永一派所衍生出來的周邦彥的一些佳作，如其《蘭陵王》（柳陰直）及《渡江雲》（晴嵐低楚甸）等作品，其低徊曲折令人尋味之處，也是因為其中隱含有黨爭世變之悲慨的緣故。

真正使得詩化之詞與賦化之詞的美感特質發揮到極致的，是宋代所經歷的兩次更大的世變。靖

2003年攝於研究所辦公室。

康之難——北宋的滅亡，在詩化之詞中成就了一個由北入南的英雄豪傑的詞人辛棄疾，辛棄疾詞的盤旋鬱結之氣把抒情寫志的詩化之詞深致的美感，推向了一個高峰。而德祐景炎之變——南宋的滅亡，在賦化之詞中成就了由宋入元身歷亡國之痛的王沂孫等一批詠物的詞人，這些詠物詞的吞吐嗚咽之中的微言暗喻，則把鋪陳勾勒的賦化之詞深致的美感，又推向了另一個高峰。

總之，詞的美感特質自唐五代的歌辭之詞開始形成，歷經北宋在形式與內容兩方面的拓展，隨著詩化之詞與賦化之詞的形成及演進，終於在南宋時先後形成了各自獨具的美感特質。後來的元、明、清幾代，雖然也各有不同的風格和成就，但究其美感之特質，則很少有超出於以上所說的歌辭之詞、詩化之詞及賦化之詞三類以外之開創。不過，儘管詞演進到南宋末期，就已在創作方面完成了三種不同的美感特質，但後世評詞的詞學家們卻對此一直沒有清楚明白的反思和認知。直到清代常州詞學派的詞學家周濟，積累了前代詞學家的反思，把詞的寫作與世變結合起來，提出了「詩有史，詞亦有史」的說法，在詞學界產生了很大影響。非常巧合的是，周濟的「詩有史，詞亦有史」的說法提出不久，清朝就發生了巨大的世變，鴉片戰爭、英法聯軍、甲午戰爭、戊戌變法、庚子國變等事件相繼發生——詞這一文學體式在經歷了明代的衰落以後，又迎來了清代的中興。

前面所談的是我多年來思索和探討的結果，可以說我對中國詞體的特殊的美學品質的形成與演進，已經做出了較為完整的理論化和系統化的說明。我覺得在詞學理論中還有兩點有待於補充和完成：一是關於弱德之美的特質，我在《朱彝尊》一文中說得仍不夠詳細，還有待於補充；二是我過去所做的研討，大多以男性詞人的作品為主，至於女性詞人的作品，我覺得其美感特質的發展又是另一途徑。上世紀九〇年代中期，我就有對女性詞作進行探討的想法，但一直沒有動筆。主要有兩個原因：一是我的雙眼長了白內障，讀書和寫作已經感到不方便；二是我在南開已經有了正式的研究生，每年在南開這半年除了上課，還要看學生的論文和許多文稿，另外半年也常常被各地邀請講學，經常在旅途奔波之中，使得女性詞這個研究計畫一直未能開始。近年來我終於下定決心，開始了對女性詞的研究。

關於女性詞的研究，我選擇了以《從性別與文化談女性詞作美感特質之演進》為題目來展開討論。「女性詞作美感特質之演進」是我要探討的主題，「性別與文化」是我立論的依據，這是受西方近年來文學理論影響而形成的一個新的探討角度。

中國詩歌的傳統是來自於以男性為主的士文化的影響。在文學評賞中，也一貫是以男性文化為主流，對詩歌衡量當然也就形成了一種以作品中襟抱志意的高下大小為優劣的衡量標準。從這方面來說，女性一向處於劣勢地位。女性不僅在創作方面處於劣勢地位，在評價方面也是一直處於劣勢地位的。我搞了數十年古典詩詞的教學與研究，我的寫作和講授一向都是以男性作品為主。這自然因為人類之歷史不分古今中外都是由男性所創造和寫成的。文學史以男性作品為主體，自然也是必然的結果。西方女性主義者提出了歷史為什麼要稱為 history 而不能稱為 herstory 的問題。這種說法雖然看起來可笑，但卻是人類歷史文化上不爭的事實。在這種情況下，對於詩歌的評賞，自然也就形成了一種以男性文化為主的品評標準。在以士人為主的文化中，詩歌一向有著以表達襟懷志意為主的「言志」傳統，而千古以來那些被壓抑的女子，又有哪一個能寫出像李白大笑出門、尋仙五嶽的豪情和遠想？又有哪一個能寫出像杜甫致君堯舜、竊比稷契的偉願和深衷？所以在詩歌之傳統中，婦女之作自然就一直處在了弱勢之地位。

近年來我閱讀了一些西方女性主義與性別文化的文章，我才逐漸省悟到過去一貫以男性為主流的眼光和標準來衡量女性詞作是多麼不公正的一件事。如果不能透過性別與文化這兩方面因素的影響，對女性詞作妄加評說同樣是不可以的。所以要想為女性詞作的美感特質及其演進做出一種理論的說明，是一個非常複雜的問題。何況五代兩宋的女性作品之少，與明清兩代的女性作品之多，又形成了一個鮮明的對比。因此當我要舉出女性詞作為例證，加以具體的研賞討論時，如何在這樣極不平衡的情況下來選擇去取，自然就也成了一個相當困難的問題。不得已我只好把女性詞大概歸納為六大類別：一是歌伎之詞，其中既包括了敦煌曲中的無名氏之作，也包括了兩宋的具名之作；二是本無意於寫作的尋常婦女，只不過偶因一些重大事件之遭遇，就以當時習見易知的文學體式，寫下了自己不便言說的情感和經歷之作；三是兩宋良家婦女的有心用意於詞的寫作，而且有專集傳世足以成家的代表作；四是在明清兩代，特別是在清代的眾多的作品中，最具代表性的一些女性之作；五是民國革命海運大開時代前後的女性代表之作；六是現當代的女性之作。這是我的研究大綱，具體的選擇，還有待斟酌，所以沒有列舉名氏。到目前已經研究到晚明時期，陸續已經寫出了幾篇論文，發表在《中國文化》雜誌上。

五、關於《迦陵文集》和《葉嘉瑩作品集》

一九九七年，河北教育出版社出版了十本一套的《迦陵文集》。二〇〇〇年臺灣的桂冠圖書公司出版了收輯更廣的一套二十四本的《葉嘉瑩作品集》。本來，我並不是一個熱心為自己的作品編印什麼文集的人，我對於古典詩詞雖說情有獨鍾，偶然讀書有得，常常寫一些論說詩詞的文字，但我對於事務卻不善於打理，向來是把文稿發表以後，就任其自生自滅，從來並沒有想要整理成為一系列文集的念頭。但近年來卻在海峽兩岸連續出版了兩套文集，這實在是由於偶然的因緣。

河北教育出版社出版那一套《迦陵文集》，實在是有著一段五十年以上的因緣，它緣起於四〇年代初我在北平輔仁大學念書時遇到的我的老師顧隨先生。四〇年代末以後，我流寓海外二十多年，直到七〇年代中期，我才有機會回到祖國探親。我雖然沒有再見到我最想見的我的老師顧隨先生，但是我聯繫上了我的老師的兩個女兒，之惠師姐和之京師妹，並且一起開始了向當年輔仁大學的師友們搜輯我老師遺作的工作。誰知就是由於我跟之京的聯繫，就留下了後來出版我的《迦陵文集》的因緣。在之京任教的河北大學中文系，有兩位當年聽過顧先生課的同事，就是謝國捷先生和謝景林先生。一九七九年我第一次到南開大學講學時，謝國捷先生聽了我的課，回到河北大學就跟謝景林先生講了我的情況。一九八一年我再回到南開講課時，謝景林先生就通過之京的介紹到天津來看我，不僅聽了我的講課，還提出了採訪我的要求。謝先生這個人很誠懇，我真的很感動，就答應了他。在這次採訪的基礎上，謝先生跟唐山大學的趙玉林先生合作，寫出了題為《明月東天》的文稿，發表在《報告文學》上。九〇年代初期，謝先生調任天津人民出版社總編，我們偶爾有機會見面，他多次表示，把顧先生和我的一些著作出全出好是他的一大願望。接著他就提出了要把我多年來在兩岸三地出版的書集中編成一個系列的出版計畫。因為這件事牽涉的問題很多，我就遲遲沒敢答應。一九九六年春天我到臺灣、香港兩地講學後，又一次回到南開，謝先生打來電話，說他們的一個校友，河北教育出版社的社長王亞民先生，聽說謝先生要出版我的系列文集，希望能夠在河北教育出版社出版。謝先生在電話裡盛讚王亞民先生在出版事業方面的眼光和氣魄，我就同意了跟王先生見面。不久，謝先生就陪著王先生來到了南開。果然，王亞民先生辦事非常果斷，當天就跟我簽訂了出版合約，而且不到一年就把十本書都出齊了。回想這一切，都是出於我跟顧先生念書的一段歷史淵源，我就請顧之京輯錄了顧先生的書法作為書名題簽而題名為《迦陵文集》，表示我對老師的教誨之恩的感念不忘。這距離顧先生第一次拿我的作品以「迦陵」做筆名去發表的年代，已經有五十四年之久了。

至於臺灣桂冠圖書公司出版我的另一套作品集，則有著另一段因緣。如果說河北教育出版社出版的《迦陵文集》的因緣是來自於由我的老師所衍生的一份師生情誼，那麼臺灣出版《葉嘉瑩作品集》的因緣則是來自於由我的學生們所衍生的另一份師生情誼。從一九五四年開始，我就在臺灣大學、淡江大學、輔仁大學教書，直到一九六九年轉赴加拿大，前後有十五年之久。我在臺灣先後出版的一些著作，可以說多多少少都和我當年教過的學生們有著一些因緣的關係，他們有的為我抄稿校稿，有的為我聯繫出版，有的為我整理錄音，更重要的是他們不時向我約稿，促使我不得不經常寫作，才得以積稿而成書。像臺灣大學的柯慶明教授，淡江大學的施淑女教授，清華大學的陳萬益教授，「中研院」文哲所的研究員林玫儀教授，還有一位已經去世的淡江大學校友陳國安同學，都為我的一些書的出版盡過不少心力。

桂冠圖書公司的發行人賴阿勝先生是由臺灣大學的吳宏一教授介紹的。宏一在六〇年代初期上過我的詩選課，那時我住在信義路靠近新生南路的一條巷子裡。每次我乘坐新生南路的公車往返於臺大與信義路之間的時候，經常會遇到他，他總是把座位讓給我，然後就站在我的座位面前，很少講話。但他在班上成績極好，舊詩和新詩都寫得很出色，所以我對他印象很深。一九六六年我去了美國訪問講學，一九六八年返回臺灣時，他已經考上了臺大中文系的研究所，正在鄭騫先生的指導之下寫《常州派詞學研究》的論文。那時我與鄭騫先生共用一間研究室，所以與宏一經常有見面談話的機會，不久我就轉去加拿大 U.B.C. 大學任教了。一九七四年因為我到大陸探親，被臺灣當局列為不受歡迎的人。此後，我不敢再回臺灣，有些在臺的親友也不敢再和我通信，而宏一不僅仍然與我繼續通信，還在一九八六年趁著到美國去訪問的機會，親自到溫哥華來探望過我。那一年溫哥華正在舉辦世界博覽會，宏一是藉著參觀博覽會的名義來的。但他到了加拿大以後根本沒去過一次博覽會，也沒有會見過其他友人，他是專程來看望我的。多年以後，有一次在一個學術研討會上，宏一提到當時的心情時，說起他那次決心來看我，是因為怕再也見不到我了，說到這，他突然失聲哽咽。這一份師生之誼，使我非常感動。

八〇年代中吳宏一（左）來溫哥華，攝於家中院內。

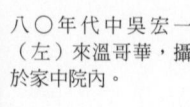

臺灣開放以後，臺灣清華大學文學研究所所長陳萬益教授，首先在一九八九年冬天請我回臺灣短期講學，一九九〇年到一九九一年間又請我回去客座講學一年。就是在這一年，宏一介紹我與桂冠圖書公司的賴先生見了面，提議把我近年在大陸出版而沒在臺灣出版的書，由桂冠公司在臺出版。從此我與賴先生有了聯繫。桂冠圖書公司此後曾先後出版過我的六本書。及至一九九七年河北教育出版社出版了我的《迦陵文集》以後，正好我到臺灣淡江大學去講學，因為臺灣有我從前教過的很多學生，我就帶了幾套回去送給他們。賴先生聽說我回來了，就到我住的地方來看我，看見了這套《迦陵文集》，就說想在以前所出過的那幾本書的基礎上再增加一些，出版一套我的《作品集》。我離開臺灣以後，就由淡江大學的施淑女教授一直代替我與賴先生聯繫出書的事情。所以我說大陸出版我的文集，是由於我的老師而衍生的一段因緣，而臺灣出版我的作品集，是由於我的學生而衍生的一段因緣，這一切都是使我極為感念的。

六、關於唐宋詞系列講座

一九八七年我的唐宋詞系列講座是當時的輔仁大學校友會副會長馬英林學長促成的。可以說沒有馬英林學長對我的敦促和鼓勵，就沒有我的唐宋詞系列講座的產生。

一九八六年這一年我兩次回國。第一次是在四月，主要是為了去四川大學跟繆鉞先生商討我們合作撰寫的《靈谿詞說》一書的定稿及出版的事。路過北京時，我的同門學姐楊敏如教授邀請我到北師大講了一次五代北宋令詞的欣賞，馬英林學長也不辭勞苦的跑來聽講。聽完我的課馬英林學長說：「講得太好了！可是只給這兩三隻小貓講太可惜，我要給你辦一個大規模的講座，讓更多的人能夠聽到你講課。」起初馬英林學長提出讓我在十月份輔仁大學校友會聚會時給校友講一次，我想作為校友，這是義不容辭的事，就答應了。第二次回國是在八月份，因為我在八月以後向 U.B.C. 大學申請了一年的休假，事先已答應了到復旦大學、南開大學、南京大學、四川大學、蘭州大學及湘潭大學等幾所大學去講學。我到了北京以後，又有中華詩詞學會的周一萍先生來訪，邀請我參加九月初在北京舉行的中華詩詞學會的座談會，也提出要我在會上做一次講演。說來還有個笑話，原來我四月間在四川大學訪問時，有一天川大外事處通知我北京有一位周先生來訪。這位周一萍先生是國防科工委的，那天來時好像還帶著一個衛士。我們並不認識，我請他坐下以後就去泡茶，等我泡好茶他就問，葉先生呢？我說我就是。原來他把我當成葉先生的夫人了。那時因為我講學的日程已經排定，很難再做安排，就讓詩詞學會與輔大校友會聯繫，或許可以把這兩次講演合為一次。

隨後我就到上海復旦大學去講課，九月底又趕回天津南開大學講課，十月上旬我利用一個週末到北京參加了輔仁大學校友聚會。因為時間太緊，這一次沒有安排講演。馬英林學長說那就等春節假期回北京時多講幾次吧。我說可以講四至五次，但不能再多。後來又有國家教委老幹部協會和中國國際文化交流中心也加入了這一講座的籌辦工作。馬英林學長與我聯繫，跟我說想把這個講座搞成系列，對唐五代及兩宋詞做一個系統介紹，要借用國家教委大禮堂做講演場地，還要向各報紙發消息。一開始我不同意搞成這樣的規模：一是我擔心自己的學識能力不足；二是擔心時間上也不好安排；三是因為我從小接受過「聲聞過情，君子恥之」的古訓，不喜歡過分的鋪排。但是馬英林學長是一個堅強執著的人，對古典詩詞特別熱愛，他以中文系前輩校友的關係，多次以弘揚中國古典詩詞傳統的重要性勸我答應。就是這一點共同的理想和愛好，我最後被他說服答應了下來。於是我本來答應給校友會做的一次講演，就逐漸擴大成了四個單位參加主辦的系列講座。

一九八七年二月三日，陰曆正月初六，我的唐宋詞系列講座在北京國家教委禮堂正式開始，由輔仁大學校友會、中華詩詞學會、國家教委老幹部協會和中國國際文化交流中心四個單位聯合主辦。基本上隔一天一講，一共講了十次，每次大約三個小時，一直到二月下旬結束。講座在社會上引起了很大的反響，很多人從很遠的地方跑來聽，還有一些記者來採訪。聽眾包含了社會上各階層、各年齡段的人士，上至六、七十歲的老詩人、老教授，下至十六、七歲的中學生和社會青年。我當年在輔仁大學的一些老校友史樹青學長、劉乃和學長、劉在昭學長也都來了。這中間還有我四〇年代在北平教過的學生，他們在報紙上看到了這一消息，帶著我當年給她們紀念冊上寫的留言來了。經過了這麼多年的動盪，學生們把我的留言一直保留到現在，說來真是讓我感動。但是這一次講座只講到北宋後期的周邦彥，南宋的詞人因為時間來不及了沒有講到。

後來輔仁大學瀋陽校友會的趙鍾玉學長又請我去瀋陽接著講南宋詞。本來我這一年休假回國講學的活動早已經排定，南開的講學結束後，我還要去南京大學、四川大學、湘潭大學和蘭州大學講學，實在無法安排。可是趙鍾玉學長鍥而不捨，先後五次專程來京、津兩地邀請我，最後又請馬英林學長一起來勸我。他們主張一定要把南宋詞講完，才算是一個完整的唐宋詞系列講座。我再一次被他們說服，不得不分別寫信給湘潭大學和蘭州大學，請求他們的諒解，把原訂的講課取消。六月下旬我結束了四川大學的講學以後，從成都直接飛瀋陽繼續講南宋詞。

可是一到瀋陽，我就發現自己面臨了一個大難題：我來瀋陽的目的是為了續講南宋詞，可是瀋陽的聽眾已經不是北京的那些聽眾了，而且南宋詞又一向以深晦著稱，如果對全無準備的聽眾，一開始就講述這些深晦的南宋詞，恐怕他們難以接受。還得從五代北宋詞講起。可是這一部分我在北京已經講過，所以在取捨方面費了一番心思。同時又有編輯北京講座錄影的許憲同志從北京帶著錄影來讓我審查。於是我開始了接連不斷的緊張工作：每天上午早飯後就開始審查錄影，直到中午；吃過午飯後，下午又去講課；晚飯後又開始審查錄影，常常到晚上十點半才停止。此外我還要利用這些緊張工作的空隙，例如在餐廳等候飯菜的時候或者在晚上睡覺之前，抓緊時間審讀已整理出來的北京講座的錄音稿。在瀋陽講學期間，又有大連遼寧師範大學的饒浩學長堅持邀請我去大連給他們講。當時我所講的南宋詞，還有最後一家王沂孫未講，於是又在七月初轉往大連接著講了王沂孫的詠物詞。而大連又是另一批新的聽眾，王沂孫又是一向以晦澀著稱最難講的一位作者，這種情況確實給我增加了不少困難。為了使聽眾比較容易接受，我不得不對詠物詞的淵源又做了一番簡單的介紹，這也就是為什麼在《唐宋詞十七講》的講稿中王沂孫所占的篇幅最多的緣故。就這樣，一九八七年這一年，在以馬英林學長為首的幾位熱心的輔仁校友的安排下，我的唐宋詞系列講座在北京、瀋陽、大連三地斷續完成了。我在大連除講課外，還要同時審查在北京、瀋陽兩地講課的錄影，更要繼續審查北京、瀋陽、大連三地陸續整理出來的講稿，因此每天都是從早忙到晚。這些整理出來的講稿，就是《唐宋詞十七講》最初的底稿。

在這一路的行程中，馬英林學長和他的夫人尹潔英大姐一直陪在左右照顧我。當時我有點輕微的咳嗽而且有時痰中帶有血絲，每到一地，他們夫婦都安排我去看病治療，只是馬英林學長卻沒有要把講座停下來的打算。碰巧我也是一個工作狂，一旦承擔起一項工作，決不願意半途而廢。我覺得馬英林學長對於這次講座的安排，確實是出於弘揚中國古典詩詞的願望，這也正是我最願意做的事，我當然也就不辭勞苦了。現在，這一次的唐宋詞系列講座早已編輯成書，書名是《唐宋詞十七講》。最初由湖南嶽麓出版社出版，後來又被河北教育出版社收進了我的《迦陵文集》。馬英林學長對我講課的能力的信心，以及他辦事的熱誠和魄力，他對於工作不辭勞苦、無私忘我的精神一直

八〇年代中與輔仁校友王光美（右二）、劉乃和（左二）等人，右一為葉嘉瑩。

1987年在北京國家教委禮堂舉辦唐宋詞系列講座時，接受各報刊記者訪問。

使我深受感動。

《唐宋詞十七講》的最後成書，要感謝那些為我整理講稿的各位朋友，那就是北京的李宏先生，瀋陽的李俊山和王春雨先生，還有大連的張高寬先生。我的一位從中學到大學多年的同學好友劉在昭學長對全部講稿做了最後的通審。雖然我對各位友人心懷感謝之心，但是對我自己來說，仍然感到有許多不足之處，我的女兒給了我相當的鼓勵。因為我去探望女兒一家時，隨身帶了一部分正在審閱中的講稿，當時他們家中住著一位中國來的留學生，見到這些講稿就借去看。我原來以為她是一個學理工的學生，對唐宋詞不一定感興趣，誰知她真的看進去了，還介紹給另外一些中國留學生看。到我臨走的前一夜，她們竟然看了一個通宵。本來我女兒家也有我寫的幾本關於詩詞的書，可是她說：那些書寫得文白相雜，過於理論化，除非是專門研究古典詩詞的人，一般讀者沒有很大興趣；可是這些講座面對的是普通的聽眾，用的都是口語，解說得也比較生動，這本書印出來以後，肯定更受一般讀者的歡迎。我女兒的這些見解，無疑使我對於《唐宋詞十七講》的出版增加了信心。

我之所以不自量力，不辭辛苦，承擔唐宋詞系列講座這一繁重的任務，除了我對古典詩歌的一份深厚的感情，還有一個原因，就是從一九七九年我開始回國教書以來，我的內心逐漸產生了一種要對古典詩歌盡到傳承責任的使命感。雖然我知道國內有不少才學數倍於我的學者和詩人，這傳承的責任也不一定落到我的頭上；但是杜甫說過「當今廊廟具，構廈豈云缺。葵藿傾太陽，物性固莫奪」，我對於中國的古典詩歌似乎也正是有這樣一種不能自已之情，就像我自己的詩中所寫的「構廈多才豈待論，誰知散木有鄉根。書生報國成何計，難忘詩騷李杜魂。」正是由於我有這樣一份真誠的感情，使得我不僅接受了這次講座的邀請，而且在講授時傾盡了自己全部的心力。一些關懷我的友人，聽過我的講課後，常常勸告我不要講得聲音太大，要節省點精力，注意自己的身體。可是我只要一講起來，就會不自覺地投入到古典詩詞的境界之中，把朋友的叮囑全忘了。如果看看我那時講課的錄影，就會發現我在講課中常常有輕微的咳嗽，可是我講課的語調卻沒有降低或減慢。如果用我的老師顧隨先生常說的一句話來形容我的講課，就是「余雖不敏，然余誠矣」。

第八章　良師益友

在我幾十年的教學生涯中，有幸結識了許多老師和朋友，他們是我人生旅途中不可缺少的一部分。

一、影響我後半生的前輩——李霽野先生

李霽野先生是屬於我師長一代的前輩學人。一九四一年我考入北平的輔仁大學時，李霽野先生正在輔仁大學西語系教書。我雖然早就讀過李霽野先生翻譯的《簡・愛》等小說，但從來也沒想到要去拜望這一位前輩教授，直到一九四八年春天我因結婚離開北平時，與李霽野先生也沒有見過面。而誰料到相隔三十年後，李霽野先生竟然成了影響我後半生教學生涯的一位關鍵性的人物。李霽野先生是我的老師顧隨先生的一位好友，一九四八年當我到臺灣後，顧先生在給我的信中，曾讓我去看望李霽野先生。我是一九四九年三月才有機會到臺灣大學去看望李霽野先生，誰知這次與李霽野先生見面以後，臺灣的白色恐怖就愈演愈烈，許多知識分子惶恐不安，李霽野先生就離開臺灣返回了大陸。等到我再次見到李先生，已經是一九七九年我回國教書以後的事情了，那時距離我於

一九四九年在臺大與李霽野先生初見，已經有三十年之久了。

自從我一九六九年定居加拿大，為全家生計接受了不列顛哥倫比亞大學的聘書，不得不擔任了一班必須用英語教學的中國文學概論的課程。每當我必須用我笨拙的英語來解說我所深愛的那些中國詩詞時，就感到極大的痛苦。那時的中國正在「文化大革命」期間，我連給大陸親友通一封信都不敢，當然更不敢奢望回國去教書了。一九七〇年加拿大與中國正式建立了邦交，我立即就申請回國探親。一九七四年獲得批准，我才在去國離家二十五年以後第一次重返故鄉，與祖國和家人建立了聯繫。「文革」結束後，我在一九七八年提出了回國教書的申請，一九七九年國家教委安排我去北大教書。就在這時，我在報紙上看到了李霽野先生「文革」後復出，在南開大學任外文系主任的消息。我當時就給李霽野先生寫了一封信，敘述了從臺北一別三十年來的種種變化，告知了我已被國家批准回國教書的事。李霽野先生立即給我回了一封信，說北大還有不少老教授仍在，而南開在「文革」的衝擊後，很多老教授都不在了，希望我去南開教書。李霽野先生是我的師長一輩，又有著當年在北平輔仁大學和後來在臺北臺灣大學的種種因緣，所以我毫不猶豫地就接受了李霽野先生的邀請。於是就在結束了北大的課程以後，來到了南開。那時南開大學還沒有專家樓，就安排我住進了天津飯店。我原來打算安頓一下第二天去看望李霽野先生，誰知第二天一早南開就告訴我李霽野先生馬上就要來看我了。那年李霽野先生已是七十五歲高齡，比起三十年前我們臺北初見時當然顯得蒼老了許多。但仍然精神矍鑠、熱情依舊，一見面就問我的生活情況，對我在南開的講課時間與往返交通等事，都做了妥善的安排。

接著李霽野先生就向我問起臺北一些老友的情況。我告訴李先生當年在臺灣大學中文系辦公室一同聚首的友人中，許世瑛先生已經在一九七二年因心臟病突發而去世，戴君仁先生也已在

八〇年代在天津拜望李霽野夫婦，中立者為葉嘉瑩。

一九七八年去世，鄭騫先生雖然健在，也已是老態龍鍾，行動不便了，只有臺靜農先生身體健康，精神比李先生還好。

李先生與臺先生本是安徽霍邱縣葉集鎮的同鄉。據李先生說，當他們還是嬰兒，被分別抱在父母懷中相見時，彼此就已經有了「相視而笑」的情誼了。後來葉集鎮創辦了明強小學，他們同時從私塾轉入了明強小學的第一班。後來他們都來到了北京，同是魯迅先生的學生，與魯迅先生一起辦起了未名社。李霽野先生致力於外國名著的譯介，臺靜農先生致力於短篇小說的創作。未名社被查封以後，他們同時被捕，一起被關了有五十天之久。所以他們兩個人不僅有同鄉之誼，更有童稚之親，而且還是患難之友。在講述這些往事時，我從李先生貌似平靜而深蘊激情的語調中，不僅體會了他們友情的深厚，也深深地領會到了他們所共有的一份理想和操守。當時我曾經寫了兩首七絕送給李先生，詩是這樣寫的：

欲把高標擬古松，幾經冰雪與霜風。平生不改堅貞意，步履猶強未是翁。

話到當年語有神，未名結社憶前塵。白頭不盡滄桑感，台海雲天想故人。

（《天津紀事絕句二十四首》之三、之四）

從此以後我就主動地擔任了替李霽野先生與臺靜農先生這兩位老友傳遞信息的任務。不過我自從一九七四年回大陸探親後，就被臺灣當局列為了不受歡迎的人士，連文稿也被禁止在臺灣的書報上刊登，當然無法親自到臺灣去。我只能通過臺先生在美國的兩個女兒純懿和純行，以及在臺灣的學生施淑女，替這兩位老人輾轉傳遞書信。其中以施淑女傳遞的信息最多，直到現在在她手中還保留有李先生的多封信稿，還有幾篇她代李霽野先生在臺灣報刊上發表過的文稿手跡。從這些文字看來，李先生實在是一位風格極為純樸懇摯的性情中人。

李先生不僅寫作白話的詩文，同時還寫作舊詩。我把前面寫的那兩首贈詩寄給他以後不久，他就也寄了兩首回贈給我的七言絕句，他的詩是這樣寫的：

一度同舟三世修，卅年一面意悠悠。南開園裡重相見，促膝長談疑夢遊。

詩人風度詞人心，傳播風騷海外欽。桃李滿園齊讚頌，終生難忘繞梁音。

這是我第一次讀到李霽野先生的舊體詩。當時我以為李霽野先生只不過因為我是個喜歡舊詩的人，所以特地也寫了兩首舊詩來送給我。後來我雖然又讀過一些李霽野先生寫的贈臺先生的詩，我仍然想那是因為臺先生定居臺北以後常寫一些舊詩，所以李先生才也寫舊詩贈給臺先生。直到我因為要寫紀念李先生的文章，與李先生的孫女李正虹女士聯繫時，向她提起了李先生寫舊詩的事，才聽她告訴我李先生一直都是寫舊詩的，現在所保存的舊詩共四集：

李霽野在家中。

《鄉愁集》收錄有自一九四三年至一九四八年的各體詩作共一百四十五首；《國瑞集》收錄有自一九五一年至一九七一年的各體詩作共一百一十四首；《卿雲集》收錄有自一九七二年至一九九二年的各體詩作共三百二十首；此外還有未標年月的《露晴集》收錄有五、七絕小詩四十首，加起來，李先生所留存下來的舊體詩作共有六百多首。這使我不禁想起了遠在臺灣的他的老友臺靜農先生，他們原來都是倡導新文學而不欲以舊詩示人的新派人物。李先生寫的一篇題名為《從童顏到鶴髮》的文章中記述，他與臺先生二人在青少年時期都具有極強烈的革命新思想，一起參加過許多像「剪辮子」和「砸佛像」之類的活動。這正是為什麼他倆在未名社中一個從事於西方文學的翻譯和介紹，一個從事於新小說的創作的原因。

誰知數十年後，我竟然發現他們二人原來都對寫作舊詩有著極其濃厚的興趣。臺先生留下的新詩寥寥無幾，而他所寫的舊詩現在已由香港翰墨軒主人許禮平先生編注出版成一冊極精美的《臺靜農詩集》。李先生留下的新詩也不多，據他的家人說只有薄薄的一小冊，而舊詩的數量超過新詩有數倍之多。我作為一個終身從事舊體詩詞教學與研究的工作者，對這種情況有很多感想。從國內這數十年詩歌界的現象來看，舊體詩的詩詞學會和詩詞刊物，可以說已遍及全國各省市，而新詩的作者和刊物的數量則相差很遠。

我認為舊詩之所以容易流傳的主要原因，大約有以下兩點：一是舊詩有一定的格式和韻律，這種格式和韻律，雖然似乎是一種限制和約束，但它其實是與中國語言的單音獨體的特點，以及呼吸聲吻的生理自然韻律，有著密切關係的；二是舊詩注重直接的興發感動，情動於中而形於言，作者可以由直接感發而出口成章，讀者也可以由直接感發而聲入心通。新詩則不然，新詩如果純任口語的自然，大白話的敘寫就會失去了詩的韻味；所以新詩的敘寫，為了避免過於俗白，就不得不做一些有意的安排，使它隱約含蓄。臺灣當年之所以出現晦澀的現代詩，大陸前些年之所以出現隱晦的朦朧詩，都自然有其不得不如此的原因。我個人對於現代詩與朦朧詩的佳作，也都極為欣賞，但這種詩作一是遠離大眾，二是不易記誦。

所以一般說來，凡是略有舊學修養的人，縱然在思想上屬於革命先進之人士，但偶有感發，仍習慣於以舊體詩來表達發抒自己的情懷。不僅李霽野與臺靜農兩位先生是如此，就是他們所追隨崇敬的魯迅先生也是如此的。關於這些新派文人的舊體詩作，其實也是一個大可討論的話題。我認為李先生真可以說詩如其人，真誠無偽而且樸質無華。我們如果按照寫作年代順序讀下來，李先生數十年來之生活經歷，真可說是歷歷在目。無論是於國於家於友，甚至所聞所見的任何景物情事，李先生可以說是沒有不關懷的。從一九七九年我初來南開大學講學到現在，我在南開大學教書前後已經有三十年之久。如今我不僅有了餘生可以託身之所，而且更有志趣相投的師友同學，可以一起從事於詩騷李杜的欣賞和研讀，人間幸事何過於此！而這一切都源於當年李霽野先生從南開發出的對我熱情的邀請，我對李先生的感念，自是終身不忘的。

二、虛負凌雲萬丈才，一生襟抱未曾開——端木留學長

天降才生世，翻令厄運遭。一言能賈禍，百劫自難逃。歲晚身初定，桑榆景尚遙。如何偏罹疾，二豎不相饒。

記得津門站，相逢五載前。行囊蒙提挈，風度遠周旋。撿冊時勞送，論詩善作詮。重來人不見，惆悵惜茲賢。（《端木留學長挽詩二首》）

這是我寫的挽端木留學長的兩首詩。端木留是輔仁校友，比我高幾班，過去並不認識。一九八六年我在南開大學講學，有一次到北京去參加校友會，回津時天津校友分會安排幾位校友到車站來接我，其中就有端木學長。初次見面，大家免不了寒暄，只有端木學長什麼話也不說，過來就幫我拿行李。他好像很不善於應酬，還是經別人介紹，才知道他是國文系的校友，在南大圖書館工作。

我常到圖書館去查書，自從認識了端木留學長，就常打電話煩他幫我借書，他總是在下班時送書來給我，有時候也坐下來談幾句。有一次天津校友會要我做一個講演，我在講演中引了晚唐詩人杜荀鶴的幾句詩「早被嬋娟誤，欲妝臨鏡慵。承恩不在貌，教妾若為容」。我把「若為容」一句解釋作「教我為什麼人而化妝呢」。端木學長聽了講演後對我說，「若」字還可能有一個講法是「如何」的意思，這句可以講為「教我如何來化妝才是呢」。我覺得他的說法很好，也知道了他有很好的舊學修養和詮釋舊詩的能力。

後來漸漸熟了，就提到他過去的經歷，原來他的一生很坎坷！大學畢業後在北京輔仁大學附中教過書，解放初期參軍南下。一九五五年他因為對「肅反運動」擴大化傾向有不同的看法，所以在部隊受到了批判。一九五七年被打成「右派」，曾經被送到煤礦去勞動教養。解除勞教後沒了職業，幹過泥瓦工，管過食堂和倉庫。難得的是，他在談這些往事時是心平氣和，一丁點兒埋怨的口吻也沒有，而且覺得學會了泥瓦工，掌握了一種隨身的謀生手藝，也是一件很好的事情。一九八七年我將離開天津的時候，他寫了一幅字送給我，於是我又發現他的書法功底也極好。

當一九九〇年我再來南開時，本以為會再見到他，沒想到他竟然去世了。端木學長常說他自己

與天津的輔仁大學校友合影，左二為端木留。

身體很好，除得過一次牙病之外，平生連感冒都沒得過。他的病來得很突然，據說他發現腦瘤症狀時已到晚期，從出現症狀到去世只有三個月。天津校友會的程宗明女士告訴我，她的女兒在寫畢業論文時常常到圖書館去請端木學長幫忙查找資料，那時候他已經開始有視物不清和頭痛的症狀，可還是很熱心地幫助她，程女士在說這件事的時候流了淚。她說：端木學長是個好人，我們不應該讓一個這樣好的人如此默默無聞地離開這個世界，她的這番話，深深地感動了我。

後來我在天津見到了端木留學長的弟弟端木陽，他對我講了他哥哥的很多往事。於是我對端木又有了更深的了解，從而對他的去世也就更感到十分惋惜和悲傷。

端木陽說，他哥哥上中學時文、理、體育兼優，本來是準備學理科的，但由於看了一本中國文學史，就改學文學了。他同時考上了輔仁和師大兩個中文系，兩個中文系各有各的名教授，他哪頭也捨不得丟下，在選擇輔仁之前有很長一段時間兩頭跑著上課。在輔仁他每年都得到獎學金，基本上不用家裡負擔。北京解放時，他正在輔仁中學教書，這在當時是個很好的職業。但他出於青年人愛國的熱忱，報名參加了南下工作團，在部隊擔任文化教員和隨軍記者的職務，去過湘西，還到過朝鮮。他教部隊學員寫作總是從字詞句講起，力求給學員們打下扎扎實實的語言基礎。利用行軍打仗的間隙，他還編了一部成語詞典，以深厚的文字功底糾正了時人對一些詞語的錯誤理解。如果就這樣下去，他在政治上和事業上本來會有一個很好的前途，可是「肅反運動」改變了他的命運。在運動中，他因坦率地對運動的擴大化傾向提出意見而遭到批判，並因此在一九五七年被劃為「右派」，開除軍籍，送到煤礦去勞動教養。但儘管如此，他也並沒有失去生活的勇氣和進取心。在煤礦他學會了推獨輪車，他的煤總是堆得最多，而且跑得比別人更穩，更快。但他從未說過在這幾年中所受的身心摧殘。他弟弟只記得有一次提到勞改生活時，他說過兩句話，就是《紅樓夢》中的「一年三百六十日，風刀霜劍嚴相逼」。

一九六三年他勞教期滿回到天津。沒有人給他安排工作，只有自找出路，去當泥瓦工。他把瓦工技術也當作一門學問來學，經過刻苦鑽研，竟一下子就考上了四級瓦工，幹瓦工極其辛苦，但是他工作一天之後回家還看書，吃飯時也拿著書，他常說：看著書吃飯比吃肉還香。「文革」時人家把他辭退了，全家人在很長時間裡，只靠他妻子在工廠幹活的一點點收入生活。不過，他也沾了沒有正式工作的光，否則，一定會被單位的紅衛兵狠狠批鬥，說不定就難以活到今天。後來形勢稍微鬆緩，他又找了一份泥瓦工的工作，由於他幹得好，人家就讓他去管食堂和倉庫。這個系統所屬的服裝學校知道他文化高，請他去教英文，英文雖然不是他的本行，但他以同樣認真的態度全力而為，他還特意為學生們編寫了一本《英語服裝詞彙》。

端木留年輕時才華橫溢，也許就因為他的才氣，才惹出了那麼多的災難。但中年後他的傲氣全消，和他交往過的人，幾乎無不對他的寬厚平和與熱心助人留下深刻的印象。

端木留學長的書法真草隸篆皆精，而且有求必應，至今南開很多地方尚有他的墨跡；但由於人不出名，所以字也不出名。他曾經有志於著述，但苦於工作太忙，一直沒能如願。他平生有兩部最得意的著作，一部是前邊提到的成語詞典；一部是「文革」時偷偷寫的文字學專著《轉注論》。這兩部書，至今未能出版。

南開中文系的郝世峰先生，中學時曾經是端木學長的學生，後來端木學長到南開圖書館工作了好多年，郝世峰竟沒有認出他來。直到我有一次無意中和郝先生提到端木留的名字，說他就在南開圖書館，郝先生才大吃一驚，他說，在他讀輔仁附中時，端木是語文教師中最受學生歡迎的一位，當時翩翩年少，很英俊，與如今的樣子判若兩人，所以他絕沒想到如此蒼老的端木，竟是他當年的翩翩英俊的老師。

我與端木學長交往的時間不到半年。給我的印象是：他對人無所求也無所怨，總是在默默地為別人做事。不管處在什麼環境，不管做自己喜歡的還是不喜歡的工作，他都是那樣認真、努力，毫無保留地奉獻。這種精神，在當今真是太難得了。

東晉詩人劉琨說過，「夫才生於世，世實須才」，又說，「天下之寶，當與天下共之」。我們這個世界人口過剩，但人才並不過剩，對那些有才華的人，應該讓他們充分發揮出自己的作用。端木留學長有過人的才華，而一生卻遭受了很多挫折苦難，雖然在「文革」以後得到平反，但終於沒有能夠把才華充分發揮出來就離開了這個世界。對他來說，這是一個遺憾；對我們來說，這是一個損失，是一件應該認真反省的事情。

當我聽到端木留學長去世的消息時，震驚之餘立即想到兩句詩，「虛負凌雲萬丈才，一生襟抱未曾開」。程宗明女士也認為，用這兩句詩來挽端木學長是再合適不過了。

但願端木留學長的精神永存世間，但願那種浪費和摧殘人才的現象在我們今後的社會中永遠不要再出現！

三、千古蕭條悲異代，幾人知賞得同時——繆鉞先生

我對繆鉞先生的景仰，開始於上世紀四〇年代。我從小愛讀古典詩詞，常常有一種感受，可是自己又說不出來。就像《詩經・秦風》中的《蒹葭》說的：「溯洄從之，道阻且長。溯游從之，宛在水中央。」在這種渺茫的追尋之中，曾經有兩本評賞詩詞的書，給了我很大的啟發和感動：一本是王國維的《人間詞話》，另一本就是繆鉞先生的《詩詞散論》。我開始讀《人間詞話》，是在上初中以後；而讀到《詩詞散論》，是在我大學畢業開始教書以後。《人間詞話》是我在學習評賞古典詩詞的過程中，開啟門戶的一把鑰匙；《詩詞散論》是我有了一己的評賞能力後，使我獲得了更多的靈感與共鳴。這兩本書雖然不盡相同，可是我卻感覺它們有著一些根本上的相似之處，就是他們所寫的，都是在多年閱讀和寫作的體驗以後的所謂「深辨甘苦、愜心貴當」之言。這與一般人的只是引用成說或者以誇陳理論為自得的作品，是有很大不同的。繆鉞先生論王國維的文章，是對王氏的學問有深刻領悟的。他在《王靜安與叔本華》一文中說「其心中如具靈光，各種學術，經此靈光所照，即生異彩」，而且繆鉞先生對靜安先生自沉深感惋惜。因為我早年就喜歡靜安先生的作品，所以當我讀到《詩詞散論》的時候，常有一種「夫子言之，於我心有戚戚焉」的感覺。七〇年代初期，我在寫《王國維及其文學批評》時，常常引用《詩詞散論》中論王國維的說法，更增加了我對他們的景仰之心。不過自古以來，因為讀書而仰慕作者的人，常常未必能有機會與作者見面。像杜甫尊敬宋玉，就曾發出「搖落深知宋玉悲，風流儒雅亦吾師。悵望千秋一灑淚，蕭條異代不同

時」的悲慨。辛棄疾仰慕陶淵明，曾有「老來曾識淵明，夢中一見參差是」的想像。我所仰慕的王國維早已成為古人，而對繆鉞先生我也沒敢存有能見一面的冀望。

一九八一年四月，杜甫學會第一屆年會在成都杜甫草堂開會。南京師範大學的金啟華先生把我的一篇論杜甫七律的文章提交給了大會。當我接到會議通知時，正是 U.B.C. 大學期末，本來不易抽出時間來開會，但是因為杜甫一直是我非常敬仰的詩人，我還教過杜甫詩，而且開會的地點又是杜甫草堂，我想在詩聖的故居，跟國內的學人交流學習讀杜詩的心得，是個非常難得的好機會。於是匆匆訂了機票，飛往成都開會。當時正是春天，四月的溫哥華，繁花似錦，但我想草堂的春天一定更美，所以在飛機上我曾口占絕句一首：

平生佳句總相親，杜老詩篇動鬼神。作別天涯花萬樹，歸來為看草堂春。

（《一九八一年春自溫哥華乘機赴草堂參如杜詩學會機上口占》）

當時就是懷著這樣興奮的心情，我來到了杜甫草堂。在會議議程上，我忽然間看到繆鉞先生的名字，我就問工作人員，哪一位是繆鉞先生？他們說一會兒就給你介紹。當有人把我介紹給繆鉞先生時，我確知他就是《詩詞散論》的作者。我告訴繆鉞先生，我早年讀過《詩詞散論》，對我有很大啟發。繆鉞先生也告訴我，他也讀了國內新出版的我的《迦陵論詞叢稿》，我們的看法很接近。他還跟我說，起初他還以為這本書是個男人寫的，後來看到講「照花前後鏡，花面交相映」時，才想到可能是個女性。我自己想我寫的這種論說文章可能是有點像男人的作品吧。

當時會議規定，參加會議的國內學者住在草堂，成都本地的學者晚上回家，而外籍學者都要住到錦江賓館。每天早上有一個交通車，去接本地的學者，順便到錦江賓館接我一起去草堂開會。中午大家都不回去，兩個人一屋在草堂休息。我的同屋是中華書局的編輯冀勤女士，而繆鉞先生則跟他的孫子繆元朗同住一屋。第一天吃過午飯，我正要休息，繆元朗就來找我說，我爺爺說你們在國外中午都不睡午覺，他讓我叫你過去談話。我當然就去了，那自然是非常愉快的談話。當天晚上會議開到很晚，真是一整天的會，以繆先生的年齡可說是夠累了，而且他最近剛剛做過眼睛的手術。可是第二天一早，繆先生就把昨夜親手寫的幾首他早年的詩送給了我。而且以後每天中午飯後都要他孫子邀我去跟我談詩論詞，會議結束前，繆鉞先生還做了兩首七言律詩送給我：

相逢傾蓋許知音，談藝清齋意萬尋。錦里草堂朝聖日，京華北斗望鄉心。詞方漱玉多英氣，志慕班昭託素襟。一曲驪歌芳草遠，淒涼天際又輕陰。

豈是蓬山有夙因，神交卅載遽相親。園中嘉卉忘歸日，海上滄波思遠人。敢比南豐期正字，何須後世待揚雲。莫傷流水韶華逝，善保高情日日新。

先生的褒獎，我真是不敢當，可是先生以知音相許，使我大為感動。

會議結束後，我們這些來開會的人組織了一次旅遊。從成都到江油縣李白的故居去參觀，那裡還有李白的衣冠塚。我那時還年輕，只有五十多歲，喜歡旅遊，什麼地方我都願意去。繆先生則因為年歲大了，走路不大方便，而且眼睛視力也不好，就沒有參加。我從江油返回成都後，第二天就要坐飛機回溫哥華了，我想繆先生對我這麼好，我就叫了計程車到川大繆先生宿舍向他告別。我一進門就看到繆先生正伏在桌子上寫字。見到我他很高興，他說正在給我寫信，說著就把沒寫完的信

八〇年代在成都與繆鉞合影。

1981年與繆鉞（中）、金啟華（右）攝於杜甫草堂。

給我看。就是在這封信中，繆先生以清朝的一個著名的學者汪容甫跟一個比較年輕的學者劉端臨相知訂交的事相比，提出要跟我合作研究，不辜負我們這一番相遇相知，希望留下我們共同寫的論詞專著。以先生的年輩之尊，學養之崇，而對我有這樣誠懇的情意，我真是感激不已。因此，我在回溫哥華的飛機上就寫了兩首七律送給繆先生：

早歲曾耽絕妙文，心儀自此慕斯人。何期瀛海歸來日，得沐春風錦水濱。卅載滄桑人縱老，千年蘭芷意常親。新辭舊句皆珠玉，惠我都成一世珍。

稼軒空仰淵明菊，子美徒尊宋玉師，千古蕭條悲異代，幾人知賞得同時。縱然漂泊今將老，但得瞻依總未遲。為有風人儀範在，天涯此後足懷思。（《賦呈繆彥威前輩教授七律二章》）

從此以後，我跟繆先生常常有書信往來，共同擬定了一個研究計畫，共同撰寫論詞專著《靈谿詞說》，由四川大學向教育部提出，邀請我到川大講學以及合作研究的申請。本來我在一九八一年暑假後有休假一年的機會，不過南開大學和北師大早已安排了我去講學。所以直到一九八二年四月中旬，我把南開大學和北師大的課都結束了以後，才來到川大。我來川大時，隨身帶來的書不多，繆先生總是把他自己的藏書借給我用。除了研究以外，我在川大也教唐宋詞，常常在課前課後與先生討論交換論詞的意見。先生治學嚴肅認真，每次我寫好了詩稿、文稿都拿去請他看。回想我半生漂泊，特別是到北美以後，進無師友之助，退有生事之累，偶有讀書心得無人可談，遇到問題也無人討論，常常有陶淵明所說的「欲言無予和」之歎。如今憂患餘生，我竟然遇上多年仰慕的前輩學者繆鉞先生，而且對我的知賞、愛勉有加，這實在是我平生極大的幸事。以前陶淵明說過「奇文共欣賞，疑義相與析」、「聞多素心人，樂與數晨夕」，我到川大以來，因為與先生一起寫作《靈谿詞說》，常常與先生討論商榷，這中間所獲得的切磋之益與相知之樂，都是訴說不盡的。《靈谿詞說》從一九八二年開始，到一九八六年為止，共寫成論文三十九篇，一九八七年由上海古籍出版社出版。《靈谿詞說》完成後，我寫了一首絕句：

莊惠濠梁俞氏琴，人間難得是知音。潺湲一脈靈谿水，要共詞心證古今。

（《靈谿詞說書成，口占一絕》）

自一九八一年春繆先生與我在草堂相遇之後，給我寫了很多詩，充滿了一種欣喜期望的心情。一九八一年我們相識不久，先生給我寫的詩中寫道「離合神光照眼新，婆娑冬樹又生春。能從西哲探微旨，不與雕龍作後塵」。當我們約定共同撰寫《靈谿詞說》之後，先生又寫詩給我「唐宋及五代，詞興四百年。微旨待探抉，相契寫新編。天地本無窮，人生駒隙遷。精英苟有托，永世期能傳」。先生對我的溢美之辭，我自然愧不敢承，但他在詩中對後學晚輩的獎勉，對詩詞傳統的關懷，所表現的胸襟和眼光，是一般人不能達到的。

繆先生一九八二年還給我寫了一首題為《相逢行》的長篇歌行。全詩將近四百字，裡邊寫了我的家世以及我在患難中不廢讀書寫作的教學生涯，也寫了先生與我相逢的欣喜，詩中寫有這樣的詩句：「草堂三月明春色，鵑花紅豔松楠翠。早歲曾耽絕妙文，初逢竟似曾相識。論著精宏四五編，如遊佳景入名山。最難所見多相合，宛似蓬萊有勝緣。靈光一接成孤往，莊惠相期非夢想。書生報國果何從，詩教綿綿傳嗣響。鳳凰凌風來九天，梧桐高聳龍門顛。百年身世千秋業，莫負相逢人海間。」先生對我的知賞與期望，使我既慚且感無已。

一九九二年十月，四川大學為繆鉞先生舉行九十華誕祝壽大會，我在溫哥華沒能親自來參加，於是就為先生寫了一首詩祝壽：

當時錦水記相逢，蒙許知音傾蓋中。公賞端臨比容甫，我慚無己慕南豐。詞探十載靈谿境，人頌三千絳帳功。遙祝期頤今日壽，煙波萬里意千重。（《賀繆彥威先生九旬初度》）

一九九四年十二月，先生重病住院，當時我正在北京探親，已經買好了機票，準備去看望先生。後來因為我得了重感冒，家裡人都不讓我去，我侄子便把機票給退了。我給先生家裡打了電話，說好轉四月中旬回國時再去看望。沒想到先生竟然在一月中旬去世，沒能在先生生前見上一面，令我感愧不已。於是我寫了三首詩悼念繆先生：

曾蒙賞契擬端臨，詞境靈谿許共尋。每誦瑤琴流水句，寂寥從此斷知音。

當時兩度約重來，事阻偏教此願乖。逝者難回慳一面，延陵徐墓有深哀。

錦城又見杜鵑紅，重到情懷百不同。依舊錚樓書室在，只今何處覓高風。

（《繆彥威先生挽詩三首》）

四、我與趙樸老相交往之二三事

我與趙樸老本不相識。我只是在報刊上偶然讀到過他的一些詩詞，特別是「四人幫」倒台後，他寫的一些自度曲我都看過。只知道他舊學修養很深，古典詩詞造詣很高，但是一直沒有見過面。一九八八年夏曆五月，中華詩詞學會正式成立，在北京召開大會，我被邀請以顧問的名義出席了會議，並且在會上做了簡短的發言。發言後主持人介紹我與主席台上各位貴賓見面，其中一位就是趙樸老。因為當時一大堆人，我與趙樸老只是握握手，並沒有機會講話。雖然我因為終於得與趙樸老見面而感到高興，但是並沒有期望能與趙樸老有更進一步之交往。沒想到過了幾天以後，趙樸老竟然親筆寫了一封信，派人送到我在北京的老家察院胡同，約我兩天以後到廣濟寺吃素齋。說來凡事都有個巧合：從時間上來說，那天正是我的生日；從地點上來說，四十四年前我曾在這裡聽過《妙法蓮華經》。那是因為我在輔仁大學念書的時候，我的老師顧先生常常在課堂上講到禪宗和佛經的一些話頭，我覺得我也應該了解一下佛經，那時廣濟寺正在講《妙法蓮華經》，我曾經約了我從高中到大學都在一起讀書的最熟悉的同學劉在昭到廣濟寺去聽講。此次見到趙樸老以後，我就告訴他，非常感謝今天邀請我來廣濟寺，這裡是我當年聽講《妙法蓮華經》的地方，而且恰巧今天還是我的生日。趙朴老聽了也連說這是因緣，然後他就問我，當年聽到《妙法蓮華經》後，有什麼所得嗎？我回答趙樸老：那時我只不過是一個青年學生，對佛法既沒有研究，對宗教也沒有信仰，我去聽講，只不過因為我的老師顧羨季先生在講授詩歌時，常常以禪理為喻說，引起了我對於佛法與禪理的好奇；還有就是因為我生於荷月，小名叫荷，所以對一切有關荷花或者蓮花的名稱和事物都感興趣。至於聽講《妙法蓮華經》所得，到現在還能記得的，只有「花開蓮現、花落蓮成」兩句偈語，「花開蓮現」是說成佛的種子在每一個人的心裡都有，「花落蓮成」是說要當你把世上外表的繁華都撇掉了以後，方能成正果。趙樸老聽了說，這兩句就是佛法入門的真諦。當時在座的還有一位姓楊的青年，篤信佛法，趙樸老資助他不久就要去日本留學，他聽到了趙樸老與我的談話後，就給我們念了他自己寫的兩句詩偈「待到功成日，花開九品蓮」。那天與趙樸老會面我感觸很深，回來以後我就填寫了一首小詞，前邊還寫有一段小序，序與詞是這樣寫的：

戊辰荷月初吉，趙樸初先生於廣濟寺以素齋折簡相邀。此地適為四十餘年前嘉瑩聽講《妙法蓮華經》之地，而此日又適值賤辰初度之日。以茲巧合，棖觸前塵，因賦此闋。

當年此剎，妙法初聆，有夢塵仍記。風鈴微動，細聽取、花落菩提真諦。相招一簡，喚遼鶴、歸來前地。回首處紅衣凋盡，點檢青房餘幾。　因思葉葉生時，有多少田田，綽約臨水。猶存翠蓋，剩貯得、月夜一盤清淚。西風幾度，已換了、微塵人世。忽聞道九品蓮開，頓覺癡魂驚起。（《瑤華》）

過了幾天，我就帶著這首小詞和我的幾本以前出的書回訪了趙樸老。這次見面，趙樸老告訴我，從一九八〇年國內出版我的《迦陵論詞叢稿》以來，已經讀過我的好幾本書。《迦陵論詞叢稿》是上海古籍出版社出版的，原來這本書的責任編輯陳邦炎先生就是趙樸老的夫人陳邦織女士的堂弟，陳邦炎先生早就把我的書送給他了。這也正是為什麼趙樸老在與我見一面以後，就邀我到廣濟寺聚餐的主要原因。那天陳邦織夫人也一同在座，我們談得很愉快。

又過了一些日子，趙樸老親自來到我的老家察院胡同，因前次我送給他一首詞《瑤華》，他這次則和了一首詞送給我，而且親自抄寫成了一紙橫幅：

光華照眼，慧業因緣，歷多生能記。靈山未散，常在耳、妙法蓮華真諦。十方嚴淨，喜初度、來登初地。是悲心參透詞心，並世清芬無幾。　靈台偶託靈谿，便翼鼓春風，目送秋水。深探細索，收滴滴、千古才人殘淚。悲歡離合，重疊演、生生世世。聽善財偈頌功成，滿座聖凡興起。（注：「靈谿」指我與繆鉞先生合撰的《靈谿詞說》。）

趙樸老在詞中對我的稱讚，我愧不敢承。但是就詞論詞，趙樸老這首詞用筆深細，用意高遠，自是一篇佳作，而且趙樸老還不只是和韻，他是步韻。以前蘇東坡《水龍吟・詠楊花》一詞是用章質夫原韻，雖然每一韻字都是步和原韻，然而卻句句自然工妥，完全看不出步和牽強的痕跡。世人說東坡的和韻遠勝於原作，我以為趙樸老的這首和詞也遠勝我的原作。

從那以後，我與趙樸老就有了一些書信往來。而更使我感動的是，趙樸老來過我的老家以後，看見我家的四合院已成為大雜院，因為很多房子還沒有收回來，我住的房子，只不過斗室一間，連隨身攜帶的行李箱都無法全部打開；趙樸老就跟我說，他可以在北京給我安排一處住房，居室寬敞，便於讀書寫作。我對趙樸老之盛情，雖然十分感激，但我經常往來海內外，並不能在北京長期居住，如果因為偶爾回來就占用一處住房，不大合適，就婉言辭謝了趙樸老的好意。

不久，我從加拿大不列顛哥倫比亞大學正式退休，臺灣的清華大學、臺灣大學以及淡江大學、輔仁大學等學校，先後約我去講學，新加坡國立大學也約我去講學。這一段時間，我雖然也有時回北京探親，但因時間緊迫，來去匆匆，除了與趙樸老偶爾打電話問候外，很少有見面的機會。直到一九九四年冬，臺灣「中研院」文哲所邀請我寫《清詞名家論集》，我忙得一個人寫不過來，就提出邀請上海古籍出版社的陳邦炎先生合作撰寫，「中研院」文哲所和陳邦炎先生都同意了我的提議。於是我就利用新加坡大學的寒假返回北京，與陳先生商討寫作事宜，我向陳先生詢問趙樸老的情況，打算前往探望。陳先生告訴我趙樸老正在醫院休養不大方便，我就沒有去。但我請陳先生代我向趙樸老轉達一件事，那就是對於幼少年學習古典詩歌的倡導。

因為從八〇年代中期以後，我多次回國，發現國內年輕人的古典文化水平已經日趨低落，許多人只注重物欲追求，社會風氣日下。我想如果能在幼兒園中開設「古詩唱遊」的課程，以唱歌和遊戲的方式，教兒童唱誦古詩，就可以通過教給小孩子誦讀和吟詠古詩的訓練，來培養和提高我們下一代孩子們的道德品質與文化程度。我深信孩子們如果能在童幼年時代誦讀吟唱我們中國的古典詩詞，長大以後不僅能夠成為富有愛心，對社會和人類更加關懷的人，而且還能使他們在學習中更富於聯想和直觀的能力，從而提高他們的人格修養。孩子們長大成人後，無論從事任何行業，都將終生受益無窮。我的這個理想，多年來在各地講述多次，但因人微言輕沒有什麼效果。我也親自給孩子們講過古詩，但只是一、兩次。我知道這件事情憑我個人的力量是辦不到的，必須依靠國家的力量，所以想請趙樸老以他的身分呼籲一下。陳邦炎先生將我的意思轉達給趙樸老以後，趙樸老立即就給陳先生寫了一封回信，說：

> 葉嘉瑩教授和您談的關於古典文學幼年班的意見極好。我往年曾與谷牧同志談到這個問題，意見大致相同。我想請吾弟代擬一個提議稿，我打算約幾位政協委員，如張志公、葉至善等聯合提出，尊意如何？我認為此事至關重要，再不著手抓，傳統文化將有大損、甚至斷絕之虞。請您考慮寫一篇文章，敲敲警鐘。拜託，拜託。……
>
> 樸初　十一・六

後來趙樸老就在當年全國政協八屆第三次會議提案中，正式提出了《建立幼年古典學校的緊急呼籲》的提案，當時署名的除趙樸老以外，還有張志公、葉至善、夏衍、冰心、曹禺、吳冷西、陳荒煤、啟功等，共九人。不過這一提案，擴展了我原來只想在幼兒園內開設「古詩唱遊」一科的原意，可能在落實方面涉及問題較多，所以這一提案雖然經教委批文答覆，但卻終於沒能付諸實踐。與此同時，我與天津作協的一位田師善先生合作，編寫了一冊題名為《與古詩交朋友》的兒童讀詩選本，這本書編成以後，我又拜託陳邦炎先生轉請趙樸老題簽，並附去我為這本書寫的兩篇序言。趙樸老再次回陳先生信說：

頃發一函，忘將葉嘉瑩教授的序文退還，茲寄上，並再題一書簽，附請選一張轉寄。葉序寫得很好，覆函時請代致敬意和問候。

「幼年古典學校緊急呼籲」提出後，國家教委回信表示贊同，安徽師大亦來函響應，香港、臺灣亦有積極反應。現在問題在於落實。政協會上當再提出。……

樸初　拜覆

九五年六月三日

不久以後，田師善先生與我合編的《與古詩交朋友》一書就由天津人民出版社出版了，我還曾應天津電視台之邀，為他們做過幾次教兒童學古詩的節目。不過我個人之精力、時間有限，不久以後我就返回了加拿大，而這個節目在我走後不久也就停播了。總之，這些年我一直為提倡從幼少年時代學習古詩詞的理想做著不斷的努力，每年往返海內外，都在各地多次為成人及兒童講授古典詩詞。一般說來，聽講後之反應都極為熱烈。只可惜這些講演都只出於個別的短期的邀請，當時聽眾的反應雖然熱烈，也不過如同一方池水，偶爾投入了一塊石頭，泛起了一陣漣漪。而事過境遷，石沉水靜，投石之舉，就只成了一種無用的徒勞。然而歲月不居，年命如流，我也早已超過了古稀之年。趙樸老也經常有病住院，他所說的「政協會上當再提出」的倡導幼少年學詩的願望，不知什麼時候才能實現。在這種情況下，我就有了向國家領導人做一次直接呼籲的想法。一九九八年秋天，我親自寫了一封信，託國務院僑辦直接轉呈給了江澤民主席。我原以為江主席在日理萬機之餘，未必會對一封海外華僑的私人信函加以留意，我這樣做只不過是為了多年來自己想藉著詩詞教學以提高國民品質的夙願，再做最後一次努力。沒想到江澤民主席竟然很快就對我的信函做出了批示，並經李嵐清副總理轉批給了教育部的基礎教育司。只不過當基礎教育司打電話到南開大學找我聯繫時，我已經返回了加拿大。到我一九九九年秋再次回國，在北京參加國慶慶典期間，才與基礎教育司的李連寧司長見面，李司長告訴我說，教育部已請國內專家編撰了一套《古詩詞誦讀精華》的系列讀本，供中小學教學之用，大約不久後就可以印出來了。到二〇〇〇年秋我再回到國內的時候，被邀參加了以「讓中華詩詞走進中小學校園」為主題的全國第十三屆中華詩詞研討會，在會上拿到了這一套新出版的《古詩詞誦讀精華》。而就在眼見趙樸老當年的呼籲即將在中華大地初步落實的時候，趙樸老竟然在一個月前已經去世了。回想這些年來，趙樸老給予我那麼多關愛和協助，而在趙樸老住院後，我竟然未能得到一次探望的機會。如今當中華詩詞已經走進中小學校園，趙樸老的願望即將逐步實現的時候，我已經不能把這一好消息親自向趙樸老奉告，心裡不免深懷歉憾。

後來我接到馮其庸先生的電話，說趙樸老的一些生前友好，打算編印一本趙樸老的紀念集，要

1996年在天津給小朋友講古詩。

在臺灣給小朋友講古詩。

我寫一篇悼念的文字，於是我就與上海古籍出版社的陳邦炎先生聯繫，希望他能提供給我一些相關的資料，前面所抄錄的趙樸老寫給陳先生的那兩封信，就是那時他提供給我的。除此以外，陳先生還抄給我趙樸老在一九八八年五月二十八日至六月七日遊青島時所寫的總題為《青島日記》的二十首詩中的兩首詩，在這兩首詩中趙樸老提到我與川大繆鉞先生合撰的《靈谿詞說》一書，詩是這樣寫的：

終日不安排，無事閑行坐。靈谿可潛盤，意與兩賢合。

論詞精且深，今日難有並，晏柳與蘇辛，異音同至聽。

這首詩中所提到的晏、柳、蘇、辛數家的詞說，正是我執筆撰寫的，在趙樸老身後，讀到他生前寫的這些對我的文稿讚美的詩句，使我感動之餘更增加了我對他的悼念之情。陳先生寄給我的有關趙樸老的資料中，還有一篇陳先生自己寫的文稿，題為《絮亂天迷，芳心不改——記趙樸老的幾首詞》，其中有一首《臨江仙》詞也引起了我的一段回憶，原來趙樸老生前還送給過我一幅他的書法，所寫的正是這一首詞，詞前還有一段小序，序與詞是這樣寫的：

夜夢江上，有巨舟載雲旗鼓浪而過。舟中男女老幼，皆輕裾廣袖，望若神仙。中有一人，似小時無猜之友。方欲招之與語，忽空中落花迷眼。轉瞬舟逝，悵然久之。醒作此詞以志異。

不道相逢慳一語，仙舟來夢何因？彌天花雨落無聲。花痕還是淚？襟上不分明。　信是娟娟秋水隔，風吹浪湧千層。望中縹渺數峰青。抽琴旋去軫，端恐潰湘靈。

我當時收到趙樸老寫的這一首詞的書法後，雖然深知是一首好詞，但不知道他的意蘊指的是什麼。不過清代的詞學家張惠言說得好，詞的特色本是「緣情造端，興於微言，以相感動」，可以假借「風謠里巷男女哀樂」之辭，來表現「賢人君子幽約怨悱」之情。趙樸老這首詞可能也有委婉的喻託含義，只是我當時並未向趙樸老做進一步之探詢，這次收到陳先生的這篇文稿，才知道我的推測果然不錯。據陳先生講，趙樸老這首詞原來是一九六九年「文革」期間所作，直至「文革」過後，他才加以說明：「此詞作於一九六八或一九六九年，是陳同生同志逝世之後事。同生之死，是此作誘因之一。當時，相識之人不得正命而死者以百計，故作此詞以弔之，而不敢明言，只得假託夢境耳。詞序中所言『載雲旗』之舟，暗指非今日人所乘之舟。舟中人『皆輕裾廣袖，望若神仙』者，暗指皆已作古人。詞中『彌天花雨落無聲』一句，是全文主旨所在。至於『望中縹渺數峰青』、『端恐瀆湘靈』，則皆暗指江青也。」我把這些抄給大家，只是為了藉此說明趙樸老在詞的創作方面，所表現出來的一種興於微言的幽約怨悱之意境的成就，同時也可以說明趙樸老對人世的一種悲憫的關懷。與此相對比的，是趙樸老在他的遺囑後附留的一首四言詩偈：

生固欣然，死亦無憾。花落還開，水流不斷。我兮何有，誰欲安息？明月清風，不勞尋覓。

如果綜合前面所提到的趙樸老的一些詩詞曲作品來看，從他寫的一些淋漓酣暢的自度曲，到《瑤華》那樣典雅清麗的慢詞，再到《青島日記》中率真質樸的五言絕句，以及《臨江仙》這樣微言喻託的小令，最後到他晚年寫的大量富有哲理與禪趣的作品，包括遺囑中附錄的豁然徹悟的詩偈，我們所見到的不僅是他在文學創作方面的多種風貌才華，更值得注意的是他通過創作所表現的多層次的修養與意境。既有對文化的關懷，也有對人世的悲憫，更有對禪理的妙悟，有出世的一面，也有入世的一面。過去佛家有「不斷煩惱，得成菩提」的說法，現在果然在趙樸老的詩詞中得以見到了。我這裡所說的，只不過是通過一個常人所見的有關趙樸老的二三事，藉以表達我對趙樸老的一份悼念之情而已。

五、數學家的詩情——我與陳省身先生的詩歌交往

陳省身先生是舉世聞名的數學大師，我只是一個中國古典詩歌教學的工作者。如果從專業上來說，我對陳先生的成就實在愧無深知，但我跟陳先生卻有著長達二十多年的交誼。

記得大概是八〇年代中期，我按照慣例，像往常一樣利用加拿大U.B.C.大學的假期，回到天津南開大學來教書。當時所有的外籍教師，都住在南開的專家樓，吃飯就在樓下的餐廳，我經常看見陳先生夫婦在那裡就餐。我對陳先生自然是久仰大名，但我想陳先生不一定認識我，所以偶然碰到陳先生，也只是稍微打一個禮貌上的招呼。沒想到有一天，我在南開主樓的中文系教室給學生上課時，陳先生夫婦竟然坐在講台下的聽眾席上，並且表現了很大的興趣。從此以後，他們經常來聽我講課。於是講詩談詞也就成了我們見面時的共同話題，原來陳先生不僅喜愛詩詞，極富詩情，而且有時也寫一些七言絕句的小詩。有一天陳先生給我看了一首他一九七四年寫的題為《回國》的絕句，詩是這樣寫的：

九〇年代在天津與陳省身夫婦攝於寧園。

飄零紙筆過一生，世譽猶如春夢痕。喜看家國成樂土，廿一世紀國無倫。

如果以嚴格的詩律而言，這首詩自然有一些不盡合律之處。但如果以內容情意而言，則這首詩卻實在可以說是極為樸摯地表現了一位久居國外的老人對於自己祖國的一份真誠的懷思和祝願，我與陳先生有相同的處境，因而引起了我內心的共鳴。一九七四年我回國探親旅遊時，也曾經寫過幾首七言絕句，其中有兩首是這樣寫的：

詩中見慣古長安，萬里來遊鄠杜間。彌望川原似相識，千年國土錦江山。

天涯常感少陵詩，北斗京華有夢思。今日我來真自喜，還鄉值此中興時。

我們的專業雖然完全不同，但通過彼此的詩歌，我發現像我們這些經歷過抗戰淪陷時舊中國苦難的海外遊子，都同樣懷有著一份永遠無法消除的對祖國的深情。而且飄零越久，對祖國的懷念就越深，想要對祖國有所報效的意念也就越堅決。現在看到祖國從舊日的危亡走向了今日的興盛，自然也就越感到歡喜。

有一天我偶然與陳先生談到了我們改變國籍的一些經歷。陳先生告訴我說，他雖然早在四〇年代就去了美國，由讀書而教書，前後將近二十多年，卻一直保留著中國的國籍。直到一九六一年，美國有意推選陳先生為院士，而當選的條件之一，必須是美國公民，因此陳先生才加入了美國籍。不過陳先生雖入了美國籍，卻絲毫沒有改變他是中國人的華裔的身分，他當選的雖然是美國的院士，但同樣也是中華民族的光榮。陳先生一向都有他自己主觀的理想和抉擇，正因為他正確的抉擇，才有了他後來的偉大成就。而我是一個生來就屬於所謂「弱者」的女性，我的一生可以說都是任隨命運的播弄和拋置。一九六九年我從臺灣來到了加拿大的溫哥華，也是一次偶然的機緣。當時我所持的是臺灣的證件。一九七〇年我雖然獲得了加拿大不列顛哥倫比亞大學的終身聘書，但卻從來沒想到要加入加拿大的國籍。直到一九七四年我第一次回大陸探親時，在香港辦理過境手續，遇到了許多意想不到的磨難，所以我在一九七六年才申請了加入加拿大的國籍，主要是為了經常回國方便。我與陳先生的專業和經歷雖然不同，但我們在談話中常常可以得到一種共鳴，這當然也增加了我們的友誼，更使我感動的是陳先生的夫人鄭士寧師母對我的種種關愛。

陳先生長我十三歲，陳夫人的年齡我不確知，估計比我年長十歲以上，因此每次見面時，我總尊稱她為陳師母。有一次他們夫婦二人又來聽我講課，看到我在右手的拇指和食指上都貼有膠布，陳師母就問我為什麼。我告訴她說因為我經常寫板書，粉筆灰使我的手指總是皴裂。於是陳師母就熱心地給我送來了好幾副她從美國帶過來的膠質的薄手套，這種關懷使我十分感動。後來有一次我與他們夫婦談話，陳師母告訴我說她的父親鄭桐蓀先生也是一位數學家，是清華大學原算學系的創辦人之一。但鄭桐蓀先生非常喜愛詩詞，留下了數百首詩詞作品。鄭桐蓀先生不僅曾在清華大學擔任過多門基礎數學課程的講授，而且還在上海震旦女子文理學院講授過詩詞課程，並寫有《吳梅村詩箋釋》與《宋詞簡評》等有關詩詞的著作。陳省身先生的父親陳寶楨先生則是光緒三十年的秀才，有很好的舊學修養。在這樣的家庭薰習之下，就無怪乎陳先生夫婦對詩詞會有興趣，而且特別關愛我這個講授詩詞的人了。

陳先生從青年時代就喜歡寫詩，上中學時就寫過白話詩。不過，中年以後的陳先生就不再寫白話詩而改寫舊詩了。除了前邊提到的《回國》的那首絕句以外，我在《陳省身文集》中還見到了他寫的另外三首詩。一首是一九七五年他為夫人鄭士寧女士六十大慶而寫的壽詩：

三十六年共歡愁，無情光陰逼人來。摩天蹈海豈素志，養兒育女賴汝才。幸有文章慰晚景，愧遺井臼倍勞辛。小山白首人生福，不覺壺中日月長。（《乙卯九月值士寧花甲之期綴句述懷》）

詩中所言「小山」，據陳先生自注是他們在美國所居住的城名 EL Cerrito，係西班牙文，意為「小山」。

還有一首題為《訪理論物理研究所》的詩（此詩共八句，按韻字實可分為二首絕句，但《文集》中標為一首）：

物理幾何是一家，共同攜手到天涯。黑洞單極窮奧秘，纖維聯絡織錦霞。進化方程孤立異，對偶曲率瞬息空。疇算竟有天人用，拈花一笑不言中。

再有一首，是一九八六年他七十五歲時所寫的七言絕句：

百年已過四分三，浪跡平生亦自歡。何日閉門讀書好，松風濃霧故人談。

二〇〇四年是我八十周歲，這一年的秋天，南開大學文學院舉辦了一個國際詞學研討會為我祝壽。本來每年秋季開學時，我都會從加拿大回到南開來，而陳先生早已定居南開多年，習慣上是我每次回來以後，都會給陳先生打一個電話問安，然後就約一個時間去看望他。這次當我打電話給陳先生時，陳先生告訴我，他要給我寫一首祝壽的詩。祝壽的研討會訂在十月二十一日召開，楊振寧先生在前一天就來到了南開，所以我們就在陳先生家裡先聚會了一次。陳先生按照西方人的習慣，生日賀禮總要在生日的當天才拿出來，給人一個驚喜，所以那一天我並沒有見到陳先生的詩。直到第二天早晨，陳先生在會前就坐著輪椅來到了會場。陳先生是第一位發言人，工作人員抬上來一個精美的鏡框，裡面鑲嵌的就是陳先生親自用毛筆寫的給我的祝壽詩。詩是這樣寫的：

錦瑟無端八十弦，一弦一柱思華年。歸去來兮陶亮賦，西風簾卷清照詞。千年錦繡萃一身，月旦傳承識無倫。世事擾攘無寧日，人際關係漢學深。

對於陳先生詩中對我的溢美之辭，我當然是愧不敢當。但是我覺得陳先生的詩，卻都掌握了一個遺貌取神的特點。他的詩不在格律與辭句的工整妍麗，而在於其中的一份「真意」。他的《壽士寧六十》，以及《七十五歲生日偶成》，可以說句句寫的都是真實的生活與感受。特別是陳先生在深」，所寫的就是我們以詩歌交往的一份友誼。先生感慨的是儘管世事擾攘紛紜，而能夠與幾個有的三個方面，其簡練概括的能力實在令人佩服。最後結尾兩句「世事擾攘無寧日，人際關係漢學著，而「傳承」二字，應該是指我的教學。先生在短短十四個字內，可以說寫盡了我平生最重要詞創作、論著與教學三方面的評價。「錦繡」句應該是指我的創作，「月旦」二字應該是指我的論當的。「千年錦繡萃一身，月旦傳承識無倫」，這兩句詩可以說是包括了先生對我平生所致力的詩李清照的事典，縱然我不能與李清照相比，但用李清照來喻指我是一個愛好詩詞的女性，還是很恰教書的決心；另一層我不知先生是否也希望我像他一樣回國定居？這也是可能的。這裡先生還用了來兮辭》，是他決意回歸田園時寫的，我想先生這兩句詩有兩層喻意：一層自然是說我回到祖國來日的心情。後面的兩句「歸去來兮陶亮賦，西風簾卷清照詞」，也寫得極為貼切。陶淵明的《歸去八十年間所經歷的種種往事，自然也有著「一弦一柱」的追憶，先生的詩，可以說正是說出了我當當。如果把年華喻作絲弦，八十歲的年齡自應是「八十弦」，我在八十歲生日的時候，回想過去是果然有個人理解的。先生雖然是引用了古人的詩句，但我以為先生的引用和改寫，實在十分恰為自己的詩集寫的一首自序詩，我覺得陳先生的說法與我的理解有暗合之處，可見陳先生對於詩歌兩聯，是用多種不同的意象表現了他所經歷和感受到的種種舊夢前塵。陳先生以為這首詩是李商隱總起，展開了對錦瑟華年的追憶；最後兩句是總結，是對當年情事回憶中的悵惘哀傷；而中間四句「五十弦」改成了「八十弦」。以前先生曾經跟我討論過李商隱這首詩，我以為這首詩的前兩句是端五十弦，一弦一柱思華年」，因為這首詩是為祝賀我的八十壽辰而寫的，所以陳先生就把原詩的開端兩句借用了李商隱的《錦瑟》詩句，只不過做了一點小小的改變。李商隱的原句是「錦瑟無詩中之特別喜歡用數字，這正好說明了陳先生對數字的敏感和情有獨鍾。陳先生為我賀壽的這首詩傳統文化修養的友人一起談詩論詞，自然是人際關係間一種難得的境界，總之，先生這首詩所表現的真切情意使我感動不已。

會後不久，我給先生打過一次電話，表示我的感謝。先生在電話中曾對我說：你有空來坐坐吧，我們再談一談。我理解先生是很想跟我談一談他寫的這首詩，但那一陣子陳先生的活動很多，我又被北京師範大學和鳳凰台的世紀大講堂邀去開會和講課，我跟先生說好等我從北京回來，一定會親自去拜望他。而就在十二月一日我正要離開天津去北京的時候，忽然聽說陳先生生病住院了。當時我雖然感到不安，但想到不久前我見到他時還是神采奕奕的樣子，覺得不會有什麼嚴重問題。我想等我從北京回來，先生也一定出院回來了，我再去看望他，好好談一談他的這首詩，告訴他我是如何地感動。誰想到就在十二月三日的晚上，我剛在世紀大講堂講完課，就接到了天津的電話，聽到了先生在天津醫院病逝的消息。我當時真是哀痛和震驚，因為不過僅僅是一個月之前，先生在會場中所表現的真淳仁厚而且睿智的風采，還在眼前。誰想到死生無常，竟成永別。於是第二天我就匆忙從北京趕回了天津，為先生寫了二首挽詩：

噩耗驚傳痛我心，津門忽報巨星沉。猶記月前蒙厚貺，華堂錦瑟動高吟。

先生長我十三齡，曾許論詩獲眼青。此去精魂通宇宙，一星遙認耀蒼冥。

（《陳省身先生悼詩二首》）

末句說的是先生逝世前不久，天文界曾以先生之名為一小行星命名，先生之精魂必將與它同樣不朽。

十二月七日我在南開大學為先生舉辦的陳省身先生告別音樂會上朗誦了我的這兩首詩，並且參加了南開大學為先生舉辦的一切追悼活動。但畢竟都是先生的身後事了，先生約我再見一面談詩的約言，永遠無法實踐了，這件事對於我來說，實在是平生極大的遺憾。時隔日久，哀悼之情雖然逐漸減少了，但追念之情卻是歷久彌新。

六、未曾謀面的古農學家石聲漢先生

一九九七年秋天我再度回到南開時，聽說吳大任校長已經在幾個月前去世，我就到他們家裡看望陳鶚先生。就是這次見面，陳鶚先生告訴我，吳大任校長有一位摯友石聲漢先生，他們都是三〇年代初考取的第一屆中英庚款留學生。石聲漢先生的子女為他們的父親整理了遺作《荔尾詞存》，吳大任校長希望我能為這本詞集寫個序言。正是這個機緣，使我有幸讀到了一本不平凡的詞集，也使我有幸透過他的詞作認識了這位未曾謀面的科學家。

荔尾是廣東的一個地名，石聲漢先生曾經在那裡教過書，所以他給自己的詞集起名《荔尾詞存》。《荔尾詞存》是差點從我們這個世界消失的一本書，因為「文化大革命」的時候，石聲漢先生的書都被沒收了，《荔尾詞存》的手稿也被沒收。石聲漢先生去世八年以後，一九七九年，西北農學院在清理「文革」棄物的時候，被他的學生姜義安先生看見，把這一本手稿搶救回來，交給了他的子女。

石聲漢先生的子女想把他父親的這一本詞集出版，他們找到了吳大任先生。吳大任先生說，你們要出版這本詞集，最好找一個研究詞的人寫一篇序言，證明他的詞是果然在文學、在詞學方面是有價值的，是值得出版的，值得流傳的，你們就去找葉嘉瑩給寫一篇序吧。那一年我從加拿大回到我北京的老家，石聲漢先生的兒子，清華大學的石定機教授就到北京我的老家來看我，希望我為他父親的詞集寫一篇序言。石定機先生在跟我弟弟談話的時候，我打開了這本詞集的手稿一看，我就折服了。這麼好的學者，寫這麼好的書法，填了這麼好的詞作，勝過我們多少研究古典詩歌的人！我當時就對石定機先生說，我一定給令尊大人寫這篇序。

石聲漢先生寫的詞勝過了我們一般研究古典詩詞的人的創作，為什麼？就是因為他是研究古生物學、古農業的，他不像我一輩子就是在古典詩詞裡邊打圈子。我的腦子裡邊所背誦的都是古人的詩詞，我拿起筆來填詞：寫春天，我腦子裡邊就跑出來很多古人寫的春天；寫秋天，我腦子裡邊也跑出來很多古人寫的秋天。於是我的筆下寫出來的，就有很多是古人的感情、古人的語言，我就被它圈套住了，不能跳躍出來。而石聲漢先生之所以了不起，是因為他既有這麼好的古典修養，而他並不以詩詞名世。他是研究科學的，他既有古典的修養，但是他又不受古典的約束。一個人能夠深入進去，而又能夠跳躍出來，沒有被它圈套住，真的是了不起。

石聲漢教授是一位為科學獻身的科學家，一生留下近六百萬字的科學著作，是我國植物生理學和農史學科的開拓者和創始人之一。一九三六年獲倫敦大學植物生理學博士學位。他兩度執教於西北農學院，把一生都獻給了科學研究和教學工作，深受師生愛戴。石聲漢先生在科研方面的成就，受到世界著名科學家李約瑟博士的重視，在他撰寫的《中國科技史》中，多次引用石聲漢先生的論著，共同的事業使得他們之間從四〇年代就成為知己的好友。一九五八年李約瑟博士訪華，曾經向中國科學院提出要求，請石聲漢先生到英國三年，與他合作完成《中國科技史》中的生物卷、農學卷。可惜在當時的背景下，沒能實現。

石聲漢先生勤於筆耕，在「文革」期間被批鬥、抄家，所有的書都被抄走、被封存的那樣惡劣環境下，他也沒有停止工作，直到一九七一年病逝。石聲漢先生終身從事古生物學跟古農學的研究，他在短短的三年之內就寫了《〈齊民要術〉今釋》、《〈氾勝之書〉今釋》、《從〈齊民要術〉看我國古代的農業科學知識》、《〈農政全書〉校注》、《〈農桑輯要〉校注》、《中國農業遺產要略》、《中國古代農書的評介》，《輯徐衷〈南方草物狀〉》等多種著作。他留給我們最後的文稿甚至是寫在報紙邊上和煙盒紙上面的，其艱苦程度可想而知。石聲漢先生花了多少時間和生命去寫作，我們不能夠想像他所花的時間是什麼樣的時間，他所花的生命是什麼樣的生命。當石先生寫這些書的時候，患有嚴重的哮喘病，而且正在受迫害之中。白天把他拉出去批鬥，晚上點著燈繼續寫作，他不甘心放棄，因為他知道他所研究的這個學問的價值和意義。他是怎樣寫的稿子呢？看一看他寫的一首《浣溪沙》：

驟雨驚傳屋下泉，短檠持向傘邊燃，明朝講稿待重編。　室靜自聞腸轆轆，風搖時見影懸懸，半枝燒剩什邡煙。

這是說他的屋子是漏雨的，外面下大雨，屋子裡下小雨。所以他要撐起傘，把油燈放到傘邊才能寫稿子。聽著自己饑腸轆轆的聲音，風吹來時，燈影搖搖晃晃，手裡拿著半枝什邡那個地方出產的一種廉價的香菸——他就是在這樣惡劣的條件下寫稿子的。

中國古代雖然沒有現代意義上的科學，但是我們的祖先從生活體驗之中，對於真正現實的農業耕種的各種情況，有非常詳盡的記載，有很多值得現在借鑑之處。石聲漢先生之所以有能力翻譯、介紹這些中國古代農業的書，需要兩方面的根底：一個是他的生物學、農學方面的根底，還有一個就是他的古典文化修養。他是從小就讀了中國不少的古書，他的詩詞、文章、書法、篆刻，都有相當的成績。

我之所以動筆為石聲漢先生的詞集寫序，除了被吳大任校長與石聲漢先生的這一份知己相交、生死不渝的情意所感動以外，更是由於這本詞集所表現的石聲漢先生的品格情操和他深厚的古典學養所給我的一種直接的感動。這是一本不平凡的詞集，我為自己有機會讀到這一本不平凡的詞集而感到幸運，也對吳大任校長夫婦的推介而心懷感謝。

我是一個終生從事古典詩詞研讀與教學的工作者，平常讀過的古今詞人的作品可以說不少，無論是婉約豪放，無論是典雅俚俗，無論是正統新變，各種風格中都不乏令人賞愛和感動的佳作，然而石聲漢先生的《荔尾詞存》卻有著與眾不同的不平凡之處。石聲漢先生作品中所表現的，可以說是纖柔善感的詞人心性與詞體的美感的一種自然的結合，這是他的不平凡之處的一個方面。石聲漢先生的作品之所以使人感動和欣賞，實在還在於他在題材的選擇與表達方式方面，也有一些不平凡之處。

他在一九五八年寫給長子定機的條幅跋中說：「老蹇蹉跎五十一年，平生不甚以顯達榮樂為懷，尤不欲人以詞人文士見目。少年學作韻語，只以自寫塊壘。」一般喜歡寫作詩詞的人，難免有兩點習氣：一是對自己的作品常常矜持自得，二是在朋友間常有應酬之作。而石聲漢先生沒有這些習氣：這就足以見到石聲漢先生詞的不平凡之處了。所以我說《荔尾詞存》是一本不平凡的詞集。何況石聲漢先生在他的詞中所寫的，都是他的最真誠最深切的胸中之「塊壘」，下面我們就將抄錄他的幾首詞作來一看。首先我要抄錄的是反映他的修養與心情之轉變的三首小詞：

石聲漢1958年寫給石定機的條幅。

石聲漢。

其一《清平樂》

漫挑青鏡，自照簪花影。鏡裡朱顏原一瞬，漸看吳霜點鬢。　宮砂何事低徊，幾人留住芳菲。休問人間謠諑，妝成莫畫蛾眉。

其二《柳梢青》

繾綣殘春，簪花掠鬢，坐遣晨昏。臂上砂紅，眉間黛綠，都鎖長門。　垂簾對鏡誰親？算鏡影相憐最真。人散樓空，花蔫鏡黯，尚自溫存。

其三《柳梢青》

休問餘春，水流雲散，又到黃昏。洗盡鉛華，拋殘翠黛，忘了長門。　捲簾斜日相親，夢醒後翻嫌夢真。霧鎖重樓，風飄落絮，何事溫存。

這三首詞據石聲漢先生自己說，是他讀了王國維的《人間詞》中的《虞美人》（碧苔深鎖長門路）和《蝶戀花》（莫鬥蟬娟弓樣月）兩首詞後的有感之作。王國維的詞所寫的，是以閉鎖長門的蛾眉自喻，慨歎於謠諑的傷人，但在被傷毀和被冷落中，詞人卻仍然堅持著一種「且自簪花坐賞鏡中人」的不甘放棄的理念，這正是我所說的「弱德之美」的感情心態。不過石聲漢先生寫的這三首詞，則已經超越了王國維原詞中的心態，增加了反覆思量的多層意蘊：從悵惘於「芳菲」之不能「留住」，到「花蔫鏡黯」仍不肯放棄的「尚自溫存」，再轉到「夢醒」之後徹底放棄的「何事溫存」。這其間石聲漢先生所表述的情思和意念，真可以說是幽微要眇，百轉千回。像這種題材和意境，不是一般以文學為羔雁之具的人所能夠企及的，也不是一般只會寫傷春悲秋以詩酒風流自賞的詞人文士所能達到的。除去這一類要眇幽微的作品外，石教授還有一些以日常口語反映現實生活和政治情勢的作品，也寫得極有特色。我們現在就也抄錄一些這類作品來看一看：

其一《浣溪沙・嘉州自作日起居注》（六首錄二）

白足提籃上菜場，殘瓜晚豆費周章。信知菰筍最清腸。　幼女迎門饑索餅，病妻揚米倦憑筐，鄰廚風送肉羹香。（其二）

雙袖龍鍾上講台，腰寬肩闊領如崖。舊時原是趁身裁。　重綴白瘢藍線襪，去年新補舊皮鞋。羨它終日口常開。（其四）

其二《鷓鴣天・記近聞近遇》（二首錄一）

牛鬼蛇神事有無，蚊雷市虎代爰書。烏台讞急鈔瓜蔓，紅衛兵驕鹵腐儒。　髡皓首，繫玄符。龍鍾擁篲滌圊窬。勞心鍛就風波獄，遷固何曾涉謗誣。（其二）

這幾首詞從表面看來，所寫的題材內容，與前面所舉的《清平樂》、《柳梢青》等詞作，雖然有很大的不同，但他所寫的也是自己胸中的「塊壘」，而不是一般詞人文士的舞文弄墨之作，這是顯然可見的。他所寫的雖然是非常具體現實的生活情事，但其情思之幽約怨悱，卻仍是一貫不變的。正是這種意境造成了石聲漢先生詞的不平凡之處。

石聲漢先生雖對古典文學有深厚之修養與興趣，但他的志業卻不在於文學而在於科學，使得石聲漢先生一方面能完全不被傳統詞人所拘限，而另一方面卻又不失古典之規範。例如前邊所舉《清平樂》、《柳梢青》等詞，其風格之典雅溫婉，情思之悱惻幽微，自然是傳統詞中的佳作，但其意境卻又另有天地。再如《浣溪沙》等詞，所寫的雖然是具體的日常生活，用詞也極為通俗直白，但意境又與古典中的傳統相通。再如其《鷓鴣天》詞中所寫的情事，其辛酸與荒謬雖然完全不是古典詞中所曾有的，但石聲漢先生卻有意在這首詞中用了許多古典的詞語，使得他的滿腹辛酸悲憤，在古典的詞語中有了更深的意蘊。

石聲漢先生不僅長於寫短小的令詞，也長於寫長調的慢詞，不僅長於寫自抒塊壘的抒情詞，也長於寫托意深微的詠物詞，下面我們就將這一類詞，也抄錄一首來看一看：

> 蹄鐵敲穿，踏遍崎嶇，日漸昏黃。歎木鞍堅重，背成生韉，麻韁粗硬，吻有陳傷。項下蒭籠，虛無寸草，枉羨青畦菜麥香。沉吟處，聽鞭梢爆響，倦步催忙。　歸來縶向空廊，早弦月盈盈上短牆。奈毛似垂旃，泥和汗結，頭如贅甕，頸共肩僵。半束枯蒭，一拳稃殼，便是辛劬竟日償。宵寒惡，任螗蹲蛙坐，直恁更長。（《沁園春·駄行病驥》）

這首詞以一匹背負重物的病馬，來喻寫備受迫害與折磨的辛勞工作者，不僅用詞與喻意配合得工切典雅，而且寫得酸楚動人，不失為詠物詞中之佳作。

石聲漢先生還有一些寫柔情的長調，像他的《鶯啼序》（斜陽尚凝舊隴），及同調（西風又催鬢改）等詞，據石教授的女兒在箋注中說，這些詞都是石教授懷念其妻子的作品，寫得非常的深婉動人，現在只抄錄一首題為《壽細君》的《鷓鴣天》：

自嫁黔婁百事乖，春風紈綺盡蒿萊。歲朝羈旅傷憔悴，九月寒衣未剪裁。　兒女累，米鹽災。七年猶著嫁時鞋。鴛盟若許前生約，後世為君作婦來。

從這首詞來看，其伉儷情深，可見一斑。而且這首詞寫得不事雕飾，還有用前人詩句之處，因為這首詞是寫給自己最親近的人，所以不必過分講究，反而顯出石聲漢先生率真的一面。

總之，石聲漢先生的詞，在現當代的作者中，足以獨樹一幟，他的成就非常難能可貴，應該珍重保存，以流傳後世。我不僅為石聲漢先生的《荔尾詞存》寫了一篇長長的序言，還給我的學生講過石聲漢先生的詞。二〇〇六年，我在天津農學院做過一次專題演講，題目就是《一位農業教育家詞作中的生命反思》，向天津農學院的師生介紹了石聲漢先生和他的詞。

石聲漢先生對中國古農學的研究所投注的一番心意和理念，應該能夠得到繼起者的理解和關注。我更希望他所譯介的古農學著作，能受到今日農學學者的重視，我想其中一定有不少值得今日農學家們的參考之處。

七、程千帆先生和沈祖棻先生

程千帆先生是著名中國古代文史學家、教育家。

程千帆先生二十歲考上金陵大學，他本來報的是化學系，因為化學系學費很貴，家裡無力負擔，而中文系學費只是化學系的一半，就改報了中文系。程千帆先生家境雖然清貧，但卻是一個有文學傳統的詩書之家。他從小就接受了嚴格的家庭教育，打下了良好的文史基礎。所以說程千帆先生沒能成為一位化學家，這也許是出於偶然；但他成為著名的文史大家，卻是必然的。

在金陵大學程千帆先生認識了沈祖棻先生並結為夫妻，他們的結合，一時在學術界傳為佳話，所謂前有陸（侃如）、馮（沅君），後有程、沈。他們不但在詩詞創作中琴瑟唱和，而且在學術上相互切磋。他們共同經受了四十多年的苦難命運，沈祖棻先生寫過「文章知己雖堪許，患難夫妻自可悲」的沉痛詩句。

程千帆一九四五年就到了武漢大學任教，做過中文系主任。一九五七年被打成「右派」，而且是武漢地區的「大右派」，從此他被取消了上課的權利，弄到資料室去整理卡片。「文革」開始後，他們全家被趕出原來的住所，搬進廢棄已久的湖邊小屋。搬家時，因為期限很緊，又不許請人幫忙，是程千帆先生自己拖著板車搬運的。扔了很多東西，只留下生活必須品。小屋十分簡陋不說，而且非常潮，由於沒有排水設施，下雨時山水往屋裡直灌，平地水深一尺。儘管一到晴天就忙著曬衣被，全家還是患上了風濕病。關於這所小屋，沈祖棻先生在《憶昔》詩中有記載，我們來看其中兩首：

> 載物車難借，尤幸釜甑存。青蠅飛蔽碗，雄虺臥當門。草長遮殘砌，泥深漫短垣。相看唯老弱，三戶不成村。
>
> 初到經風雨，從容未識愁。忽聞山瀉瀑，頓訝榻如舟。注屋盆爭潑，沖門水亂流。安眠能幾夜，卑濕曆春秋。

一九七〇年以後，程千帆先生又被發配到沙洋農場，種地、養牛、養雞，什麼都幹。他發現農場圖書室有一套中華書局標點本的晉隋八史，便如獲至寶。於是白天勞動，晚上就看這套書。一九七五年，程千帆先生被摘掉了「右派」的帽子，不久，武漢大學就讓他「自願退休，安度晚年」。這就是他苦熬了十八年的結果，其內心的痛苦可想而知。

更為不幸的是，一九七七年沈祖棻先生不幸遭遇車禍去世。程千帆先生一個人就是在小屋裡，為沈祖棻先生整理遺稿，來寄託他的哀思。一九七八年程千帆先生油印了他整理的沈祖棻先生《涉江詞》、《涉江詩》，分送親朋好友。我們來看程千帆先生的兩首《鷓鴣天》，可知那時他的心情：

衾鳳釵鸞尚宛然，眼波鬢浪久成煙。文章知己千秋願，患難夫妻四十年。 哀窈窕，憶纏綿。幾番幽夢續歡緣。相思已是無腸斷，夜夜青山響杜鵑。

燕子辭巢又一年，東湖依舊柳烘煙。春風重到衡門下，人自單棲月自圓。 紅綬帶，綠題箋。深思薄怨總相憐。難償憔悴梅邊淚，永抱遺編泣斷弦。

一九七八年夏天，幾位同門好友聯名向南京大學匡亞明校長推薦程千帆先生，匡亞明校長派當時任中文系副主任的葉子銘先生到武漢大學去找他，葉子銘先生花了兩個多小時，才在東湖邊的那所小屋裡找到了滿頭白髮的程千帆先生。這一年八月，已經六十多歲的程先生來到南京大學，就任中文系教授。南京大學的校園，就是程千帆先生當年就讀的金陵大學所在地。在南京大學為程先生慶祝八秩壽辰時，程千帆先生當眾對匡校長表示感謝。到南京大學後，程千帆先生做了兩件大事：一是總結自己幾十年的學術思考，二是培養學生。經過二十多年的努力，他在兩個方面都取得了卓異的成績，可以說實現了晚年輝煌。程千帆先生的學術研究領域相當寬廣，除了古代文學、古代文學批評之外，他還在文學史、史學、校讎學等領域中取得了豐碩的成果。

我認識程千帆先生是在一九七九年我第一次回國教書時。那一次我匆匆忙忙的去了三個學校，北京大學、南開大學、南京大學。前面我講過北大是國家教委安排的，南開是李霽野先生邀請我去的，去南京大學是另外的一個緣由。

一九七七年，南京大學歷史系教授陳得芝先生到我所任教的加拿大不列顛哥倫比亞大學訪問，學校要找一個會講中文的教授來接待他們，所以就安排我接待陳得芝先生。那幾天我負責開車陪著他們到溫哥華各地方參觀，可是那時候學校不放假，我還要上課。有一天我跟陳先生說：今天我有課，不能陪你們外出，你們自己隨便參觀吧。陳先生說：既然你上課，我們也不出去了，一起去聽你講課吧。那天我講的是李商隱的詩，聽了我的課以後，陳得芝先生說：你講得非常好，你什麼時候回國，一定要到我們南京大學來講演。他把聯絡方式留給了我，我答應他回國時通知他。陳得芝先生是研究蒙古史的，王國維先生也研究蒙古史，恰好我正在寫《王國維及其文學批評》，我們對王國維先生都十分敬仰。一九七九年我到北大、南開講學時就給他寫了一封信，告訴了他我回國的信息。陳得芝先生很高興，他一定要我到南京大學去做一次講演，所以一九七九年我第一次到南京大學就是陳得芝先生安排的。

我記得是坐火車去的，陳先生親自到車站來接我，幫我拿行李。我在南京大學的講演是在中文系，我講課的那天早上，他們告訴我，程千帆先生要來見我。可是程千帆先生那天有課，下了課就來。我記得那天我的課講了差不多有一半的時候，程千帆先生來了。這時程千帆先生的夫人沈祖棻先生已經在兩年前因車禍去世了，大家都說真可惜，要是沈先生在世的話，你們兩位女詞人聚會一下多好。那次演講他們還安排了南京師範大學的一些老師來聽講，其中就有金啟華先生，所以南京師範大學又請我去講了一次，金啟華先生還陪我拜訪了唐圭璋先生。我和程千帆、孫望等幾位先生還聚會了一次，大家都吟誦了自己的詩作和詞作。

我跟程千帆先生認識以後，通信很頻繁，他還把他整理的沈祖棻先生《涉江詩詞稿》寄給我，是自己印的那種很簡陋的本子，同時寄來的還有他和沈祖棻先生合編的《古詩今選》上冊、他自己寫的關於唐人邊塞詩的論文，後來程千帆先生又陸續約我去南京大學講過幾次課。

那時，中國與西方的文化交流幾乎斷絕，國內學界很願意與海外學術機構及學人建立聯繫。程千帆先生非常重視這項工作，他寫信讓我提供這方面的信息，還提出了具體的要求：

一、歐美著名漢學中心（包括圖書館、研究所及大學亞洲學系）的名稱、地址及主持人；

二、歐美著名東方學（漢學）學術刊物的名稱、出版地址及主持人（近二十年）；

三、研究漢語古典詩歌及古代文藝理論的學人（特別是華人學者）及主要著作（專書或論文、發表刊物及出版書店）。

我把北美漢學研究情況寫給他以後，因為索要的人太多，他們就發表在南京師範大學的《文教資料簡報》上了。我還陸續給他寄了一些我的論文、《哈佛大學學報》、《哈佛博士論文目錄》、《臺灣古典文學研究》等書。當然程千帆先生也常常給我寄書，還替《古代文學理論研究》向我約稿。總而言之，程千帆先生為教學研究、學術交流做了大量的工作。

一九八二年，國務院古籍整理出版規劃小組組長李一氓先生提出編纂《全清詞》，委託南京大學承擔編纂任務，由程千帆先生擔任主編。南京大學組成《全清詞》編纂研究室，程千帆先生請了海外兩個顧問，一個是香港的饒宗頤先生，一個就是我。在我到南京大學講學的時候，他還請我參觀了他們的《全清詞》編纂研究室。他們當初是很不容易的，我記得他們辦公的地方就是在一個宿舍樓裡，我經過走廊到他們的編纂研究室，兩邊都是炒菜做飯的人們。他們那時也沒有帶玻璃門的書櫃，都是木板做成的架子，搜集來的資料，都一包一包地放在那裡。那時大陸的一切條件都不夠好，做出點事真的不容易。一九八五年程千帆先生寫信告訴我，大約年底可以交出《全清詞・順康卷》。他們真的是不簡單，到二〇〇二年五月，《全清詞・順康卷》共二十冊終於全部出版。遺憾的是，程千帆先生二〇〇〇年就去世了。詞的斷代總集《全宋詞》、《全金元詞》及《全唐五代詞》早已出版，而清詞堪稱鼎盛，詞家詞作又遠超前代，僅《順康卷》就三倍於《全宋詞》。所以《全清詞・順康卷》的出版，實在是學術界與出版界之一大盛事，程千帆先生在天之靈若有所知，一定會感到欣慰的。

我跟程千帆先生多年來一直保持聯繫，我跟繆鉞先生合作撰寫《靈谿詞說》時寫的那些論詞文稿，還有論詞絕句，都寄給程先生看，程先生很贊同我們寫的那些論詞絕句。後來，我把詞的演進分成幾個階段：最早的花間詞和北宋的小令稱為「歌辭之詞」，其後蘇東坡、辛棄疾的詞稱為「詩化之詞」，南宋的詞稱為「賦化之詞」。從歌辭之詞到詩化之詞，大家都有共同的認知，李清照就說像蘇東坡的詞就是句讀不整齊的詩，這是大家公認的。至於南宋以後的詞，很多人不大能夠欣賞，而我提出把南宋詞稱為賦化之詞。我以為這種演進有一種必然的需要，因為小令是很短小的，

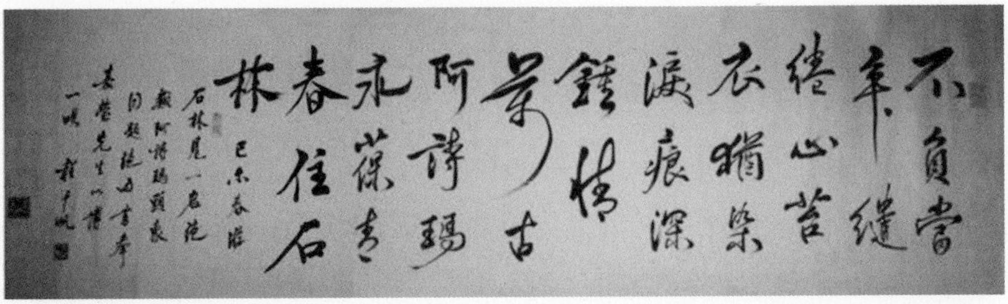

程千帆錄舊作贈葉嘉瑩。

1993年南京大學《全清詞》編纂室，右二為程千帆。

它可以有很多言外的意思，寫得很含蓄的。可是柳永把男女的感情都用長調寫了，就比較淺露，比較膚淺；而詩化之詞如果寫豪放的志意也都平鋪直敘地寫下來，這些激昂慷慨的詞就流於粗率了。所以，從周邦彥開始，到後來的吳文英、姜白石都故意把它寫得晦澀一點。因為詞這種文學體式，跟詩不一樣，詩你可以寫成長篇的歌行。詩在朗誦時有一種氣勢，可以用氣勢直接打動你。可是詞變成長短句，就失去這種氣勢了，太平鋪直敘了，就失去了詞的美。長調寫婉約詞就容易淫靡，寫豪放詞就容易粗率。所以周邦彥不得不用人工的安排，使它不能夠一洩無餘，不能夠一下子滔滔滾滾的寫下來。《古今詞話》上說，長篇的歌行像駿馬邁坡一往無前，可是詞如果是長調，這樣一直寫下來，就顯得淺率了。《古今詞話》上還說詞的長調要如同嬌女步春，要像一個嬌弱女子在春天裡散步，要「一步一態，一態一變」，每一步都要有一個姿態，每一個姿態都要有一個變化，這樣才有它的美。我認為這就是賦化之詞的特色。我這樣的說法得到了程千帆先生的贊成，他以為這種說法解答了詞學中很多困惑和爭執。

程千帆先生給我的書信很多，但是保存下來的不全了。因為我常常在旅行之中，我在北京有老家，這些先生們給我的書信或者書法，常常是放在北京了。可是我的老家在拆遷的時候，很匆忙，那時我不在北京。我弟弟半身不遂，當時家裡只有一個保姆，她當然不懂得哪個重要哪個不重要，她看到一些舊信，以為是爛紙都給丟掉了，真是太可惜了！我平生中有三次大的損失：一次是我南下結婚時，我的照片、書、草稿都沒有帶，留在了北平，「文革」時我弟弟因為害怕都給燒掉了；一次是臺灣的白色恐怖時，我結婚以後與北平的家人和親友的一些書信都被抄走了；最後就是二〇〇三年我老家察院胡同拆遷，把我一九七九年回國以後二十多年來的一些書信和一些老先生寫給我的書法都丟掉了。後來繆元朗告訴我，有人在舊書市場看見過繆鉞先生寫給我弟弟的信，這真是無可奈何的事。

我還想談談沈祖棻先生，當年程千帆先生給我寄《涉江詩詞稿》時我就想過，程千帆先生可能是想讓我寫寫沈祖棻先生的詩詞，當然他也沒有明白的說。我自己也有這個願望，可是我一直很忙，一直沒有寫，只是我給學生講課時常常提到沈祖棻先生的詩詞。一直到二〇〇三年十月，我才在南京大學做了一次題為《從李清照到沈祖棻》的講演，也算了卻了我的一個心願。

沈祖棻先生真的是女性的詞作者裡邊的一個集大成者。

我們看到早期的「歌辭之詞」，男子寫的歌辭對於他的詩是一種背離，因為男子寫詩是以「言志」為主的，而男子寫的詞起初不過是歌筵酒席的遊戲筆墨。而女性的詞對於她的詩則是一種繼承，從《詩經》開始，《谷風》、《氓》都是寫那些不幸的婦女的遭遇，當然也有幸福的婦女。總而言之，女子是寫她真正的感情，女子是寫自己的悲歡離合，自己真正的內心的情意。本來詞與詩是一個系統傳下來的，只是觀念不同。李清照認為那些激昂慷慨的句子不能夠寫到婉約的小詞裡邊去，她說蘇軾、歐陽修的詞是句讀不整齊的詩。可是經過從北宋到南宋，有了蘇軾、辛棄疾的出現，詞從「歌辭之詞」演進到「詩人之詞」，到了明清之際徐燦的那個時代，就直接把一些破國亡家的悲慨都寫進去了。清朝末年秋瑾的時候女性意識已經開始覺醒，男子革命，女子也要革命了。

到了沈先生的時代，女子跟男子無論是在教育方面，在工作方面，還是在研究方面都可以平等了，而且沈先生她不但是一個詞人，同時也是一個學者，所以她寫的詞不但是「詩人之詞」，還是「學人之詞」。沈先生的詞不再是李清照那樣的詞，也不再是徐燦那樣的詞，她寫出來的詞是很值得我們注意的。沈先生真是「詩有史，詞亦有史」，這是從清代的詞史觀念繼承下來的。沈先生曾經寫過幾首《浣溪沙》，是一組寫得非常好的小詞。

我只選一首來看：

蘭絮三生證果因，冥冥東海乍揚塵。龍鸞交扇擁天人。　月裡山河連夜缺，雲中環珮幾回聞。蓼香一掬佇千春。

「蘭絮三生證果因」，是說善因惡果的種種機緣。佛教所講因果的關係是種什麼因得什麼果，為什麼種的蘭因卻得到的是絮果？歷史上中國文化曾經惠及日本，唐朝鑑真和尚東渡日本，帶去中國文化，日本也曾派留學生到中國來學習，而後來日本竟然發動了侵華戰爭。「冥冥東海乍揚塵」，日本在中國的東方，東海指日本，「塵」就是煙塵、戰塵，戰爭又興起了。「龍鸞交扇擁天人」，當年發生西安事變，蔣介石本來是不主張抗戰的，西安事變後蔣介石同意和共產黨聯合抗戰。「交扇」是說古代皇帝上朝的時候要用交扇。杜甫的《秋興》裡寫到「雲移雉尾開宮扇」，皇帝上朝的時候先坐在這裡等大臣，這顯得沒有禮貌；如果大臣都已經上朝站在那裡，看著皇帝從檯子上面走過去，這又不免把皇帝凡人化了，就不夠神秘；所以就用很多「雉尾」，就是野雞毛做的大大的扇子把它遮住，像屏障一樣，皇帝從背後上來，等皇帝一坐下，扇子向兩邊一撤，「雲移雉尾開宮扇，日繞龍鱗識聖顏」。「龍鸞交扇」是指國共兩黨擁一個天人，這說的就是那個時候讓蔣介石來領導抗戰。「月裡山河連夜缺」，有這樣一個傳說，月亮裡邊有一些影子就是大地的山河的影子，沈先生不說我們的國土步步淪陷，而說「月裡山河連夜缺」。那個時候國民政府軍隊的敗退真是一個城一個城地丟，真可以說是「連夜缺」。「雲中環珮幾回聞」，是說那些美好的消息，前線戰爭勝利的消息，我們什麼時候才能聽到呢？「蓼香一掬佇千春」，這是說我們內心的悲苦像蓼花，蓼花是悲苦的，我們捧著蓼花等待，希望抗戰勝利的到來。

沈先生用小令來寫比興之詞，寫得非常典雅、深隱，真是難得的好詞。不但在女子之作中是難得的好詞，就是在男子之作中也是難得的好詞。詩是可以反映歷史的，詞也是可以反映歷史的。經過了明清之易代，果然清詞裡不少的作品都是反映當時歷史的，所以有了所謂「史詞」。鴉片戰爭以後，晚清詞人所寫的都是反映國家盛衰世變的小詞。所以你看這個小詞就很妙，從給歌女寫的歌詞居然演化成了反映國家盛衰興亡記載歷史的詞了。沈先生看到了前朝的詞這麼多的演化，她又經歷了抗日戰爭的事變，她就真的是把歷史寫到小詞裡邊去了，而且用這樣深隱的比興寄託，這樣典雅的詞句，寫出來這麼美麗的詞篇。

沈先生還能把很多不容易寫出來的東西也寫得恰到好處，她有一首詞《宴清都》。前邊小序說：「庚辰四月，余以腹中生瘤，自雅州移成都割治。未痊而醫院午夜忽告失慎。奔命瀕危，僅乃獲免。千帆方由旅館馳赴火場，四覓不獲，迨曉始知余尚在。相見持泣，經過似夢，不可無詞。」

> 未了傷心語。回廊轉、綠雲深隔朱戶。羅裀比雪，並刀似水，素紗輕護。憑教剪斷柔腸，（割瘤時並去盲腸——自注）剪不斷相思一縷。甚更仗、寸寸情絲，殷勤為繫魂住。　迷離夢回珠館，誰扶病骨，愁認歸路。煙橫錦樹，霞飛畫棟，劫灰紅舞。長街月沉風急，翠袖薄、難禁夜露，喜曉窗，淚眼相看，搴帷乍遇。

寫得真是好，這麼複雜的這麼特殊的情事，沈先生寫得非常貼切。「未了傷心語。回廊轉、綠雲深隔朱戶。羅裀比雪，並刀似水，素紗輕護。」寫得真是美！沈先生實在寫得好！這是醫院，你看她把醫院寫得這麼美，她說「羅裀」是雪白的，非常典雅，完全是詞的語言；「並刀」是手術刀，她化用的是周邦彥「並刀似水，吳鹽勝雪」（《少年遊》）的語句；「素紗輕護」，你想像白色的絲紗這麼朦朧，她纏著紗布，但寫得很美。「憑教剪斷柔腸」是說割瘤時並去盲腸。「剪不斷相思一縷」，是說我的腸子雖然斷了，可是我的感情還在。「甚更仗、寸寸情絲，殷勤為繫魂住」，因為我這麼多情，所以這寸寸的情絲就把我留住了，而「情絲」也暗喻了傷口的縫線。「迷離夢回珠館，誰扶病骨，愁認歸路。煙橫錦榭，霞飛畫棟，劫灰紅舞」，她是寫的著火，「煙橫」是濃煙，「霞」是像晚霞一樣的紅色的火光。「長街月沉風急，翠袖薄、難禁夜露」，半夜裡她從病房裡逃出來。「喜曉窗，淚眼相看，搴帷乍遇」這句真寫得好！第二天早晨，在窗前她跟程千帆先生夫妻兩人「淚眼相看」，把帳幔一開忽然間看見了，「搴帷乍遇」，寫得這麼多情，這麼宛轉。

沈先生還有一首有名的《早早詩》，是寫她的外孫女，我們節選一段看看：

汝獨愛家家，膝下百回繞。喜同家家睡，重愁家家抱。關心喚吃藥，飲茶試涼燠。分食與家家，兒自不嫌少。唯願快長大，為婆洗衣襖。隨母休沐歸，相親復相擾。奪帚爭掃地，脫衣喚洗澡。玩水瓶時灌，弄火鍋空烤。倒罐更翻籃，到處覓梨棗。帳杆當竹馬，手杖滿地搗。凌空學雜技，一跌意未了。嚇人裝老虎，怒吼勢欲咬。打狗踢茗豬，不怕舞牙爪。偷攀自行車，大哭被壓倒。婆魂驚未定，兒身痛已好。一晌轉安靜，向人索紙稿。移凳俯書桌，畫魚又畫鳥。積木堆高低，皂泡吹大小。三餐端正坐，家家餵飯飽。飲河期滿腹，美饌視藐藐。不喜著新衣，敝服曳縕縞。阿母責頑劣，此語使兒惱。雞雞不洗腳，上床胡亂搞。狗狗不睡覺，半夜大聲吵。我是最乖兒，家家好寶寶。

「家家」武漢話是外婆的意思。這首詩受到很多名家的高度評價。

朱光潛先生讀過後題了一首詩：

易安而後見斯人，骨秀神清自不群。身遭離亂多憂患，古今一例以詩鳴。獨愛長篇題早早，深衷淺語見童心。誰言舊瓶忌新酒，此論未公吾不憑。

荒蕪則認為「一篇早早有情思，絕勝驕兒嬌女詩」，沈先生真是一個集大成的作者！她各種的體式各種的內容都寫得非常好。大家可以找來《涉江詩詞稿》看看。

八、鄧廣銘先生

鄧廣銘先生是著名的中國歷史學家。他是北京大學一九三六年歷史系畢業的，他的畢業論文深受胡適先生的讚賞，畢業後留校任教，四〇年代曾短期在復旦大學任教。他的《稼軒詞編年箋注》從五〇年代問世以來，幾經重版，行銷數十萬冊，蜚聲海內外。他的《〈宋史・職官志〉考證》是陳寅恪先生寫的序言。我在臺灣大學教詞選課的時候，常常參考鄧廣銘先生的《稼軒詞編年箋注》，那還是舊的版本。鄧廣銘先生是歷史學家，他在歷史考證方面做得是非常仔細的。可是我跟鄧先生從來沒有見過面，只是對他十分敬仰，那時根本沒有想到能有機會和他相識。一九七九年我回國教書以後，跟國內學術界開始有了聯繫，一九八七年國內邀請我到江西上饒參加一個紀念辛棄疾的會議。因為我一直讀稼軒的詞，他的《水調歌頭》「帶湖吾甚愛，千丈翠奩開」，寫得真的是很美，我很想去上饒看看帶湖是什麼樣子。就是在那次會上，我認識了鄧廣銘先生。

那一年，我接到辛棄疾紀念會的通知，開會的地方在江西上饒。這個地方比較偏僻，飛機不能到達那裡。我只能先飛到上海，然後換火車才能到達江西上饒。這樣我在國外訂票就很麻煩，所以就找到我的侄子言材。那時他已經在日本的北九州大學教書，侄媳婦桐島薰子也是讀古典文學的，一聽到這個消息，覺得是個難得的機會，所以也一起來了。還有我以前的學生臺大教授林玫儀，也是研究詞學的，那時她還從來沒有來過大陸，很生疏，不知道怎麼回來，聽說我來參加會議，也決定一起來。我侄子預先訂好了旅館，我們四個人分別從溫哥華、九州、臺灣飛到上海會合，從上海一起坐火車去了江西上饒。在火車上大家一起聊天，我記得那天林玫儀問我：你講了這麼多人的詩詞，最喜歡誰的詩詞？她還問我：中國古代這麼多詩人詞人，你覺得有哪一個你願意跟他交朋友，跟他一起生活呢？我想了半天，我說還是稼軒。為什麼這樣說呢？因為像杜甫這個人，他的詩忠愛纏綿，很了不起，可是這個人好像古板一點；李商隱詩我一直很喜歡，可是李商隱的詩我可以欣賞，但是李商隱這個人又太憂鬱了一點；所以想來想去辛棄疾這個人不但詞寫得好，而且這個人在生活上也是個很有情趣、很有辦法的人。你看他寫的詞裡邊，他所居住的地方，要栽什麼花啊，種什麼樹啊，什麼地方蓋房子，什麼地方開窗子都安排得多好！我當然願意跟稼軒這樣的人生活在一起。我問林玫儀，她想了想也說願意跟稼軒這樣的人一起生活，如今我們一起來參加稼軒詞的學術會議，真是有緣。

九〇年代初攝於北京大學鄧廣銘家門前（左起：劉乃和、葉嘉瑩、鄧廣銘、啟功）。

我們在上饒開會的時候，鄧廣銘先生也去了，而且我跟他的座位相鄰。我跟鄧廣銘先生談話的時候，告訴他我在臺灣教書的時候，常常參考他的書。跟鄧先生見面後我覺得他是一個非常好的人，對人非常誠懇，非常和藹，而且做學問是非常認真的。我記得那次會上有人提交了一篇論文，大意是說稼軒做了好幾任地方長官，在帶湖、瓢泉都蓋了房子，一定也搜刮了民財。鄧先生很生氣，他覺得這種說法對稼軒是一種污蔑。他認為，稼軒絕不是一個搜刮民財來給自己蓋房子的人，辛棄疾所造的房子，在宋代優待文臣的標準來看，實在並不奢侈華麗。我同意鄧先生的看法，我也覺得稼軒經營他居住的地方跟一般人不一樣。你看歷史上像姜白石記載的張鎡那些人，他們的房子都裝飾得富麗奢豪，家裡養著歌伎酒女。可是稼軒以詩人的眼光非常巧妙地安排自己的住處，在房前種了一大片莊稼，小溪旁栽了幾棵柳樹，種了一些梅花，圈了一圍籬笆，他的房子雖然很美，但不是雕梁畫棟。在帶湖新居蓋房時他寫了一首《沁園春》：「東岡更葺茅齋。好都把軒窗臨水開。要小舟行釣，先應種柳，疏籬護竹，莫礙觀梅。秋菊堪餐，春蘭可佩，留待先生手自栽。」房子上梁時他作《上梁文》：「抛梁東，坐看朝暾萬丈紅，直使便為江海客，也應憂國願年豐。」中國古人蓋房上梁時，要把一些象徵吉利的東西，抛到屋梁的四方，同時念誦一些祝詞。稼軒這是說：我向東邊抛東西，我就看到太陽從東方升起。「朝暾」是早晨初升的太陽；即使朝廷上不用我了，我不能在朝廷做官，成為江海的一個閒人，我還是要憂國憂民，希望五穀豐登，國泰民安。所以我覺得稼軒經營他的住所，跟那些富貴奢豪的人是完全不一樣的，所以我跟鄧先生就談得很投機。

第二天我們去拜謁稼軒墓，要走很遠的路。那時鄧先生也是七、八十歲的老人了，當地的人很客氣，給鄧先生準備了一把可以抬著走路的籐椅，可是鄧先生堅決不肯坐這椅子，他說去拜謁稼軒的陵墓一定要走著去。我保存的相片裡還有鄧先生在走路，抬著椅子的人就跟在他後邊，他就是不肯坐。到了稼軒墓，我跟鄧先生、林玫儀還照了相。恰好我跟繆鉞先生合作寫的《靈谿詞說》已經出版，那本書裡的《論辛棄疾詞》一篇是我寫的，我想鄧先生也看了。從我們在上饒認識以後，他對我非常好，回到北京後，我們常常見面，鄧先生還約我到他家裡去，請我吃飯。鄧先生認為我的稼軒詞說寫得不錯，但是沒有當面說，我是一直到鄧先生去世以後，才看到他最後校訂的《稼軒詞編年箋注》出版前言上，寫了一大段關於我寫的稼軒詞說。他說他在近十多年讀了我的多篇論唐宋詞的文章，其中包括論稼軒詞的多篇。他說我寫的「文章議論皆渾融灑脫，恢宏開廓，曲匯旁通，而又全都在於反覆闡發其主題」。他還大段引用了我的論稼軒詞的文字，最後還說：「我希望這本《箋注》的讀者，盡可能都能親自去閱讀她的這篇原作的全文，這主要不是為了『奇文共欣賞』，而是要藉以補拙著的一大缺陷，以提高和加深對稼軒作品的領悟。」鄧先生一直非常客氣，以為他自己只是考證了歷史，而沒有講到稼軒詞的文學成就。

鄧先生做學問非常認真，《稼軒詞編年箋注》從五〇年代問世以後，他一直不斷地補充、不斷地校訂。經過數十年的醞釀準備，對全書的箋注與編年做了大幅度的修改、調整，補充了大量非常有價值的文學資料與研究心得，應該是稼軒研究的最高成果。鄧先生在這裡很誠懇地引了我大段的文章，使我非常感動，也為我對於稼軒詞的研究得到他的認可，感到非常欣幸。我覺得前輩的這種治學、做人的認真的態度，是很值得我們景仰的。

臺灣大學的鄭騫先生，年輕的時候也說過要寫稼軒的年譜，可是只是寫了一個簡單的草稿，沒有能夠完成，我覺得鄭騫先生一定會覺得是一件很遺憾的事情。很可惜的是鄭騫先生去世以後，他放在家裡的筆記，當時沒有人很快地做出整理，所以有很多就散失了。

九、馮其庸先生

馮其庸先生是著名的紅學家，我很早就知道馮先生的大名，可是一直都沒有見過面。直至一九七八年，我到美國威斯康辛大學去參加一個紅學會議，才結識他。其實我不是研究《紅樓夢》的，只是因為我寫《王國維及其文學批評》時，就王國維先生的《紅樓夢評論》寫過一段我對《紅樓夢》的看法。因為我覺得王國維先生對於《紅樓夢》評論的立足點，完全被叔本華的哲學所限制，不符合《紅樓夢》小說的真正的主旨。我就把自己在《王國維及其文學批評》一書裡我對《紅樓夢》的看法提出來，又加以補充，寫了一篇文章單獨發表了。就是因為我寫的這篇文章，我被邀請參加這次紅學會議。這次會議海內外的紅學家都去了，當然馮其庸先生、周汝昌先生也都去了，會議還安排他們兩個住在一個房間。周汝昌先生也是顧隨先生的受業弟子，而且顧先生也很欣賞他，我也是久仰大名。就是在這次會議上，我第一次見到他們。會議安排開會都是在白天，晚上就在大廳裡放一張大桌子，準備了一些筆墨紙硯，這些學者們就在那裡題詩、寫字、畫畫。周汝昌先生給我寫了一首詩，還題了字。馮其庸先生畫了一幅畫送給我，上邊也題了字。通過這次會議，雖然我跟馮先生認識了，但是不熟，我們並不常常聯繫。

一直到了一九九三年秋天，在馬來西亞舉行了一次漢學的會議，主辦人是林水檺。林水檺原來是我在臺大的學生，後來他申請到 U.B.C. 大學念了一個碩士，還是我的學生，畢業後就到馬來西亞去教書。這次會議邀請了我，也邀請了馮其庸先生，我跟馮先生就又見面了。那時北京已經有了我老家察院胡同的房子要拆遷的說法。因為我曾經參觀過廬山的白鹿洞書院，那裡都是四合院式的小房子，有學生住的地方，有講課的地方，很幽靜；所以我一直想把我的老家辦成一個像白鹿洞那樣的書院。那時我已經在南開了，我也希望南開的研究所在北京設個辦事處，有這麼一個聯絡的地方，因為我畢竟在北京有老家呀。我打算跟國家交涉，希望國家在拆遷我的老家時，能夠給我們另一個地方，重新蓋起一個院子來。就是在這次會議的一次宴會上，很多人都問我們老家房子的事情，當時馮先生也在場，他聽到了我們的談話，馮先生很熱心，回來以後，他就跟我聯繫，幫助我聯繫找地方。

馮先生介紹我認識了當時西城區的區長趙重清、書記李雅清，給我們在什剎海那裡找到一個地方，就是宋慶齡故居的對面，中間隔著後海，是非常好的一塊地方。我回來就跟南開大學說了，南開大學說很好，可以去看一看。可是南開大學沒有去辦，一直拖了下來。後來聽說那塊地被別人買走了，開了飯店。馮先生還是很熱心，他說這塊地沒有了，還有別的地方，他又陸續介紹我們看了很多地方，都是非常好的地點。那時南開大學有一個專門管建設方面的人，可能覺得我們這事不是他能賺錢的買賣，所以就一直不熱心，使我們錯失了很多機會。這個人我也不記得名字了，聽說後來他逃跑了。馮其庸先生、趙重清先生、李雅清先生這些朋友幫了很多忙，陳洪先生也見過他們，一起看過一些地方。南開大學那個管建設的人也去看了，但是都沒有給回音，最終都沒有辦成功。馮先生真的是非常熱心，為了保存我家察院胡同的房子、幫忙尋找新的地方盡了很大的力量。

雖然這件事沒有辦成，我卻跟馮先生成了很熟的朋友。他送給我很多本他自己的書，我也寫過《七絕三首》贈馮其庸先生：

威州高會記相逢，三絕清才始識公。妙手丹青蒙繪贈，朱藤數筆見高風。（注一）

研紅當代仰宗師，早歲艱辛世莫知。惠我佳篇時展讀，秋風一集耐人思。（注二）

一編圖影取真經，瀚海流沙寫性靈。七上天山奇志偉，定隨玄奘史留名。（注三）

注一：寬堂馮其庸先生與余初識於一九七八年美國威斯康辛大學所主辦之國際紅樓夢會議中。馮公對紅學之研究固早為當世所共仰，而在會議期中馮公更曾以其親筆所繪之紫藤一幅相惠贈，於是始識其詩書畫三絕之妙詣。

注二：一九九三年冬又得與馮公在北京再度相晤，馮公復以其大著多種相贈。其中《秋風集・往事回憶》一文，曾備敘其早年生活之艱苦，而馮公能有今日多方面之成就，則其資秉之高、用力之勤，固可想見矣。

注三：二〇〇一年返國與馮公又得相晤，馮公又以其近日在上海展出之《馮其庸發現考實玄奘取經路線暨大西部圖影集》一冊相示，既歎其七上天山之探奇考古精神之卓偉，更賞其攝影取景之藝術境界之高妙，欽賞之餘因寫為小詩三首相贈。

馮其庸先生從上世紀八〇年代起，用了近二十年的時間，先後九次到西部考察玄奘取經之路和絲綢之路。一九九八年八月馮其庸先生以七十六歲的高齡親自上了帕米爾高原，發現了玄奘從印度取經回國經過的古道——明鐵蓋達坂山口。二〇〇五年八月馮其庸先生隨「玄奘之路」文化考察團再上帕米爾高原，在明鐵蓋達坂山口立起一座一・四米的石碑，以紀念玄奘追求真理、傳播文化的偉大功績。馮先生的攝影水平非常高，他拍了很多照片，而且上面還有他的題詩。

讓我感動的不僅僅是他對我家祖宅的關心，他還非常關心我這邊工作的情況。比如說我在南開大學圖書館發現了清代手寫本的陳維崧的《迦陵詞》，我請馮先生親來看過；我還請他給我的學生們講過課等等，馮先生總是非常熱情地答應我的邀請；前不久他還讓一個雕塑家紀峰先生跑來給我塑像。多年來馮先生對我的關心和幫助，讓我感念不已。

十、饒宗頤先生與陳邦炎先生

饒宗頤先生是當今的一位大師。他的學問真是淵博，不管是中國的學問、外國的學問、文學的學問、史學的學問、甲骨文的學問，他的學識絕對是淵博，而且是根底深厚。饒先生是廣東潮州人，出身於一個世家。他的父親饒鍔先生熱心購書做學問，有著名藏書樓「天嘯樓」。饒宗頤先生年輕時就追隨他的父親，十八歲就續編了他的父親饒鍔先生的《潮州藝文志》，發表在《嶺南學報》上。他編撰的《楚辭地理考》開闢了楚辭研究的新領域，這部書在上海的出版使二十九歲的饒宗頤先生一舉成名，從此他就專攻文史而且一發不可收拾，最終成為漢學界的泰斗級人物。中國的國學真是從小學習很重要，因為中國的國學浩如煙海，如果不是從小就背就念，根本沒辦法掌握。

後來饒先生移居香港，一九八二年香港大學授予他榮譽博士的學位，最近香港大學一些饒先生的晚輩，成立了一個饒宗頤學術館。

我第一次見到饒宗頤先生，大約是在三十年以前我給香港中文大學講演的時候。當時有朋友介紹我跟饒先生見了面，我記得饒先生還請我吃了一次飯。饒宗頤先生多才多藝，古琴彈得很好。饒宗頤先生對於後學都是很鼓勵的，他還把他自己的詩詞稿送給我看。我送給他兩本我的書，其中有一本是我的詩詞稿。饒宗頤先生看了以後，曾送給我他親手抄寫的一幅長卷，錄了兩首他自己和吳文英詞韻的《鶯啼序》。饒先生寫這兩首詞給我其實是有意思的，不是隨便寫的。饒先生說他多年前曾經到過加拿大，加拿大有一個名勝叫 Lake Louise，中文就是路易斯湖。饒先生遊路易斯湖的時候寫的這首詞，用的是吳夢窗的韻，可是詞的內容寫的是遊路易斯湖。那為什麼他抄給我呢？我想是因為路易斯湖是加拿大有名的地方，我也曾經去過。另外一首和夢窗詞饒先生寫的是秋天的紅葉，因為加拿大是用紅葉作為國旗的標誌，而且加拿大的秋天也滿山都是紅葉。所以我以為，饒先生寫錄這兩首和吳夢窗的《鶯啼序》送給我，是因為路易斯湖和紅葉都跟我居住的加拿大有關。

隔了一天他又給了我一個信封，裡邊是一首他和我的《蝶戀花》詞。我當然不只寫過一首《蝶戀花》，他和的那首《蝶戀花》是我在五〇年代初憂患時期留下的唯一的一首詞：

倚竹誰憐衫袖薄。鬥草尋春，芳事都閑卻。莫問新來哀與樂。眼前何事容斟酌。　雨重風多花易落。有限年華，無據年時約。待屏相思歸少作。背人剗地思量著。

這首《蝶戀花》其實我也沒覺得寫得怎麼好，可是繆鉞先生喜歡這首詞，饒宗頤先生也喜歡這首詞。

饒先生的和詞是這樣寫的：

世味真同紗霧薄。盡有中邊，如蜜都嘗卻。從古多情傷哀樂。星移事改空斟酌。　燕語鶯啼閑院落。萬戶千門，何苦閒關約。漸覺老懷輸少作，憑欄盡日思量著。

（《蝶戀花・和葉迦陵》）

二〇〇〇年，臺灣「中研院」舉辦了一次以「文學與歷史」為主題的會議。我寫了《詞學與世變的關係》一篇論文，並出席了會議。這一次會議，饒先生也參加了，我們又見了面。二〇〇三年，香港又約我去，那一年正趕上饒先生過生日，他們舉辦了一個饒先生的書法展覽給他祝壽，我也去參加了這個展覽，大家拍了很多照片留念。

二〇〇三年，饒宗頤先生把他幾十年積累的藏書，包括非常珍貴的古籍善本和書畫作品，捐贈給了香港大學。以這批捐贈為基礎，同年十一月，香港大學饒宗頤學術館成立。現在，香港大學饒宗頤學術館不僅成為香港大學著名研究機構之一，也逐漸成為全球漢學界學術交流的中心。同時，它還是一個寓私於公的藏書樓，裡面的藏書向全世界學者開放。越來越多的海外學者，將自己的藏書或著作捐贈到饒宗頤學術館，並視之為極高的榮耀。

主持饒宗頤學術館內學術研究的鄭煒明博士和龔敏博士一直致力於搭建饒宗頤學術館和我們中華古典文化研究所之間的合作機制。二〇〇九年，兩個機構正式開展交流，互通信息。二〇一〇年簽訂學術合作意向書。二〇一一年，鄭煒明博士與龔敏博士還親自赴天津，在南開大學進行學術交流，我們一起見了面。

一九九三年四月，臺灣「中研院」文哲所主辦了第一次詞學會議。這次會議，重要的工作有兩項，一個是清詞書目的搜集整理，由林玫儀和饒宗頤先生、嚴迪昌先生、盧雄和先生四個人共同負責。一個是詞學的專題研究，張以仁、林玫儀、劉少雄和我負責。張以仁先生寫的是花間詞，我負責晚清詞論，這是他們研究院文哲所的「詞學主題研究計畫」。對於清代的詞與詞學，我本來早就有研讀的興趣，所以我毫不猶豫地就答應了下來。可是那一年我的日程很緊，先到臺灣參加文哲所的會，又到耶魯大學開會，還到馬來西亞開會，不久還接受了新加坡的邀請去教書。我在旅途中那麼匆忙，一個人沒有辦法完成這麼多的工作，我就跟林玫儀商量，請上海古籍出版社陳邦炎先生一起合寫。還好，陳邦炎先生答應了我。我利用新加坡年底的短假約陳先生在北京見了一次面，商定了撰寫計畫，各自負責幾篇，最終完成了《清詞名家論集》。

陳邦炎先生的高祖陳沆是清代有名的詩人，他的伯父陳曾壽是近代有名的詞人。家學淵源，所以他的詩詞根底很好。他是一九二〇年生，長我四歲，現在已近九十歲了。一九四四年陳邦炎先生畢業於北平中國大學，做過記者、編譯等工作。一九五七年他被打成「右派」，「文革」時被下放到幹校勞動。一九七八年到上海古籍出版社，擔任第二編輯室主任，負責出版古典文學研究著作和古典文學普及讀物。他們出版的詞學書籍很多，推動了上世紀八〇年代以來詞學研究的開展。陳邦炎先生學術根底深厚，尤其精於詩詞，他寫的詩詞鑑賞文章也很好。退休後，還從事編輯和著述。近來陳邦炎先生精選了他自己多年來寫的文章和創作的詩詞，編成一冊《臨浦樓論詩詞存稿》，已經由上海古籍出版社出版。

我在一九七九年回國講學，南京師範大學的金啟華教授向陳邦炎先生推介了我的《迦陵論詞叢稿》，那時我還沒見過他。陳邦炎先生看到我的書稿，覺得非常好，就向主管部門極力爭取出版。為了出版我的《迦陵論詞叢稿》，上海古籍出版社還專門開了個會，研究我的這本書是出還是不出。因為那時剛剛開始改革開放，很多觀念還沒有轉變，上海古籍從來沒有出過海外華人寫的書，他們很猶豫要不要出。在陳邦炎先生的努力爭取下，上海古籍首開此例。那時，我們就開始了書信往來，一九八〇年，《迦陵論詞叢稿》由上海古籍出版社出版，首印一萬冊，很快就賣光了。後來，我跟繆鉞先生合作撰寫的《靈谿詞說》，也是上海古籍出版的。

一九八二年我到杜甫草堂開會，上海古籍有人來開會，可是陳邦炎先生沒有來。上海古籍的人說，陳先生不知道你來，他要是知道，他一定會來的。

第二年，杜甫草堂又開會，陳先生真的來了。我那時正在跟繆鉞先生合作研究，也在成都參加了會議。我跟陳先生見面後就問他，你古典修養這麼好，一定常常寫詩詞，什麼時候抄幾首給我拜讀拜讀。陳先生就當面寫了幾首給我看，題目很長：

一九八二年四月，參加杜甫研究會第二屆年會，下榻成都杜甫草堂。猶憶一九五七年反右前來此，值梅花盛開，光景絕豔。今梅候雖過，而庭館依然。感念舊蹤，爰賦四絕

重來已是鬢繁霜，花木依稀舊草堂。幾樹庭梅應識我，癲狂曾憶對華妝。

花開花落幾蹉跎，苦恨芳華擲逝波。二十五年真一瞬，人間可有魯陽戈？

松竹蔥龍想歲寒，杜陵一語可吟安？青松自要高千尺，翠竹何須斬萬竿。

百花潭北又春回，一寸春心總未灰。虎倒龍顛風雨過，錦城還見繡成堆。

這幾首詩寫得很好，陳先生在《清詞名家論集》的後記中，曾記述其中第三首中「青松自要高千尺，翠竹何須斬萬竿」一聯的「自要」、「何須」兩個呼應、承轉的詞是我提議修改的。就是在我們合寫《清詞名家論集》時，陳邦炎先生告訴我晚清詞人陳曾壽是他的伯父。我比較喜歡陳曾壽的《舊月簃詞》。《舊月簃詞》可稱是一卷遺民詞，由於中國歷史上常常出現朝代更替，在朝代更替之交的遺民現象和遺民文學，在史學和文學上都是值得重視和研究的。陳邦炎先生本來希望我寫陳曾壽的詞，可是我太忙了，一直沒有寫。我跟陳邦炎先生說，第一篇寫陳曾壽的詞應該由你寫，因為你是家裡人，許多情況比較清楚，陳曾壽的一些資料，外邊人知道的不多。

當時臺灣有一位姚白芳女士跟我念碩士，我向她推薦寫陳曾壽詞的論文。我還介紹了姚白芳到上海去找陳邦炎先生訪談。清代文人間有「太常仙蝶」之說，一九一八年秋，著名的詞人朱孝臧、況周頤等遊杭州，聚會於西湖畔陳曾壽寓居的庄子中，適有蝴蝶飛入室內，留二日始去。諸人各以《太常引》調制詞以記其事，後由當時在天津的畫家李孺為作《太常仙蝶圖》。陳邦炎先生曾經拿給我看過這幅《太常仙蝶圖》。姚白芳寫陳曾壽的論文，經常去拜訪他，最後陳邦炎就把這幅《太常仙蝶圖》送給了姚白芳。我雖然沒寫陳曾壽的詞，但是在班上也講過陳曾壽的詞。我本來的意思是，安易寫完了王國維的詞以後，讓安易跟我合作寫陳曾壽的詞。可是我們還沒寫，有一個女學生曾慶雨考進來了，她主動要寫陳曾壽的詞，所以我就讓曾慶雨寫了。我告訴曾慶雨要研究陳曾壽一定要去拜訪陳邦炎先生，他有很多陳曾壽的材料。陳邦炎先生還複印了很多陳曾壽的詩詞給我們。

許多事說起來都有一些因緣。上世紀六〇年代初，我要寫王國維詞注，剛剛開始的時候，我在淡江大學教的一個學生陳槐安說，「這些查資料的事讓我來做吧」，我就把剛剛開始寫的本子給了他。可是不久我就出國到北美去了，跟這個學生斷絕了聯繫，這個工作就沒有做下去。臺灣開放以後，我又見過他，但是不久他就去世了，我的那個本子就沒有再拿回來。沒有想到若干年後，是安易跟我一起完成了王國維詞的注評。陳曾壽的詞呢？是陳邦炎要我寫陳曾壽，我沒有時間寫，介紹了姚白芳寫。那時我還在想，安易寫完王國維以後，我跟安易一起寫陳曾壽詞注，同時寫評賞。可是我們還沒寫呢，曾慶雨來了，她就寫了。所以天下事很難說，最後落到誰寫是有因緣的。不過曾慶雨寫的只是陳曾壽的詠花詞，其他的沒有寫。其實我還是想像王國維詞那樣，讓安易跟我合作給陳曾壽的詞做注，同時寫評賞，只是不知道安易有沒有興趣。不過我現在太忙了，也太老了，不知道還能不能做。

一九九〇年，北美孫康宜、高友工他們組織召開了北美第一屆詞學會議，他們問我大陸有那些人是研究詞學的，我就向他們推薦了陳邦炎先生。後來陳邦炎先生接受了我的建議，在《清詞名家論集》中寫了一篇《陳曾壽及其〈舊月簃詞〉》。

這一章講的都是我幾十年教學生涯中結識的老師和朋友，還有很多人不能一一列舉，他們無論在我人生道路上還是學術生涯中，都是我真正的良師益友，這些人支撐起我完整的人生，我從心裡感念他們。

結束的話

我是一個很平常的人，而且胸無大志，所以大學畢業後，就老老實實去教中學，並沒有像現在的年輕人，有許多要上研究所或出國的理想，更從來沒有過要成為什麼學者專家的念頭。我的研究也從來沒有什麼預定的理想目標，我只不過是一直以誠實和認真的態度，在古典詩歌的教研道路上不斷辛勤工作著的一個詩詞愛好者而已。而且我的生活並不順利，我是在憂患中走過來的，詩詞的研讀並不是我追求的目標，而是支持我走過憂患的一種力量。

我對於自己從來沒有以學者自期，對於自己的作品也從來沒有以學術著作自許。然而數十年來我卻一直生活在不斷講學和寫作的勤勞工作之中，直到現在我雖然已退休二十多年了，但我對工作的勤勞，還是像以前一樣。我之所以有不懈的工作的動力，其實就正是因為我並沒有要成為學者的動機的緣故，因為如果有了明確的動機，一旦達到目的，就會失去動力而懈怠。我對詩詞的愛好與體悟，可以說全是出於自己生命中的一種本能。因此無論是寫作也好，講授也好，我所要傳達的，可以說都是我所體悟到的詩歌中的一種生命，一種生生不已的感發的力量。中國傳統一直有「詩教」之說，認為詩可以「正得失、動天地、感鬼神」。當然在傳達的過程中，我也需要憑藉一些知識與學問作為一種說明的手段和工具。我在講課時，常常對同學們說，真正偉大的詩人是用自己的生命來寫作自己的詩篇的，是用自己的生活來實踐自己的詩篇的，在他們的詩篇中，蓄積了古代偉大詩人的所有的心靈、智慧、品格、襟抱和修養。而我們講詩的人所要做的，就正是要透過詩人的作品，使這些詩人的生命心魂，得到又一次再生的機會。而且在這個再生的活動中，將會帶著一種強大的感發作用，使我們這些講者與聽者或作者與讀者，都得到一種生生不已的力量。在這種以生命相融匯、相感發的活動中，自有一種極大的樂趣。而這種樂趣與是否成為一個學者，是否獲得什麼學術成就，可以說沒有任何關係。這其實就是孔子說的，知之者不如好之者，好之者不如樂之者。

我本來是一個完全從舊傳統教育中成長起來的人，從小所受的訓練就是對古典詩文的熟讀和背誦。我父親和我的老師都是老北大的外文系畢業的，經常提醒我學習英文的重要，但是我在初中二年級時，就發生了「七七」事變，學校就把英文課減少到每週只有兩小時了。中學畢業時，我沒有為將來的出路與收入多加考慮，就按自己的興趣考入了輔仁大學國文系，英文課也只上了一年，輔仁大學的中文系就再也沒有英文課了。大學畢業後從中學教到大學，從一般的古文教到詩詞的專著，一直再也沒接觸過英文。完全沒有想到過出國，更別提什麼中西文學理論的結合。

我後來出國教書，是臺灣大學派我去的。我先生因為他被關了那麼多年，不想在臺灣待了，非要出去。可是他自己又出不去，所以看到我有機會出去，就堅持讓我把孩子先帶出去，他也就能出去了。而更巧的是那時大陸是封閉的，與西方資本主義國家沒有來往，歐美的學者想學中文的都得去臺灣學，而臺灣大學、淡江大學、輔仁大學的中國古典詩詞都是我在教，教育電台辦的大學國文廣播教學課程也是我在教，他們也別無選擇，就都到我班上來聽課，後來他們又要求把我交換到國外去。那時我本來也不敢去，因為我英文也差不多忘光了，怎麼跟那些洋學生去打交道。

我們全家都到了北美以後，為了全家的生活，我不得不硬著頭皮接受了加拿大 U.B.C. 大學用英文教書的工作。我不但每天要查著英文字典來備課，還要查著字典批改作業，看考試卷子和研究生論文。不過儘管就是這樣困難，也沒有影響我對中國古典文學本來的熱愛，我仍然是想把詩歌中的一種感發生命，要盡力傳述和表達出來。我的英語雖然並不高明，但學生的反應很好。所以我覺得人真的要靠逼，逼也就逼出來了。我如果不是被這樣逼著，我的英文肯定早就忘光了。像顧先生對我說的要求，我是絕對做不到的。我就是這樣被逼著非要查生字，時間長了，我的英文水平慢慢提高了。我不但好為人師，也好為人弟子。我就常常去旁聽一些西方文學理論的課程，借一些西方文學理論的書來看，每當我發現西方文學理論中有的說法與中國傳統詩論有暗合之處時，心裡就非常高興；當我面對一些主觀、抽象的傳統詩話而無法向西方學生做出理論上的解釋時，就引用一些西方文學理論的說法，常常收到很好的效果。西方有一位解析符號學女學者克里斯特娃說：「我不跟隨任何一種理論，無論那是什麼理論。」也許克氏所說的不跟隨任何一種理論，是因為她自己足以自創一種理論的緣故；而我不跟隨任何一種理論，是因為我認為「理論」只是一種捕魚的「筌」；而我的目的只是在得「魚」，並不在製「筌」。我在早年讀書時，見到過一首小詩，「彩雲影裡神仙現，手把紅羅扇遮面。直須著眼看仙人，莫看仙人手中扇」。我在教書和寫作中引用一些西方文學理論，只不過是因為仙人在彩雲影裡，若隱若現，有時一下子看不清楚，我只是借用羅扇的方位來指向仙人而已。

我小時在家裡讀書，第一本開蒙的讀物就是《論語》。我當時對《論語》中所記述的孔子的仁者與智者的境界，當然沒有什麼真正的體悟，但是我對於書中所記述的有關人生修養的話，卻有一種直觀的感動和好奇，比如孔子說「朝聞道，夕死可矣」，我現在還記得當時聽到這句話時的震動好奇和深深地被吸引，心中有一種很強烈的衝動。我只是想「道」是一個什麼樣的東西啊？怎麼有那麼大的力量，怎麼說早上懂了這個東西，晚上死了都不白活？還有「五十而知天命」，那麼知天命是一種什麼樣的感覺呢？還有「七十而從心所欲不逾矩」。我當時確實不懂，但這些話確實曾給了我一種震撼，引起了我一種強烈的好奇心。當然我自己本是一個平凡的人，真正遇到憂患挫傷的打擊時，我的承擔能力就受到了嚴重的考驗。

回想我一生，遭遇了三次沉重的打擊。我最早受到的一次打擊就是一九四一年我母親的去世。那時我的故鄉北平已經淪陷有四年之久，父親遠在後方多年沒有音信。我那時也只有十七歲，身為長姐，我要照顧兩個弟弟，而小弟當時只有九歲，生活在物質條件極為艱苦的淪陷區，困難的程度可想而知。一般說來，我是一個對於精神感情的痛苦感受較深，而對於現實生活的艱苦則並不十分在意的人。母親去世後，我感受最強的是一種突然失去蔭蔽的所謂「孤露」的悲哀，這在我當時所寫的《哭母詩》及《母亡後接父書》等一些詩中有明白的表現。對於當時物質生活的艱苦，我不僅並不在意，而且能夠採取一種以堅強的意志來擔荷苦難的態度。這種態度的形成，我想大約有兩方面的因素：一是因為我小時候背誦的《論語》、《孟子》裡說的「士志於道，而恥惡衣惡食者，未足與議也」，「衣敝緼袍，與衣狐貉者立，而不恥者」，那些使人自信和自立的話，在我心裡確實產生了很大的影響；二是因為我的老師顧先生，他自己雖然體弱多病，但在他的講課中所教導我們的，卻是一種堅強的擔荷精神。我當時背誦得最熟的是他的一首《鷓鴣天》：

說到人生劍已鳴，血花染得戰袍腥。身經大小百餘陣，羞說生前身後名。　心未老，鬢猶青。尚堪鞍馬事長征。秋宵月落銀河黯，認取明星是將星。

受顧先生的影響，我也一改以前多愁善感的詩風，寫出了「入世已拼愁似海，逃禪不借隱為名。伐茅蓋頂他年事，生計如斯總未更」的詩句，來表達我直面苦難不求逃避的態度。古人說：欲成精金美玉的人品，須從烈火中鍛來。苦難的打擊是一種挫傷，但同時也是一種鍛煉。我想這種體悟，大概可以說是我在第一次打擊的考驗下，所經歷的一段心路歷程。

第二次打擊對我其實是最重的，它幾乎影響了我一生。陶淵明說「人生歸有道，衣食固其端」，又說「敝廬何必廣，取足蔽床席」，當第一次打擊到來時，衣食雖然艱苦，但生活基本上是穩定的，我不僅可以不改常規地讀書上學，在學業上有師友的鼓勵支持，在生活上還有伯父、伯母的關懷照顧。所以苦難對於我才能夠成為一種鍛煉，而沒有造成多大的傷害。但是第二次打擊到來時完全不是這樣了。那時我已遠離家人師友，身在臺灣。我先生被海軍拘捕死生未卜，當我經過拘審帶著女兒從警察局出來以後，不僅沒有一間可以棲身的「敝廬」，而且連一張可以安眠的「床席」也沒有。這還不算最大的痛苦，其實最大的痛苦是來自於我先生本身的問題。

關於我的先生，多少年來我一直不願意提起。一九七八年我在《王國維及其文學評論》的後敘裡也簡單說過一點，但那都是非常表面的、非常膚淺的，真正的情況我沒有寫，我所說的其實已經隱藏了很多難以訴說的事情。我說他從監獄出來以後性情發生變異，實際上是一個藉口，我不願意只說他的不好，就歸罪於多年的監禁使他變成這樣。其實不然，是他本來就是如此的。我不肯說，是因為我一向不願意說別人的壞話，何況是自己家裡的事情，所以一直替他隱瞞了很多，現在有些事我以為也還是不說為好。

這麼多年，我雖然一直不對人說這些事，但是我的詩裡其實還是有些流露。在我的詩詞稿裡，收了三首，一九七六年，我大女兒去世時，我寫了哭女詩十首，其中最後一首曾經說：

從來天壤有深悲，滿腹辛酸說向誰。痛哭吾兒躬自悼，一生勞瘁竟何為。

「從來天壤有深悲，滿腹辛酸說向誰」，說真的，我人生最傷痛的就是這件事，但是我沒有辦法說。後兩句「痛哭吾兒躬自悼，一生勞瘁竟何為」。我吃苦耐勞地什麼都做，忍受著精神上的痛苦，承擔著經濟上的壓力。當然我是為了我們的家，也為了兩個孩子。我的大女兒當初跟我一起被關，趙鐘蓀被關了將近四年，是我一個人帶著她，雖然吃了很多苦，但也是相依為命度過的那幾年啊！所以大女兒逝世後我說「一生勞瘁竟何為」。

後邊我還寫了一首《天壤》：

逝盡韶華不可尋，空餘天壤蘊悲深。投爐鐵鑄終生錯，食蓼蟲悲一世心。蕭艾欺蘭偏共命，鴟鴞貪鼠嚇鵷禽。回頭三十年間事，腸斷哀絃感不禁。

這首詩不解釋的話，其實一般人也還是看不出來，而我當時之所以這樣寫，也就是不想讓人家看出來。因為中國的舊傳統，對於婚姻的事情是不說的。做妻子的無論有什麼樣的不幸，一般都是不說出來的，這是中國傳統做女子的一種婦德。

這首詩的題目是摘取第二句裡的兩個字。李商隱的很多詩都是這樣做的，《詩經》裡也有這樣個例子，所以摘取一首詩裡的兩個字做題目是可以的，這個題目不會有人注意。「天壤」其實有個典故：是說謝道韞嫁給了王羲之的兒子，她覺得王家有不少的才智之士，而她嫁的這個丈夫沒有那麼好的才華；所以她結婚以後，常常說他們王家的子弟都有這樣那樣的才華，「不意天壤之間竟有王郎」，就是說，沒想到天地之間有像王郎這樣的人，她的意思是對她的丈夫不滿意。所以如果有心人看到「天壤」這兩個字，知道這個典故，就能看出來我這是寫婚姻的不如意。只不過謝道韞還只是因為丈夫才華不夠好而生的感慨，而我與她則完全不同，因為我所遇到的人是一個完全無法理喻的人，是你們一般人所難以想像出來的一種人。

我這個人還是比較寬厚、容讓的，一個人但凡有點感情、有點理性，我也是能夠跟他相處的。而且我平生也從來不會因為一個人沒有才能，沒有工作，或者學問低就看不起人家。我從來不這樣想，我儘量希望把事情做好，可是他就是要把所有美好的東西毀掉。一九七一年的時候，嚴復的女兒請我去西雅圖大學教書，因為我已經被 U.B.C. 大學聘為終身教授，就介紹我先生去了。可是一年以後他就回來了。為什麼人家不聘他了，我也不知道，因為凡是他不如意的事，從來不許我問。他回來以後，就又開始整天發脾氣。那時候過聖誕節，我不願意在我們艱苦的時候，讓孩子們覺得人家過聖誕節都挺高興的，我們家怎麼不同。我的愁苦從來不跟孩子說，總是願意她們都好好的。我就買了聖誕樹，而且裝飾得漂漂亮亮的。我還給每一個人都買了禮物，讓大家高興高興。可是不知為什麼，他上去就把它毀了，把樹上的裝飾扔了一地。他這個人的美感經驗、品味也都跟人家不一樣，比如說溫哥華我家的院子裡有很多樹，對於樹木我們一般人都喜歡它枝葉扶疏的樣子，但我不在家的時候，他就找人把那些樹的枝子都給剪了，那些大樹，枝子、葉子都沒有了，只剩下光禿禿的很粗的樹幹。人家都很奇怪，問我你們家這是什麼樹，怎麼都這樣子。我真是沒有辦法回答，我也爭不過他，為了避免跟他吵架，我就把一切都放棄了。所以我們家一切的事情，都是他願意怎麼樣就怎麼樣。

當時我家庭院中的一棵茶花樹也被他叫人把枝葉剪了，這件事我也寫過一首詩，人家也不大能看出來的，是一九八五年寫的，題為《為茶花作》：

記得花開好，曾經鬥雪霜。堅貞原自詡，剪伐定堪傷。雨夕風晨裡，苔階石徑旁。未甘憔悴盡，一朵尚留芳。

「記得花開好，曾經鬥雪霜」，因為茶花開得很早，有的時候溫哥華還在下雪，茶花就已經開了；「堅貞原自詡，剪伐定堪傷」，我這是說茶花能耐風雪嚴寒，它的品格是堅貞的，可是它遭到剪伐，被人給傷害了；「雨夕風晨裡，苔階石徑旁」，我是說不管風雪朝暮，我們家這棵茶花仍然在院子的台階石徑旁站立著；「未甘憔悴盡，一朵尚留芳」，雖然在這種挫折中，雖然很多枝子都被剪掉了，可還是有一朵花綻開了自己的芬芳。我這是說茶花自己有這樣的持守，在人生的風雪朝暮中，我也是這樣的。

我跟趙鐘蓀認識是因為有好幾層關係，主要是因為他堂姐是我的老師，他妹妹是我同年不同班的同學，我不能不理他；而我的同學侯瑛的男朋友跟他是同事；而且他有個同學的弟弟跟我弟弟是同學，所以他就借著題目總到我們家來，後來時間長了，他對我也不錯。我這個人真的是好心辦錯事，他那時又失業又生病，他為什麼丟了工作，我也不知道，他也從來沒跟我說過。他的姐夫給他在南京找了一個工作，可是他說我不跟他訂婚他就不去。我想既然他對我也不錯，他為了我的緣故不肯離開北京，他又失業又生病的，他的姐夫給他在南京找個事，機會也不容易，而且我那時曾經以為他是因為常請假到北京來看我，所以才失去工作的，自己覺得對他應有所彌補，因此既然他說如果跟我訂了婚他就去，就算了吧。這是我當初的一個錯誤。他跟我交朋友的時候，我自己就覺得很奇怪，我常常想，人家那些小說、電影都把愛情說得那麼美好，我怎麼一點感覺都沒有呢？我應該承認，我既然對他沒有愛情，那麼不管他是貧病交迫，我也不應該因為同情就答應他，所以我是好心辦了錯事。後來我雖然盡我的力量，希望做一個好妻子，家裡的責任我該盡的都盡了，我也能吃苦耐勞，而且獨立工作支撐整個家庭，但是其實沒有愛情。這一點我想他也會感覺到。可能他以為我從前沒有愛情，結婚以後就會有的。可是結婚以後就更沒有了，因為從前我還是同情他的，結婚以後我就發現他跟我很多地方在本質上相差太遠了。但是我還是儘量想做得好一點，我是一個很盡責的人，不管是做妻子，還是做主婦，我都盡我的責任。可是愛情是無可奈何的一件事情，不是你讓它有它就有的，你覺得應該有它就有的。再加上後來他又不得意，被關了很多年，因此變得無理而狂暴。我想他的心裡也有相當的矛盾。

我現在這樣說，其實已經對他沒有什麼怨恨。我引過一首王安石的詩，題目是《擬寒山拾得》。後來我才發現，我所記住的與原詩並不完全一樣，但我更喜歡自己記住的詩句：

風吹瓦墮屋，正打破我頭。瓦亦自破碎，匪獨我血流。眾生造眾業，各有一機抽。切莫嗔此瓦，此瓦不自由。

「風吹瓦墮屋，正打破我頭」這是說風把瓦從屋頂上吹落下來，把我的頭打破了；「瓦亦自破人類碎，匪獨我血流」，瓦自己也被摔碎了，不只是我頭破血流；「眾生造眾業，各有一機抽」，人類的眾生之間造作了很多恩怨的事情，這些事情的背後都有某一種因素；「切莫嗔此瓦，此瓦不自由」，你也不用恨這個瓦，這個瓦也是不由自主的。他天生來這種性格，那也無可奈何。他受過的教育，就是以男子為中心，可是事實上他在社會上的能力又不能達到這一切，是社會的因素和他生來性格上的因素造成的這種狀況。

我想這人生，可能冥冥之中自有定數，你落到什麼地方，不是你所能掌握的，你不知道會落到哪裡。可是不管落到哪裡，無論命運或者機遇把你落到哪裡，你都要儘量做好，這是自己應該做到的。我就是這樣，不管命運把我拋到哪裡，我都願盡最大的努力儘量做好。

從前小時讀的那些道德文章都是人家說的，我並不大懂，後來隨著年齡和閱歷的增長，我慢慢對中國古聖先賢的理論有了一些體會。古人常常說「守身如執玉，積德勝遺金」，是說你自己應有一種操守，保守你的自身，就如同拿著一塊玉一樣，你不能讓玉摔碎，也不能讓玉有污穢、有瑕疵。我覺得，這是一個要好的心情，不管是做人，還是做學問，我都是這樣的。我這樣做，還不是為了讓別人讚美，而是已經成為我的一種本能。我應該對上天——如果從宗教來說，就是對神——有一個交代。我想一個人你怎麼做、怎麼想，不是對人的問題，是對自己，對上天的問題。所以孔子也說「不怨天，不尤人」，你也不要怨上天，也不要怨別人。「下學而上達」，你腳踏實地地向下努力學習，而使你有一種智慧或者一種覺悟，能夠通一種天理。「知我者其天乎？」這是《論語》裡邊的話，我當年當然不懂，現在慢慢地懂了。小時我對孔子說的「朝聞道，夕死可矣」很好奇，這個「道」到底是什麼？我現在覺得真的是有一點知道了。人生要有一種持守，不管落到什麼地步，經歷什麼樣的事情，你都要有自己的持守，不能夠失去你自己。

關於我婚姻的不幸，這是我最難以啟齒的話題，挺沉重的，我不願意跟別人說。可是我的人生，完全避開它就不完整，而且它在我人生裡是很重要的。所以我就只好把它做一個簡單的說明。

一九七五年時我的兩個女兒相繼結婚，我正在慶幸自己終於走完了苦難的歷程，可以過幾天輕鬆的日子了。誰知就在一九七六年春天，我竟然又遭受了更為沉重的第三次打擊。我的才結婚不滿三年的長女言言竟然與其夫婿宗永廷在外出旅遊時，不幸發生了車禍，夫妻二人同時遇難。這次打擊到來時，那真是像從天而降的霹靂。我真沒想到我在歷盡憂患的餘生，竟然會遭遇到如此殘酷的不幸。我當時實在是痛不欲生，但因為多年來我一直是我家所有苦難的承擔者，我不得不強忍悲痛立即趕到多倫多去為他們料理喪事。我是一路上流著淚飛往多倫多，又一路上流著淚飛返溫哥華的。回到溫哥華後，我就把自己關在家中，避免接觸一切友人，因為無論任何人的關懷慰問，都只會更加引發我自己的悲哀。我仍然是以詩歌來療治自己的傷痛。我寫了十首哭女詩，其中第四首寫了「萬盼千期一旦空，殷勤撫養付飄風。回思襁褓懷中日，二十七年一夢中」，第九首寫了「平生幾度有顏開，風雨逼人一世來。遲暮天公仍罰我，不令歡笑但餘哀」這些詩句。寫詩時的感情，自然是悲痛的，但詩歌之為物確實奇妙，那就是詩歌的寫作，也可以使悲痛的感情得到一種抒發和緩解。不過抒發和緩解還不能使我真正從苦痛中超脫出來，我的整體心態仍然是悲苦而自哀的。其實我從五〇年代，內心一直是悲苦的，多少年來都是如此。一個人其實也很奇怪，可能一定是真的受到很沉重的打擊，痛苦到了極點的時候，你反而有了一種覺悟，才真正會把自己投向更廣大更高遠的一種人生境界。古人說物必極而後反，也許正因為我的長女言言夫婦的去世給了我一個最沉重的打擊，所以使得我在極痛之餘，才有了一種徹底的覺悟。

我的老師顧隨先生曾經說過：「一個人要以無生之覺悟為有生之事業，以悲觀之體驗過樂觀之生活。」當年我對這兩句話並沒有深刻的了解，如今當我經歷了一生的憂苦不幸之後，現在對這兩句話才有了真正的體會和了解。它使我真的超越了自己的小我，不再只想自己的得失、禍福這些事情，才能使自己的目光投向更廣大、更恒久的嚮往和追求。而且更巧的是，就在我的大女兒一九七六年去世那一年，「四人幫」倒台，「文革」結束。一九七七年我再次回國探親，看到了祖國的中興氣象。我在旅行的時候，看到雖然經歷了「文化大革命」對中國傳統文化的破壞，還是有那麼多人喜歡中國的古典詩詞。這使我對自己未來的人生有了新的期待和寄託，我發現我還可以回國教我喜歡的詩詞，我還可以把我繼承下來的一些傳統回報給自己的國家。這對我是一個很大的支持和鼓勵，是我從悲苦中走出來的一個心理過程。我不辭勞苦地投身於回國教書，並且把我的退休金拿出來一半設立了「駝庵獎學金」和「永言學術基金」，正是由於這樣的緣故。「駝庵」是我的老師顧隨先生的庵號，「永言」是我的女婿「永廷」和女兒「言言」的名字。前者表示的是我對老師所寄託於我的傳承的願望，後者則表示的是我對青年的繼起者的關懷。我現在已完全超出了個人的得失悲喜。我用自己剩餘的生命做著我終生熱愛的古典詩詞教研的工作，每年春天回到溫哥華，秋天回到南開大學，以一個八十多歲的老人拖著這麼重的行李往返大洋兩岸，我只想為我所熱愛的詩詞做出自己的努力。

回想我平生走過的道路，是中國的古典詩詞伴隨了我的一生。我從一個童稚天真的詩詞愛好者，首先步入的是古典詩詞創作的道路；後來為了謀生的需要，又步入了古典詩詞教學的道路；而為了教學的需要，我又步入了古典詩詞理論研究的道路。我對於創作、教學和科研本來都有著濃厚的興趣，但一個人的時間精力畢竟有限，何況我還經歷了諸多憂患。首先是為了教學與科研的工作，而荒疏了詩詞的創作，又為了繁重的教學工作，而沒能專心致力於科研。

在創作的道路上，我沒有能夠成為一個很好的詩人，在研究的道路上，我也沒有能夠成為一個很好的學者，那是因為我在這兩條道路上，都沒有做出全身心的投入。但是在教學的道路上，雖然我也未必是一個很好的教師，但我卻確確實實為教學工作，投入了我大部分的生命。

說到講課，我跟別人講的也不一樣。別人講詩是注重知識、背景，我是對於文字裡面所傳達的生命比較重視，而不是那些現實的、外在的東西。當然現實的、外在的東西不是不重要，可是我的注意力不在那邊。我的字也寫得不好，我覺得文字只是一個符號，是外表，而時間是寶貴的。所以我的字寫得很潦草，我不肯花時間一筆一畫地去寫。我也曾經想要改善一下我自己，去年暑假我在溫哥華下決心寫寫書法，我寫書法的時候，是一筆一畫地好好寫。可是我一寫起文章來，就擋不住了，一下就寫得很快了。

我講課從來不寫稿子，你把稿子寫出來了，到課堂上一念，什麼都死了。雖然溫、韋、馮、李這幾家的詞我常講，但我每次講的時候，也都有新鮮的感覺。從這些詞人的作品我所發揮出來的是活的、有生命的東西。我真的覺得，什麼東西你一寫下來，到時候一念，它就沒有一個再成長的過程了。我在講的時候，我不寫出來，雖然這些東西以前也講過，可是到時候它還是在現場新鮮捧出來的，我當時也在感動之中，所以才能帶同學們去感動。

我這個人天生對現實的東西不大注意，這可能是一種缺陷。我看過林海音的書，她在北京只住了短短的幾年，可是她把北京的大街小巷風土人情都寫得栩栩如生。我在北京生長了二十幾年，那些街道我也都走過，可是好像我什麼都沒有看到，而林海音看到那麼多東西，所以我就覺得我對現實的東西感覺不那麼敏銳。我所感覺敏銳的是詩歌裡面的東西，詩歌裡面的每一個字那種非常微妙的作用我都能感覺到。還不只是詩歌裡文字，是詩歌透過文字所表現的生命裡面的感受。我常常關在我那個小研究室裡面，人家都覺得很悶很無聊。而我由於對於詩歌的喜愛，只要打開書本，書本裡所反映的古人，他們的生活、他們的精神，他們的品格一下子真的都活起來了，我就可以沉沒其中，真是自得其樂。

我現在每天做的事情都是與詩詞有關係的，不管是講課、看書還是寫稿子，都是與詩詞有關的。詩詞真的成為我生命的一部分了。我在想，等我老得跑不動了，就留在大陸養老。我的小女兒說溫哥華醫療保健、設備都很好，生活環境也好，應該留在溫哥華養老。可是我覺得，留在那裡，沒有生命的意義和價值。我留在這裡，有很多喜歡詩詞的學生，我們之間有很多共鳴和感應。這是一件多麼快樂的事情！我還可以跟學生在一起，整理我那上千盤的講課錄音。這裡有跟隨我三十年的學生。三十年的師生保持聯繫，這天下還有很多；可是三十年來，我每次講課，這些學生居然還都來聽，我覺得這是很難得的一件事情。我常常問她們，我講的你們都聽過了，可是怎麼還來聽呀？一般來說，教書都是鐵打的營盤流水的兵，而我這鐵打的營盤還有鐵打的兵！

我在多年前所編寫的《詩馨篇》一書的序言裡說過：「在中國的詩詞中，確實存在有一條綿延不已的感發之生命的長流。」我們一定要有青少年的不斷加入，「來一同沐泳和享受這條活潑的生命之流」，「才能使這條生命之流永不枯竭」。一個人的生命總有走完的一天，中國優秀的傳統文化命脈，要依靠年輕一代繼續傳承。

近年來，常常有人問我這些古典的詩詞，對我們現代人有什麼意義？我認為，詩歌的價值在於精神和文化方面。這不是由眼前現實物欲的得失所能夠衡量的。近世紀以來西方資本主義過分重視物質的結果，也已經引起了西方人的憂慮。一九八七年美國芝加哥大學的一位名叫布魯姆（Allen Bloom）的教授，曾經出版了一本轟動一時的著作，題目是《美國心靈的封閉》（*The Closing of the American Mind*）。這本書的作者認為，美國今日的學生在學識和思想方面已經陷入了一種極為貧乏的境地，其結果是對一切事情都缺乏高瞻遠矚的眼光和見解。這對於一個國家來說實在是令人憂慮的。中國經濟的快速發展是可喜的，但是在這個過程中，我們萬萬不能丟失了自己民族最淳樸的文化傳統。現在有些人，只會數銀行的存款有多少，房子有幾間；只注重外表的美，爭先恐後去做美容手術，卻不知道，「歲月不居，時節如流」，只有內心的美才是恒久的。還有一些人，只知道追求自己的利益，而丟失了最起碼的文明、道德。殊不知情操、品格是自己的操守，不是為別人守的。一個人不能只活在物質世界，那樣的人經不住任何打擊，也經不住任何誘惑。渾渾噩噩一輩子，無法盡到一代人的責任，只是白白浪費了糧食。學人文學科的，更應該擔當起把民族精神命脈傳承下去的責任，每一代都有每一代的責任，我們要承前啟後，各自負起自己的責任來。不能讓中國古代優秀的文化遺產和精神財富，在我們這一代損毀、丟失。

有人說我在國外生活，溫哥華的氣候又是那麼好，你跑回中國去幹什麼？雖然我在加拿大也有我喜愛的工作，可是在國外工作，不足以完成一個中國古典詩歌教師的使命。因為我們中國文化的根基、傳統是在我們自己本國，要把這個根基和傳統延續下去，必須回到中國，去教中國的學生。人生各有自己的意義和價值，我追求的不是享受安逸的生活，我要把我對於詩歌中之生命的體會，告訴下一代的年輕人。我親自體會到了古典詩歌裡邊美好、高潔的世界，而現在的年輕人，他們進不去，找不到一扇門。我希望能把這一扇門打開，讓大家能走進去，把不懂詩的人接引到裡面來。這就是我一輩子不辭勞苦所要做的事情。

孔子晚年總結自己思想歷程時說：「吾十有五而志於學，三十而立，四十而不惑，五十而知天命，六十而耳順，七十而從心所欲，不逾矩。」孔子七十三歲就死了，他沒有說八十以後怎麼樣，最近有些訪問者常提出這個問題來問我，我的回答是：孔子雖然沒有說過八十以後如何，但我自幼誦讀《論語》，深感其中有一句話似乎可以終身行之者，那就是：「不怨天，不尤人，下學而上達，知我者其天乎。」

張候萍按：先生的訪談寫到這裡，我倒是很想引用先生的一首詞，來總結我多年跟隨先生學習訪談後對先生的整體印象，那就是先生在一九八〇年所寫的一首《踏莎行》：

一世多艱，寸心如水。也曾局囿深杯裡。炎天流火劫燒餘，藐姑初識真仙子。　谷內青松，蒼然若此，歷盡冰霜偏未死。一朝鯤化欲鵬飛，天風吹動狂波起。

後記

我不是葉先生的入室弟子。一九七九年秋，我考入南開大學歷史系學習中國歷史。那一年春天先生第一次回國講學，轟動南開園。我當時尚未入學，自然無緣見到先生。一九八〇年，先生第二次回國講學，我才得以聽到先生講課。課堂上的熱烈氣氛，我在南開讀書四年，不曾多見。先生的教態，歷歷在目；先生誦詞吟詩的聲音，二十年縈繞耳畔。這裡說的二十年，是到一九九九年，因為這一年深秋，在南開大學圖書館樓下的書香緣書店，我遇見了先生和她的秘書安易老師。我又親耳聽到了先生的聲音，再一次開始跟隨先生學習，至今已逾十年。這十餘年隨先生學習的收穫，早已超越了文學的範疇，是我人生中之大幸。

二〇〇〇年有一家刊物向先生索要一篇自述文稿。有一天上課時先生說她準備了一些資料，問大家誰願意幫她整理。我想了一下就說，我願意，但是我不是您正式的學生，也不是南開的老師，不知道有沒有資格。先生說，聽了我的課就是我的學生，你當然有資格。就這樣我自不量力的接受了這項任務。在我愛人林雄的幫助下，兩個多月後，我完成了《我的自述》這一篇文稿的整理工作。整理撰寫《我的自述》使我初步了解了先生，她的人生經歷了中國近代社會政治變革的各個時期，而每一次變革，都對她的個人命運產生了重大影響，既艱難坎坷，又詩情畫意。先生以過人的才華以及她對於苦難的擔荷能力，支撐著她那柔弱的身軀，一次次從苦難中走出來，為了她所鍾愛的中國古典詩詞做出了傑出的貢獻。因此，我便萌生了進一步訪問先生的願望，想把她的人生詳細地記錄下來。這一年先生回溫哥華前夕我向她提出了這個要求。先生沒有馬上答應，她覺得自己是一個普通的古典詩詞工作者，沒有做什麼驚天動地的大事，沒有什麼可寫的。

二〇〇一年暑假，由澳門實業家沈秉和先生出資，南開大學文學院主辦，在天津薊縣靜寂山莊開辦了一次古典詩詞講習班。期間有一天組織學員參觀獨樂寺，天津電大的徐曉莉老師對我說，這麼靈山秀水的地方，不如我們找先生聊天，獨樂寺以後有機會再去。我當然願意，便欣然前往。就是在這一次聊天中，我再一次提出訪問的要求，並且說明這件事對近代中國文化歷史的史學意義。加上徐曉莉老師幫助說服，先生才答應下來。

第一次訪問始於二〇〇一年九月二十一日，那時先生還住在專家樓，也不像現在這麼忙，每週除了有課以外，晚上的時間幾乎都給了我，有時週末還加一次。每次時間在兩個小時左右。一直持續到二〇〇二年一月十七日。先生一向身體很好，但是這年冬天得了感冒，咳嗽一直不好，中間停了幾次，讓先生休息。有了空餘的時間，我就到另一個房間整理先生的照片。每次訪問，基本上是按照先生的思路，想到哪就說到哪，中間我很少插話提問。先生說這種方式好，因為以前的一些訪問者都有時間限制，還有話題限制，先生常常不能暢所欲言。先生思路非常清楚，語言又極為優美，聽她講述真是一種享受。這個學期我們一共談了二十一次，是這本口述回憶錄撰寫整理的主要基礎。加上後來不斷的補充，總共留下了六十餘小時的錄音。以前我聽別人說撰寫口述如何難，要從一大堆口語中扒出一些文字來。但我完全不是那樣，除了查閱補充資料、調整章節以外，許多大段的文字幾乎都是實錄。這一學期結束的時候，先生把河北教育出版社出版的《迦陵著作集》送給了我，讓我在寫作的過程中作為補充和參考用。

2009年張候萍（左）與葉嘉瑩在葉家書房。

本來我計畫用兩年的時間完成這部書稿，但實際上二〇〇六年春天才完成初稿，定稿則一直拖至現在。原因很多，人世間的滄桑變故，不斷的修訂補充，先生近幾年越來越繁忙，都是客觀上的因素；而我個人的不敏、拖沓則是主觀上的因素。

先生天資聰穎，幼承家學，後來在顧隨先生的引領下步入了古典詩詞的殿堂。而她所經歷的時代，整個近代中國社會政治、經濟、文化各方面都發生了裂變。而社會的裂變，必然會產生一些溝壑。先生在她的詩詞道路上，為這些溝壑架起了一座座橋樑，這是歷史賦予她的使命。先生不辱使命，做出了傑出的貢獻。

先生的傑出貢獻，我以為主要在於三個方面：

首先，從文化傳承來看，先生架起了傳統與現代之間的橋樑。「五四」新文化運動以來，傳統文化發生裂變，人們在摒棄封建糟粕的同時，傳統文化的精華也往往被失落。許多年輕的學生已經讀不懂中國古代偉大詩人留下的詩篇。而先生自一九四五年到現在，六十多年從未間斷的教學生涯以及她超人的教學水平，在中國古代詩人和現代青年學子之間架起了一座橋樑。她數十年舌耕不止，筆耕不輟，透過講解詩人的作品，使這些詩人的生命心魂，得到了再生。這些偉大詩人的智慧、品格、襟抱和修養，得以浸潤後人的心田。在這個過程中，文化得以傳承。為此，先生投入了她的大部分生命。

其二，從東西方文化交流來看，先生架起了東西方學者之間中國古典詩詞交流研究的橋樑，從大的方面來看，也是東西方文化交流的橋樑。一九四九年以後，中國大陸和西方世界由於政治上的原因發生裂變，隨之而來的是西方世界和中國大陸之間持續幾十年的隔絕。在這種極不正常的國際關係的情況下，西方的漢學家研究中國古典文化只能到臺灣。而這一時期臺灣的臺灣大學、淡江大學、輔仁大學的古典詩詞都是先生在執教，所以這些西方學者對中國古典詩歌的研究，許多都曾經受有先生的影響。例如：德國的馬漢茂、法國的侯思孟。特別是上世紀七〇年代開始，先生先後到美國的密西根州立大學、哈佛大學任教，應邀出席了一系列學術會議，在北美的漢學界產生了重要的影響。特別是與哈佛大學漢學家海陶瑋先生多年的合作研究，在學術界傳為佳話。後來先生常年執教於加拿大 U.B.C. 大學，更是桃李滿天下。這期間，先生用西方文學理論，研究中國古典詩詞，在理論上頗多建樹。在那時特殊的歷史條件下，西方世界缺乏對中國文化的了解，先生的教學研究活動，在那種極不正常的國際關係之中，在東西方文化之間架起了橋樑，成為東西方文化交流的使者。

其三，從海峽兩岸和香港、澳門的文化交流來看，先生架起了海峽兩岸和香港、澳門同胞之間相互了解、溝通的橋樑。由於歷史的原因，海峽兩岸長時間隔絕。一九七九年先生回國講學以來，給大陸帶來了臺灣學術界的信息，並親自為同為中國近代頗有影響的學者臺靜農和李霽野兩位先生充當信使，使得這兩位數十年不通消息的老友，晚年取得了聯繫。先生當年在臺大、淡江、輔仁教過的學生，許多已經成為港、澳、臺學術界的骨幹，他們常常邀請先生去講學、出席學術會議。特別是上世紀八〇年代末期，臺灣開放以後，先生常年往返海峽兩岸和香港、澳門之間，聯絡臺灣學者回大陸出席學術會議，促進了海峽兩岸和香港、澳門同胞之間的了解和信任，以及學者之間的學術交流。

大約在二〇〇二年到二〇〇三年，我開始形成上述觀點，並隨著這部書稿的深入日漸清晰。鑑於篇幅，這裡不便展開討論，我會擇機另文述寫。

這部書稿初稿完成以後，先生曾轉呈澳門的實業家沈秉和先生、南開大學文學院陳洪先生和臺灣的席慕蓉老師審閱。三位先生逐章閱讀，提出了很多詳細的、很有見地的修改意見，這是先生和我都十分感激的。

感謝我的母校南開大學，使我有機緣結識先生，隨先生學習；感謝先生對我的信任和教導，並且三次審閱修訂這部書稿；感謝三聯書店汪家明副總編的關懷指導，使得這部書稿得以出版；還要感謝安易、徐曉莉、程濱、可延濤、鍾錦、汪夢川、靳欣、熊燁、陸有富諸位同門多年來隨時隨地給予我的無私幫助。

我的同窗孟憲實在這項工作剛剛開始的時候，正在南開做博士後，他給了我相當的鼓勵和支持，那時我連打字都不熟悉，他甚至幫我整理錄入了最初的訪談錄音。

本書即將付梓之際，顧隨先生之女顧之京老師親自從顧隨先生書法中為本書輯錄了書名用字，蒙此榮幸，深表謝意。

二〇一一年十二月於北京　張候萍

參考書目

1. 《迦陵詩詞稿》臺灣桂冠圖書股份有限公司，二〇〇〇年二月出版。
2. 《迦陵雜文集》臺灣桂冠圖書股份有限公司，二〇〇〇年二月出版。
3. 《迦陵論詞叢稿》上海古籍出版社，一九八〇年十一月第一版。
4. 《我的詩詞道路》河北教育出版社，二〇〇二年十二月第二版。
5. 《王國維及其文學批評》河北教育出版社，二〇〇二年十二月第二版。
6. 《清詞論叢》河北教育出版社，二〇〇二年十二月第二版。
7. 《顧隨先生百年誕辰紀念文集》河北大學出版社，一九九九年第一版。
8. 《荔尾詞存》中華書局，一九九九年一月第一版。
9. 《梅棣盦詩詞集》河北教育出版社，一九九七年十一月第一版。
10. 《李祁詩詞集》自行刊印。
11. 《葉嘉瑩談詩說詞》香港城市大學出版社，二〇〇四年出版。
12. 《葉嘉瑩教授八十華誕暨國際詞學研討會紀念文集》南開大學出版社，二〇〇五年十二月第一版。
13. 《北斗京華有夢思——葉嘉瑩先生八十壽辰暨學術思想研討會紀念文集》文化藝術出版社，二〇〇六年十一月第一版。
14. 《顧隨與葉嘉瑩》河北教育出版社，二〇〇九年十一月第一版。

15.《迦陵雜文集》北京大學出版社，二〇〇八年四月第一版。
16.《滿族研究文集》吉林文史出版社，一九九〇年七月第一版。

詩詞、文論等相關引文根據以下參考書目進行了校訂：

1.《全唐詩（增訂本）》中華書局，一九九一年一月第一版。
2.《全唐詩（增訂本）》中華書局，一九七九年八月第一版。
3.《全宋詞》中華書局，一九九九年一月第一版。
4.《全宋詞》中華書局，一九六五年六月第一版。
5.《全唐五代詞》中華書局，一九九九年十二月第一版。
6.《全金元詞》中華書局，一九七九年版。
7.《金元明清詞鑒賞辭典》江蘇古籍出版社，一九八九年五月第一版。
8.《先秦漢魏晉南北朝詩》中華書局，一九八三年九月第一版。
9.《古謠諺》中華書局，一九五八年一月第一版。
10.《詞話叢編》中華書局，一九八六年一月第一版
11.《王國維遺書》上海古籍出版社，一九八三年九月第一版（據商務印書館一九四〇版影印）。
12.《顧隨文集》上海古籍出版社，一九八六年一月第一版。
13.《顧隨全集·創作卷》河北教育出版社，二〇〇一年五月第一版。
14.《迦陵詩詞稿（增訂版）》中華書局，二〇〇八年四月第一版。
15.《靈谿詞說》上海古籍出版社，一九八七年十一月第一版。
16.《迦陵文集》（十卷）河北教育出版社。

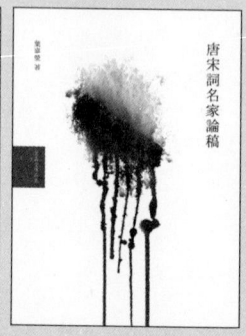

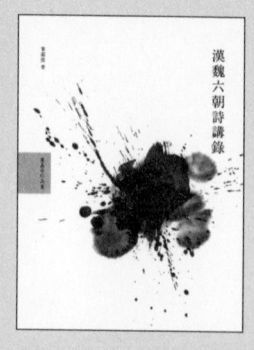

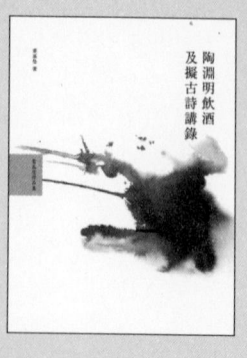

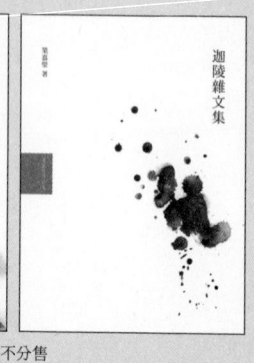

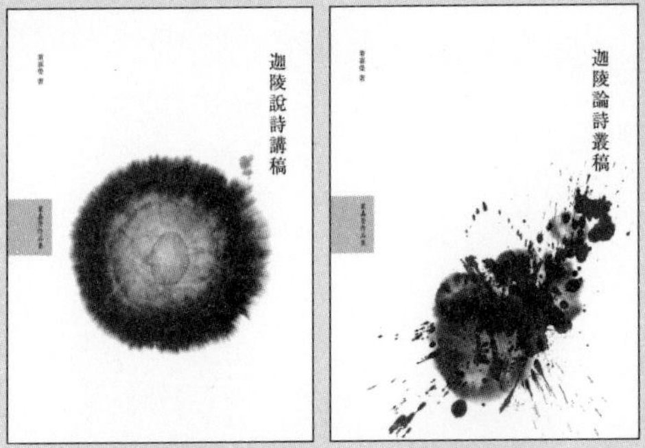

《葉嘉瑩說詩論詩套書》兩本不分售

《葉嘉瑩說唐詩套書》兩本不分售

《葉嘉瑩說杜甫詩套書》兩本不分售

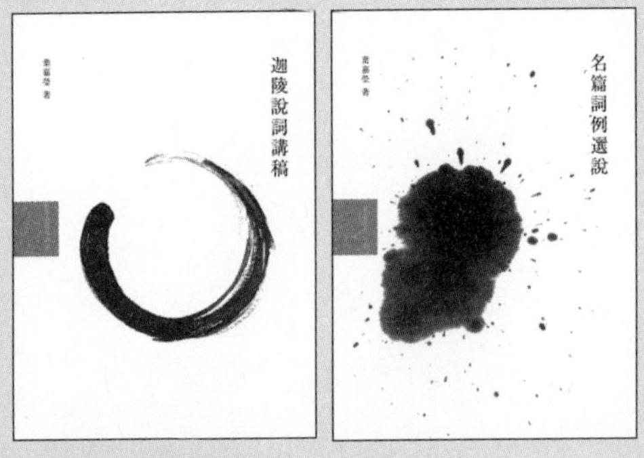

《葉嘉瑩說詞套書》兩本不分售

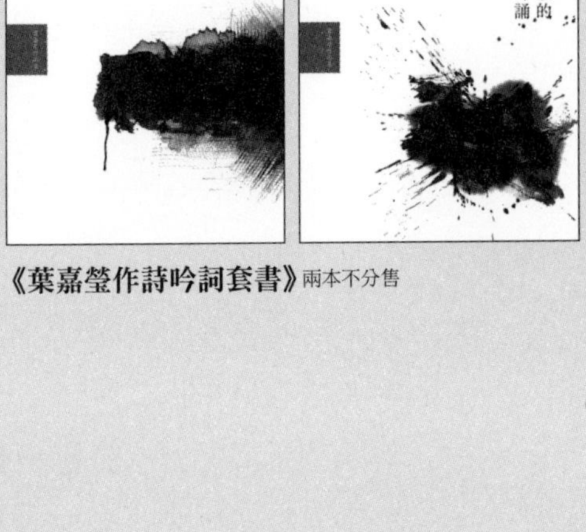

《葉嘉瑩作詩吟詞套書》兩本不分售

《葉嘉瑩學詩筆記套書》兩本不分售

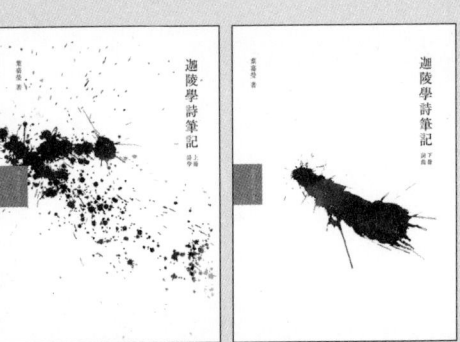

葉嘉瑩作品集20

紅蕖留夢
——葉嘉瑩談詩憶往

口　　述：葉嘉瑩
撰　　寫：張候萍
責任編輯：李濰美
封面設計：三人制創
文字校對：楊菁、李昧、張候萍
法律顧問：全理法律事務所董安丹律師
企　　畫：網路與書股份有限公司
地　　址：台北市 105 南京東路四段二十五號十一樓
網　　址：www.netandbooks.com
出　　版：大塊文化出版股份有限公司
地　　址：台北市 105 南京東路四段二十五號十一樓
網　　址：www.locuspublishing.com
讀者服務專線：0800-006689
電　　話：(02) 87123898　傳真：(02) 87123897
郵撥帳號：18955675　戶名：大塊文化出版股份有限公司
總 經 銷：大和書報圖書股份有限公司
地　　址：新北市新莊區五工五路 2 號
電　　話：(02) 89902588（代表號）　傳真：(02) 22901658
初版一刷：二〇一四年五月
ISBN　978-986-213-522-8
定　　價：新台幣四四〇元
Printed in Taiwan

紅蕖留夢：葉嘉瑩談詩憶往 / 葉嘉瑩口述；張候萍撰寫.
-- 初版. -- 臺北市：大塊文化, 2014.05
面；　公分. --（葉嘉瑩作品集；20）
ISBN　978-986-213-522-8（平裝）

1. 葉嘉瑩 2. 訪談 3. 詩學

783.3886　　　103005649